当代广播电视丛书／总主编　石长顺

Television

电视栏目解析

（第二版）

石长顺　著

WUHAN UNIVERSITY PRESS
武汉大学出版社

图书在版编目(CIP)数据

电视栏目解析/石长顺著 . —2 版 . —武汉：武汉大学出版社,2008.2
(2019.7 重印)
当代广播电视丛书/石长顺总主编
　ISBN 978-7-307-05934-4

　Ⅰ.电… 　Ⅱ.石… 　Ⅲ.电视节目—策划 　Ⅳ.G222.3

中国版本图书馆 CIP 数据核字(2007)第 164628 号

责任编辑:王雅红　陶洪蕴　　　责任校对:刘　欣　　　版式设计:詹锦玲

出版发行：**武汉大学出版社**　　(430072　武昌　珞珈山)
　　　　　(电子邮箱：cbs22@whu.edu.cn　网址：www.wdp.com.cn)
印刷：武汉中科兴业印务有限公司
开本：720×1000　1/16　印张：20.5　字数：373 千字　　插页：1
版次：2008 年 2 月第 1 版　　2019 年 7 月第 9 次印刷
ISBN 978-7-307-05934-4/G · 1067　　定价：28.00 元

内 容 提 要

　　本书适应电视专题与电视栏目创新与发展的需要，全面、系统、深入地梳理、总结了电视栏目的创作理念，对电视新闻、社教、生活服务、娱乐、谈话类栏目进行了透彻的解析，对电视纪录片的创作模式及摄制技巧进行了深入的研究，对电视栏目的设置与策划也有独到的见解。本书适用于大专院校广播电视和新闻学专业"电视专题与专栏"的教学需要，同样，对电视理论研究及电视记者、编导人员也具有借鉴和指导作用。

总　序

石长顺

2000 年，在我出版的专著《电视传播学》中，曾就电视传播的地位和影响提出过一个观点："电视已成为当今世界上的第一传播媒介。"并从电视观众的数量、受众拥有主要传媒的占有量、受众接触大众传媒的频次、受众使用传媒的时间长度和受众获取知识信息的主要渠道等五个方面对这一观点进行了论证，通过历史和现实的观照以及全国电视观众抽样调查的数据显示，都得以印证电视"第一传媒"的观点。

7 年后，电视传媒虽经历了数字技术的发展和以互联网为代表的新媒体的冲击与挑战，但电视"第一传媒"的地位仍然不可动摇。2007 年 5 月 17 日至 18 日，由国家广电总局主办、中央电视台承办的 2007 年全国电视台台长论坛在北京举行。本次论坛的一大亮点和重要成果，就在于"电视是第一传媒"观点的提出与论述。中共中央政治局委员、书记处书记、中宣部部长刘云山在为该论坛发出的贺信中也提出："电视覆盖广泛、老少咸宜，与人们的学习、工作、生活紧密相连，与国家的经济、政治、文化紧密相连，是当今社会的'第一传媒'，在整个宣传思想工作中具有举足轻重的地位和作用。"[①]

电视是现代社会的文化摇篮，在 20 世纪取代电影、广播和报刊，成为我们日常生活的"最佳伴侣"和最有渗透力的媒介。进入 21 世纪，当新媒体兴起之时，有人发出了"电视消亡论"的预言。然而，当我们简略回顾一下传媒发展史时发现，当广播出现时，纸质传媒没有随着"预言"消逝；当电视出现时，广播也没有随着"预言"消逝；网络新媒体出现了，电视也将不会在"预言"中消逝。相反，电视传媒积极运用高新技术，抢占新领地和制高点，保持了电视"第一传媒"的地位，广播电视产业性质的收入同样也获得了长足的发展，2005

---

① 转引自唐世鼎《强化"第一传媒"的责任与作用——2007 年全国电视台台长论坛综述》，《中国广播电视学刊》2007 年第 7 期。

年作为我国"十五"规划最后一年的广播电视产业收入达到 764.94 亿元，比"九五"规划最后一年（2000 年）广电产业收入的 382.39 亿元翻了一番。

广播电视产业的快速发展带动了广播电视教育事业的跳跃式发展，到 2005 年，我国高校广播电视新闻学专业已达到 146 个，比 2000 年的 26 个增长了 4.6 倍。广播电视高等教育的超常规发展对教师队伍和专业教材都提出了新的更高的要求。虽然近 10 年来，我国已出版了几套广播电视教材，在培养广播电视高级专门人才方面发挥了一定的作用，但由于各高校教师队伍来源不一，致使相当一部分高校未能严格按教育部专业课程目录开课。因此，在已出版的广播电视教材中仍有空白。特别是近年来，教育部在高校教改和教材建设计划中十分重视实践环节的教学，但与此不相适应的是广播电视实验教材的严重匮乏。还有一点需要提出的是，随着高校实行大类招生的改革，普通高校专业教育的课程和课时相对压缩，让位于大类平台课程的教学，这也对传统细分化的专业课程教育提出了挑战。为适应广播电视专业教育的新形势，必须对相关课程进行合并与调整。正是出于以上问题的考虑，我们组织部分高校教师对广播电视专业的教材进行了修订和重新编写，也算是本丛书的一个特色和亮点。这套丛书包括《广播电视概论》、《当代电视摄像教程》、《电视新闻采写》、《电视栏目解析》、《电视文本解读》、《影视美学理论基础》和《电视摄像与编辑实验教程》等。

《广播电视概论》从理论与实务两个层面系统地介绍了广播电视的性质与作用、广播电视事业的发展历程、广播电视的传播符号、广播电视的节目类型与采制流程等，并基于广播电视传播的双主体观点，论述了广播电视的传者与受众各自的地位、作用及相互关系，同时，聚焦广播电视体制改革和媒介文化的发展，从宏观的视角透视我国广播电视业的基本生态及未来前景。

《当代电视摄像教程》从摄像的基本原理和操作实践切入，同时关注数字技术条件下电视摄录设备的改进与提升，试图通过本教程的学习，让学生从工具性认识开始了解电视摄像的基本常识，掌握电视画面构图与蒙太奇的基本原理，熟练运用固定画面与运动画面的拍摄技巧。

《电视新闻采写》紧紧抓住电视的媒介特性，在遵循新闻采写的共性规律基础上，强调电视新闻采写的个性要求。本书把电视新闻采写视为一个完整的过程，将电视新闻采写过程——从新闻线索的寻找与判断、采访的前期策划到具体采访方式的选取、电视新闻的写作——分阶段进行论述；同时，本书兼顾电视新闻体裁和采写方式的类型特征，将电视新闻采写的相关内容——现场观察、访问、隐性采访及消息类新闻、专题类新闻、评论类新闻等分门别类地予以阐释。本书将新闻发现作为一条红线贯穿全书，并采用案例导入的写作方式，使其更生动、更耐读。这也是本书的一个特点。

《电视栏目解析》适应广播电视主干课程"电视专题与专栏"教学的需要，全面、系统、深入地梳理、总结了电视专题与专栏的创作理念，对电视新闻、社教、生活服务、娱乐和谈话类栏目进行了透彻的解析，对电视纪录片创作模式及摄制技巧作了深入的研究，对电视栏目的策划及多样化的发展也有独到的见解。

《电视文本解读》精选我国当代获奖的电视新闻、电视专题、电视纪录片、电视评论和电视谈话节目作品进行解读，同时选编了部分作品的编导手记，以帮助学生更好地理解作品，开阔视野，以尽快提高电视节目创新能力。

《影视美学理论基础》分上下两部分。第一部分着重阐述影视媒介的审美元素与规律，旨在说明两者共同成为理论观照对象的物质基础。第二部分则依循影视理论发展的历史维度，扼要介绍影视（主要是电影）美学理论和文化理论，并结合当下影视理论发展态势，勾勒多维视野下影视理论的未来前景。书中既有影视理论的精当论述，也有影视作品案例的生动分析，因而既可作为影视媒介研究的基础理论书籍，也可作为影视鉴赏的通俗指南。

《电视摄像与编辑实验教程》填补了国内这一领域的空白。电视摄像与编辑是制作过程中最为基础的环节，是必须掌握的基本知识和能力。因此，本丛书将实验教材定位于"电视摄像与编辑实验教程"。全书共分为八章，全面讨论了广播电视实验课程的对象、意义及有关规律，具体解析了实验室建设的相关要求和标准，从技术和艺术的角度阐释了电视摄像与编辑在实验课程中的作用，指导学生在规范操作的基础之上写出专业实验报告。本教程设计了若干实验项目，以达到对实验教学内容的检验与评估的目的。

本套丛书作为广播电视专业本科生的核心课程教材，基本涵盖了本专业的主要知识内容。随着媒介技术的发展，传统电视已延伸出网络电视、IPTV、手机电视、移动电视等新兴媒体。由于时间关系本丛书暂未涉及相关内容，留待未来填补。

武汉大学出版社长期致力于新闻传播学著作、教材的出版，在学界和业界产生了广泛的影响。为了确保本系列丛书的出版，武汉大学出版社给予了各方面的支持与帮助，我谨代表本丛书全体作者向武汉大学出版社表示深深的谢意！

序

胡智锋*

石长顺教授的新作《电视栏目解析》即将出版，这真是一件可喜可贺的事情。所以说可喜可贺，除了因为这是石教授个人电视学术研究获得的又一新的成果与成就外，还因为这部著作的出版正逢其时，对于正处于急剧变革与激烈竞争中的中国电视业，对于不断探求着新的本土化突破的中国电视理论界，都有着及时雨般的意义与价值。

尽管中国电视从 20 世纪 90 年代中期已全面进入栏目化播出阶段，电视的屏幕景观由单一的节目形态步入规范的栏目形态；关于电视栏目的生产与运作业界已经积累了相当丰富的经验；各类电视栏目的探讨与研究也已达到了相当的规模；围绕电视栏目所作的各种调研、考察、报告也屡见不鲜……但像石教授这样全面、系统、深入地梳理与总结电视栏目的理论专著还是相当罕见的。许多电视界的朋友们从事着电视栏目的生产与传播工作，或进行着电视栏目的研究，但大家普遍有这样一种感受：说起来头头是道，听起来句句在理，看起来比比皆是，而真正拿得出手，变成文字，可以成为完整的、有分量的电视栏目研究的专著却似乎是"踏破铁鞋无觅处"。事实上，不论从事电视栏目的实践，还是从事电视栏目的研究，的确急切地等待、盼望有这方面的像样的专著问世，以给经常陷入迷途的电视栏目生产、运作，给电视栏目的理论研究指点迷津。正是在这种情形下，石教授以其深厚的理论素养、丰富的经验积累及敏锐的观察发现，为我们奉献了这样一部宝贵的学术专著。我想，这部专著的问世，定能引来电视各方人士的普遍兴趣与广泛关注。

恰如本书各个章节的安排与设计，石长顺教授给我留下的印象总是那么清晰、透辟、实在、畅达。据我所知，石教授曾长期担任一家地方电视台的台长，对于电视生产与传播各环节有着深刻的体验与经验。在担任电视台领导期间，他

---

* 胡智锋先生系中国传媒大学教授、博导，《现代传播》主编。

勤于思考，笔耕不辍，对于电视理论的钻研达到了相当的水平。记得 1994 年到 1998 年间，国家哲学社会科学重大课题《有中国特色社会主义电视理论研究》多次重要的研讨、写作活动，石教授都以业界专家代表的身份积极参与，为该课题及其后推出的《中国电视论纲》的顺利成稿、成书，提出了许多有价值的意见。此后，我不断从各种杂志上看到石教授的华彩文章，甚为钦佩，于地方台台长纷繁的工作之余，他还能写下那么多高质量、有见地的文字，其中甘苦可想而知。

大约 3 年前的一天，我出差赴武汉，竟在华中理工大学（现为华中科技大学）巧遇石教授，那时他刚刚调入该校新闻与信息传播学院任教。我当时很是惊异，对于他放弃地方电视台台长这一炙手可热的位子，甘愿到高校来过清苦的教书匠生活有些不解，但在深入的交谈中，我的确为他探求电视生产与传播奥秘的理论志趣与志向所打动，我相信这一选择对于他是完全合乎逻辑的。

难忘那一次聚会，石教授携数十位朝气蓬勃、热情诚挚的青年学子，到武汉江边船坞茶舫，与我海阔天空漫谈神聊的情景。这使我对学生们所推崇、敬佩的石教授有了进一步的了解与认识。

天道酬勤。执著的追求与探索，总会获得丰厚的回报。最近两年，除了大量"与时俱进"的研究中国电视的学术论文，石教授还出版了如《电视传播学》这样极具开拓意义的学术专著。长期的电视实践经验，加上专业的电视理论的积累，使石教授既能够对中国电视实践的发展有着相当敏锐的观察与发现，又能够迅速升华为缜密、系统的理论思考，在理论与实践的交叉、交汇、融合中形成其既有学理意义又有实用价值的极有特色的学术成果。

《电视栏目解析》一书的出版，是对石长顺教授电视学术研究特点与追求的又一很好的注脚。我想，石教授此书的问世，既是他个人电视学术研究历史发展的必然，也是中国电视学术研究历史发展的必然。因为来自于鲜活、生动的电视实践并对电视实践有足够阐释力和指导性的电视理论，以及在系统、全面、深入的电视理论指导下的电视实践，尤其是理论与实践紧密结合的电视学术研究，是中国电视最受欢迎也是最为需要的。

石长顺教授的这部著作有许多极有创见的思想、观点与阐释、表述，读者朋友们自然会用各自的"慧眼"去发现。恕我在此搁笔，以便为大家留下更为广阔的思考、探寻的空间。

于北京广播学院（现为中国传媒大学）

2002 年 7 月 6 日

第 二 版 序

《电视栏目解析》于 2003 年 2 月出版后,在 4 年的时间内已经印刷 4 次,可见本书受到了学界与业界广大读者的欢迎,这也是始料未及的。特别是本书作为高校广播电视专业核心课程"电视专题与专栏"的教材,已被全国数十所高校选用,这使本人感到十分欣慰。

当代媒介业的激烈竞争与挑战,促进了电视媒介业的迅速发展,当代电视理念也发生了很大变化,大量为观众感兴趣的新节目、新形态不断涌现,真可谓日新月异。作为研究电视专题与专栏理论前沿的《电视栏目解析》,必然要反映时代的变迁,反映当代电视创作与实践的成果,这恰是本书修订第二版的初衷。

通过修订第二版,全书内容更为厚实,更具启迪性。具体增补与修改内容如下:

第二章电视栏目的策划,通过修改,突出了电视栏目的策划与创新,并在创新方法上作了探索与归纳。

第三章电视纪录片与电视栏目,除了对电视纪录片的创作模式进行补充完善外,还结合当代电视纪录片创作倾向给予了多元化的透析,如对美国探索频道市场化经营原则的分析。

第四章电视新闻栏目,一方面增加了美国著名新闻栏目编排案例的分析,如NBC 的《今天》、CBS 的《60 分钟》;另一方面又反映了我国当代电视新闻栏目创新的趋向,如民生新闻栏目的个性化追求。

第五章电视社教栏目,增补了如下内容:以当代走红的《百家讲坛》栏目为例,分析了文化、科技等社教栏目的定位与制作;对以少儿为代表的对象型社教栏目的主要问题及对象进行了较为深入的分析。

第六章电视生活服务栏目,选取上海电视台生活时尚频道作为生活服务频道的案例分析,更具时代性和典型性。

第七章电视娱乐栏目,反映了当代电视娱乐风潮,分析了国内外真人秀等流行节目的形态,特别是从理论上解析了电视娱乐节目的消费语境和文化批评,使这一章的内容更充实,结构更合理。

第八章电视谈话栏目,作了较大的修改,该章在谈话内容分类的基础上,又根据谈话结构形态，将谈话节目分为议论型和叙事型谈话节目，并以中外著名谈话栏目为例，对各种类型的谈话栏目进行了深入透彻的研究。同时增加了"电视谈话节目的策划运作"一节，从电视谈话节目的三大要素，即话题、谈话人（主持人、嘉宾）和谈话方式三个方面对谈话节目作了更为理性地分析、更具操作性的解读。

此外，对导论和第一章，根据电视节目的发展，也作了相应文字的修改。

总之，此次修订，本着充实栏目内容、反映最新成果，关注媒介趋向、注重创新启迪的原则，作了一定范围的增删，相信本教材一定更成熟，更适应高校广播电视专业教学的需要，对业界也一定会有所启示。

石长顺

2007 年 8 月 12 日

第 二 版 序

《电视栏目解析》于 2003 年 2 月出版后，在 4 年的时间内已经印刷 4 次，可见本书受到了学界与业界广大读者的欢迎，这也是始料未及的。特别是本书作为高校广播电视专业核心课程"电视专题与专栏"的教材，已被全国数十所高校选用，这使本人感到十分欣慰。

当代媒介业的激烈竞争与挑战，促进了电视媒介业的迅速发展，当代电视理念也发生了很大变化，大量为观众感兴趣的新节目、新形态不断涌现，真可谓日新月异。作为研究电视专题与专栏理论前沿的《电视栏目解析》，必然要反映时代的变迁，反映当代电视创作与实践的成果，这恰是本书修订第二版的初衷。

通过修订第二版，全书内容更为厚实，更具启迪性。具体增补与修改内容如下：

第二章电视栏目的策划，通过修改，突出了电视栏目的策划与创新，并在创新方法上作了探索与归纳。

第三章电视纪录片与电视栏目，除了对电视纪录片的创作模式进行补充完善外，还结合当代电视纪录片创作倾向给予了多元化的透析，如对美国探索频道市场化经营原则的分析。

第四章电视新闻栏目，一方面增加了美国著名新闻栏目编排案例的分析，如NBC 的《今天》、CBS 的《60 分钟》；另一方面又反映了我国当代电视新闻栏目创新的趋向，如民生新闻栏目的个性化追求。

第五章电视社教栏目，增补了如下内容：以当代走红的《百家讲坛》栏目为例，分析了文化、科技等社教栏目的定位与制作；对以少儿为代表的对象型社教栏目的主要问题及对象进行了较为深入的分析。

第六章电视生活服务栏目，选取上海电视台生活时尚频道作为生活服务频道的案例分析，更具时代性和典型性。

第七章电视娱乐栏目，反映了当代电视娱乐风潮，分析了国内外真人秀等流行节目的形态，特别是从理论上解析了电视娱乐节目的消费语境和文化批评，使这一章的内容更充实，结构更合理。

第八章电视谈话栏目，作了较大的修改，该章在谈话内容分类的基础上，又根据谈话结构形态，将谈话节目分为议论型和叙事型谈话节目，并以中外著名谈话栏目为例，对各种类型的谈话栏目进行了深入透彻的研究。同时增加了"电视谈话节目的策划运作"一节，从电视谈话节目的三大要素，即话题、谈话人（主持人、嘉宾）和谈话方式三个方面对谈话节目作了更为理性地分析、更具操作性的解读。

此外，对导论和第一章，根据电视节目的发展，也作了相应文字的修改。

总之，此次修订，本着充实栏目内容、反映最新成果，关注媒介趋向、注重创新启迪的原则，作了一定范围的增删，相信本教材一定更成熟，更适应高校广播电视专业教学的需要，对业界也一定会有所启示。

石长顺

2007 年 8 月 12 日

目　　录

导　　论…………………………………………………………………………… 1

第一章　电视栏目的发展………………………………………………………… 4
　第一节　多样化的探索阶段（1958～1983）　………………………………… 4
　第二节　栏目化的形成阶段（1984～1999）　………………………………… 8
　第三节　专业化的发展阶段（2000 年起）…………………………………… 12

第二章　电视栏目的策划………………………………………………………… 19
　第一节　电视栏目的类型……………………………………………………… 19
　第二节　电视栏目的定位……………………………………………………… 25
　第三节　电视栏目的创新……………………………………………………… 35

第三章　电视纪录片与电视栏目………………………………………………… 54
　第一节　纪录片的栏目化生存………………………………………………… 54
　第二节　纪录片的本体特征…………………………………………………… 58
　第三节　纪录片的模式演变…………………………………………………… 64
　第四节　纪录片的记录技巧…………………………………………………… 72
　第五节　纪录片的发展走向…………………………………………………… 89

第四章　电视新闻栏目…………………………………………………………… 98
　第一节　电视新闻栏目化……………………………………………………… 98
　第二节　集纳型新闻栏目……………………………………………………… 102
　第三节　杂志型新闻栏目……………………………………………………… 117
　第四节　专题型新闻栏目……………………………………………………… 124

第五章　电视社教栏目…………………………………………………………… 132
　第一节　社教节目的地位……………………………………………………… 132

　　第二节　社教栏目的类别……………………………………… 134
　　第三节　公共型社教栏目的创作……………………………… 138
　　第四节　对象型社教栏目的创作……………………………… 160

第六章　电视生活服务栏目……………………………………… 169
　　第一节　生活服务栏目的发展………………………………… 169
　　第二节　生活服务栏目的特性………………………………… 174
　　第三节　生活服务栏目的创作………………………………… 177
　　第四节　生活服务栏目的案例分析…………………………… 187

第七章　电视娱乐栏目…………………………………………… 195
　　第一节　电视娱乐节目的基本类型…………………………… 195
　　第二节　电视娱乐节目的消费语境…………………………… 210
　　第三节　电视娱乐节目的文化批评…………………………… 218
　　第四节　电视娱乐节目的发展走向…………………………… 228

第八章　电视谈话栏目…………………………………………… 237
　　第一节　电视谈话节目的界定及分类………………………… 237
　　第二节　电视谈话节目的历史回顾…………………………… 245
　　第三节　电视谈话节目的策划运作…………………………… 254
　　第四节　电视谈话节目的理性思索…………………………… 263

第九章　电视栏目主持人………………………………………… 284
　　第一节　栏目主持人概论……………………………………… 284
　　第二节　栏目主持人的类型…………………………………… 291
　　第三节　栏目主持人的风格…………………………………… 293
　　第四节　栏目主持人的职业能力……………………………… 298
　　第五节　栏目主持人与观众…………………………………… 308

参考书目…………………………………………………………… 312

后　　记…………………………………………………………… 313

导　　论

我们正在进入一个新传媒时代。

伴随着数字技术、网络技术和通讯技术的发展，新媒体技术的广泛应用及融合的趋势日益明显，一批新兴媒体应运而生，如 IPTV、网络电视、手机电视、移动电视和楼宇电视等以超常的速度崛起，正改变着传统媒体的格局。比尔·盖茨 2007 年 1 月 27 日在世界经济论坛年会上说，随着在线视频产品日益发展，互联网将在 5 年内"颠覆"电视的地位。然而，我们从上述例举的新兴媒体看，无论是在线视频，还是移动视频，都大大延伸了电视媒介的生存与发展空间，电视作为"第一媒体"的地位仍然不可动摇。即便新媒体技术的应用改变了传统电视的形态，但新兴视听媒体对优秀内容的需求将使电视专题与专栏节目的制作永远具有价值。

一、电视栏目现象

我国电视的发展，自 1958 年诞生至今，大致经过了三个阶段；即 20 世纪 80 年代以前为节目化发展阶段；80 年代初到 90 年代为栏目化发展阶段；进入 21 世纪以来，我国的电视进入到频道化发展阶段。尤其是随着数字技术的应用，我国电视资源告别了稀缺时代，电视频道迅速发展，导致电视媒体的竞争加剧，促使我国的电视节目更加多元化。一些占主导地位的综合频道节目服务于有广泛兴趣的公众，一些专业化的频道和对象型节目，则服务于有专门兴趣的观众。节目收视率的高低和社会影响力的大小，成为衡量电视栏目质量高低的主要标志。因此，栏目的频繁改版，频道形象的整体定位，又成为当代电视媒体的一种特殊现象，由此产生的一系列社会反响，值得我们对电视栏目给予高度的关注和研究。

1994 年 4 月 1 日，一个新栏目《焦点访谈》在中央电视台第一套节目黄金时间档推出。该栏目抓住群众关心、领导重视、普遍存在的社会现象和热点问题展开评述，发挥了电视媒介特有的舆论监督作用，引起了广大观众的关注，并连续两次被评为中国电视名栏目，且收视率一直处于中央电视台的节目排名榜前列，这难道不值得我们深思吗？

1997 年 7 月 11 日，湖南电视台开播的《快乐大本营》很快在全国掀起了一股"快乐"旋风，引起了业界对"湖南电视现象"的大讨论，这难道不值得我们认真研究吗？

2000年11月，由《新周刊》发起，包括报纸、杂志、电视、网络四大媒体的20余家单位协作组织了"2000年中国电视节目榜"大型观众调查活动，对全国近2 000家电视台、4 000多个电视栏目进行评选，竟有60 761名中国电视观众参加投票，选举出了年度最佳栏（节）目。广大观众对电视栏目表现出的极大热情真令电视人感到惊讶！

世纪之交，谈话节目又在我国电视屏幕上兴起。自《实话实说》栏目（中央电视台1996年4月28日推出）领中国"脱口秀"节目风气之先以后，已产生了一批优秀电视谈话节目，像中央电视台的《对话》、北京电视台的《荧屏连着我和你》、湖北电视台的《往事》等，开创了中国电视谈话时代。电视谈话"这种方式已经成为影响我们思想和行为方式的新权威，它使我们在这个日益数字化和原子化的地球村中能以一种全新的方式集合在一起。参与对话，就是参与一种开放的生活。"① 对电视谈话节目兴起的解析，可使我们捕捉到受众心理需求的脉搏和电视节目发展的基本规律。随着我国电视体制改革的深入，节目制作的市场化、规模化也在逐渐尝试推行。北京光线传媒制作的《娱乐现场》，已在全国300多家电视台联合播出，一年多时间便使该公司的资产达上亿元。

近年来，中央电视台《百家讲坛》的改版，充分利用了通俗的演播方式、知名的专家学者和引人入胜的历史事件，成就了栏目的品牌，也使我国传统文化中的精华部分迅速在大众中普及。与此同时，该栏目的部分演讲稿结集成书出版，受到市场热烈追捧，由此可见电视栏目的巨大社会影响力。

电视栏目是电视节目经营的基本单位，在改革开放的今天，由于电视人的聪明才智得到了充分的发挥，电视栏目的创作也出现了空前活跃的局面。因此，对诸如上述出现的种种电视栏目现象进行深入的分析研究，将有助于探索电视栏目创作的规律，推动电视事业的发展。

二、电视栏目界定

电视栏目的解析，首先要弄清电视栏目以及相关的一些基本概念，分析电视栏目与电视专栏和节目之间的细微区别。

电视专栏的概念来源于报刊专栏。西方早期的报纸在刊印新闻时，开始每行的排版由报纸的左端一直排到右端，然后再另起一行继续由左向右排，直到新闻排完。这样的报纸新闻使读者阅读起来极不方便，每看一条新闻都要由左向右不

---

① 王传玉主编：《电视宣传管理论集》，北京：人民出版社1993年版，第328页。

断地摇动头部。有时，在转行时读者还容易看错行。于是，后来有人就将报纸版面分隔成几个竖长条块，这样的一个竖长条块就称为一栏。

"栏"是报纸编辑的一个基本构成单位。有时，报纸编辑将内容相近或有某种联系的几条新闻编排在一起，在"栏"的周围再用线条加以包围以引起读者的注意，然后在栏上加标题就成了栏目。

栏目如果是刊登在报纸相对固定的版面位置上，又有作家专门定期为该栏目写文章，这个栏目就成了专栏。专栏是编辑稿件的重要方式之一，是报刊上专门刊登某一内容稿件的版面。专栏一般都有固定的名称和位置。专栏在报刊版面中具有相对独立性，可以进行单独而集中的稿件组合。专栏有的有固定栏目，有的没有固定栏目。因此，有时专栏与栏目通用。

电视栏目借用了报纸专栏形式，是电视广播中内容相对专一、具有专门栏目性质的节目类型。电视专栏一词与电视栏目有一定的区别，但在大多数情况下是同一的。电视栏目"一般以栏目名称、特定的标志图像和间奏乐等与节目其他部分区分开。其所有内容或同一主题、同类题材、或同一体裁、同一特征等，又与整个节目和谐统一，使节目布局与结构层次化、精致化、延续化"。① 它有一定的播出时间和周期。

电视栏目与电视节目既有联系又有一定的区别。电视节目是电视台各种播出内容的最终组织形式和播出形式。"电视的内容随着时间的推移而依次变化，就像竹竿一样，有着一个个的节，每个节代表着一个时间段，每个不同的时间段播出不同的内容，于是就称这种不同内容的时间段为节目。"② 而电视栏目，从本质上讲，是一种节目的编排形式，是电视传播内容的基本单位。因此，人们在习惯上常把栏目叫做节目。

电视栏目具有系统性、固定性、综合性的特征。它要求节目的内容、类型系统化，时间长度规范化，节目编排条理化；它要求有固定的栏目名称、固定的片头、固定的节目长度、固定的播出时段、固定或相对固定的栏目主持人，以便观众定期、定时收看；它可以是内容的综合，也可以是表现形式的综合，即现场与背景报道的综合，或是纪实报道与谈话节目的综合等。

①　甘惜分主编：《新闻学大辞典》，郑州：河南人民出版社1993年版，第248页。
②　庞啸：《实用电视新闻理论》，北京：中国广播电视出版社1999年版，第117页。

第一章 电视栏目的发展

中国的电视事业从 1958 年诞生至今，已经走过了近 50 年的历程，其间经历了艰苦创业、曲折发展和全面振兴的发展阶段。与此相适应，电视节目的栏目化也经历了初创期的探索、成熟期的发展历程。回顾电视栏目的发展历史，探讨电视栏目的发展规律，对当今电视节目的创作和未来媒体竞争力的增强都是大有裨益的。

第一节 多样化的探索阶段（1958～1983）

伴随着中国电视的诞生，我国第一代电视人开始了对电视节目创作艺术的探索。虽然当时的美国电视已产生了震惊世界的名牌栏目和影响了一个时代的明星主持人，但处于封闭状态的我国电视工作者，只有从电影的启蒙和对广播的借鉴中，开始了一段自我探索的发展之路。

一、从电视节目向电视栏目发展

电视节目这个概念相对于电视栏目的单一性而言，具有泛指的意义。狭义的理解，是指电视传播的最小构成单位；广义的理解，则涵盖了电视传播内容的整体。

因此，初创期的一些电视节目虽以栏目相称，但也只是有一个栏目的躯壳而已，其内容的庞杂性与"节目"概念相近，而与"栏目"的系统性则相去甚远。

电视栏目是由固定主持人主持、内容主题明确、风格和形式统一、定时定量定期播出的节目单位。它与电视节目的细微区别在于：在主持人的设置上，栏目有固定的主持人，并成为栏目的一个外在标志，而电视节目则无需固定的主持人；在规范播出上，栏目是定时定量定期播出的，而节目则没有延续性，播出时间不固定；在收视对象上，栏目主要为特定的观众服务，而节目的对象则不固定，节目的内容在总体上要比栏目的内容广泛得多。我们看下面这份中央电视台（原北京电视台）试播时的部分节目表：

1958 年 5 月节目表：（逢星期四、日播送）

19：05　第一周：文艺节目

　　　　第二周：对儿童广播节目

19：35　第一周：科技卫生和实用知识节目

　　　　第二周：政治节目

1961 年 1 月（开始试行固定栏目）

18：33　儿童节目（星期三、六）

　　　　文教节目（星期一、四）

　　　　学校生活（星期一、四）

　　　　卫生节目（星期一、四）

　　　　科技节目（星期二、五）

19：40　商业节目（星期一）

　　　　工业节目（星期二）

　　　　首都建设（星期三）

　　　　祖国各地（星期三）

　　　　新人新事新气象（星期四）

　　　　农业节目（星期五）

　　　　一周工农业节目综合报道（星期六）①

　　从上表可以看出，在中央电视台成立初期并没有什么栏目之称，最早的电视节目报刊登的也只是各种"节目"的时间表。虽然也有人称上述节目为"固定栏目"，但与现在意义上的"栏目"含义不可同日而语，它只不过是将同类节目"汇聚"而已，这从栏目的名称上也可以看出来。

　　从 1961 年起，北京电视台（中央电视台前身，1978 年 5 月 1 日改为现名）开始尝试在少儿节目中走栏目化道路，将大而统之的儿童节目分设成一系列专栏，如通过介绍革命文物进行革命传统教育的《革命传家宝》，宣讲国内外大事的《在地球仪上》，传播科技知识的《聪明的机器人》，讲解文艺知识、欣赏文艺作品的《少年俱乐部》，介绍课外读物的《好朋友——书》，教小朋友做手工的《万能的手》和讲述故事的《有趣的故事》。②

　　栏目的分设与定位，满足了不同收视兴趣的观众需求，这对当代观众细分化情况下的栏目策划是有史鉴意义的。

---

① 郭镇之：《中国电视史》，北京：中国人民大学出版社 1991 年版，第 28～29 页。

② 郭镇之：《中国电视史》，北京：中国人民大学出版社 1991 年版，第 31 页。

二、从社教节目为主向各类专栏发展

1958 年 4 月 29 日，中央广播事业局党组在给中共中央宣传部、国务院和党中央的报告中指出：北京电视台"应根据自己的工作特点，担负起宣传政治、传播知识和充实群众文化生活的任务"。[①] 这三大任务强化了我国电视的社会教育功能，反映在电视节目的安排上，表现为社教节目的分量突出。在 1960 年 1 月北京电视台的固定节目表中，所列的 28 个栏目就有 17 个属于社教类栏目，比率高达 60%。随后，还产生了一批较有影响的社教类栏目：《科学常识》（1960 年开办）、《文化生活》（1961 年开办）、《国际知识》（1961 年开办，1977 年改为《世界各地》）、《人民子弟兵》（1978 年开办）和《祖国各地》（1978 年开办）。

事实上，在电视创办初期，社教节目就几乎成了电视栏目的同义语。因此，中央电视台从诞生之日起，就有专人负责社教类节目，1963 年设立了社教节目部，直至发展到今天的社教节目中心。在当时，一般人认为，办专栏就是社教部的事，因为当时北京电视台挂牌的栏目除了《电视新闻》和《国际新闻》外，只有社教节目不定期地打出了栏目名称，如《国际知识》、《科学常识》、《卫生与健康》、《文化生活》等。

随着电视事业的发展，我国的电视节目已经形成了由新闻、文艺（含电视剧）和社会教育节目构成的三大支柱节目。新闻栏目从开办初期的《电视新闻》和《国际新闻》，到 1978 年 1 月《全国电视台新闻联播》（简称《新闻联播》）的成功开办，标志着新闻节目已成为各级电视台节目的主体，"新闻立台"的观念已成为全国电视工作者的共识。

文艺、体育节目从原来的以演播室直播和实况转播为主，也开始向专栏发展，满足了不同层次观众的多种欣赏要求。如中央电视台 1977 年 10 月开办的《外国文艺》专栏，着重向观众介绍外国的优秀文艺作品，包括音乐、美术、舞蹈、文学名著等，让人们在提高艺术欣赏能力的同时，又了解了国外丰富多彩的文艺生活。体育节目《体育爱好者》（1960 年开办）在"文化大革命"前期同其他类节目一样曾一度停办。1971 年体育节目率先恢复，除了转播体育实况外，《体育爱好者》开始不定期播出。1978 年 4 月中央电视台又开办了《体育之窗》新栏目，着重向电视观众介绍一些著名运动员和教练员的生活，报道群众性的体育活动和重要体育赛事消息。此后，全国各地方电视台也设立了专门机构负责体

① 《当代中国》丛书编辑部：《当代中国的广播电视（下）》，北京：中国社会科学出版社 1987 年版，第 10 页。

育节目，同时开办了体育专栏。

在多样化的专栏节目发展过程中，尤其值得一提的是服务性节目的开办，它对开拓电视传播功能，转变传播者角色地位都具有重要的意义。从中央电视台开播之初的《实用知识》、《气象预报》和《节目预告》等节目，到20世纪70年代末，全国电视台普遍办起了定期或不定期的服务性节目，内容有生产建设类服务信息，也有日常生活常识类服务信息。特别是中央电视台1979年8月开办的《为您服务》专栏，在社会上引起了强烈的反响。在此前后，全国各地涌现出了一大批生活服务性节目，如广东电视台的《家庭百事通》（由原来的《群众生活》、《卫生与健康》、《科技天地》3个专栏合并而成），浙江电视台的《生活杂志》（由原来的《生活之友》、《卫生与健康》合并而成），天津电视台的《观众之友》和云南电视台的《电视与观众》等。

三、从封闭制作向开放协作发展

电视是"重装备、高消耗"的媒介，每天播放的大量节目如果全靠本台制作，这是任何一个电视媒体都难以实现的。观众的多样需求与媒体自办节目的制作能力，永远是一对难以完全解决的矛盾。为了丰富电视荧屏，电视台开始寻求多种渠道解决节目源问题。交换、选购、协作，是电视媒体早期采纳并使用至今的有效方法。

中央电视台创办之初的《国际新闻》，就主要靠外国电视台寄送和外国使馆赠送。在1958年下半年和1959年上半年，中央电视台将外国新闻片和纪录片编成专辑播出，如《苏联新闻》、《罗马尼亚新闻》、《民主德国新闻》、《捷克斯洛伐克新闻》、《波兰新闻》、《匈牙利新闻》和《保加利亚新闻》等，这些来自原社会主义国家阵营的新闻，虽然时效性差一些，但对长期闭关锁国的中国的人民大众了解外部世界，增进中国人民与世界人民的交往和友谊还是起到了良好的作用。

为了进一步扩大国际新闻的来源，1960年中央电视台开始选购英国维斯新闻社（VISNEWS）的新闻素材，并与日本电波新闻社签订了交换电视片的合同。1961年又同古巴等电视台签订了交换电视片的文化协定。1980年4月1日，中央电视台又通过国际通信卫星收录英国维斯新闻社和英美合资的合众独立电视新闻社（UPITN）的国际新闻。这些措施对办好《国际新闻》和其他国际专栏节目都起到了重要作用。

在国内，全国各电视台之间也开始大协作，以1978年元旦开办的《全国电视台新闻联播》最具代表性。1978年7月，全国已有上海、广州、河北、南京、武汉、湖南、河南、成都等省市电视台，先后通过邮电微波干线向北京回传电视节目，为《新闻联播》的正式开通创造了条件。

第二节　栏目化的形成阶段（1984~1999）

电视台节目实行"栏目化"播出，是电视宣传管理的基础工作之一。20 世纪 80 年代初期，中央电视台率先提出宣传管理要实行"栏目化"，1984 年 7 月，酝酿已久的栏目化播出开始试行，到 1985 年，中央电视台"全部节目实行栏目化播出"①，当时共开办栏目 80 多个。

由于当时中央电视台播出的节目数量有 50% 以上靠地方台提供，为了保证"栏目化"播出，中央电视台于 1985 年年底制定了一份关于《中央电视台播出栏目方针、任务说明》。这个说明提出了在中央电视台播出的各类栏目、节目制作的规范、要求和播出量，同时也向全国各地电视台通报了中央电视台 1984 年对全国播出的第一套节目情况。这个"说明"的产生，是为配合中央电视台实行栏目化播出做准备，同时，也是为与地方台"共同办好面向全国的专栏"作准备。自此，可以说中国的电视广播开始进入"栏目化"阶段，按时播出各种固定的或不固定的专栏节目，已成为我国各地电视台努力的目标。电视栏目成为电视节目生产的最基本形态。

那么，什么是栏目化？栏目化的标志又是什么呢？

电视节目栏目化，是把"电视节目分成多个专栏的编辑形式和播出方式"②，即将反映同一内容和同一类型的节目归为一栏，使它有固定的名称、标志、开始曲和时间长度，并安排固定的时间播出。

"栏目化"的提出，是基于广大电视观众对电视节目播出的准时性要求的。进入 20 世纪 80 年代以后，我国电视事业迅速发展，电视节目大量增加，电视节目种类日渐齐全，电视机也大量普及，但电视台的节目播出经常不准时，严重影响了播出效果。造成这种状况的主要原因就是电视节目的编排和播出时间没有固定化，栏目本身的时间长度也没有规范化。

为了解决这一问题，中央电视台适时提出电视节目"栏目化"，就是为了使电视节目达到规范化、类型化和个性化标准，有利于组织节目制作与播出安排，便于受众定期、定时收看，以保证节目拥有相对稳定的观众群。

---

① 于广华主编：《中央电视台简史》，北京：人民出版社 1993 年版，第 12 页。
② 甘惜分主编：《新闻学大辞典》，郑州：河南人民出版社 1993 年版，第 248 页。

一、栏目规范化

栏目规范化，主要是从编排技术层面提出的，这是实现"栏目化"的重要基础，也是检验一个电视台节目管理水平的重要标志。栏目规范化，就是要做到电视节目定时间、定内容、定栏目，按时播出。目前，全国各地电视台都已基本上实现了栏目化和正点播出的目标。

栏目规范化，首先从制定规范的栏目时间表开始。以中央电视台为例，他们在1984年制定了一套栏目时间表，从7月1日起付诸实行。这个时间表的特点，就是将栏目固定化和长度规范化。各栏目的时间长度分别定为10分钟、15分钟、20分钟、25分钟和30分钟等不同规格，其中大部分栏目为15分钟规格，如《为您服务》、《观察与思考》、《科技与生活》、《卫生与健康》、《体育之窗》和《文化生活》等。30分钟规格的有《新闻联播》、《戏曲常识》等。大的栏目分别定为50分钟和120分钟规格，如电视剧等。到1993年3月，中央电视台第一、二套节目又推出了新的栏目表。其特点之一是以周为单位，对一周中每段时间播出什么栏目进行了严格的规定。同时，对各栏目的时间长度也作了较大的调整，把当时的栏目规范调整为15分钟、25分钟、30分钟和50分钟等若干档次，形成积木式格局。在新的栏目表中，还对各种栏目、节目的长度作了非常具体的规定，要求以秒为单位，可以负5秒，但是必须是正零秒，这种严格的要求，为栏目化的实现和正点播出提供了可靠的保证。现在各种广播电视报刊所登载的节目时间表，既是电视实现"栏目化"的一种标志，又是规范电视媒体准时播出的一种约束机制。有人称之为电视台的"宪法"。

栏目规范化实现的关键在于节目编排。电视节目的编排是节目录制完成后所作的一种计划安排，从狭义上讲，是指"决定具体的各种节目条数、播送时间、播送顺序和播送内容的结构等"。编排的结果在制成的播出节目时间表上得到体现。通常以周为单位制成节目表，这一点已成为各电视媒体的惯例，并随电视节目报向观众提前1～2周预报。电视节目的规范编排，使各种层次的观众通过不同的节目获得信息、知识和娱乐，也使电视栏目的某些时段产生了"新闻时间"的意义或电视"栏目时间"的意义，如中央电视台第一套节目每晚19:00，已在全国数亿观众中留下了长久的《新闻联播》记忆。每晚19:38的《焦点访谈》也成了中央电视台的一种定式。

二、栏目类型化

栏目类型化，是指电视节目按照不同的内容类别进行系统的编排的一种状况。电视传播的优势，就是能使电视媒介传播的内容无所不包，不论是人类社会还是自然界，均能制作成形声并茂的电视节目。电视栏目类型化，就是要将丰富庞杂的传播内容，按照一定的划分标准进行归类制作管理。

按照内容类型来划分，对电视节目可以分为新闻性、教育性、文艺性、服务性和教学性节目。如果按照收视对象划分，又可分为各种定向性节目，对此，我们将在下一章详细介绍。栏目的类型化，给电视台的内部管理机制带来了极大的方便，避免了一些矛盾的产生。与此相适应，许多电视机构就按节目类别设立，如新闻部、文艺部、影视剧部等。有的按服务对象而设，如军事部、青少部等。栏目类型化，使电视机构内部工作得以有条不紊地进行，如遇同类节目交叉，又可按工作职能的不同分派不同的机构去执行。如文艺节目就按照品种的不同，分别由各职能机构负责，像综艺节目就由文艺部负责；外国影视剧由国际部负责；地方电视台和社会文艺团体录制的电视剧和电影，就由影视剧部负责，而本台制作的电视剧，则由本台电视剧制作中心负责（有的台已划分出去成为独立法人单位）。

栏目的类型化，还便于电视节目的系统化管理。从微观上看，栏目的规范化构成了电视机构日常播出的纵向顺时系统。各电视媒体从社会需要出发，围绕办台宗旨和总体目标设置各类节目，合理规定它们的时间比例和安排播出时段，明确确定每个节目的指导思想和方针、内容取向及各自的风格特点，从而构建起微观节目系统。栏目的类型化是电视节目市场发展和完善的一个重要基础。

栏目的类型化，也便于节目的忠实观众或者潜在的观众带着特定期待去观看、解读电视文本。栏目的类型化，符合分众传播的规律，其固定的特色面向特定的受众进行传播，有利于培养观众较固定的收视习惯，从而形成较为稳定的受众群体。

从宏观上看，每一电视覆盖区域都有多家电视机构的数十套电视节目，在同一时间内播出，从而构成了电视节目的横向共时系统。凡处于同一覆盖范围的电视台及其栏（节）目就构成了一种横向的竞争关系。各台在设置栏目和安排时间布局时，只有从宏观全局出发，妥善处理横向共时系统节目之间的关系，才能既找到自己的最佳位置，又充分发挥自己的优势和作用。

栏目的类型化，构成了横向共时节目系统竞争的策略依据。不少媒体借鉴国外同行的一些经验采取了一些对策，如关联组合策略，即在编排上形成延绵不断的节目流，将一个时段内相同类型的几个节目组合，构成一个相对完整的板块，以在较长时间段持续吸引有相同爱好的观众。还有反向节目构成策略，就是在同一时段编排不同于其他频道的栏目，以吸引特定的观众。

三、栏目的个性化

20世纪末的中国电视界，掀起了一场前所未有的栏目改版热。改版的频次和幅度都是前所未有的，改版给电视人所带来的紧迫感也是前所未有的。通过大规模的改版，优胜劣汰，使我国的电视节目更加丰富多彩。各电视媒体在栏目化的运作中，聚集台内外人士的智慧，精心策划、精心制作，为广大观众奉献出了一大批极具个性化的名牌栏目。如果说栏目的规范化是栏目化形成的基础，栏目的类型化是栏目化形成的支撑，那么，栏目的个性化则是栏目化形成所追求的目标。

"个性化"这个词在商业运作中出现较早。在经济学理论中，将某一产品和其他产品真实或潜在的细微差别称为"产品异质性"。这种具有异质性的产品会使消费者产生对该产品与众不同的认识和感受，从而偏爱该产品。在时下数十个电视频道进入千家万户，成百上千的栏目可供观众选择的时候，如能锻造个性化的电视栏目，推出异质性的电视产品，势必增强栏目的竞争力。

电视栏目的个性化，要求在形式和内容上都具有独特性。20世纪90年代以来，我国的电视屏幕进入了一个争奇斗艳的时代，新闻杂志节目的产生、游戏节目的出现、谈话节目的兴起，各种新形式都为中国电视注入了活力。在内容上，随着我国改革开放的进程，报道的领域进一步扩大，反映的层面进一步深入。财经信息成为报道的热门题材，法制节目成为百姓的关注焦点，服务节目成为新的节目类型，科教节目正在成为新的信息源。与此同时，一批叙事性谈话节目，陆续走上了屏幕，益智类娱乐节目也大开了观众的眼界。

电视栏目的个性化，更重要的是在节目模式上具有首创性。随着国门的打开，我国的电视人也开始向"洋"看世界，各种先进的报道手法、各种有利的电视表现形态也开始引入我国。谁抢先一步将西方电视的新形态本土化，谁就赢得了先机，从而在国人眼中树立起一个影响巨大的品牌形象。中央电视台《东方时空》对新闻杂志形态的借鉴，湖南电视台《快乐大本营》对游戏节目的引进，湖北电视台《往事》对谈话节目的成功运用等，都作为一种独特的电视现象留待理论工作者去研究。

电视栏目的个性化，带动了一批名牌栏目的产生，中国新闻名牌栏目两次评选，中央电视台的《焦点访谈》和《东方时空》榜上有名。还有更多在广大观众心目中的名牌栏目，也是值得赞赏与肯定的。

当全国一大批颇具个性化的名牌栏目产生的时候，我们可以说，中国电视的栏目化已经形成。

第三节　专业化的发展阶段（2000 年起）

当 21 世纪的曙光照耀全球的时候，我国电视事业迎来了一个新的时代，随着电视"栏目化"的实现，电视又向着新的"专业化"时代迈进。

电视栏目化的全面形成，经历了相当长的一段时间，它要求栏目的设置、栏目的结构与电视市场和电视观众的收视行为、收视心理呈现出运动与变化中的大体吻合，在动态的过程中逐步完善。从这个意义上说，电视栏目化是一个相当长的历史过程。但从理论上说，栏目化作为电视节目"版面"编辑的基础工作，这个任务已经完成。况且，随着电视事业的发展，栏目化"不可能永远是基础"，"它肯定会被新的形式所取代。目前，以频道为单位的电视节目版面编排方式已经出现"。"以频道为基础的电视节目版面编排方式是电视发展的必然方向，我们应该为它的出现做好充分的准备。"① 到目前为止，以频道为单位的电视节目版面编排方式已经出现并迅速扩张，央视和许多省级电视台都先后推出了独立的新闻频道、影视频道、少儿频道、综艺频道等等。

现在可以说，电视已进入以频道专业化作为电视栏目设置与编排基础的时代。尽管频道的专业化在 20 世纪末期的中央电视台已开始实施，电视理论界也开始进行学术上的讨论，但作为一种全国性的电视媒体的转化，则源于 21 世纪初在我国兴起的广播电视集团化。我国广播电视集团化的典型模式，是以电视台作为集团的核心层。而要形成这个核心，就必须整合现有区域内的电视媒体，加强有线电视台与无线电视台的合并，统一频道规划，逐步实现频道的专业化、对象化。

自 2000 年 8 月在兰州召开全国广播影视厅局长会议以后，全国各地加快了有线电视台与无线电视台合并工作的步伐。到 2001 年 6 月底，已全面完成全国无线与有线电视台合并任务。截止 2005 年底，我国已有电视节目 1 227 套（频道），另经国家广电总局批准，开播了 95 套数字付费频道，还有 31 个境外卫星电视频道获准在我国三星级以上涉外宾馆接收。针对这一现状，我们有理由认为，我国电视已进入多频道时代，从电视节目编排这个专业角度看，完全可以说电视专栏也随之进入了频道专业化的发展阶段。

一、频道专业化的栏目设置

频道专业化，指的是"电视媒体经营单位根据电视市场的内在规律和电视

---

① 王传玉主编：《电视宣传管理论集》，北京：人民出版社 1993 年版，第 337 页。

观众的特定需求，以频道为单位进行内容定位划分，使其节目内容和频道风格能较集中地满足某些特定领域受众的需求"。①

　　频道专业化的实行，是在多媒体时代为了适应媒体之间的相互竞争和应对加入 WTO 新形势、新情况的背景下提出来的。它立足于受众的需求，是电视参与竞争的重要手段，也与整个社会发展而形成的越来越多的行业分工相适应。受众在选择众多的电视台节目时，专业频道就具有了"门户性"，从而使观众容易辨认获选，同时也使电视媒体比较笼统的传播价值变得更为具体。由于有了针对性，电视媒体对于不同的目标观众的传播也可以达到传播价值最大化，电视栏目的设置也就有了新的意义。

　　1. 专业频道与特色栏目

　　随着社会的发展，一方面，人们的价值观念和兴趣爱好趋向多元化，导致对电视节目的需求也趋向多样化。另一方面，电视频道节目资源的丰富，也为满足大众的多种需求提供了可能。这些使得电视观众市场逐渐走向细分，分众的市场对专业频道的定位和栏目的设置提出了更高的要求。

　　目前，我国的专业频道设置大致有以下一些，包括新闻频道、经济频道、都市频道、影视频道、文艺频道、体育频道、科教频道、少儿频道、信息频道、女性频道和法制频道等。各省（市）卫视频道也从过去单一的综合性频道转向建设具有独特定位的专业化、个性化频道，如湖南卫视主打娱乐频道，江苏卫视主打情感频道，广东卫视主打财富频道，广西卫视主打女性频道。为与专业频道相适应，各省卫视往往设置了相应的电视栏目带，如四川卫视定位于"天下故事"频道，从 2006 年 7 月起，每晚 22：15 推出"天下故事"栏目带，从每周一至周六依次为《真情人生》、《司法档案》、《一级设防》、《魅力发现》、《新婚碰碰碰》和《星随我动》栏目。

　　创办于 1999 年 3 月 28 日的长沙女性频道，作为全国最早获国家广电总局批准，以"女性"命名的电视频道，定位鲜明，具有极强的易识性。该频道的节目涵盖了女性生活服务、教育、母婴、经营女性、时尚、家庭、人际关系、女性故事等女性服务节目，如《女人故事》、《红尘惊奇》、《妈妈宝宝》、《女人私语》、《美丽俏佳人》等。

　　2001 年 7 月 9 日开播的中央电视台第 10 套节目——科学·教育频道，以"教育品格、科学品质、文化品位"为宗旨，开办了富有科教特色的 27 个栏目，如《探索·发现》、《走近科学》、《绿色空间》、《科技之光》、《百家讲坛》、《大家》、《人物》等。

---

　　① 张海潮：《频道分众化与媒体市场》，《电视研究》2001 年第 4 期，第 17 页。

2. 专业频道与品牌栏目

品牌本是市场营销中的一个概念，原指用来识别一个（或一群）卖主的货物或劳务的名称、名词、符号、象征或设计，或其组合。对物质产品而言，它是一种质量和信誉的保证，代表的是这个产品。借用到电视品牌中，有人把它归纳为电视媒体与受众的感情，也就是拥有广泛的受众忠诚度和重复收视率的电视栏（节）目。

特色栏目奠定了专业频道的基础，从整体上实现了频道专业化的协调一致，但如果所有的栏目都平分秋色，同样也引不起观众的注意。因此，专业频道也要像生产厂家一样树立拳头产品，让部分品牌栏目长久维持观众的热情。据南京地区的一次大型的电视观众调查显示，有的观众选择某个频道就是因为喜欢某个栏目，选择"对某个栏目有偏爱，只要有就看"的因素，比例高达 37.42%。①

中央电视台于 2005 年提出了"频道品牌化"战略，这是继"节目精品化、栏目个性化、频道专业化"战略实施五年之后的重大战略升级。根据"频道品牌化"战略，中央电视台启动了有史以来最大规模的改版行为，经济频道、体育频道、科教频道等相继改版，并推出了一批名牌、品牌栏目，拉动了全台的收视份额大幅上升。当年，中央电视台首次入选世界品牌 500 强。

3. 专业频道与系列栏目

频道专业化使电视媒体有了较为充裕的频道资源，能容纳更多的定向节目内容来集中反映某些特定领域的需求。专业频道是以整个频道为单位进行定位划分的，只有按照各自的专业定位向纵深发展，才能充分发挥专业频道的功能作用。2000 年 10 月，新组建的浙江电视台成立后，就将教育科技频道进行了调整，把晚间主要栏目集中面向青年学生，开办了《青春无限》、《青春攻略》、《青春榜样》、《青春实验室》等系列节目群，以点的深入取代了面的铺陈，突出了"知识改变命运，科技改变生活"的主色调。

北京广播影视集团于 2001 年 5 月 28 日挂牌成立后，新北京电视台（原北京电视台与原北京市有线广播电视台合并）第七套节目——生活频道，围绕百姓生活，向纵深设置了"生活全天候"系列栏目：《生活全天候之专家门诊》、《生活全天候之北京健康生活》、《生活全天候之北京精品生活》、《生活全天候之北京社区生活》。这些富有特色的栏目设计，使北京生活专业频道在电视理论界和实务界产生了较为广泛的影响。

---

① 季晓敏：《电视频道专业化的调查》，《电视研究》2001 年第 4 期，第 19 页。

二、制作专业化的节目趋向

面对众多受众挑剔的眼光，电视媒体的节目产品必须随着市场的变化，以丰富多彩的精品来满足这些特殊"顾客"的需要。一个电视频道好比是一座大型商场，其对"顾客"的吸引力来自不断花样翻新且质量上乘的产品，而要做到这一点，仅靠手工作坊式的"前店后厂"模式是远远不能适应当代社会要求的，否则就会出现"门前冷落车马稀"的状况。解决这一问题的有效方法，就是要拓宽"产品"供货渠道，让一部分节目源通过市场解决。

事实上，在我国电视界，早已在影视剧和体育节目中实行了市场化运作，但没有从根本上触动电视节目制作体制。随着频道专业化的实行，这种节目制、播的矛盾更加突出。于是，在世纪之交，中国电视理论界展开了一场关于"制播分离"的大讨论。

所谓"制播分离"，就是将节目制作的职能从电视播出机构内剥离出去，成立专门的制作公司，电视台主要负责节目的评估、收购和编排播出，它与独立的节目制作公司是一种买卖关系。

提倡者认为，"制播分离"从改变电视节目制作的产生机制入手，是一条符合广播电视运作规律，提高节目质量，创立广电节目品牌的新路子。反对者认为，从我国电视现实状况看，不宜实行"制播分离"，或不宜倡导，其理由是这种改革涉及广电队伍稳定和宣传舆论权的敏感问题，因此，不宜操之过急。

"制播分离"是市场化的产物，也是全球信息化时代广播电视媒体竞争与发展的需要。在美国，节目一直实行市场化的机制。1997年，英国广播公司也进行了重大改组，主要是将节目供应体系中的制作机构与播出机构分离开来。

在我国，电视机构自开办起，实行的基本上是制播合一的管理体制，由于节目生产者和播出管理者是同一主体，这种生产管理方式在新形势下日益暴露出很多弊端，如成本意识缺乏，资源效益差，队伍膨胀庞大，人员素质普遍偏低；缺乏创新机制，节目质量不高等。

针对这些弊端，有些电视台开始酝酿或部分实行了"制播分离"的探索。如中央电视台就曾于2000年提出过推进"制播分离"改革的总体目标、方针和具体实施方法，但由于种种原因，曾一度在电视理论界和实务界出现频率较高的"制播分离"一词，渐渐淡化。

"制播分离"的理论讨论虽暂告一段落，但实际上符合市场潮流的专业化制作机制正在电视领域兴起，并且有"作大"之势。记得在理论界探讨时，还有人谨慎地提出"制播分离"应将新闻节目除外，主要是将社教节目推向市场运作。殊不知，从中国电视史上看，最早参与节目市场交流的就是新闻节目。特别是在国际新闻方面，我国与国外新闻机构的交往合作频繁。早在我国电视诞生之初的 20 世纪五六十年代，我国中央电视台就通过交换与合作的方式，从国外获取新闻片源至今。1975 年，中央电视台与美英合资的合众独立新闻社（UPITN）签订了互购电视新闻片的合同；1986 年初，又和世界电视新闻社（WTN）签订了有关电视新闻方面的合作合同；1987 年与美国特纳公司签订了中央电视台使用该公司（CNN）电视新闻的协议等，仅改革开放以来，中央电视台就与 19 个国家的电视媒体签订了 24 个电视合作协定。

在国内，电视节目的交换与市场购买，实际上在 20 世纪末各电视台之间已广泛开展。像我国城市电视台节目交换网的运行，一直延续到现在。电视节目的市场交易也早已从电视剧的购买扩展到社教节目和娱乐节目。中国巨大的节目市场需求和高利润空间，使一部分媒体开始转向专业化的电视制作市场，并且获得很大成功。电视节目的专业化市场运作，最先引人注目的是社会上专业制作公司的兴起。像赛迪影视制作的一档大型信息科技资讯栏目《环球 IT 报道》，从 2001 年开始在包括北京电视台和上海电视台在内的全国 40 余家电视台播出。其节目通过中国国际广播电台的卫星接收最新国际信息科技素材资料，摄制国内信息产业最新动态新闻，制作完成后通过卫星向全国发送。据赛迪影视总经理介绍，他们一直在关注中国电视制播制度的改革，也一直在酝酿寻找一个合适的时机介入电视制作领域。他们认为，IT 业在很长一段时间内都将是经济发展的先遣性行业，因此，用电视传播手段向公众介绍中国及世界 IT 领域的情况，无疑会引发观众的浓厚兴趣，并将直接促进经济发展。然而，目前在电视界反响最大的专业制作公司还不是赛迪影视，而是被称为中国电视新闻族群奔出的一匹"黑马"的北京光线电视策划研究中心。该中心成功地推出了《中国娱乐报道》（现改为《娱乐现场》）。

《娱乐现场》作为中国第一档以栏目化形式和市场化运作出现的电视娱乐新闻节目，从 1999 年 7 月推出之后一年多的时间里，就在全国 300 多家电视台联合播出，同时也使该中心的资产从起家时的 10 万元增加到上亿元。《娱乐现场》的成功，说明某些专门领域的电视新闻，也是可以制成栏目进行市场化运作的。据报道，已有跨国公司表示想买断《娱乐现场》的境外播出权，这预示着中国的电视栏目也可以走向世界大市场。

社会上电视专业制作公司的运作成功，也让业内一批精英浮出水面。杨澜的阳光文化网络经营历史人文频道，原中央电视台的著名编导夏骏也曾把北京原有线 4 频道改造成为北京生活频道。电视栏目的社会化经营、电视频道的专业化经营已经说明，对电视制播机制改革的讨论已经没有多大意义了。具有雄厚实力的传统媒体已经觉醒，开始按照市场的运作规律来策划制作节目。像湖南经济电视台经过改版的《真情》栏目，从 2000 年开始在中央电视台第四套播出。湖北电视台制作的《往事》谈话栏目，也曾被原北京有线电视台买断了在北京地区的播放权。《中国城市报道》由广州、青岛、沈阳、成都、西安、厦门、杭州、太原等 10 个电视台联制联播。这不同于以往城市电视台之间的交流协作方式，而是由 10 个电视台共同策划共同制作的主题性新闻报道节目，它可视为电视栏目市场化运作的另一种方式。

在电视栏目的市场化运作中，最能显示传统媒体实力与气魄的，是具有湖南电广传媒上市公司背景的北京远景东方影视文化传播公司，该公司以 8 600 万元巨资打造了《财富中国》，这个节目是由湖南生活频道《财富》栏目改造而成的，是业内知名的大投入、大制作、大营销品牌。与其他传媒制作方向不同的是，这档栏目的策划，从一开始就是将节目制作者作为资讯节目市场生产的营销商，走的是节目创新与资本运营的路子。据节目负责人介绍，他们的目标就是要竞争国内市场和国际市场。目前"正在积极探索影视节目产业化道路，致力于建立高速成长的现代电视筹划、生产和营销模式，并在立足全国、面向世界的制高点上，努力建立起一个符合现代传媒发展规律并具有高水准节目理念、人才理念和营销理念的现代化电视节目生产基地"。①

从湖南广播影视集团的运作模式可知，要想在电视节目市场取得一定的优势，必须要有一定的竞争力。虽说大投入、大制作并不等于大作品，但至少是极具市场品牌价值的重要保证。因此，社会上一些公司，如具有香港上市公司背景的北京好合拍广告有限公司，耗资 800 万元打造了一档名为《世纪攻略》的大型益智游戏栏目向全国各地电视台推出。它的最大特点是益智节目的高度娱乐化，对抗更加激烈，极具观赏性。当然，高额奖品也是吸引观众的一个重要因素。为了做好这档节目，该公司还在北京郊区建造了一个耗资数百万元的最现代化的时尚演播室。

本 章 小 结

● 电视栏目随着我国电视的诞生，到目前为止经历了三个发展阶段，即：探索、形成和发展阶段。

● 多样化的探索阶段：从电视节目向电视栏目发展；从社教节目为主向各类专栏发展；从封闭制作向开放协作发展。

---

① 刘沙白：《电视节目规模化生产的尝试》，《中国广播电视学刊》2001 年第 7 期，第 25 页。

● 栏目化的形成阶段：从栏目规范化到栏目类型化、栏目个性化。

● 专业化的发展阶段：从专业频道的特色栏目、品牌栏目发展到系列栏目的设计。

思 考 题

1. 栏目类型化的意义。

2. 栏目个性化的本质。

3. 品牌栏目在专业频道建设中的地位与作用。

第二章　电视栏目的策划

电视栏目的策划与设置，是在当今频道资源和节目资源非常丰富的情况下，为应对媒体的竞争而对电视栏目进行准确定位的一种应用性研究。它涉及受众对象的细分、栏目内容与形式的选择、媒介环境的分析等因素，其最终目标应当是社会效益与经济效益的双赢。

第一节　电视栏目的类型

讨论电视栏目的策划与设置时，必须先对电视栏目的类别有一个清晰的认识。正确的栏目分类是做好栏目策划的基础。面对众多纷繁复杂的栏目形态，需要从多种角度对其进行较为细密的分类和简约化的归纳与整理。从理论层面看，电视专栏的分类是对栏目形态进行归整，并对其所具有的内涵与范畴进行科学的概念表述。从实践上看，它对规范创作与科学管理，均有着重要的意义。

处于不断发展变化中的电视栏目创作，使电视专栏的分类也具有了动态性，作为一种分析研究，栏目的分类并不是为了给创作实践设立越来越多的限定，而是以此为基础设立一个创作图版，让实践者既可按图索骥，又能在这种参照体系中不断追求创新，为完善栏目分类体系提供翔实的理论依据。

电视专栏分类，按照不同的标准，可以划分出不同的栏目类别。

一、按栏目表现对象划分

1992 年 11 月至 1993 年 11 月，中央电视台先后三次组织全国部分专家、学者，开展了 "电视专题节目分类界定" 的大型研讨活动。通过研讨基本统一了对界定标准的认识，拟出了专题分类条目，对分类条目及定义逐条逐目进行了分析。这项界定工作，在 "涵盖周全、分类准确、界定周密、表述精当" 的方针指导下，将电视专题节目分为四大类，即：报道类、栏目类、非栏目类和其他类。在栏目类下，再根据该类的性质和特点采用了不同的划分标准。①

---

① 杨伟光主编：《中国电视专题节目界定》，北京：东方出版社 1996 年版，第 3 页。

（一）对象型栏目

1. 军人节目

2. 青少年节目

3. 老年节目

4. 妇女节目

5. 残疾人节目

6. 少数民族节目

7. 港澳台胞节目

8. 对外节目

（二）公共型栏目

1. 社会性节目

2. 经济节目

3. 文化节目

4. 体育节目

5. 科技节目

6. 卫生节目

本着"界定周密、表述精当"的指导思想，这次界定对每一分类条目给出了科学的定义，使之具有了较为规范的内涵和外延限度。

对象型栏目是指面向特定对象播出并侧重表现特定范畴或兼而有之的专栏节目形态，一般根据观众的职业、年龄、性别、地域等特点分别设置。如按职业设置的对象型栏目有《人民子弟兵》、《当代工人》、《农民之友》、《商界名家》等；按年龄设置的对象型栏目有儿童节目《七巧板》、少年节目《第二起跑线》、青年节目《十二演播室》、老年节目《夕阳红》等；按性别设置的对象型栏目有《半边天》、《21世纪，我们做女人》、《女性时空》等；按地域设置的对象型栏目有少数民族栏目《民族之林》、港澳台栏目《天涯共此时》和对外栏目《中国报道》等。

公共型栏目是指无特定对象，面向全社会广大电视观众的栏目。其选题应选择电视观众普遍关心的题材，如社会性栏目《焦点访谈》、《今日说法》；专门报道经济问题的栏目《经济半小时》；专门对文化方面的历史、现象、事件和问题进行探讨的栏目《百家讲坛》；专门报道体育活动的《体育世界》；传播科学知识、介绍科技成果的栏目《走近科学》；传播卫生知识的栏目《卫生与健康》等。

此外，在栏目类的二级类目中，这次"界定"还以功能为划分标准分列出了服务型栏目。由于对象型和公共型栏目都是根据服务对象的特点来划分的，显然服务类不能与之相提并论，本书将在另一类标准划分中列出。

二、按栏目表现内容划分

原北京广播学院（现为中国传媒大学）电视系学术委员会 1993 年编写了一本《中国应用电视学》，其中对电视专栏采用了按节目内容分类的方法，把专栏分成新闻信息类、社会教育类、文艺类、体育运动类、服务类五大类别。

新闻信息专栏，主要指电视屏幕上传播新闻信息，分析、解释与评论新闻事实的各种新闻性栏目。它包括消息类新闻栏目，像《新闻联播》、《晚间新闻报道》等；深度报道类的新闻栏目，主要是对当前具有普遍意义的事件、问题或社会现象进行评论之类的栏目，如"焦点"类的栏目。

所谓社教节目是社会教育节目的简称，即以传播科学文化知识，进行社会教育为宗旨的电视节目。它是涉及内容最为广泛，形式最为多样的一类节目。因此，社会教育节目最适宜以电视专栏方式同观众见面，以便有效地组织收视。

社教类节目按题材和内容可细分为社会政治类，即反映一个时期内重大社会问题、社会现象、重大政治事件、历史事件等为内容的栏目；文化教育类，即以文学、艺术、音乐、舞蹈、美术、戏曲等方面的人物和事件为主要题材的栏目；经济类，即以经济信息、经济政策、经济活动、经济服务为内容的栏目；科技类，即以报道科技信息、传播科技知识、宣传科技人物、推动科技进步为宗旨的栏目。

文艺类专栏是中外电视媒体都非常重视的领域，也是满足广大观众娱乐需求最重要的节目形态。它主要是对舞台上或演播室演出的各种文艺节目进行二度创作，既保留原有艺术形式的审美价值，又充分发挥电视特殊艺术功能。按照《中国应用电视学》的分类，电视文艺专栏又细分为三大类：欣赏性专栏、综合性专栏和竞赛性专栏。以中央电视台第三套节目改版（2000 年）为标志，综艺频道较为全面地体现出了文艺专栏的设置情况。这次改版以创作精品栏目，繁荣电视文艺为宗旨，融戏曲、综艺、音乐、资讯服务、文学、谈话、歌舞、广告包装等各类节目为一体，设置了丰富多彩的文艺栏目。

随着电视节目形态的发展，仅以文艺节目来代表娱乐性节目显然是不恰当的，比如当代电视热潮、真人秀类节目就很难用"文艺"类概括，还有更多的游戏类节目也不符合"文艺"的标准，因此，本书拟用"娱乐节目"替代"文艺节目"类，似更符合中国电视的现实状况。

服务性专栏是近年来较为活跃的栏目之一。这类节目是指"那些实用性强，采用传信息、作咨询、当参谋、反映群众呼声等方式，为帮助社会各界解决各种实际问题提供方便，对受众的心理和生活需要有直接影响作用的电视节目"①。这类节目原归类在社教节目类。现在，随着社会的发展和人们对高品质生活需求的增长，相应的电视节目也急剧发展起来，并已具备了单独划类的条件。

服务性节目，根据不同的标准又可进一步细分。如依节目形态可分为单项型服务节目和综合型服务节目，前者如烹调类节目，后者如《为您服务》。如以功能为划分标准，又可分为指导型服务节目，如养花、电视直销类栏目；公益型服务节目，如《股市行情》、《节目预告》等；广告型服务节目，如《都市消费》等。

关于体育运动专栏，由于在公共型专栏中已有涉及，因此这里不作详述，有关体育运动专栏的设置情况，可以从各电视媒体的体育频道中得到更为全面的了解。

三、按栏目表现形式划分

研究电视的表现形式，不能不解析电视专栏，因为它囊括了所有的电视形态；研究电视表现形式的多样化，也不能不解析电视专栏，因为它是最能融合多种表现形式，以致不断衍生出五彩缤纷的全新组合形态。如果把电视栏目的表现形式罗列出来，将是一个十分庞杂的体系，且因为有些栏目对多种表现形式的兼容，很难用一个界定比较清晰的形式概念将其归类阐述。因此，这里只将电视专栏最基本的形式类别作一些分析，以便在各种电视专栏的解析中，进一步了解这些基本形式和体裁的适应性，并希望以此作为开拓电视专栏创作新思路的基点。

1. 电视纪录片式

电视纪录片是电视专栏节目中最基本、最常用的形式。它是"以摄像或摄影手段，对政治、经济、军事、文化、历史事件等作比较系统完整的纪实报道，并给人以一定的审美享受的电视作品。它要求直接从现实生活中取材，拍摄真人真事，其基本报道手法是采访摄像或摄影，即在事件的发生发展过程中，用等、抢、挑或追随采撷的摄录方法，记录真实环境、真实时间里发生的真人真事，在保证叙事报道整体真实的同时，要求细节真实"。②

电视纪录片作为电视专栏最常用的体裁，与我国电视诞生之初的节目单一形态有关。直到20世纪80年代中期，绝大部分电视媒体的栏目，仍基本上是由专题片充任。关于电视专题片，在理论界有一种倾向把它归入电视纪录片，认为是同一类别的两种表现手法，电视纪录片更趋向纪实性，电视专题片则趋向表现

① 《中国广播电视学》，北京：中国广播电视出版社1990年版，第295页。
② 杨伟光主编：《中国电视专题节目界定》，北京：东方出版社1996年版，第8页。

性。至于二者的区别，我们在第三章会进一步详细解析。由于当时电视专栏几乎可以等同于电视专题片，因此，电视专栏的单一结构形态保留至今。现在，许多电视专栏就是由完整的电视纪录片构成，像中央电视台的《见证》，北京电视台的《纪实天下》，上海电视台的《纪录片编辑室》，湖北电视台的《纪实 30 分》等。

　　电视纪录片作为电视专栏最常用的表现形式，以其鲜明的纪实性，受到了当代电视工作者的青睐，无论在哪一类电视栏目中，我们都可以看到纪实手法的成功运用。像新闻栏目的《焦点访谈》、《新闻调查》，社教类栏目中的法制节目《法制在线》，经济类栏目《经济半小时》，生活服务类栏目《生活》中的原子栏目《消费调查》等。即使在文化娱乐栏目中，也大量运用纪实报道手法，如美国真人秀节目《生存者》、湖南电视台的《超级女声》等。

　　2. 电视访谈式

　　电视访谈式节目是继娱乐节目热之后，在当今电视台最为活跃、最普遍使用的节目类型之一。电视谈话节目作为电视专栏中重要的形态之一，不仅适用于新闻的深度报道，而且还大量应用于教育性、知识性、服务性甚至娱乐性节目。

　　电视访谈节目是"以访问、谈话的形式展开叙述视角，表现鲜明主题的"，"大都带有强烈的主观色彩，有比较明确的目的性。因内容相对集中、单一，结构连贯，国外称之为'话题节目'（talk show 译为脱口秀）。它以具有一定程度的交流感为特点，要求公允待人、平易近人、亲切感人的说理态度，通常选热门话题，顺应观众思路，针对疑问展开论述。由于交流、启发加强了观众的参与感，使节目生动活泼"。①

　　电视谈话节目在 20 世纪 50 年代兴起于美国，现在谈话节目已占全部电视播出时间大约 1/3 的比例。在我国，据统计，早在本世纪初就已有 179 个谈话类节目。②

　　从现有谈话节目的创办宗旨看，电视谈话栏目的内容主要有以下一些：时政话题，如河北电视台的《国人笑谈》；社会话题，如湖南电视台的《有话好说》；经济话题，如湖北电视台的《财智时代》；市民话题，如上海电视台的《有话大家说》；女性话题，如广东电视台的《女性时空》；人生话题，如湖北电视台的《往事》等。

　　从谈话方式看，电视谈话栏目有讲座式，如中央电视台的《实话实说》；辩论式，如湖南电视台的《有话好说》；访谈式，如凤凰卫视的《时事开讲》；对

---

　　①　杨伟光主编：《中国电视专题节目界定》，北京：东方出版社 1996 年版，第 19 页。

　　②　何树青：《一切都是对话》，《新周刊》2001 年第 9 期，第 31 页。

话式，如中央电视台的《对话》等。

从谈话场景看，有演播室内谈话节目，像上面介绍的一些节目，也有演播室外的谈话节目，如中央电视台的《当代工人》等。

可以预测，随着让媒体主导一切的"电视时代"的过去，一个与公众平等对话、开放交流沟通的电视时代必然会到来，在已经可见的媒体"对话"中，预示着电视的"脱口"一定会普遍"秀"起来。

3. 电视杂志式

电视杂志式节目（the Magazine Format）最早由美国全国广播公司（NBC）西尔维斯特·韦沃（Sylvester Weaver）创立，他于1952年和1954年先后开办了《今天》（Today）和《今晚》（Tonight）两个杂志型新闻节目。这种节目就是在一个统一名称的栏目下，由几个相对独立的节目单元组成。当时，这两个栏目除了报道一些动态消息外，还对国内国际重大新闻事件作深入报道，进一步介绍事件发生的来龙去脉和可能产生的影响。之后，这种形式的节目对美国乃至世界电视节目的发展都产生了重大影响。

到了20世纪60年代，是杂志型新闻节目蓬勃发展的时期，先后诞生了一大批名牌栏目，像美国CBS的《60分钟》、ABC的《20/20》、《黄金时间实况》等。

我国中央电视台最早于1987年1月开办了《九州方圆》大型杂志节目，由于内容过于庞杂，最后终止播出。现在中央电视台较为成功的杂志型栏目为《东方时空》，该栏目曾在1995年、1996年两度被评为中国名牌栏目。

杂志型栏目，是运用多种表现手法，包含多种内容与形式的一种电视节目。它借鉴杂志手法，将长短不一、表现形式各异的专题节目，按栏目的宗旨加以取舍，有机地组成一个定期定时播出的单元。一般由固定的节目主持人主持播出。在结构上，杂志型节目还设有若干小栏目，相对固定地播放某类节目。小栏目之间多以板块结构方式组接贯穿，故而生动活泼，富有节奏变化，具有较强的吸引力。在我国电视节目开始实行栏目化运作的时候，大都以杂志式编排结构出现，所以当时也有"电视节目栏目化、电视栏目杂志化"一说。

杂志型栏目最大的特点是"杂"，在内容上丰富多彩，新闻性、知识性、服务性、趣味性的内容应有尽有。在形式上，多种手法交叉运用，或报道式，或访谈式，或纪录片式，皆为"我"所用，不拘一格。总之，只要是符合栏目主旨，便于表达主题内容，形式上可以灵活多样。如调查报道式，既可在新闻性杂志节目中采用，又可在服务性杂志节目中采用，前者有美国CBS的《60分钟》，后者有我国中央电视台的《生活》栏目，皆为调查报道的成功例子。

杂志栏目的"杂"，由于其内容上的包容性和形式上的灵活性，被各电视媒体的栏目广泛采用，极大地丰富和活跃了电视节目。但是，杂志栏目中的"杂"，并不意味着杂乱无章，而是要"杂而有序"。从形式上看，杂志栏目由各个小栏目构成，显得有点"杂"，但各个栏目都以其明确的栏目定位而相对固定下来，并以板块化的结构编排，界限清晰、明白，杂而不乱。有的栏目在设计之初，为了求得栏目的丰富性，往往设计十几个小栏目，在固定的播放时间内"轮流坐庄"，这并不是理想的杂志栏目，这样的栏目也不可能形成稳定的收视群体，其影响力也会大打折扣，不宜提倡。

第二节　电视栏目的定位

一个栏目的策划与设置，首要的问题是准确定位。"定位"是栏目策划的一个重要内容。近几年来，随着电视改版热的出现，电视策划也成为业内使用频率较高的一个词。中央电视台评论部首先在其栏目中打出了节目策划的名称，并专门设立了节目策划组。正因为策划组的有效运作，所以中央电视台评论部开办的栏目，策划一个成功一个，如《东方时空》、《焦点访谈》、《新闻调查》、《实话实说》等。

策划，本意为筹谋、计划或谋略。现在引申为实现特定的目标，提出新颖的思路对策即创意，并注意操作信息，制订出具体实施计划方案的思维及创意实施活动。策划是以目标为起点，以信息为基础素材，围绕创意这个核心展开的思维活动与实践活动。

电视策划的重要内容是定位，包括频道定位和栏目定位。定位的准确与否，直接关系到栏目的生存与发展问题。

"定位"一语借鉴了广告学的专用术语 Positioning，最早出现在 1969 年 6 月出版的 *Industrial Marketing* 杂志上，其含义是确定商品在市场中的位置。也就是说，定位是指从为数众多的商品概念之中，发现或形成有竞争力、差别化的商品特质及重要因素。一个优秀的营销广告创意，一定伴随着一个明确而精当的定位。换句话说，一个优秀的电视栏目策划，也必然伴随着一个准确而又精当的定位。定位是策划的基础，是对受众对象的认同，也是对媒体风格的认同。具体说来，电视栏目的定位包括栏目的对象、栏目的内容和栏目的形式定位几个方面。

一、定位的内容

1. 栏目的对象定位

栏目的定位，首先是对该栏目的受众对象明确定位，这是一个栏目成败的关键之一。所谓受众定位，就是确定栏目的目标受众，它是立足于媒介市场的分析而对媒介产品的市场占位所做出的决策。我们知道,一个重要的商业策划,需要明确的消费对象,一个好的广告策划,也要有明确的诉求对象。一个媒体要获取最大受众量,也要做到有的放矢,才能取得明显的效果,像中央电视台的《夕阳红》,受众对象为老年人,《半边天》主要对象为妇女。

现代社会随着大众传媒的发展和信息量的急剧增加,受众对象接受、选择媒介信息的空间随之增大,主动性增加,随意性加快。选择的结果,是受众大量地分化,由一部分在观念、态度、志趣及需求方面趋同的受众,形成了一些相对稳固的受众群体。这时,媒介的定位就是要根据媒介巨大的潜在市场确定自己的受众对象。一方面,要注意寻找受众群体的空白点,另辟新的发展空间;另一方面,要注意对受众群体进行新的分类重组,获得新的发展天地。比如可根据受众的政治、经济、文化等社会背景的不同,或根据受众的年龄、性别、职业、文化程度和个人爱好的差异确定媒介的受众群体。

中央电视台的《经济半小时》,将收视对象定位在年龄 25 岁至 50 岁之间、月收入平均在 1 400 元以上、拥有较高的消费能力和投资决策能力的高素质人群,并致力于更加贴近现实,关注民生,用大众化的社会经济新闻拓展更为广泛的收视群体。

湖南长沙电视台的女性频道,能在竞争激烈的湖南电视媒介中脱颖而出,就在于它的受众定位比较明确:完全关注世纪女性的世纪生存,致力于探索 21 世纪如何做女人。因此,频道的栏目设置都以女性为取舍标准,真正为女性代言。同时,也考虑到关注女性生存与命运的男性,争取所办节目"女人爱看,男人想看"。

2. 栏目的内容定位

栏目的内容定位,主要指栏目的宗旨、性质、文化品位、地方特色等,是立足于受众需求和传播目的而对媒介产品的决策。

栏目的宗旨,是一个栏目的"主心骨",是栏目的"魂",它大致规范了栏目的表现范畴,同时也是形成一个栏目特色的重要标志。如《东方之子》定位于"浓缩人生精华",《生活空间》(现改为《百姓故事》)定位于"讲述老百姓自己的故事",《焦点访谈》原定位于"时事追踪报道,新闻背景分析,社会热点透视,大众话题评说"。《焦点访谈》定位语中的"时事"与"热点",点明了栏目内容报道的范畴,"报道"与"评说"标明了栏目为"述评"结合的评论方式,"分析"与"透视"体现了栏目的报道深度。从 1999 年起,《焦点访谈》的定位语改为"用事实说话"。根据该栏目总制片人梁建增的解释,"用事实说话",一方面是从新闻的角度来讲,新闻要求讲事实,另一方面是从电视新闻评论的特点来看,"我们的评论是用事实来说话,用事实来评论",而不像报纸社论那样，是包含论点、论据、论证的纯议论文的文体。

媒介的宗旨、性质、功能是根本性的，这是设置一个栏目的出发点，也是一个媒介内容取向的规定所在。如果说，受众定位是解决为谁服务的问题，那么内容定位就是解决为受众提供什么服务的问题，有人称之为媒介的功能定位。中央电视台第四套节目推出的《中国报道》栏目，是一个对外报道的新闻类栏目，它的任务是向世界报道中国，以中国人的视点报道世界。因此，该栏目的内容定位就应满足两个功能需要：一是提供新闻信息和新闻背景；二是提供中国的权威人士的新闻分析和评论。前者由记者的采访获取，而后者主要通过主持人的采访，将专家的观点原汁原味地传给受众。

栏目的内容定位还包括栏目的文化品位定位，这是栏目根据宗旨、受众群体等因素对栏目内容文化含量、文化风格的定位。电视作为大众传媒之一，其节目有高雅和通俗之分，文化内涵有深浅之别，但总的说来，电视栏目应以大众化为主体，各个栏目可根据特定的对象及栏目的性质而定。中央电视台的《环球》是一档以介绍外国的地理、历史、风土人情、文化艺术、经济、科技等为主要内容的大板块节目，其定位有四条：外国而非中国的；知识性而非文艺或新闻的；高文化品位而非低级庸俗的；活泼的杂志型而非古板的单一型。

《经济半小时》在开栏之初曾标榜收视对象为中国的中产阶级和5 000万中小投资者，但现在也开始降低门槛，选题是大众化的，报道视角是平民化的。他们的口号是："有经济大事的时候，一定有《经济半小时》的声音，一定有与老百姓有关的声音。"他们提出用经济的眼光看社会热点，选题必须与老百姓相关，与经济相关，如果找不到与老百姓或与经济相关的内容就不做，这就是2000年改版后的《经济半小时》的重新定位。

3. 栏目的形式定位

当媒介的内容范畴确定之后，必须进一步考虑的是栏目的表现形式问题。新闻媒介，无论是报纸版面，还是广播电视栏目，都力求内容与形式的完美统一。媒介的吸引力，根本在于内容，但形式因素也不可忽视。内容决定形式，形式又强化和美化内容。

电视媒介的形式，主要表现在栏目的结构形态、表达方式以及时段选择等方面。栏目的结构形态主要有杂志型和专题型两种。杂志型栏目一般以30分钟至50分钟的节目长度为宜，形式上呈板块结构，综合变化，灵活多样。大多数杂志型栏目内分设若干个子栏目，如电视新闻杂志栏目《东方时空》就设有《东方之子》、《百姓故事》和《时空连线》等子栏目。另有一些杂志型栏目借鉴了美国CBS《60分钟》结构方式，虽然栏目按内容分为几大块，但并不设子栏目，而是通过主持人承上启下的解说将若干部分板块内容串连在一起。如中央电视台的《生活》栏目，改版前由《背景》、《消费驿站》、《生活留言》、《百姓》和《特别寻呼》等五个子栏目构成，改版后的《生活》栏目，其服务大众、贴近生活的宗旨没有变，但形式上没有原先那种子栏目的明显隔断感，而是通过主持人更具亲和力的方式将各段内容有机地串接在一起。

与杂志型栏目相对应的是专题型结构形式，即每期栏目由一个独立完整的报道构成，没有设计安排若干小栏目。像《焦点访谈》、《新闻调查》等，都是由一部纪录片式的报道、或调查式的报道、或访谈式的报道形式完成一期栏目内容的制作，使报道具有一定的深度。专题型的栏目结构在 20 世纪 80 年代和 90 年代初期，成为主流形式。20 世纪 90 年代中期以后，杂志型栏目兴起，成为一种时尚。但很快我们就发现在 20 世纪 90 年代末期以来，专题型栏目又受到青睐。发展到当代，专题片与谈话节目方式的融合似乎又成为许多栏目选择和运用的形式，如湖北卫视的《往事》栏目。

栏目时段的确定，是电视策划中需要慎重考虑的因素。一般来说，黄金时段的节目收视率要高一些，所以黄金时段也就成了制片人竞争的热点。但这并不意味着所有的栏目都适合在晚上 7 点至 8 点黄金时段播出，栏目的时段选择要依栏目的对象而定。对少儿节目来说，晚上 6：30 就是它的黄金时段；对老年人和家庭妇女来说，日间就是最好的时段。在栏目时段的确定上，既要考虑所谓黄金时段的首选，又要考虑同时段其他节目可能造成观众的分流，还要了解栏目特定对象的最佳收视时间，如果这几方面都考虑到了，对一个栏目来说，最恰当的时段就是黄金时段。中央电视台的《经济半小时》，原定位在第二套节目的每晚 8：30 播出，这可以说是真正的黄金时段，但经调查发现，栏目定位的受众对象很少有人能在这段时间坐下来收看《经济半小时》，绝大部分中产阶级的最佳收视时间是在晚上 9：00 以后，因此，该栏目现在的首播时间已调到每晚 9：30。

二、定位的依据

电视栏目定位的重点是受众定位、内容定位和形式定位。我们通过对一些实例的分析，已经了解到这些定位方式。但是，我们需要更进一步研究的是，这些栏目为什么要这样定位？也就是说栏目定位的依据是什么？

每一个栏目定位的产生和变更都不是偶然的事件，无论是一个新栏目的产生，还是原有栏目的改版，都是媒介的内部因素和外部因素产生影响的结果。媒介的内部因素包括节（栏）目资源的配置，人力资源的配置，设备资源和资金来源等。媒介的外部因素除了政治、经济、文化、法律等因素外，直接影响栏目定位的因素有媒介的接受对象、媒介的竞争者和控制者等。

1. 栏目定位的外部影响因素

（1）栏目的接受者因素

在分析媒介的定位时，曾专门论述到媒介的受众定位，前面讨论的是媒介的接受对象是谁，这里要研究的是媒介的接受者如何影响到媒介的定位。

新闻媒介从产业发展角度看，其产品的竞争就是对目标受众的竞争。受众是新闻媒介的服务对象，是媒介产品的消费者，因此，受众群体的变化直接制约和影响媒介产品市场的变化。

从报纸媒介看，全国晚报和都市报为什么在20世纪90年代中期蓬勃兴起？这是因为近20年来，我国新城市不断出现，大城市功能不断扩大，城市人口不断增加，为晚报、都市报的发展提供了广大的读者群体。因此，都市报以报道市民生活、为市民服务为宗旨，以市民为读者对象，以市民视角去选择和报道新闻，从而获得了很大成功。

但受众是一个庞大的群体，是成千上万的不确定的传播对象。尽管晚报的对象是市民，而市民又是一个非常广泛的概念，包括上自政府官员 、专家学者，下至普通工人、家庭妇女，只要你生活居住在城市里，你就是市民中的一员，扮演着"市民"这个社会角色。然而，市民的广泛性，是否就意味着"市民报"或都市频道就拥有了广泛的市民呢？事实证明并非如此。

大众媒体的受众是一个复杂、多变的因素，受众的年龄、职业、文化程度、收入水平以及接受心理和行为等都会对媒介的发展产生影响，从而成为制约媒介定位的要素。在现代社会，由于媒体的增加和频道的增加，受众的主权得到了强化，受众的需求也日趋多样化。因此，受众的细分化已成为必然。日本的AM广播就是因为沿用了"听众的选择与分类"方式，即从收听对象的性别、年龄、职业以及接受形态上进行分类，并择其相应的时间和内容进行节目播送。结果，这一针对性极强的编播思想的运作，产生了预期的效果，不但大幅度地提高了收听率，而且也使资金来源的广告效益倍增。

受众细分的标准主要有：

受众环境，包括地理区域、城市规模、通信条件等。这一指标对区域性媒介很有参考价值。如都市频道、车迷频道的设立。

受众状况，包括人口数量、人口密度、年龄结构、性别比例、收入状况、职业结构、文化程度、社会阶层等。这一指标对媒介覆盖区域中可能达到的"触及率"（指媒介受众在覆盖区域总人口中所占的比率）具有预测价值。如女性频道、亲亲宝贝频道的设立。

受众兴趣，包括受众的生活方式、价值观念、利益追求等。这一指标对媒介的内容定位具有指导价值。如靓妆频道、围棋频道的设置。

受众习惯，包括特定观众收看电视的时间与频道等。这一指标对媒介的内容与形式定位以及电视的时段安排都有一定的参考价值。如《经济半小时》、《探索·发现》栏目的设置。

对受众细分，在媒介传播中是非常重要、也是很有效果的一种操作方式。2000年6月，笔者在北京参加"中日韩广播电视发展"国际学术研讨会时，就注意到许多中外专家学者提到了受众细分化的问题，像日本大学艺术部的桥本孝良教授、韩国KBS新媒体中心的孔正杓主任等，都在研讨发言中谈到了受众细分化给编播方式带来的变化。

那么，如何进行受众细分呢？有学者提出可采用市场细分的几种常用方法。

单一变数细分法。即根据影响受众需求的某一种因素为标准进行细分。比如，根据受众的年龄划分成不同的年龄段，由于不同年龄段的受众需求有相对的一致性，这就为面向不同年龄段受众的媒体创造了存在的基础。例如可以办面向老年人的频道或栏目（如《夕阳红》等）。

多种变数细分法。即根据影响受众需求的两种或两种以上的因素进行受众细分。例如根据受众的地理区域、人口状况和兴趣爱好等几项因素，就可以发现地方性的生活、证券、音乐等栏目的发展空间。

系列变数细分法。即根据影响受众需求的层次系列，逐步逐层地进行受众细分。这对于综合性、全国性的大媒体较为适用。省级以上电视媒体依照受众的兴趣爱好、职业需求，可首先划分为新闻频道、经济频道、文艺频道、生活频道、教育频道等。然后，可再按受众的职业结构、文化程度、社会阶层、生活方式等进行第二层次的细分，为栏目的设置提供依据。如中央电视台第二套节目改版时，根据上述情况开办了《证券时间》、《艺术品投资》、《财富故事会》和《生活》等栏目。

（2）媒体的竞争者因素

电视媒体之间的竞争是媒体定位中需要考虑的又一个重要的外部环境因素。在当今时代，信息传播的全球化使传统的传播格局和利益格局被打破，大众媒体从来没有遇到像现在这样激烈的竞争：不仅要面临新媒体的挑战与竞争，还要面临传统媒体间的竞争。这种竞争一方面存在于不同类型的媒体之间，如报纸与广播电视、广播与电视之间的竞争，另一方面存在于同类型媒体之间，如报纸与报纸、电视与电视之间的竞争尤为激烈。

现在全国省级以上电视台都已拥有卫视频道，有50多套节目落地，一般城镇居民都可以收看到几十套电视节目。过去省级电视台妄自独尊的覆盖传播优势已不复存在，电视已从地域性覆盖变为全球或大区域性覆盖，观众凭借手中的遥控器自由选择节目，从而使电视媒体间的竞争更加激烈。

媒体间的竞争，说到底是内容的竞争、节目的竞争。谁拥有高质量的报道内容和精彩的节目，谁就赢得了受众。媒体受众市场的不断细分化，客观上加剧了媒体间的竞争，能否找准合适的市场定位并生产出高质量的媒体产品，决定着媒体的兴衰成败。而媒体定位正是要寻找媒体竞争对手的薄弱环节，发现市场空白点，从而选择正确的发展方向。凤凰卫视开办了一个《非常男女》节目，很受欢迎，前几年国内的电视台还没有类似的节目，大部分地区或单位也不准转播凤凰台节目，所以也没有看过此类节目。湖南卫视及时抓住这个空白点，开办了一个类似的栏目《玫瑰之约》，节目播出后在全国立即引起轰动，这是一个填补空白的例子。但是，随之而来的是全国部分电视台竞相模仿，就有点泛滥了。再比如，中央电视台办了一个《焦点访谈》栏目，在全国引起很大反响，于是全国各电视台也纷纷跟进，形成了一个电视焦点热。

在媒体的竞争中，要超越对手，并不完全排除跟进，但这决不意味着容忍对别人节目的简单模仿和克隆。在电视节目的策划中，一定要有自己的独特之处，即使在跟进之中，也要有一二个亮点超过对手，有人把这叫做"跟进中的超越"。

北京电视台的《北京特快》，在创办之初定位于新闻专题性节目，以《东方时空》为赶超对象。他们经过分析研究发现，《东方时空》虽然标榜为新闻杂志节目，但新闻性并不突出，《东方之子》定位的不是新闻人物而是名人；《生活空间》（后为《百姓故事》）讲述的不是老百姓的新闻故事，而更多涉及的是百姓情感、生活、家庭方面的故事；惟独《焦点时刻》（后为《时空报道》）具有新闻性。所以从整体结构上看，《东方时空》还不能算完全的新闻性栏目。于是，北京电视台决定把《北京特快》的超越点定在强化新闻性上。另外，《北京特快》的策划者还发现，即使在新闻类的节目中，也还有不足之处，如《新闻联播》、《晚间新闻》，几乎都是短新闻的播放，而《焦点访谈》类的新闻专题性栏目又缺少短消息的补充。调查研究表明，如今的观众对新闻性栏目既有量的诉求，又有深度的渴望，希望能在一个新闻性栏目中能同时满足两方面的需要。正是基于这种情况，当初的《北京特快》栏目既设置了消息板块《时讯快递》、《百姓热线》（满足量的需要），又设置了《冷眼观潮》、《特别报道》（满足深度的渴望），从而实现了量与深度的有机结合，深受北京观众的欢迎。

媒体的竞争，既来自不同类型的媒体，又来自同类型的媒体，还来自同媒体内部的栏目与栏目之间。媒体间的竞争促使媒体的制片人更加注重节目的质量。目前，电视台频繁的改版、末位栏目淘汰制就是内部竞争中的产物。各栏目的制片人绞尽脑汁，想方设法从栏目的整体定位上策划出超越竞争对手的卖点。这股强劲的竞争之风也波及到栏目内的子栏目之间。像《东方时空》开办之初的子栏目《生活空间》在重新定位于"讲述老百姓自己的故事"后，仍然处于《东方之子》和《时空报道》（现为《时空连线》）两个子栏目的夹缝之间，因此，必须在栏目的运作上即从选题内容和拍摄手法上与之拉开距离，才能找到自己的立足之地。正是基于这种态度，《生活空间》栏目的制片人说：《时空报道》论事，我们就说人；《东方之子》拍名人，我们就去拍普通老百姓；《东方之子》以访谈为主，我们主要拍状态；《东方之子》是现在完成时，我们是现在进行时……这样一步一步地趟出了一条跟踪拍摄记录普通人生活的路子。

（3）媒体的控制者因素

媒体的控制者指能够通过行政手段、法律手段或经济手段对媒体进行控制的组织和个人。一般指政治组织及其领袖，如政府、党派组织，或指经济组织，如企业、财团等。

政治组织对媒体的控制，主要从政策、法规、信息、制度、经济等方面进行制约。比如在政策上对报纸刊号的控制、广播电视频道的审批等。在宣传上，对宣传方针、宣传原则、宣传目标、宣传要求的规定，也是媒体策划定位中要遵循的重要依据。

经济组织对媒体的控制主要用经济手段，通过向媒体投资、控股、提供广告、赞助等对媒体施加影响。有的采取联办栏目和节目的方式，借助媒体宣传自己、扩大影响；有的通过赞助，为企业作带有广告性质的变相的新闻报道，这样就导致了"有偿新闻"的产生。这种影响可能诱使新闻媒体的员工背离职业道德，从而损害大众的利益，最终也损害媒体自身的利益。

在市场化的今天，媒体作为产业要想良性循环，离不开经济的支撑，当然也离不开投资方的经济支持，这些经济组织与媒体实际上是风险共担的利益结合体。媒体既要坚持自己的编辑思想和新闻工作准则，又必须考虑在政策许可范围内，尽可能降低经营风险，使合作者的利益得到保障。这些都是媒体的经营者在媒体定位时必须要考虑的重要因素。

2. 栏目定位的内部影响因素

媒体的受众（接收者）、控制者和竞争者，作为影响媒体决策的外部因素而成为栏目的定位依据之一。而媒体的内部因素，如人才资源、设备资源、资金资源和信息资源等，也是栏目定位的重要依据，有时甚至是决定性的因素。

（1）软件资源

软件资源主要指人才资源，包括人员数量、人员素质、人员能力。一个好的创意和策划，能否付诸实施，或在运作中能否产生预期的良好效果，最后都取决于人的作用。无论是在媒体策划阶段，还是在方案执行阶段，策划人一定要考虑到是否有足够的合适人选投入。要做到知人善任，用其所长，只有把最恰当的人选安排到相应的工作岗位，才能保证策划的顺利实施。否则，再好的策划也只是空中楼阁。有些栏目、节目的策划，甚至首先要考虑的是依据媒体现有人才的优势和长处，因人而设立栏目。有的电视台集中了若干名优秀的文艺编导，那么就可能以文艺节目或娱乐节目为主攻方向；有的电视台纪录片创作队伍阵容强大，那也就可能打纪录片创作的品牌；有的策划出发点是一个特定的人，如果是一个即兴发挥很好的主持人，那么就可以为他策划一个脱口秀节目。

人才资源历来是制约媒体各项策划的重要因素，因为一切策划方案都要靠合适的人去完成。凤凰卫视中文台开设的《小莉看时事》、《锵锵三人行》和《凤凰早班车》都是因人而定的，或因人的实施而成功。凤凰台最初是一个以娱乐性节目为主的媒体，从1997年开始不断加强新闻节目报道，《凤凰早班车》就是在这样的背景下，于1998年4月1日开播的一档早间新闻节目。其制作方式主要是将每天各种媒体的最新信息进行集约化处理，由主持人陈鲁豫以叙述方式串联、编辑推出，形式简单，制作迅速、简便，颇有点"借船出海"的味道。由于"早班车"独特的节目传播方式使其获得了极大的成功，也得到了专家的好评和观众的青睐。据介绍，这个栏目编制只有6个人，有时只有4个人工作，整个节目由主持人陈鲁豫以轻松的口语化方式叙说，将每日清晨从各路汇集来的信息"说"给大家，从而获得一种人际传播的效果。陈鲁豫说新闻以一对一的谈话方式，也使我们感受到一种与内地播音方式迥然不同的新奇，它消除了传受关系中的距离感，增强了传播的亲和力。《凤凰早班车》的成功也为凤凰台创造了一种低成本的制作方式，改变了凤凰台早间广告收入为零的状况，并且从1999年以来广告价位呈上涨之势。

凤凰台的《明星三人行》栏目的创办，很显然也是因为主持人窦文涛在《锵锵三人行》（1998年4月开播）节目中的成功而从1998年7月起每周六增办的一档"脱口秀"节目。《锵锵三人行》的最初设计，按照管理层的意见是希望办成一个政府性的节目，铿锵有力，但后来窦文涛把它办成了一个娱乐性节目，是非黄金版，广告也卖了800万元，周六的《明星三人行》卖了1 200万元，所以，有人说，"以文涛一人为单位的节目卖了2 000万"。这钱怎么来的？恐怕其重要的原因还是他那诙谐调侃式的语言风格，"将私人间的侃谈搬上电视，以百姓之心，看天下之事"，"不求高度，只求广度；不求深度，只求温度；不求结论，只求趣味"。

（2）硬件资源

硬件资源包括媒体的资金、设备和技术条件，这是媒体新创办或者改版能否成功的重要保证。如近几年省级机关报创办都市报，一般都要投入几百万至上千万的资金。发行过百万份的《楚天都市报》第一次投入开办资金就达170万元。到1999年下半年，《楚天都市报》为缩短向都市报设在各地市9个分印点的传版时间，让当地读者早一点读到当日都市报，他们又一次投资 60 万元，安装卫星传版系统，用先进的科技成果缩短了报纸运作流程，这也是该报近几年发行量连续翻番的一个重要原因。

创办一份报纸需要大量的资金，开办一个新的电视频道，需要注入的资金就更多了，往往需要数百万甚至数千万元。据介绍，上海教育电视台创办时，注入资金就达 5 000 万元，之后每年还要投入 2 500 万元才能运转。如果要办一个综合频道的电视台，其投资可想而知将会更大了。

电视是一个重装备、高消耗的媒体，其形声并茂、声画一体的优势在传统媒体中独树一帜，其受众面远远大于其他传媒。但是要办一个频道，却需要投放大量的现代电子摄录设备和运行资金。即使办一个栏目或一个大型节目，资金与设备的投入也不在少数。12 集电视纪录片《望长城》在 20 世纪 90 年代初的中国屏幕上确实"火"了一把，它不仅再现了古老长城的厚重历史、纯朴的人文关怀，更重要的是开启了中国电视的纪实之风。对这样一部大制作、大手笔、大成功的作品，硬件的投入也不容忽视，仅日本 TBS（合拍单位）投入中方的采访车就有 8 辆，历时 3 年才得以完成。

现场直播是当代世界电视发展的趋势，凡有重大活动，重大新闻事件，各著名电视媒体都不遗余力云集现场，以最快的速度、最好的质量向全世界传播，这既是实力的较量，也是世界名台品牌的展现。1997 年香港回归中国，这是一个举世瞩目的大事件，为了搞好这一重大事件的报道，中央电视台调动了 1 660 多人的报道队伍，其中仅赴港人员就达 289 人。技术系统投入了有史以来数量最多、性能最先进的设备，相当于一个省级台的规模。其中包括 11 辆转播车、9 个演播室、21 个卫星转发器、43 套中继微波设备、200 套 ENG、250 台录像机、11 套多媒体设备和 3 架供航拍用的直升飞机，实现了 72 小时的连续播出。如果没有经济实力和技术设备实力作基础，这一重大报道战役很难展开。

从上而知，媒体的策划，要充分考虑到媒体自身的这些"硬件"因素。虽然不是所有媒体、所有栏目、所有平台、所有节目都需要这样大投入、大运作，但即使是一次小型报道策划，最基本的设备和资金需求也是应当在计划之中的。大投入有大的回报和效益，小投入只要充分发挥"软件"的作用，有时也会产生一些意想不到的效果。总之，媒体的策划者在"定位"时，一方面一定要考虑到"硬件"投入的可能性，否则再好的创意也不可能实现；另一方面也不要因为大投入而产生恐惧感，大多数的节目策划运作都还是比较容易实现的。

（3）节目（信息）资源

任何一个媒体，要维持每天的正常运作，需要大量的有价值的信息资源，国际与国内的、政治与经济的、文化与生活的、体育与娱乐的等等，各种信息的汇聚能满足不同类型、不同层次受众的需要。在这些浩瀚的信息采集中，一方面要靠自身的力量，利用自身的信息资源优势创办新的栏目；另一方面，仅靠媒体自身的力量从第一线获取信息资源，既不可能、也没有必要，这就需要借助外力，疏通各种权威信息渠道，对信息资源进行有效的整合配置。像各媒体大量转发的国际新闻，电视媒体中的娱乐信息等，都是对媒体资源的配置利用。有人在总结凤凰卫视的办台特色时，曾有"剪刀＋唾沫"一说，"剪刀"即是对电视信息源的有效利用，这既是一种较为经济的运作方式，同时起到了一个信息文摘站的作用；"唾沫"即讲述与解说。

媒体的策划越来越引起人们的关注。成功的策划需要对上述内容有一个清醒的认识与把握。媒体定位的外部和内部影响因素作为策划的重要依据，也是媒体策划的重要原则。在实际运作中，对这些依据和原则，既需要认真坚持、遵循规律，又需要灵活掌握，实事求是。事物是复杂多变的，策划也要因实际情况而变化，有些影响因素是经验与教训的总结，有些潜藏的因素可能在特殊情况下才显现出来，有些因素限于篇幅未一一列出，这都要在策划设计中予以注意。

第三节　电视栏目的创新

在当代媒体激烈竞争的背景下，电视栏目的创新成为一个非常重要的研究课题，也是业界异常关注的一个很普遍的热门话题。从20世纪80年代以来，我国电视媒体的创新，首先体现在节目与节目之间的竞争，代表性的节目有《话说长江》。到了90年代，电视媒体的创新集中在电视栏目之间的竞争，出现了《快乐大本营》一类娱乐栏目。21世纪之初，电视媒体的竞争、创新体现在频道之间的重新定位，导致一批个性化、特色鲜明的频道诞生，如中央电视台科教频道、广西卫视女性频道等，但频道之间的竞争归根结底还是落实到栏目的竞争，频道的核心竞争力即体现在特色频道的栏目群上。

一、电视栏目创新的意义

电视栏目创新是电视媒体的核心竞争力。在未来媒体的竞争中，媒介市场份额的争夺将成为竞争的重点，而要保持一个媒体（频道）的恒久竞争力，就必须打造一批自主生产、具有原创或首创意义的特色栏目，才能拥有别人无可比拟的核心竞争力通过简要回顾自《东方时空》创办十年来的栏目创新典范即可证明。

1993年5月1日《东方时空》（CCTV-1）栏目的创办，开中国电视新闻改革的先河，改变了中国内地观众早间不看电视节目的习惯。最初的子栏目《东方之子》，完善了以访谈方式介绍人物的探索；《生活空间》用纪录片的形式为未来留下一部由小人物构成的历史，《焦点访谈》为捕捉热点新闻提供了一个平台。

1994 年 4 月 1 日《焦点访谈》（CCTV-1）栏目的创办，开创了一条具有中国特色的舆论监督之路，创造性地提出了"政府重视、群众关心、普遍存在"的选题标准三原则，坚持"用事实说话"的理念，使该栏目成为我国影响最大、收视率最高的电视新闻栏目之一。

1995 年 1 月 1 日《半边天》（CCTV-1，CCTV-10）栏目的创办，开创了中国电视史上第一个面向全国观众的妇女栏目，被联合国前秘书长安南认为是"一个极具影响力的、专门播放有关女性话题的栏目"，同时，被不少人认为是中国人权进步的一个标志。

1996 年 3 月 16 日《实话实说》（CCTV-1，CCTV-新闻频道）栏目的创办，推动和引领了我国谈话类电视节目的兴盛和繁荣，完善了"脱口秀"节目模式，并使之走向成熟。

1997 年 7 月 11 日《快乐大本营》（湖南电视台）栏目的推出，立即在中国荧屏掀起了一股"快乐"旋风，开创了中国电视娱乐节目新时代。

1998 年 4 月 1 日《凤凰早班车》（凤凰卫视中文台）栏目的开办，首创了中国"说新闻"的先河，它带来了电视新闻语言叙事的新变化，将一般的信息传播转变为个性化的风格传播。

1999 年 1 月 2 日《今日说法》（CCTV-1、CCTV-12）栏目的创办，开创了一种举案说法的节目新形态，通过一个个简单的案例故事，深刻地阐释蕴含在民事中的法理。

2000 年 12 月《同一首歌》（CCTV-1、CCTV-3）栏目的创办，创造了中央电视台音乐栏目的收视奇迹，它打通了传统与现代的音乐时空，交融了怀旧与时尚的美好感情，成就了栏目的知名度和美誉度，在全国同类节目中名列前茅。

2001 年 9 月 7 日《百家讲坛》（CCTV-10）栏目的创办与发展，给中国电视人以更多的启示，栏目定位和"实现定位"同样需要不凡的创造性和勇气。该栏目从 2003 年险遭淘汰，到 2004 年形成特色：从历史题材中找故事、以悬念方式吸引人，再到 2006 年易中天"品读三国"形成高潮，从而使该栏目确立起自己的品牌，以致成为中央电视台第 10 套节目的顶梁柱。

2002 年 1 月 1 日《南京零距离》（江苏电视台城市频道）栏目的创办，开创了中国电视民生新闻时代，在全国掀起了一股电视新闻"零距离热"，产生了巨大的社会效益和经济效益。

至今，每年都有享誉全国的名栏目诞生，如江西卫视的《传奇》，江苏卫视的《人间》栏目等，都具有创新意义，并且以一个栏目的影响力带动提升了整个频道乃至媒体的美誉度。

电视栏目的创新也是电视媒体品牌建设的关键因素。从电视媒体整体竞争态势看，虽然电视剧仍是各电视频道收视率的发动引擎，甚至有些品牌栏目在电视剧大战中趋于边缘化。但从长远看，一个频道的持久影响力和竞争力必然依托品牌栏目，品牌栏目是频道的灵魂，并将成为观众长久识别的标志、频道记忆的重要动因。与电视剧相比，品牌栏目对频道的品牌建设、培养忠实的收视人群意义更为重大。

从2006年全国省级卫视全天24小时收视率排名看，除了稳居前三位的湖南、安徽和北京卫视外，第4位江西卫视、第5位重庆卫视分别比2005年上升了2位、4位，成为全国上升幅度较大的省级卫视。尽管促使一个省级卫视排名升降有多种因素，但影响最大的还是品牌栏目的作用。

江西卫视凭借《传奇故事》（每天21：30）栏目创造了收视传奇，2006年全年平均收视的同时段排名，在全国卫视中排名第7位，在省级卫视排名第2位。

重庆卫视自定位于"故事中国"频道后，策划设置了六大自办特色栏目，形成了"故事"性栏目带，成为该卫视的核心栏目支撑，包括《雾都夜话》，讲述感动的故事；《龙门阵》，摆人文话题故事；《巴渝人家》，记录幸福的故事；《生活麻辣烫》，串起高兴的故事；《拍案说法》，演绎情与理的故事；《人文天下》，讲述亲人团聚的故事。

二、电视栏目创新的方法

处在激烈竞争中的电视媒体，都试图通过创新吸引"眼球"而独树一帜，它除了产生社会效益外，电视栏目的创新还作为一种创意产业，也产生了可观的经济效益。像《谁想成为百万富翁》这个节目模式，已从英国卖到世界100多个国家，获得了巨额的节目模式营销收入，我国中央电视台的《开心辞典》就是这一节目模式的翻版。

有消息说，世界电视最发达的美国市场就有50%以上的节目创新模式来自英国，这些模式经过美国市场运营成功、推广放大。然后，这种电视创新潮流经日本、中国港台传到大陆。湖南电视台经过市场调查，敏锐地发现了这些新模式的中国大陆空白点，适时转化嫁接，因此成为我国电视节目创新影响力最大的赢家之一。系统地研究湖南电视现象，对电视栏目创新将会有很大的启示。

被誉为湖南电视领军人物的魏文彬在接受《综艺》周刊记者访问时，曾谈到对创新涵义的理解，他认为，创新既是对社会历史发展的洞察与判断，也是非常实际、具有可操作性的概念。研究创新，必须从社会历史的高度去看待中国传媒产业发展的现阶段、今后的发展趋势和发展规律，这是湖南电视创新与成功的大背景。他认为，创新首先要研究社会的脉搏和蜕变，研究社会结构的深刻变化、思想观念的深刻变革、利益关系的深刻调整。在此基础上，创新就要做到抢先机、蓄后劲、创名牌、占市场。笔者认为还要重原创。

抢先机。"做任何事情，先机太重要。只要市场需要，新的最好，一俊遮百丑。不是新的，市场百般挑剔。有些点子，有些事，一旦有人做，后面的人就会做得更好，但赢得一片叫好的往往是第一个。这就叫抢先机。"① 回顾一下湖南电视台近十年来所走过的路程，之所以一直处于全国卫视前列，恐怕均与这种"抢先机"有关，如《快乐大本营》、《玫瑰之约》、《超级女声》等，都透露出湖南电视的"先机"意识。

其实，这些"先机"的获得相当一部分来自对西方电视节目的"模仿"。最先的模仿可能成为一种创新，或称为创新的方法、途径之一。从字面上看，模仿与创新似乎是一对矛盾体，但在特定的地区、特定的时间、特定的社会背景下，这种对新品种、新形式、新风格的模仿，只要是别人没有做过、没有看到过的，也可在一定意义上称为创新。

况且，"艺术从本质上说是模仿性或再现性的，界定所有各种艺术作品并且使它们具有其价值的、为它们所共同具有的特征，就存在于模仿之中。"② 柏拉图声称，文学也在完全相同的方式上是模仿性的。

当然，这种模仿品的原物（模本、节目模式）应当是有价值的，是经市场检验的、无市场风险的节目模式。原物愈有价值，模仿物也就愈有价值，原物的所有性质都应该在模仿品中反映出来。

《超级女声》对《美国偶像》的模仿，应当说是一个非常成功的案例，尽管湖南电视台在节目程序上有所改进，但本质上与《美国偶像》模式并无差异。

在节目模式模仿上，有三种方式或途径：一是引进中的模仿。在"版权"意识愈来愈强的中国社会背景下，完全的抄袭模仿已不被允许，因此，采取节目模式引进的方式已成为当今国际惯例。所谓模式，其本意是指传统印刷的铅版，可大量复制。引用到节目模式，即对节目规则设置的描述和设计，它是节目外部特征的凸显，可反复出现在媒介中。如《开心辞典》对英国《谁想成为百万富翁》节目模式的引进。

---

① 叶其：《创新的"湖南定义"》，《综艺》2006 年第 23 期。

② ［英］安妮·谢泼德：《美学——艺术哲学引论》，辽宁：辽宁教育出版社 1998 年版，第 8 页。

但引进模式往往需要巨额资金，因此，国内许多节目创意来自模仿。模仿的关键在于理解被模仿的原创节目的制作环节和基本方式，在抽象的节目规则基础上，根据我国的国情进行本土化的改造和创新，如时下许多真人秀类节目的成功模仿。

节目模式模仿的第二种方式是注重相似中的差异。世界电视节目在逐渐走向市场化的今天，节目形态也逐渐呈现类型化的趋向，不论是节目内容，还是节目形式都可根据一定的标准归为一定的类别。但类型化并不意味着单一化，而是于类型中略显出差异。如同是谈话节目，《实话实说》为讨论型，而《艺术人生》为叙事型。即便同是叙事型谈话，也可因嘉宾对象的定位不同，而使每个叙事型谈话节目独具个性。如《艺术人生》讲述的是艺术明星的故事，而《讲述》则讲述的是普通人的不平凡的故事。同样，同是讨论型的谈话节目，《对话》致力于为精英人物提供一个交流和对话的平台，而《当代工人》则致力于为生产第一线的工人提供一个交流和谈话的平台。从谈话节目的形式上看，同是人物类节目，《东方之子》采用访谈形式，而《人物》则采用了以纪录片为主体的形态。

节目模式模仿的第三种方式是跟进中的超越，即在节目形态和内容选择范围上都大致相近，跟进模仿，几乎成为原模式的复制品、替代物或仿造物，这在互为隔绝的跨地域传播中较为有效，如民生新闻的大量复制。但在信息全球化时代，这种封闭的地域性节目生存空间越来越小，因此，在跟进中超越是一条较为便捷的创新方式。如生存类真人秀节目的创新，从《老大哥》到《阁楼故事》、《生存者》直至《学徒》，生存竞争的内核未变，但形式上有了较大的变化。再如从《与明星共舞》发展而来的《与明星滑冰》、《与巨星过招》等，我们还可发展为《与×星××》之类的节目形态。

抓市场。占领市场是创新的方向，电视节目作为文化产品必须面对观众、面对市场，与市场接轨，与市场贴近。要研究市场，需要特别注意市场的规模，特别研究受众的需求。谁找到了受众市场需求，谁就找到了一座金矿。美国FOX的《美国偶像》连续三次（季）在18到49岁的成年收视群中高居榜首。FOX的高层们在尝到了收视和收入双赢的甜头后，乘势而上，2007年又酝酿策划推出另一档选秀节目——《美国组合》。该节目与《美国偶像》的结构极为类似，也是从不计风格不计年龄的海选开始，不同的是报名者必须是以组合为单位，继而以组合进入复赛和决赛。最大的区别在于《美国组合》将着眼于深度挖掘参赛乐队组合背后的故事，以及成名给他们带来的冲击。当这个创意被提出来的时候，"我们不禁问道，如此简单的创意我们怎么就没早些想到呢？这不就是《美国偶像》的自然延伸吗？"参与这个节目策划的《美国偶像》原班策划人马之一福洛特·寇塔兹如此说道。其实创新与创意，有时就在一纸之隔，关键在于我们对市场的感悟和对受众需求的基本判断。

重原创。原创性节目应当是电视栏目创新的最高境界，它为电视媒体带来了可观的经济效益和社会效益，像《生存者》、《谁想成为百万富翁》和《美国偶像》等，从节目模式创意到节目制作营销，乃至衍生产品链，都充满着巨大的诱惑，这一切都根源于节目的创新。创新，凝聚着策划人员的聪明才智，然而，其创意并非凭空而来，更多的是来自丰富的想像力和节目形态融合的联想。

从近年来国内外大量涌现的新节目看，既有内容上的原创，如民生新闻，也有形态上的原创。在形态上常常融合了真实性、游戏性、明星、综艺元素和积极向上的价值导向，组合形态越来越多。

《一日厨师》（CHEF PER UN GLORNO）就是将真人秀节目形态融入服务性节目之中。每期节目由一位意大利明星在一家著名餐厅体验担任专业厨师长的滋味。4位名厨组成的特别小组将辅助这个新厨师长：一位专长于开胃菜，一位专长于主菜，一位专长于肉类和鱼类烹饪，一位专长于点心制作。明星必须为每个类别设计2个新品种，在4位名厨的帮助下现场烹饪，并根据他们的建议加以改进。这些新菜将进入当天的特殊菜单。餐馆开门后，顾客和3位美食家在不知情的状态下点菜，品尝食物。最后，"一日厨师"走出厨房，来到餐厅，接受顾客和美食家的点评。

其实，这个节目形态仍然是明星＋游戏的真人秀组合。

《坐出租车赚钱》（CASH CAB）表现的是不知情的乘客搭乘一辆出租车，却惊奇地发现自己已然幸运地成为节目的答题选手，司机就是节目主持人，在送你去目的地的途中，他抛出一个个智力问题，每答对一道题可依难易程度赚得10、50、100、500英镑；答错3道题，司机会随时停车，叫选手在半途中下车。选手答题时，可以各有一次机会求助路人或打手机求助朋友，这在严格的游戏规则之外，增加了节目不可预知的戏剧性。节目走出演播室，使每一个人都有机会成为参与者，极大地调动了观众的收视心理。该节目在2005年收视不俗，并产生全球影响，版权输出到10余个欧美国家，包括美国、英国、德国、西班牙、丹麦、挪威、澳大利亚、罗马尼亚等。其实，这个节目的创意就在于，将知识竞赛节目的场景进行了更换而已，与此相应，奖惩的方式也稍作改变。

三、创新的步骤

电视栏目的设置与策划，需要精心设计与组织。它不是一般的出点子、靠拍拍脑袋就能办成，而是要遵循一定的规则，借鉴一些前人的经验，按照一定的步骤实施。一般来说，策划需要经过提出目标、收集资料、制造创意、确定方案等阶段。

1. 明确目标

栏目的设置与策划是一种决策性的工作，而正确的决策又取决于对多种信息的掌握和对客观实际以及未来走向的一种准确判断。如果信息不充分，决策就失去了根本依据。信息不畅也可能导致决策失误。

信息的收集是以不同的目标和需求而定的。当今社会，处于信息爆炸的时代，如果没有明确目标的信息选择，或者不加以限定的选择，将会无从策划，既定的策划也会失去有效的基础。

目标的确定，就是要从复杂的策划内容里发现最有价值的项目。但是仅有价值还不够，还必须找到卖点。有时价值就是卖点，有时价值不属于卖点。卖点是项目赖以出售的那个部分。项目好不好卖，有没有经济市场，能否引起广告主和观众的注意，特别是能否让广告主慷慨解囊，就看卖点如何。

有人说，卖点就是商机。有人说卖点就是节（栏）目的定位。还有人说，节（栏）目的卖点，就是它自身具备，又能符合受众需要，是媒体中存在的空白。也有人认为，所谓节（栏）目的卖点就是节（栏）目最具有吸引力的个性化品质特征，这是媒体策划的灵魂。因此，既有价值，又有卖点的项目才是策划确定的目标。

当目标初步确定之后，就要围绕这一预定的目标收集资料，以证实这一目标的确定是否正确。上海东方电视台的原《相约星期六》栏目，在筹备期间曾在上海市年龄 20~25 岁，中专至硕士研究生学历的年轻人中做过一个广泛的问卷调查，调查结果显示：有 6% 的年轻人感到生活中结识异性朋友的机会较少；有 84% 的年轻人承认对爱情婚姻问题存在许多迷茫和困惑，希望交流。而年轻人从媒体上所接触的有关爱情的内容多来自报纸杂志，来自电视的几乎为零。在"通过电视来结识异性"这一问题上，有 60% 以上的人选择了"有兴趣，但是有顾虑"这一项。为此，《相约星期六》的主要策划人决心要打破上海电视这个"零"的局面。

目标的确定，还要考虑这样几个因素：即频道节目的整体规划布局，具体节目允许安排的时段与时间，相关节目运作的实际状况，制作条件的保障程度（包括人员状况、经费保障、设备保障）等。总之，既要考虑主观条件，又要考虑客观环境，以及本单位的条件是否可能。虽然有时没有条件可以创造条件，但创造条件也要有一定的基础。在具备了以上条件之后，便可将目标具体化了。比如，长沙电视台女性频道创办之初，想以播放电视剧吸引观众的注意和广告客户的青睐，但她们所购买到的电视剧往往并不都是第一流的节目，还不具备与省级大台抗衡的实力，鉴于这个情况，为了提高电视剧的收视率，她们就创办了一个专门配合、服务电视剧的栏目《三个女人一台戏》，每晚请几个社会知识女性就当晚播出的电视剧情节、人物、主题展开评论谈话，以引起广大观众的共鸣，结果在《来来往往》的播放期间取得了意想不到的成功，使这部重播电视剧，在长沙同时段内取得了较其他节目更高的收视率。

2. 收集信息

信息资料是策划的基础，也是目标确定的重要参考因素，一个好的策划，也是从信息的收集开始的。因此，在策划前要重视资料收集，要着重了解观众需求的新变化，了解兄弟电视台有关栏目的设置与运作情况，了解本台栏目设置的空白点，了解当代电视发展的趋向，力求信息收集的全面、可靠，特别要注意收集系统外的原始信息，这一部分往往是策划当中的点睛之笔的原始依据，如中央电视台对美国 CBS 的《60 分钟》、《现在请看》、《面对面》等栏目信息的收集整理。有人说："策划，从商业角度来说，便是利用别人的金钱和别人的权力、产品与智慧为自己创造利益"，此话虽然说得有点尖刻，但不无道理，如《东方时空》的结构、《焦点访谈》的调查报道方式，也离不开对西方电视节目的借鉴。

信息的收集是电视栏目设置与策划的重要依据，因此，在栏目策划运作前期，一定要尽可能全面准确地收集一些有效的信息。一般收集信息的方法有：

（1）走访调查，即走访其他新闻媒体，走访有关部门的领导、专家学者，走访受众等。

（2）抽样调查，即通过抽取受众样本、发放问卷、统计数据的方法获取受众信息。

（3）召开座谈会，即邀请有关领导、专家和受众以及媒体内部的工作人员进行座谈、讨论、研究。

（4）公开征集意见和建议，吸引社会各界为媒体献计献策。

（5）个别交谈，即与有关采编人员、管理人员个别交流，获取内部信息。

（6）文献研究，包括从有关刊物、内部通报、相关文献资料中获取有参考价值的信息。

信息获得后，还得对各类信息加以分析，归类处理，发现栏目策划可以发展的空间，以及原策划方案中的缺陷和问题。

在信息的处理中，要注意信息的真伪辨析，包括信息产生的环境、来源、主流倾向、可行性、可信性等。对某些数据化的信息，在必要时还要进行深入的调查走访，比如，这部分观众为什么喜欢这类节目。也就是不但要知道受众需求什么，还要知道受众为什么有这种需求，这是进行正确决策的科学依据。

3. 创意构思

创意，是指为了确定和表现栏目的主题而进行的一种创造性思维活动，它以富有创造性的主意、意念或点子贯穿在策划的全过程中，并以新颖的策划方案和可视（听）形态表现出来。

创意是策划的前提，是策划的核心，是策划的艺术境界。如果创意错了，即使再好的策划，也不能取得良好的效果。西方发达国家的创意科学是十分发达的，像美国的许多大学都开设了创意专修课。日本号称"创意人口"几千万。不过，在美国、日本的"创意运动"侧重与商业运作有关的创意。

创意的价值在于创新，这是电视媒体获得最佳效果的制胜法宝。我们现在看到的很多电视娱乐节目都是互相"克隆"没有新的创意。创意并不反对借鉴，如果在借鉴的基础上有所超越与独创，仍然是较好的创意。

《东方时空》栏目借用了杂志型的编排方式，吸收了美国著名栏目的表现手法，创造了"中国特色"的新闻杂志节目，受到了广大观众的欢迎。对《东方时空》栏目成功的创意进行分析，于我们进行栏目策划是很有意义的。

《东方时空》栏目开播于 1993 年 5 月 1 日，当初于每天 7：20 在中央电视台一套节目首播，这是中央电视台第一个早间板块节目，也是新闻评论部标榜的新闻杂志类电视栏目。说它是自我"标榜"，是因为初创阶段的栏目还不是纯粹的新闻杂志型栏目。直到 1996 年 1 月 27 日《东方时空》在播出千期后进行改版，改版后作为纯粹的电视新闻杂志，才拥有了更高的收视率。

《东方时空》的最初创意，是基于满足观众多层次多方面需要的考虑，而在内容的设计上涵盖了栏目的新闻性、社会性、服务性和娱乐性，于是，在子栏目的安排上就有了相应的如下设计：

《东方之子》　　8 分钟

《东方时空金曲榜》　　8 分钟

《焦点时刻》　　9 分钟

《生活空间》　　8 分钟

如上着重号所示，将四个小栏目名称里的一个字相连，便有了《东方时空》的名称。后来，由于评论部另一个"焦点"栏目——《焦点访谈》的诞生，而将《焦点时刻》子栏目改为《时空报道》。"金曲榜"栏目由于与"新闻"相去甚远，虽说观众也比较喜爱，但为了"纯粹"，也只得忍痛割爱，从此在《东方时空》栏目中消失，而以子栏目《面对面》取而代之。

《东方时空》子栏目《东方之子》是一个人物栏目。此前，中央电视台曾有一个影响深远的《人物述林》栏目，为了与其专题片式的摄制方法相区别，《东方之子》的策划者选择了访谈方式，其创意策划主要考虑了以下几点：

一是对时代变化的适应。随着人类文化程度的不断提高，人的个性化发展趋势和与社会交流的要求变得越来越强烈，人们希望传媒提供更多的表现他们自己的机会。那种封闭式的、一厢情愿的、不和观众的心灵情感相交流的节目已经明显地失去观众，处于一种尴尬的境地。而访谈则可以使电视节目和观众的交流更直接、更深入、更真切。

二是为了在屏幕上留下更多真实的话语和面容。不"导演"，不拔高，一切都是真实自然的流露和记录。

三是为了推出全新的主持人。这个强烈的愿望几乎成了创办这个栏目的最重要的一个因素。

四是出于"技术"上的考虑。如经费问题，考虑到节目的用量大，访谈相对来说制作简单、开支少、周期短。

在表现形式上，《东方之子》采用了三种制作方式：

单一访谈式：主持人与人物在某一固定环境中交谈。背景多以演播室为主，还可利用家里和办公室。

访谈＋现场实录式：在主持人与人物的对话过程中，不断切入同期记录的人物活动；但这种纪实性段落必须体现人物的性格及其行为特点。

访谈＋现场实录＋解说式：如果人物背景材料丰富，为传达更多的信息，可在访谈加现场实录的基础上适当使用解说词。

在人物选择上，《东方之子》注意把握"焦点"，即被访人的独特的业绩与经历，以此作为整个交流过程的核心。它不以介绍人物的业绩和经历为主，不铺陈其成功或经历的具体过程，而着重展示人物独特的内心世界和感受。以写意方法从"焦点"切入，抓住若干主要方面，深入开掘，以点带面，勾勒出独特的人物形象。《东方之子》还注意人物具有的新闻性，但点到为止，不刻意渲染，以区别于常见的新闻人物专访。特别注意挖掘与展示人物未曾被发现的、有价值的、独特的"那一面"。另外，根据当今广大观众的基本需求，《东方之子》侧重揭示人物的"变化"，即对时代快速变化的应变能力、反应能力和相应的行为选择取向，给观众留下一种整体性的感受。

电视栏目的创意往往不能一蹴而就，而是需要一个不断发展的过程。以《生活空间》为例，《生活空间》在创办之初的策划思路，只是模仿《为您服务》定位在一个服务性质的栏目，教人怎么过日子，内容飘移不定，还没有找到自己明确的目标。在尝试了各种改版方案之后，曾有一段时间，定下了三个小板块：第一个板块是《健康城》——通过个案的发生传授健康知识。第二个板块是《红地毯》——文体明星的趣闻轶事。第三个板块为《老百姓》——八小时以外的生活。以上三个节目每个长度为 5 分钟，隔天插花播出。而天天播出的栏目只有两个，即《走天下》2 分钟——旅游节目，《话今日》1 分钟——历史上的今日故事。

1993 年八九月份，《东方时空》召开了一个研讨会，在会上《生活空间》

放了一个《老百姓》的故事叫《老两口蹬车走天下》（1993 年 8 月 24 日播出），讲的是一对老夫妻退休后将旧三轮车改成多功能交通工具，骑着它到全国各地去旅行的故事。这个片子在会上引起了很大反响，有专家说，通过这个片子所看到的这种生活态度而得到的感悟，不亚于读一本书。这个评价引起了领导和制片人的注意，后来，又加上其他原因的促进（如需要替代方案），就将《老百姓》打通做 8 分钟节目，在 1993 年 11 月 8 日，《生活空间》打出了自己的标版语"讲述老百姓自己的故事"——节目创意基本定型。

栏目的创意要出新，必须打破框框富于想像力，要在联想、意象的重组中创造机会。要善于反向思维、出奇制胜，超越习惯的思维方式。

创造学理论认为，创意构思是现实生活中并不存在而仅仅存在于头脑思维当中的东西。"人的每一项创意都是运用思维超越性的结果。创意的价值在于指挥人类的活动，当创意实现以后，物质世界就发生了变化。"常用的创意方法有：

头脑风暴法

这种方法就是"一种与传统会议截然不同的会议方式，给与会者创造一种智力互激、信息互补、思维共振、设想共生的特殊环境，并形成主动思考、大胆联想、积极创新的良好气氛，从而有效发挥集体智慧"。

头脑风暴法是美国创造学家阿历克斯·奥斯本由精神病理学术语引入创造学，随即为世界各国所推广应用的方法。这种方法的核心是高度自由联想。一般是通过小型会议让与会者提出各种构想，相互诱导，追求产生一种创造性的意念。

这种方法有两条非常独特的原则：一条是禁止批评，就是说在讨论过程中，即使是幼稚的、荒诞的、错误的想法也禁止批评，以避免"风暴"被削弱或被扼杀；另一条就是鼓励无所顾忌、无拘无束地自由思考、畅所欲言，思考越狂放，构想越奇特越好。

这种方法还提出一定的创造性设想的数量来保证创意的质量，并注意重视对各种设想的组合，做到每个与会者都要仔细倾听别人的发言，注意在别人的启发下及时修正自己不完善的设想，或将自己的想法与他人的想法进行综合，取长补短，再提出更完美的创意或方案。这种方法早已在我国广告策划中采用，现在在新闻媒体的策划中也比较流行。

核对表法

核对表法来源于著名的"奥斯本核对表"法，是在工商企业开发新产品时常用的一种创意法。即将影响事物的多种因素用文字或记忆的形式一一排列出来，以便更完整、更丰富地认识事物，找准策划的切入点。由于这种方法使用表式操作，所以叫"核对表法"。

　　我们在前面讲到新闻媒体定位的依据时，曾讲到北京电视台《北京特快》超越中央电视台《东方时空》的策划，就可用核对表法。策划前将《东方时空》的定位和一般新闻节目中的不足排列出来，最后确定《北京特快》栏目的超越是：从新闻量与新闻深度的结合上，满足观众对新闻栏目的需求和深度的渴望。

　　根据核对表法的启示，在电视策划中，我们可以将一些常用的创意方法介绍如下：

借用法

　　此法是借用别人的创意，模仿相似的节目，在内容与形式上加以改造而构成新的创意。像湖南电视台的《玫瑰之约》栏目，它之前已有东方电视台的《相约星期六》和凤凰卫视播出的《非常男女》，但由于凤凰卫视在很多地方未"落地"，而东方台又未上星，于是湖南台借着卫星覆盖全国的优势，模仿《非常男女》的男女派对的方式，借用长沙"弥赛亚"婚介所每周末的"玫瑰派对"的环节，成功地策划了一个"在电视上谈恋爱"的栏目，立即在全国引起巨大反响。

改变法

　　此法对原有栏目的宗旨、定位、串联方式、主持人的形象等进行一定程度上的改变，有时会获得意想不到的效果。如《生活空间》栏目，原来是定位于服务型节目，后改用纪录片的方式"讲述老百姓自己的故事"，前后效果和影响大不一样。

变大法

　　此法是在节目中加上一点内容，往往可以吸引一大批观众坐到电视机前。像湖南台的《快乐大本营》就是在节目里加进了抽奖的内容，才吸引了不少想碰碰运气的观众。

减小法

　　此法是在节目中去掉一些不适宜的内容，反而会使节目定位更准确，目标观众更明确。如《东方时空》将原《东方时空金曲榜》减去后，使栏目真正成为"电视新闻杂志"。

　　此外，还有类比思维法，即根据两个对象某些相似或相同的特点，从而发现自己的发展空间，这对开拓策划思路具有一定的启示作用。

　　4. 策划方案（文本）

　　栏目策划的信息收集、创意构思、媒体定位完成之后，就要编制详细的策划方案，并付诸文本。策划方案的写作过程是一个完善策划思路、理清思路的过程。策划方案的文本还是供领导审批的重要依据。因此，策划文本的撰写也是关系到策划能否成功实践的前提因素。

策划文本的撰写因内容和形式而异，也因人的表述习惯而有所不同，"文无定法"用于此也是十分恰当的。不过，策划方案作为一种文书形式，经过许多策划人的实践，仍有一些基本规范是必须遵循的。其基本格式如下：

①封面：注明策划栏目标题，策划主体、策划时间等。

②目录：与一般书的目录一样，让人由一页而知全貌。

③序文（或前言）：主要涉及策划动机、主要特色等，力求简明扼要，一目了然。

④目标受众：根据受众年龄、性别、职业、居住地区、文化水平、兴趣爱好、消费水平和消费习惯等因素，可以用不同的标准将其划分为不同的群体，形成不同的受众需求组合。

⑤主要内容：这是策划书最重要的部分。内容因栏目策划的类别不同而有所区别，应注意具有可操作性，避免学术化的阐释。

⑥表现形式：包括风格定位。

⑦运行设计：包括节目流程或组织运作。

⑧经费预算：整个栏目运作的经费计划，力求准确，包括来源方案也可一并写在其中。

⑨策划进度表：即把策划活动全部过程拟成时间表，何日做何事，标示清楚，以便策划实施检查落实，保证策划操作有条不紊地进行。

下面以中央电视台某新闻栏目策划书为例，来进一步加深对策划方案的理解。

CCTV
中国中央电视台（晚间新闻组）
新闻栏目策划书

传播理念阐述

本栏目积极地与国际通行的新闻传播原则和运作方式接轨。反映世纪之交人类对社会和自然环境的监测，对自身生存状态的关注以及中国社会转型过程中一系列令人眼花缭乱的急剧变化，进一步树立中央电视台作为中国第一新闻媒体的社会公众形象，提高中央电视台新闻节目与境内外媒体的竞争能力。

本栏目重点体现电视新闻媒体的告知、启迪、监督等社会功能。

所谓告知，是指以快速的时效向观众传递密集的信息，满足观众的信息饥渴。所谓启迪，是指以透彻、通俗的分析对纷纭复杂的各种社会现象进行解释，以解受众心中之惑。所谓监督，是指以准确、尖锐的揭露唤起公众对社会腐败、阴暗现象的警醒与正视。这三大功能也可以通俗地称为"解渴、解惑、解气"。

本栏目在编辑方针上奉行两个基本原则：

(1) 新闻与宣传分离的原则；

(2) 事实与评论分离的原则。

一、栏目定位

本栏目是中央电视台继《新闻联播》之后，晚间时段最重要的一档综合性新闻节目，内容以国内新闻为主，包含重要国际新闻。融会大事，关注百姓。

二、内容构成

1. 一句话要闻：以十分简明、快节奏的方式报道当天的重要新闻（包括国内、国际）。

2. 最新收到的重要国内新闻。

3. 2 条左右监督性报道，选取百姓关心的问题，多侧面组合报道，4~5分钟。

4. 国际快讯，3 分钟左右。

5. 一组组合式深度报道，4~5 分钟。

6. 配合当日重要新闻的新闻背景或新闻人物，2~3 分钟。

7. 国内简要新闻。

8. 当天全国晚报摘要。

三、目标收视群体

新闻媒体或某一新闻栏目的受众通常有精英和大众两种基本取向。与之相对应，精英取向将着眼点放在新闻的社会意义上，大众取向则将着眼点放在新闻的趣味性上。对于收视群体的定位是栏目编辑者必须清醒认识的问题。

由于没有时间进行科学详尽的受众调查和分析，我们只能根据晚间时段的特点作出如下判断。

我们认为，本栏目应以精英取向为主，兼顾一般观众。

本栏目主要收视群体将定位为政界、工商界和知识界人士。这三大类型的收视群体是国家精英阶层的主体，也是权威而严肃的新闻媒体必须重点争取的对象。这三大类型的收视群体密切关注国际国内的时事动态、关注国家大政方针的制定和实施、关注国民经济的发展和走向、关注文化教育事业的改革与振兴，尤为关注社会和经济生活中的主要矛盾以及制约改革发展的各类症结与瓶颈。

我们相信，以上观众定位既能保证观众的数量，更能保证观众的质量。目前国内电视台在该时段以播放电视剧和综艺节目为主。本栏目播出后，主要竞争对手是凤凰卫视21：00的《时事直通车》，可能还有本栏目的模仿者。但是，无论是从媒体的权威性、新闻资源的占有量，还是从中国内地观众的接近性和普适性上看，本栏目的优势都是难以比拟的。因此，台领导提出实现收视率提高3个百分点的目标是有把握的。

四、优先报道的题材与领域

本栏目在题材的选择和新闻价值的判断上以新闻的关切度为主要指标，提供社会普遍关心和高度关注的新闻报道。

中国国情复杂，政治和经济发展具有极大的不平衡性，改革发展的机遇与大量社会问题并存。有鉴于此，本栏目应优先关注宏观问题。但是这并不排斥见微知著，恰恰相反，从个案着手、从平民角度出发透析带有普遍性的问题，这往往是切入报道的最佳方式。

对宏观问题的关注要求我们紧紧围绕国计民生选定报道领域与题材。

1. 政治和经济决策与相关信息发布部门，立法和司法机构，国防与外交部门，重要经济活动处所，科技、文化教育及其他社会公共事业等均是我们优先报道的领域。

2. 以经济建设为中心，推进民主与法治，推动改革与开放，反腐惩贪的内容是我们优先关注的题材。

3. 舆论监督题材。

4. 突发事件报道：重大自然灾害、重大事故等。

5. 一般不予报道的对象与题材：

(1) 没有实质意义的会议新闻；

(2) 部门、地方和企业的经验总结式新闻；

(3) 典型人物和先进集体的宣传性报道；

(4) 群众中的轻度不法行为，如农贸市场中的缺斤少两，街头商贩的违章经营等等；

(5) 一般性的新闻发布会、剪彩仪式；

(6) 没有时效、由头和具体情节的新闻；

(7) 一般性的社会新闻、软新闻；

(8) 具有有偿新闻嫌疑的新闻；

(9) 宣传纪律禁止播发的新闻。

6. 重大节庆日、活动报道：报道角度避免与其他新闻栏目雷同，克服宣传腔，盛大场面固不可少，但不应充斥整个报道，可多从百姓角度折射。

以上取舍当以新闻价值为准，形式服从内容。

五、特别鼓励的报道样式

以下几种新闻报道样式将被特别鼓励在本栏目中大量采用：

1. 现场报道，重点报道鼓励记者在现场完成全部采访和报道内容，避免播音员和记者在机房进行后期配音；

2. 第一时效的报道，尽可能多地把现场信号引入演播室，尽可能多地在栏目中采用同步报道手段；

3. 当天和当晚的报道；

4. 第一反应的报道，本栏目鼓励播发当天重要新闻的背景报道、深度报道、跟进报道以及对当日新闻人物的采访报道；

5. 为保证第一时效和第一反应，鼓励演播室主持人进行远程图像或电话直播采访；

6. 连续报道，本栏目反对总结性的报道，鼓励对重要新闻事件的追踪式报道；

7. 多角度展示事件各个侧面和层面的组合式报道；

8. 充分展示事件发生发展过程和细节的报道；

9. 独家的揭秘性报道；

10. 采用特殊拍摄和采访手段的报道。

六、客观报道要义

1. 坚持正确的舆论导向，但要用事实说话，避免宣传性的主观报道。

2. 忠于事实：

（1）事实和评论分离；

（2）重要事实应以当事人的表述呈现出来，避免报道者主观臆断；

（3）呈现的新闻应不含报道者的感情色彩；

（4）平衡而公正地呈现问题的全貌，防止畸轻畸重；

（5）监督性报道必须采访到被监督当事人；

（6）给予报道所涉及的双方回应的机会。

3. 正确性与可靠的消息来源

在事实与评论分离的基础上，保证所报道事实的正确性以及有助于实现正确性的可验证性，将可以看到的、有实际证据支持的、而且又是经过认可的事实传递给公众。

4. 平衡处理信息

编辑和记者有义务与新闻事件保持一段专业距离，对事件或议题的各种不同立场，应该妥善作出衡量和比较，避免呈现一面之词，去除记者的个人好恶与偏见。

5. 反对报道偏见

七、语言风格规范

1. 目标：

形成独特的话语系统，既有别于官方文件话语，又有别于其他媒体、栏目或失之呆板或流于媚俗的套路，以文明社会中慎重有礼的语言编辑报道，确立一种植根于民族文化优秀传统、符合国际通行新闻语言规范的报道风格，在中文视听媒体中独树一帜，体现法治精神和文化意识。

2. 要求：

(1) 尽可能多地采用现场采访同期声。

(2) 标题及字版制作简洁规范。

(3) 语言色彩问题：报道者应使用通俗鲜活而又符合汉语规范和语言习惯的口语。根据客观报道原则，报道语言应当是中性的，不能使用感情色彩浓重的词汇，尤其是比较级和最高级的形容词和副词，以免以记者的先入之见（很可能是偏见或成见）误导观众。

(4) 法制报道语言问题：终审判决前司法对象一律称为"犯罪嫌疑人"，在报道其涉嫌犯罪过程中，尤避免主观定性。

3. 新闻叙述方式：坚持叙述方式的客观性，反对主观性的语言表述；讲究新闻叙述的技巧，要用讲故事的方式吸引观众，叙述过程要突出新闻点和新闻眼，反对平铺直叙，反对面面俱到。

八、视听形象设计

1. 播音形象

参照国内新闻栏目的各种风格，新闻播音员宜呈现庄重、稳健、大方、得体的形象，在屏幕上应洒脱自信，有一定主体意识给观众以依赖感。为凸显和保持栏目形象的固定性和个性特色，宜采用固定主播制，不宜与其他新闻栏目串播。

2. 播音风格

本栏目信息密集，为形成视听冲击力，并逐渐与国际标准靠拢，播报语速应比本台其他新闻栏目稍快，每分钟应在 260 字以上；语调应借鉴 CNN、BBC，无论是山崩地裂，还是举国欢庆，都应平淡从容，不以物喜，不以己悲，从容镇定，一以贯之。

3. 现场拍摄要求

尽量使用三角架进行拍摄；镜头中出现采访对象的标准是只能见到一边

的耳朵；推拉摇移的镜头要少，固定的中近景成组镜头要多；摄像记者要多捕捉现场的细节镜头。

4. 现场报道要求

记者的现场报道要自然流畅，有说服力，出镜记者要加强现场细节的描述。

5. 记者出镜要求

近景出镜，镜头的下部要卡在记者衣服正数第四个纽扣的位置。

6. 栏目包装设计

（1）片头：时长 12 秒

隔场片头：6 秒，突出 CCTV 标识和栏目特征。

（2）节目宣传片：时长 30 秒

一套滚动播出，展现新闻栏目的全新面貌和节目特征。

（3）新闻提要：包装格式固定，与片头画面连接，提要内容为每日重要事件素材，附音乐、同期声及解说。

（4）字版：包括新闻图版、电话报道图版、地图图版，建议为活动背景。

（5）字体：字版字幕格式为黑体，白字。

九、消息来源

1. 新闻采访部；

2. 社会新闻部；

3. 地方新闻部；

4. 海外中心新闻部；

5. 经济信息中心；

6. 新华社；

7. 其他媒体；

8. 栏目信息采集和各部门通联网络；

9. 由观众热线、栏目网址构成的新闻线索网络——每天在节目片尾打出热线电话和网址。

本 章 小 结

● 电视栏目的分类是电视节目策划的基础。按照栏目表现对象、表现内容和表现形式的不同，可以划分不同的类别。

● 电视栏目的策划，首要的问题是搞好栏目的准确定位。定位与栏目分类相对应，包括栏目对象、栏目内容和栏目形式的定位。为了更准确地定位，必须明确栏目定位的依据，包括考虑栏目的接受者因素、媒体的竞争者因素、媒体的控制者因素和资源因素。

● 电视栏目的创新是电视媒体竞争力的重要保证，必须在发展中抢先机、创品牌、占市场、重原创。

思 考 题

1. 电视栏目的类型（三种划分方法）。
2. 电视栏目设置的影响因素。
3. 电视栏目创新的方法。
4. 举例分析某一名栏目的定位。
5. 查看一档境内外电视节目新形态。
6. 设计一档电视栏目（三个定位）。

第三章　电视纪录片与电视栏目

在精彩纷呈的电视荧屏上，作为一种无法替代的独特节目形态，纪录片始终占有重要的一席之地。电视纪录片虽然从电影纪录片那里继承了基本的创作原则和方法，但是凭借电视传媒的优势和先进的创作手段，电视纪录片无论在反映生活的深度和广度方面，还是在形式、风格以及技法的丰富多样性上，都已经远远地超越了电影纪录片。

纪录片是所有纪实性电视节目的母体。从广义上来讲，一切采用纪实手法的节目形态都是电视纪录片在具体节目形式中的运用，电视纪录片可以说是当代电视节目最主要的表现形态。本章中所涉及的电视纪录片的某些概念，就是在这个意义上来论述的。

第一节　纪录片的栏目化生存

进入21世纪，有人预测，最有前景的五类电视栏目是教育类栏目、体育娱乐栏目、电视纪录片、求职类栏目和军事类栏目。作为最有发展前景的五大栏目之一的电视纪录片，市场潜力是巨大的，其"朴实无华的表现手段往往能真正做到'以人为本'，这是一个很具品位但缺乏宣传的领域"。

纪录片，作为一种非虚构性的影片开始在西方诞生时，对观众的震撼，来源于那种真实的生活纪录、寻常人的自然表演，它引发了观众对"真实电影"的极大热情和广泛认同。由此，也推动了纪录片创作的发展。

长期以来，纪录片这一独特的节目形态似"天马行空"独往独来。纪录片创作上的独立性、播放上的随意性，使纪录片创作始终难以形成巨大的节目市场和观众市场，以至当我国上海电视台首次以纪录片命名的栏目《纪录片编辑室》开播后，引发了一场不大不小的讨论。有人甚至担心，纪录片进入栏目化播放后，将会因此制约纪录片的创作和发展。事实上，在我国电视栏目诞生时，就与纪录片有着广泛的联系，从广义上说，几乎所有的栏目都是纪录片栏目的翻版。就此而言，也可以说，纪录片是电视栏目的主要节目样式。

在世界媒体竞争激烈的今天，中国电视界已经提出了"频道专业化、栏目个性化、节目精品化"的改革目标。那么，作为电视节目主要样式的电视纪录片，在电视栏目化的生存过程中，能否顺应这一潮流发展？它与电视栏目是什么关系？这是本章首先要讨论的话题。

一、纪录片是电视栏目之母

早在 1994 年，中央电视台《东方时空》的创办人之一童宁就曾撰文谈论"栏目与纪录片的关系"，文章结论是："纪录片是电视栏目之母，电视栏目脱胎于纪录片。只有纪录片再上台阶，栏目才能有水涨船高之势，只有纪录片的大发展，才能带动电视栏目的大提高。"①

事实上，我国初期的电视栏目是与电视社教节目同日而语的，而社教节目的主要报道形态是纪录片（专题片）。纪录片孕育了电视栏目的诞生，这在"电视栏目的发展"一章中已经论及。而纪实类栏目的诞生，更是由纪录片直接催生的结果。如中央电视台于 1978 年 9 月开播的《祖国各地》就是纪实类栏目的先导。栏目播出的内容主要是采用纪录片的形态，介绍了我国的山川风光、名胜古迹、民俗风情等。自此，电视纪录片也有了一个较为固定的播出栏目。据统计，在 1980 年到 1981 年的 13 个月时间里，《祖国各地》栏目共播出电视纪录片 87 部，其中有介绍山水风光、城市风貌的《大连漫游》、《三峡的传说》；有介绍名胜古迹、风土人情的《嘉峪关》、《瑶山行》等；也有介绍文化与事业发展的《国画之乡》和《藏医》等；还有报道人物的纪录片，如《青年采煤队》等。

在中国电视发展初期，一方面，大量的电视纪录片丰富了电视栏目的内容；另一方面，电视栏目的运行探索，又促进了电视纪录片的创作繁荣，其中功不可没的当推中央电视台的《地方台 50 分钟》（1990 年改为《地方台 30 分钟》），以及上海电视台 1993 年推出的《纪录片编辑室》栏目。前者为全国地方台开辟了一个展播优秀纪录片的窗口，同时培养了一大批纪录片编导。《地方台 50 分钟》开办之初的部分节目已历经时间的考验而成为经典作品，至今被作为教案经常出现在各种教学和理论研究之中，如《明天的浮雕》、《湘西，昨天的回响》、《土地忧思录》、《西藏的诱惑》等。这些节目的编导也已经成为纪录片创作队伍的中坚，并凭借他们深厚的文化底蕴，又推出了一批优秀的纪录片作品，像《西藏的诱惑》编导刘郎，近年来先后创作了《傻子年广九》、《苏园六纪》，在全国引起了很大反响，《苏园六纪》还获中宣部"五个一"工程奖。

① 童宁：《栏目与纪录片关系之我见》，《电视研究》1994 年第 12 期。

二、纪录片靠栏目融入市场

中国影视领域长期以来存在着一个"叫好不一定叫座，叫座不一定叫好"的问题，纪录片领域也不例外。据报道，在 2001 年第六届四川电视节上，大部分获电视节"金熊猫"奖的纪录片作品都是第一次与受众（仅限于参加电视节的业内人士）见面。有的纪录片甚至在获得多项大奖后，至今仍然没有公映过。为此，有人不禁要问：这些纪录片到底是拍给谁看的？有人质疑：国内纪录片拍出来以后真正进入市场，进入受众视野的片子又有多少？难怪有人担忧：中国的电视纪录片是否会步中国电影"金鸡"、"百花"的后尘——只为获奖拍作品！

造成这种状况的原因固然有很多，但与电视媒体对纪录片的地位与作用的模糊认识，与对电视纪录片传播效果的估计不足恐怕也有很大关系。我们从大多数电视台对纪录片播出时间段的安排就可以看出，只是将纪录片作为一种填补空白的替代节目。

与众不同的是上海电视台，以其对纪录片审美价值和社会价值的高度认识，以颇具前瞻性的眼光，从 20 世纪 80 年代中后期就推出了播放纪录片的固定栏目《纪录片编辑室》，该栏目受到了上海观众的普遍欢迎，据说还曾出现过万人空巷看纪录片的盛况。1993 年初，上海电视台国际部与北京广播学院共同举办了一次上海电视台创作的纪录片研讨会，笔者参加了这次研讨会，并观摩了上海电视台部分代表作品，不禁被《纪录片编辑室》栏目关注普通人的命运、关注普通人的生存、关注普通人的情感而深深感动。同时，也为上海电视台《纪录片编辑室》培育出一批优秀的纪录片而钦佩：如反映上海老式石库门弄堂居民生活的《德兴坊》；反映老年人再婚社会问题的《老年婚姻咨询所见闻》；报道初中生学习负担过重的《十五岁的初中生》；纪录最后一个母系社会摩梭文化的《摩梭人》；尤其引起人们心灵震撼的《半个世纪的乡恋》，反映了日军"慰安妇"老人长达半个世纪的人生历程和情感世界，揭示了战争与和平的世界主题。

上海电视台坚定不移地坚持纪录片的栏目化制作与播放，在众多电视台中起到了规范化操作、规模化生产以及示范性的带头推动作用。除此之外，中央电视台在第一套节目中也设置了《纪录片》（现改为《见证》）固定栏目。另外，中国视协电视纪录片学术委员会从 20 世纪 90 年代中期以来，与全国百余家会员电视台合作共同开办了《中国纪录片》（30 分钟）栏目，到 2001 年，签订播放协议的共有约 80 家电视台，以市场运作为主线，采取带贴片广告播出的方式运行，既减少了各台独家自办纪录片栏目制作力量不足的问题，又满足了各台交流节目、丰富纪录片内容的需求。近年来，中国电视纪录片学术委员会采取了新的市场运作方式，改变了过去交费发放播出节目的模式，进一步巩固了《中国纪录片》的阵地。

然而长期以来，缺少标准化时长，没有固定的播出平台，这是中国纪录片不能很好地融入市场、贴近广大受众的主要原因之一。在 2001 年第六届四川电视节上，组委会特地为此安排了一个《电视纪录片制作与国际市场营销研讨会》，专门研讨中国纪录片市场的现状与发展问题，以在中国建立和发展一个面向新世纪、具备竞争力的、健康的中国纪录片市场。

三、纪录片带动了栏目的繁荣

在谈到纪录片与栏目的关系时，有人说："栏目是一种普及型的艺术，纪录片是一种提高型的艺术。只有栏目水平提高，纪录片才能在普及的基础上百尺竿头更进一步。而纪录片的先锋作用，在中国电影史上已有辉煌的记录。每一次纪录片的创作突破，又会给栏目带来豁然猛醒的新感受。"①

从电视节目的发展来看，纪录片的每一次创作突破，都对栏目发展起到了推动作用。纪录片《话说长江》的出现，曾带动了电视栏目《祖国各地》的向前发展；纪录片《雕塑家刘焕章》的艺术尝试，带来了《人物述林》栏目的繁荣；纪录片《让历史告诉未来》的问世，使得一批电视栏目提高了节目的穿透力和历史感；纪录片《望长城》的播出，使电视栏目从中汲取养料，增强了对纪实性的深层次理解，并带动了纪实性报道手法在各类型栏目中的普遍运用。2001年央视创办的《探索·发现》栏目开播六年来，据央视综合指标调查报告显示，该栏目观众流入率暂居央视第一，栏目满意度总排名位列前十名。② 这一栏目取得的巨大成功，正是借助于 1 000 多集涵盖战争调查系列、地理发现系列、考古发现系列、历史发现系列等多个系列的集自然与历史于一体的纪录片。

从当代我国电视栏目制作的现状看，一些名栏目对纪实手法的运用都有成功的案例。例如中央电视台社教类栏目《社会经纬》，生活服务类栏目《生活》中的子栏目《消费调查》，《为您服务》中的子栏目《旅游风向标》，娱乐类节目，像美国的"真实电视"《生存者》也曾在中央电视台的《地球故事》和凤凰卫视的有关栏目中播放。此外，近年来在我国掀起娱乐狂潮的湖南卫视真人秀栏目《超级女声》，也正是吸取了美国电视节目《美国偶像》的纪实性手法，创造了栏目制作与运营的神话。

如果说纪录片是报道类节目的主要样式，那么，也可以说，纪录片是电视栏

---

① 杨伟光主编：《中国电视专题节目界定》，北京：东方出版社 1996 年版，第 117 页。

② 熊忠辉：《自然与历史的扩展性表述——浅析〈探索·发现〉的特点》，《中国电视》2007 年第 4 期。

目最基本的报道方式。纪录片除了作为同名栏目存在外，更多的是以其独特的报道手法和风格，为当代电视观众所喜爱，因此，也成为各类栏目制作的基本手法之一。即使在谈话类节目中，现在也有许多穿插了短纪录片作为话题开端，作为推动谈话节目情节发展的重要元素。因此，对纪录片的研究，就不仅仅是专题节目讨论的范畴，也应当是栏目设置、创作和借鉴需要首先研究的内容。

第二节　纪录片的本体特征

既然纪录片是电视栏目的一种重要报道形态，那么，就有必要对纪录片的本体特征和纪录片的创作风格作进一步的研究。我们知道，纪实性是纪录片的本质属性，纪录片的英文为 Documentary，即"用影片叙述非虚构的故事"之意。纪录片的创作应当遵循纪实主义美学的原则，主要运用纪录的方式，真实地再现生活。纪录意味着创作主体的淡化，对客观生活的尊重。当然，在创作过程中也不排除有时应用其他的表现手法，但是这种应用不能破坏纪实风格的整体一致性。我国的纪录片曾经长时间受前苏联纪录片理论的影响，把纪录片看做是"形象化的政论"，脱离了纪录片的纪实本性，一直到 20 世纪 90 年代纪实主义的风格成为电视纪录片创作的主流，中国的电视纪录片才实现了本体意义上的回归。

一、纪录片的界定

纪录片伴随着电影的诞生而产生。1895 年法国的路易·卢米埃尔兄弟制作的 12 部有名的短片就是最早的纪录片，如《工厂的大门》、《火车进站》。但从当代纪录片的观念来看，最早的完整意义上的纪录片，当属 1922 年美国人罗伯特·弗拉哈迪拍摄的《北方的纳努克》。尽管如此，卢米埃尔兄弟最初的拍摄活动仍然代表着纪录电影的开端。他们的两位摄影师（弗利克斯·麦斯基什、弗朗西斯·杜勃利埃）确立了两种纪录片的雏形，分别代表着纪录电影的两个极端："对现实的描述"和"对现实的安排"。纪录电影的全部历史便是在这两个极点之间形成和发展的。

在世界纪录片发展史上，中国也于 19 世纪末和 20 世纪初开始拍摄纪录电影。最早的一些镜头，纪录了清朝末年的一些社会风貌、八国联军入侵中国的片段和历史人物李鸿章等，然而这些镜头都是由外国摄影师拍摄的。1911 年年底，武昌起义时，日本摄影师桉屋拍摄了《辛亥鳞爪录》，这可看做是第一部完整记录中国社会的纪录片。

1938 年，在中国共产党领导下成立了延安电影团，拍摄了《延安和八路军》（1939 年）、《南泥湾》（1942 年）等纪录片。这是较早的中国人自己拍摄的完整纪录片，直到 1953 年 7 月，中央新闻纪录电影制片厂诞生，标志着我国纪录片拍摄制作的专业化时代的开始。

"纪录电影"——纪录片这个名词第一次出现，是在 1926 年 2 月英国人约翰·格里尔逊给《纽约太阳报》的一篇发言稿上。这个名词来自法语，是法国人称纪行电影的用语。后来，格里尔逊给罗伯特·弗拉哈迪拍摄的影片《摩阿拿》（1926 年）下定义时用了它。这部影片主要描写了南海各岛土著居民的生活。

近百年纪录片的发展，应当说在理论上和实践上都趋于成熟阶段。然而，当我们试图给纪录片下一个准确而公认的定义时却犯难了。因为随着时代的发展，科学的进步，纪录片不断注入了新的表现因素，社会审美思潮的变化和创作者的探索动机造成了纪录片不同的创作理论和创作风格，也大大丰富了纪录片的表现形态。尽管如此，作为一种学术研究和探讨，给纪录片一个较为公认的概念，仍然是十分必要的，同时，也是纪录片研究的基础。

什么是纪录片？这是一个从纪录片诞生之日起就一直争论不休的问题。在回答这个问题之前，让我们先来看看一些关于纪录片的著名定义：

> 迄今为止，我们把所有根据自然素材制作的影片都归入纪录电影范畴，是否使用自然素材被当做区别纪录片与故事片的关键标准。①
> ——［英］约翰·格里尔逊，《纪录电影的首要原则》
> 纪录片，一种排除虚构的影片。它具有一种吸引人的、有说服力的主题或观点，但它是从现实生活中汲取素材，并用剪辑和音响来增进作品的感染力。②
> ——［美］《电影术语辞典》，美国南伊利诺斯大学、南加利福尼亚大学、休斯顿大学、俄亥俄州立大学联合编辑
> 具有文献资料性质的，以文献资料为基础制作的影片称为纪录影片。……总的说来，纪录影片是指故事片以外的所有影片，纪录片的概念是与故事片相对而言，因为故事片是对现实的虚构、搬演和重建。③
> ——［法］《电影辞典》，拉·巴桑、达·索维吉
> 纪录片是这样一种电影形式：在这种形式中，电影制作者放弃了对影片

---

① 单万里：《纪录电影文献》，北京：中国广播电视出版社 2000 年版，第 500 页。
② 任远主编：《电视纪录片新论》，北京：中国广播电视出版社 1997 年版，第 271 页。
③ ［法］拉·巴桑、达·索维吉：《电影辞典》，法国拉鲁斯出版社 1991 年版。

制作过程的某些方面的某种程度的控制，并以此含蓄地向人们昭示该影片在某种程度上的"真实性"和"可信性"。

—— ［美］罗·C·艾伦，《美国真实电影的早期阶段》，《世界电影》1991 年第 3 期

纪录影片是对某一政治、经济、军事、文化生活或历史性事件作系统、完整记录报道的影片。纪录影片所拍摄的内容必须是生活中的真实的事实，不允许任何虚构。由于题材和表现方法的不同，纪录影片可分为：时事报道、文献、传记、自然和地理等纪录片。

—— 《辞海》，上海辞书出版社 1980 年 2 月第 1 版

以上几种关于纪录片的定义基本上代表了中外纪录片理论界的认识。然而，纪录片创作者们的看法与理论界却不尽一致。1993 年，日本 NHK 放送文化研究所曾就纪录片的定义和编导思想对欧美和大洋洲七国富有经验的著名制片人和编导进行了调查。来自美国、英国、加拿大、法国、德国、意大利和澳大利亚的 23 名纪录片制作者在回答"一般意义上的纪录片定义是有还是没有"这个问题时，作出"没有"回答的有 19 人，占总数的 82%；在回答"你所认为的纪录片的定义是什么"时，回答者们则分成了明显的两派："纪实派"主张节目应该"客观、公正、平衡"，而"表现派"则"强调制作者的见解和解释性"。

由此可见，我们不可能为纪录片确定一个公认的和一成不变的定义，而是应当以一种多元化的思维来看待纪录片这种充满活力的艺术。纪录片发展的历史在不断地丰富它的艺术内涵和表现方法，我们这里试图从本体意义上把握纪录片的几个基本特征：

第一，无假定性的真实。真实是纪录片的本质属性，是纪录片存在的基础。所谓无假定性的真实，是相对于艺术的真实而言的。与故事片、电视剧中的假定性的艺术真实不同，纪录片所面对的客体对象必须是现实生活中真实存在的事物和人物，不容许虚构事件。"它的基本手法是采访摄影，即在事件发生发展的过程中，用挑、等、抢的摄影方法，纪录真实环境、真实时间里发生的真人真事。这里的'四真'是纪录片的生命"①，而且这种真实能使人从屏幕上感受到，同时也是摄影师有可能拍到的真实事件。

第二，形声一体化的表现结构。电视纪录片记录现实生活中真人真事的功能是通过摄像机这种特殊的电子工具来实现的。现实世界中，客观事物的存在与运动都以形声一体化的完整形态进行，摄像机以一种特殊的记录形态再现了客观事

① 任远主编：《电视纪录片新论》，北京：中国广播电视出版社 1997 年版，第 271 页。

物直观的形声结构和运动过程。这种记录形态强调记录行为空间的原始面貌，强调记录形声一体化的行为活动，使得电视纪录片中人和事物的活动具有了一种符合人们日常生活经验的逼真感。正是这种纪录片的纪实本性——客观物质现实的复原，才使得纪录片有着其他节目形态所无法替代的独特价值和永恒的魅力。

过去，由于技术手段的问题，在用摄影机去记录生活时，声音和图像画面往往被机械地分离了。长此以往，由于"宣传"的需要，电视图像脱离了声音，脱离了具体的情境，变成了一种形象记号，使人变成了一个抽象的类概念，人物的活动也变成了某项活动的类概念，这样的图像可任由人们去理解与解释，这样就不能准确地还原出现实的真实。我国纪录片自《望长城》的一声"呐喊"，开始了电视观念的一次革命，人们开始重视现场声音在画面中的作用。

第三，情境化的叙事方式。情境化的叙事，就是要使纪录片的图像符号所表现的抽象内容具有一种"可经历"的情景意义。纪录片的创作者既不能像故事片的创作者一样用虚构的方法来安排情节，也不可能将生活完完全全地记录下来，而只能以真实自然的生活流程为素材，通过择取一个个有"意义"的瞬间和片段来"再现"生活的原貌。这种"再现"是建立在情境完整性的基础之上的。所谓"情境"，应包含三大要素：1. 人物活动的具体时空环境；2. 人物面临的具体事件或情况，即过程；3. 由此构成的特定人物关系。一部纪录片正是由多个具有一定逻辑联系的"情境"按一定的结构组成从而达到叙事的目的。

以往的电视作品，叙事系统通常是建立在观念表达的基础上，生活内容通常以横断面的方式为主题服务。生活的横断面由于脱离了具体的时间、具体的活动、具体的行为目的，往往变成具有象征意义的抽象化了的材料。

二、纪实本性的回归——中国电视纪录片的历史回顾

"纪录片的本性，应当是纪实性——客观物质现实的复原。科学技术的进步，使得人们可以用磁带和胶片，来记录客观世界纯真的面貌。"① 然而，由于历史的原因，中国的电视纪录片从诞生到确认纪实风格却走了很长的一段路。

1958 年，中国国家电视台——北京电视台（中央电视台前身）成立。中国电视纪录片也由此起步。那时，新闻性节目的摄制队伍由原来电影厂纪录片的摄影师和编导组成，他们是电视纪录片的开拓者。电视纪录片的内容也主要是报道型的，以介绍先进典型、宣传党的方针政策、报道领导人出访等重要活动和重要节日为主要任务，同时也有一些表现中国的锦绣山河、人民生活风貌和风土人情的纪录片。这个时期代表性的电视纪录片作品有：《芦笛岩》、《长江行》、《周恩

---

① 安德烈·巴赞：《什么是电影》，北京：中国电影出版社 1987 年版，第 13 页。

来访问亚非 14 国》、《战斗中的越南》、《收租院》等。在形式技巧方面，受前苏联的"概述片"模式和纪录片是"形象化的政论"的观念的影响，比较注重纪录片的教化作用，画面、音乐都十分注重形式美、造型美，倚重解说词和蒙太奇剪接效果，几乎没有用写实音响。

1966 年至 1976 年"文化大革命"期间，极左路线占统治地位，许多电视纪录片也打上了政治的烙印，被利用为极左路线和帮派宣传服务，出现了一些标语口号、形式主义以至假报道的作品。这个时期的纪录片的内容、形态和风格都受到了社会政治的影响，"责任意识放大，主体意识缺失"①，总体上题材面非常狭窄，艺术形式和手法僵化，自然风光、名胜古迹、历史文化这些题材被禁锢而不得问津，诸如知识性、娱乐性的题材被贬斥，不得涉猎；在表现形式上，从镜头运用、音乐音响处理到解说词的写作都有烦琐的不容逾越的清规戒律。在这样恶劣的环境中，纪录片艺术被窒息了。

"文革"结束后，电视纪录片的创作进入了初步繁荣期，其特点是，从题材内容到表现形式，迅速冲破极左的禁锢，涌现出一大批好作品，如《周总理的办公室》、《长白山四季》、《雕塑家刘焕章》等。1979 年 8 月，《丝绸之路》中日联合摄制组开始拍摄活动，揭开了与国外合拍大型纪录片的序幕。以后《话说长江》、《话说运河》、《让历史告诉未来》、《祖国不会忘记》……如雨后春笋般地接踵而至。也就在这个时期，电视屏幕上相继出现了专门播放纪录片的专栏，如《祖国各地》、《人物述林》、《兄弟民族》、《地方台 30 分钟》（原《地方台 50 分钟》）等。这一时期的纪录片，内容题材涉及广泛，无所不包；体裁形式也突破了单纯报道性的传统新闻纪录片形式，出现了散文式、抒情诗式、音画式、调查报告式等。到 20 世纪 80 年代以后，ENG 电子新闻采集设备的广泛运用更为电视纪录片的创作带来了极大的便利。但是画面加解说词的模式仍是这一时期我国纪录片的主要样式。1991 年中央电视台四集（每集分上、中、下三部）大型纪录片《望长城》的问世打破了这一局面。"这部片子全方位地遵循了纪实主义的创作方法，解决了以往我国电视纪录片创作方式上众多疑惑的问题，改变了长期以来电视屏幕主观意识过强，说教味浓的局面，为中国电视纪录片恢复纪实本性，起到了正本清源的作用，成为中国电视纪录片发展史上重要的里程碑。"②

在已经过去的十余年中，我国的电视纪录片创作出现了空前繁荣的景象。随

---

① 何苏六：《中国电视纪录片史论》，北京：中国传媒大学出版社 2005 年版，第 13 页。
② 石屹：《电视纪录片：艺术、手法与中外观照》，上海：复旦大学出版社 2000 年版，第 29 页。

着纪实主义手法的逐渐成熟，中国纪录片在 20 世纪 90 年代开始引起世界的瞩目，在海内外受到广泛的欢迎。1991 年，辽宁、宁夏电视台合作拍摄的《沙与海》荣获"亚广联"纪录片大奖，这是中国纪录片首次在国际上获大奖，编导高国栋、康建宁。同年，四川电视台拍摄的《藏北人家》荣获四川"金熊猫"国际电视节纪录片大奖，编导王海兵。吉林电视台拍摄的《家在向海》获第五届意大利桑迪欧自然纪录片电影节三项大奖，编导申晓力。1992 年在上海国际电视节上，上海电视台的《十字街头》获得短纪录片大奖。1993 年中央电视台孙曾田编导的《最后的山神》和陈晓卿编导的《远在北京的家》双双夺魁，前者获"亚广联"纪录片大奖，后者获 1993 年度四川"金熊猫"国际电视节纪录片大奖。同年，辽宁电视台的《两个孤儿的故事》获日本福冈亚洲电影电视节纪录片大奖，编导高国栋。1994 年上海电视台的《茅岩河船夫》又获得"白玉兰"上海国际电视节大奖，编导宋继昌。最为辉煌的是 1995 年，我国共有 8 部电视纪录片获国际大奖，它们是《龙脊》、《人·鬼·人》、《壁画后面的故事》、《回家》、《龙舟》等。1997 年，独立制片人段锦川的作品《八廓南街 16 号》获法国真实电影节纪录片大奖，中央电视台孙曾田编导的《神鹿呀，我们的神鹿》荣获第二届帕努国际传记电影节"评委会特别奖"、爱沙尼亚国际影视人类学电影节大奖。1998 年上海电视台的《回到祖先的土地》获"亚广联"信息类纪录片最高奖。1999 年沈阳电视台出品的《好大一个家》在第二十届东京影视节上获最高奖；独立制片人张元编导的《疯狂英语》获意大利米兰电影制作人电影节最佳影片奖；杨荔钠编导的《老头》获日本山形电影节优秀奖、法国真实电影节评委会奖。2000 年上海电视台的《一个叫做家的地方》获"白玉兰"上海国际电视节最佳人文类纪录片奖，编导王小平。2001 年，湖北电视台的《英与白》获四川"金熊猫"国际电视节最佳长纪录片奖、最佳创意奖、最佳导演奖、最佳音效奖四个奖项，编导张以庆。2002 年，《探索·发现》栏目制作播出的 3 部纪录片接连获得国际电影节大奖：《红柳的故事》荣获法国儒勒·凡尔纳电影节"科技与社会奖"；《楠溪江》荣获联合国国际环境、自然与文化遗产电影节最高奖项"评委会大奖"；《寻找滇金丝猴》荣获自然银幕电影节"TVE 大奖"。《小屋》入围第十届罗马尼亚国际短片电影节并获得纪录片大奖。

　　2003 年（第七届）四川电视节，中国电视纪录片参评获得大丰收：中央电视台的《达巴在歌唱》和四川电视台的《抉择》、云南电视台的《落幕》分别获人文及社会类最佳长纪录片和最佳短纪录片奖。在自然及环境类纪录片评选中，广西电视台的《海边有片红树林》和四川电视台的《萨马阁的路沙》分别获最佳长纪录片和最佳短纪录片奖。纪录片《船工》获第十一届"白玉兰"上海国际电视节评委会大奖和最佳人文类纪录片摄影。《丹顶鹤的故事》获得四川

国际电视节 "2003 环境保护电视节目大奖赛" 评委特别奖；《龙井纸事》获得广州国际电视纪录片研讨会 "学术奖"，《老镜子》获得评审团大奖。2004 年（第十届）上海国际电影节上，湖北电视台张以庆编导的《幼儿园》获最佳人文类纪录片创意奖。此外，许多系列纪录片如《丝绸之路》、《话说长江》、《话说运河》、《望长城》、《广东行》、《毛泽东》、《庐山》、《中华之门》、《中华之剑》、《邓小平》、《我们的留学生活》、《共和国外交风云》等，虽然因为篇幅较大没有机会在国际电视节上获奖，但它们在海内外观众中产生的反响或许更为强烈。

2005 年《小小读书郎》获亚洲电视节最佳长纪录片奖。2006 年《蜕变》获得第 16 届东欧 "媒体震撼" 国际影视节 "最佳长纪录片奖"，这是亚洲人首次在这一国际影视节中获奖。

以上这些成就标志着中国纪录片已跟上了世界纪录片纪实主义的潮流，迈入了成熟期。

第三节　纪录片的模式演变

纪录片发源于西方的纪录电影，电视纪录片的基本创作原则和手法都是从电影纪录片那里继承来的，人类最早的纪录电影可以追溯到 1894 年法国卢米埃尔兄弟拍摄的《工厂的大门》，至今已经有 100 多年的历史了。在世界纪录片的发展史上，我们至少可以总结出四类主要的创作模式，分别为：直接宣导式、真实电影、访问式和反射式。

一、直接宣导式

直接宣导式又称格里尔逊式。这个模式是以英国著名纪录片导演约翰·格里尔逊（John Grierson）的名字命名的。1929 年，在英国出现了以格里尔逊为首的 "英国纪录片运动"，其特点是影片内容重视社会功用，形式上依靠解说词来配合画面。正如格里尔逊公然宣称的："我把电影视为讲坛，用作宣传，而且对此并不感到羞愧，因为在尚未成型的电影哲学中，明显的区别是必要的。"① 这种模式把纪录片当成了传播与劝服的工具，认为它是一种直接宣传的手段。

格里尔逊的纪录电影主张，与其本人 1924 年在美国学习社会科学有关，他在美国三年的学习时间里，潜心研究传播手段影响人类思想的威力及其根源，这段学习经历决定了他未来的选择及纪录电影主张。

---

① 单万里主编：《纪录电影文献》，北京：中国广播电视出版社 2000 年版，第 9 页。

格里尔逊反对不加选择地传播事实，"主张根据事实对人类的重要对事实进行有选择的戏剧化的可能性。通过戏剧化的媒介对事实进行阐释能够使个人产生一种相同类型的思想和感情模式，个人可以借以有效地处理现代生活中的复杂事件"。①

在这一主张下，格里尔逊于 1929 年成功地拍摄制作完成了第一部纪录片《漂网渔船》。这是一部反映北海捕鲱生活故事的纪录片：漂网渔船从灰雾蒙蒙的狭小港湾驶向茫茫大海；渔网从颠簸摇曳的船上撒开；渔夫们紧张繁忙地劳作着，日复一日年复一年。这部纪录片第一次将普通英国人的生活搬上银幕，也是一部在现实生活中拍摄的影片，在当时简直称得上具有革命意义的作品。这部纪录片的成功，使格里尔逊更加坚信电影是实现自己作为一个社会学家的意图的最有效的媒介。在他的带领下，英国纪录电影逐渐形成了格里尔逊式（直接宣导式）的风格。

这个学派的代表作品有《锡兰之歌》、《住房问题》、《夜邮》等。"第二次世界大战爆发后，他们全力以赴地为战争宣传服务，在创作上出现了两种倾向：一是以保罗·罗沙为代表的'纪事体裁'，即通过解说词把现成的画面串连起来，用以体现特定的富于教育意义或宣传目标的主题。另一个倾向以汉弗莱·詹宁斯为代表，强调纪录片的人情味和幽默感，让真实生活中的人去表演。"按照美国电影理论家比尔·尼柯尔斯的看法，格里尔逊式传统的风格是第一种被彻底用滥了的纪录片形式。为了迎合那些追求长篇说教者的口味，它使用了那些表面上权威十足，而实际上却是自以为是，又脱离画面的解说。在许多作品中，解说词明显地压倒了画面。

当代中国电视专题片从形式到创作手法与直接宣导式一脉相承。直接宣导式导致了中国电视专题片的诞生，也在理论上形成了纪录片与专题片的概念之分。纪录片的概念来源于电影，而专题片则是电视所特有的概念，甚至是中国电视所特有的概念。它的名称来源于中国广播电视界的约定俗成的称呼。所谓"专题"，主要是与电视屏幕上大量存在的"综合"性节目形态相对应的。"它是集中对某一社会现象和人生课题给予深入的、专门的报道和反映的电视节目形态。尽管采用的也是纪实性手法，但允许创作者在作品中直接阐述对生活的理解、认识和主张。"②

"电视纪录片"和"电视专题片"本来是可以区分的两种节目形态，但目前

---

① ［英］弗西斯·哈迪：《格里尔逊与英国纪录电影运动》，见单万里主编《纪录电影文献》，中国广播电视出版社 2001 年版，第 33 页。

② 高鑫：《电视纪实作品创作》，北京：北京广播学院出版社 2000 年版，第 12 页。

在电视理论工作者和实际工作者中却未能统一认识，存在着等同说、从属说和独立说等不同的观点。

所谓"等同说"，就是认为专题片就是纪录片，只是一种形式不同的叫法而已。

"从属说"，包括"纪录片从属于专题片"及"专题片从属于纪录片"两种看法。认为纪录片从属于专题片者，是把专题片当做"专题节目"和"专栏节目"这个更大的范畴来看待的，因为专题节目或专栏节目所使用的形式很多，除了纪录片外，还可以采用讲话、访谈、座谈会、演示、竞赛、表演等多种多样的手段和形式。纪录片则是专题和专栏节目最常使用的形式。说专题片从属于纪录片者，则是把专题片等同于专题报道或专题新闻，把它归为纪录片形式中的一类，就如同纪录电影中新闻纪录片和文献纪录片、风光纪录片和历史纪录片并列存在一样。

"独立说"认为，专题片与纪录片是两种不同的形式，认为虽然两者都取材于真实的现实生活并都以真实性为生命，但专题片允许"作者对生活的艺术加工"，"有较强的主观意念的渗透"，"允许表现"等区别于纪录片的特点，是一种独立的节目形态。

本书认为，当代电视专题片与电视纪录片是两种不同的节目形态，虽然电视专题片是由纪录片里的直接宣导模式发展而来的，但随着时代的发展，电视专题片在形式、功能和创作方法等方面与纪录片已经有明显的差异，专题片已经逐渐成为一种相对独立的片种，并在实际工作中被大量运用。因此，无论从理论上还是实践上，专题片从纪录片中分离出来的时机已经成熟。电视专题片虽然与电视纪录片有较多的共同特征，但同时也有着许多不同于纪录片的明显特点：

（1）创作思维不同。电视纪录片的创作思维是要"客观"地"再现"社会生活，不允许创作者主观意识的直接表露，主体意识要尽量隐蔽，让事实本身说话，创作者的思想渗透在对生活的展现之中。而电视专题片的基本思维是揭示思想，具有较强的主体意识的渗透，它直接表现创作者对生活的看法和主张，允许采用"表现"的手段，艺术地表现社会生活。

（2）表现生活的手法不同。因为要"再现"生活，电视纪录片纪实手法较为单一，一般多采用长镜头或同期声展现生活的真实，能反映真实"情境"的画面（包括同期声）在片中处于主导的地位。由于题材多为反映"一般现在时"的生活，所以较多地运用跟拍、抓拍、偷拍等拍摄方法；而电视专题片则由于"表现"生活的需要，较多地运用象征、联想、烘托、对比等艺术手法，根据特殊的创作需求，甚至允许在一定程度上地扮演、补拍、追述和摆拍。在电视专题片中，声音往往居于主导的位置，而画面大部分情况下只是声音的注解和说明。

电视专题片的时空处理也较纪录片自由，它可以根据主题的需要以解说词为引导任意地转换时空，而将自然时空"撕得粉碎"。

（3）结构形态不同。电视纪录片由于要"纪录生活的流程"，其结构一般是以"时间"变化为依据的"纵向结构"；而电视专题片因为以思想阐述为主，往往是"主题先行"，依据主题的需求而选材，材料与材料之间都是破碎的、不连贯的材料组合，故而多采用以"空间"变化为依据的"横向结构"。

然而，不论是格里尔逊式纪录片还是专题片，在表现方式和风格上，都可以归属于"直接宣导式"，至今仍然活跃在中国荧屏上。20 世纪 80 年代末期播放的史诗性巨片《让历史告诉未来》让我们记忆犹新。虽说充满了格里尔逊式的解说，但片中那大气磅礴的气势、激情洋溢的文笔，听来荡气回肠，观之心灵震撼。尔后，在经历了 20 世纪 90 年代的纪实风潮后，这种方式在特定的年代又有了它的用武之地，在人们看腻了"跟腚派"作品后，这种方式的文学性、政论性相反会给人以思想上的震撼。

二、真实电影

直接宣导式的继承者是"真实电影"。我们这里的"真实电影"是对 20 世纪 60 年代出现于欧美等国的"真理电影"（法语 cinéma vérité，汉语也可译成"真实电影"）和"直接电影（direct cinema）"的统称。"真实电影"的观念可以追溯到 1922 年前苏联导演兼理论家吉加·维尔托夫倡导的"电影眼睛"学说，这位最早的苏维埃纪录片工作者主张一种"无演员、无布景、无剧本、无表演"，"出其不意地抓取生活"的影片，然而由于社会和技术的原因，"电影眼睛"学说在当时未能顺利发展下去。而第二次世界大战以来出现的纪实主义文化浪潮为"真实电影"的产生提供了社会土壤，便携式摄影机的出现和同期录音技术的突破又在技术上为"真实电影"铺平了道路，"真实电影"就这样应运而生了。

"真实电影"强调纪录片应对现实进行"客观"展示。从影片样式来看，这种模仿可以说是对格里尔逊式以解说为主的纪录片的反叛。"最纯粹的'真实电影'甚至视解说为天敌，通篇没有一句解说词，只是'客观地'记录被摄对象的声音。"由于对"真实"的理解有所不同，"真实电影"又分为两个流派：

1. 直接电影

"直接电影"是 20 世纪 60 年代初美国纪录片制作中一次独具风格的电影运动，它主张摄影机和拍摄人员应该像"墙上的苍蝇"一样，不与被拍摄者发生任何瓜葛，以求能拍摄出即使摄影机不存在时也同样发生的事，在不介入的长期观察中捕捉真实。在这方面进行探索最具成效的是罗伯特·德鲁在纽约《时代》

周刊组织的电影小组，其代表作品有《初选》（1960年）、《幸福母亲的一天》（1963年）等。

1960年，德鲁小组在美国威斯康星州拍摄了反映民主党总统候选人的初选活动（约翰·F·肯尼迪对休伯特·汉弗莱）的《初选》。这部纪录片的制作者们"不再说话而让画框里的动作来讲述故事"。当两位候选人在群众大会上演讲、在街头散发传单、在咖啡馆里逗留、准备电视采访、在汽车和旅馆房间里抽空打瞌睡，以及观看电视上播放的竞选结果的时候，摄影机和话筒都跟随着他们。

《初选》在直接电影的美学发展中是一部里程碑式的影片，其表现的真实电影美学是：不加控制情境的同步声外景拍摄、最低限度地解说和纪录片制作者在剪辑时所表现的"客观性"。

直接电影的结构原则是：无论就一个镜头中影像之间的关系而言，还是就镜头之间的关系而言——是由被拍摄事件的"即发性"决定的，而不是被纪录片制作者强加于素材的。

直接电影的风格特色是：避免音乐和画外解说，坚持尽可能忠实地记录不加控制的现象。

总之，直接电影的基本目的是尽可能准确地捕捉一个正在发生的事件并将纪录片制作者的干预或阐释缩小到最低限度。①

"直接电影"绝不采用访问，一般利用同期声、无画外解说和无操纵剪辑，尽可能忠实地呈现不加控制的事件，让观众自己下结论，而无需任何含蓄或直率评论的带动，并给观众一种正当摄影机前的事件展开之时"他们身临其境"的感觉。

我国成都电视台拍摄的长篇电视纪录片《平衡》就是一部"真实电影"方式的成功之作。作者以崇高的敬业精神，以亲历者的身份在青藏高原可可西里跟拍了三年，运用挑、等、抢的纪实摄影手法，真实地记录了反偷猎队打击盗猎分子惊心动魄的战斗场景。对主要人物长篇访谈，全片不用解说词，却能真实地展现环保勇士们的鲜明形象，这是"真实电影"手法的娴熟运用。创作者用全部的心血感受生活，纪录生活，捕捉到视觉和听觉统一完整的形象，具有强烈的震撼力，使纪实美得以升华，是当年纪实作品的成功力作，并获2001年第19届电视金鹰奖最佳纪录片作品奖。

2. 真理电影

---

① ［美］罗伯特·C·艾伦：《美国真实电影的早期阶段》，见单万里主编《纪录电影文献》，北京：中国广播电视出版社2001年版，第77页。

20 世纪 60 年代，在法国电影银幕上出现了关注社会问题的影片，电影干预社会的倾向日趋明显，这股潮流在当时被称为现实主义潮流。后来这股潮流逐渐演变为影片的主题，最后在人类学电影和电视的影响下出现了形式现实主义与内容现实主义相统一的真理电影。

真理电影的先驱是荷兰著名电影大师尤里斯·伊文思。他认为纪录片除了向观众反映情况、使他们感动外，还应当鼓励、动员他们，让他们对影片中反映的问题采取积极态度。在纪录片的真实性问题上，伊文思从来不相信什么绝对客观的真实，这种观点影响了后来整整一代真理电影工作者。

受伊文思的影响，以法国人类学电影工作者让·鲁什为代表的一派承认摄影机的存在可以对现实产生影响，他们被称之为"真理电影"派。"真理电影"最重要的代表作品是让·鲁什和社会学家埃德加·莫兰在 1961 年合作拍摄的《一个夏天的记录》，它提出了新的纪录片观念："纪录片制作者不再是躲在摄影机后面的局外人，而是要积极参与被拍摄者在被拍摄的那一刻的生活，促使被拍摄者在摄影机面前说出他们不太轻易说出的话，或不太轻易做出的事。"

在《一个夏天的记录》（1960 年）这部纪录片里，反映了同年夏天作者本人的一段真实经历。作者在巴黎遇到了一些工人、学生、服务员、外籍人、工作人员等形形色色的人物，并向他们提出了一系列相同的问题，诸如"你们生活得幸福吗？……""你们如何生活？"回答在不同的场合，有的倾诉了个人的经历与烦恼，有的又好像在有意做戏。镜头里有真挚的泪水、有歇斯底里的发作等，镜头真切、新鲜、感人。

除了《一个夏天的记录》，"真理电影"的代表作还有《美丽的五月》、《向变化挑战》、《孤独的男孩》、《至关重要》等。这些电影持续影响了整个 70 年代直至今日的法国电影，在法国电影史上占有重要位置。

"直接电影"与"真理电影"虽然都是以追求真实为目的，都是在同期录音的实践中发展起来的，但二者之间是有区别的。美国电影史学家埃里克·巴尔诺把它们的区别总结为四点：（1）主张"直接电影"的纪录片工作者手持摄影机处于紧张状态，等待非常事件的发生，而让·鲁什式的"真理电影"纪录片人则试图促成非常事件的发生。（2）"直接电影"艺术家不希望抛头露面，"真理电影"艺术家则主张参加到影片中去。（3）"直接电影"艺术家扮演的是不介入的旁观者的角色，"真理电影"艺术家起到的是挑动者的作用。（4）"直接电影"作者认为事物的真实随时可以收入摄影机，"真理电影"是以人为的环境能使隐蔽的真实浮现出来这个论点为依据的。

总之，真实电影式纪录片，采用了现实主义创作方法，关注日常生活、同时代的问题和普通人，尽量不歪曲地复制现实表面，在拍摄客体和事件时，主创人员尽力再现出现实本身的丰富性，纪录现实生活的真实。其风格表现为：自然的布光和音响，平实的拍摄和剪辑风格，真实的交谈般的对话，简单的"生活源"般的情节安排，可能启用非职业演员真实的场景。

"真实电影"试图给人以完全客观的真实感，但它们经常使人困惑为难，因为"真实电影"很难得向观众提供历史、社会背景以及对前景的预见和推测，以至于创作者感到不能尽所欲言而观众又往往觉得不知所云。因此，到了 20 世纪 70 年代，又出现了第三种模式。

三、访问式

每一种方式的产生都与社会背景和观众的心理有关。正如前面所述，"直接宣导"式的衰落，在于它的"说教"，在于那种脱离画面的解说。因此产生了纯粹"观察式"的纪录片。而这种观察式又因纯自然的观察纪录而无法满足观众想要得到更多的历史、社会背景及其真实的心理活动，于是由真实电影的孕育，产生了访问式纪录片。

访问式是在 20 世纪 70 年代纪录片美学观念发生重大革新的情况下出现的。纪录片工作者们不满足"直接电影"对创作主体的限制，又不甘心重蹈格里尔逊说教模式的覆辙，他们在让·鲁什"真理电影"风格基础上创造了一种全新的"访问式"。这种模式的纪录片完全由访问和谈话组成，一个访问接一个访问，整部片子是建构在访问上面的。针对"真实电影"的不足，访问式将被摄对象或解说员、主持人直接面向观众的讲话与采访、会见形式结合了起来。这首先出现在美国女权主义的一些纪录片中，以后又为政治性的作品所普遍采用。"见证人——事件参与者，直接站在摄像机前讲述自身的经历，时而做发人深省的揭露，时而做片言只语的佐证，形成了当代纪录片的标准模式。"[1]

这种模式似乎是 20 世纪 60 年代女性主义运动中的直接结果。女性主义理论对纪录片中强势的写实主义表现方法持反对的立场，"它们的目标并非单纯地只在影片中以女性的声音来取代男性的声音，它们更想打破的是过去传统与被动的观影方式"。[2]

访问式弥补了"直接电影"那种含糊其辞的似是而非所造成的困惑，又避免了格里尔逊式的直接说教，呈现出一种主观性和客观性彼此交融的状态和辩证

---

[1] 北京广播学院电视系学术委员会编：《中国应用电视学》，北京：北京师范大学出版社 1993 年版，第 330 页。

[2] 王亚维著：《纪实与真实》，台北：远流出版事业股份有限公司 1995 年版，第 521 页。

的特质，使人感到作品公正、客观、可信。但是，它也存在缺陷，"最严重的问题，就是要保留被访者声音与主题整体声音之间的差异"。"当被访者对事件表达得不清晰，而影片又未再提出疑问时，问题就再明显不过了"。访问式纪录片中最著名的当属美国哥伦比亚广播公司的节目《60 分钟》。我国中央电视台的《新闻调查》也属于这一模式，1999 年，《新闻调查》栏目制作的反映中国农村民主化进程的纪录片《海选》获蒙特卡罗国际电视节银奖，表明我国访问式纪录片的创作已逐渐得到国际认可。

四、反射式

"反射式"是在拍摄过程中，把拍摄者与被拍摄者之间如何运作和互动的关系呈现出来，也就是被拍摄者像一面镜子一样把拍摄者给"照"出来的一种创作模式。这种模式有效地集中了前三种纪录片的优势，混合了观察、访问以及摄影机前后人物之间互动等多种记录方式，使"纪录片永远不再是再现的形式"。也就是说，这种由纪录片创作者全然主导的纪录片创作方式，给予了被拍摄对象参与的空间，同时也给予了观众在观看纪录片时的思考空间。美国电影理论家比尔·尼柯尔斯是这样评述它的："影片工作起来像个自由的整体，影片比它的所有组成部分都伟大而且将各部分组织结构起来：（1）吸收进来的人声，吸收进来的背景音响和画面；（2）影片整体的风格讲出的'声音'（它的方法是多种多样的，包括同吸收进来的声音有关的，如何结构一个单一的、主导的形式）；（3）历史环境，这是影片本身的声音无法成功地超越和完全控制的。这种历史环境也包括对事件本身的观察。"①

在"反射式"纪录片作品中，制片人本身成为事件的见证人——参与者，也是作品社会积极意义的创立者，被摄者与拍摄者之间的互动过程被坦率而清晰地表现出来。比如我们经常可以在这类作品中见到拍摄者伸出手与被拍摄者握手，拍摄者在摄影机后面和被拍摄者讲话等镜头，这些镜头有些是不自觉地做的，有些是创作者刻意追求的。纪录片创作者一方面告诉观众影片是经过纪录片工作者过滤和构建出来的；同时也表明纪录片工作者只是也只能是一位诠释者，他的看法无法取代事实本身。

"反射式"的应用关键是培养摄影机与被拍摄对象之间的一种关系。澳大利亚纪录片制作人鲍伯·康纳里（Bob Connolly）夫妇拍摄的《队伍中的老鼠》（Rats in the Ranks）中的莱耶放下电话就对摄像机说话，这是因为他已经同摄像机相处了 7 个月时间，这就是自然的流露。例如《我们的留学生活》中许多对

---

① 任远：《世界纪录片史略》，北京：中国广播电视出版社 1999 年版，第 25 页。

摄像机讲话的镜头，也是这种方式的灵活运用。这中间的关键是应该用技巧来培养这种关系，从开拍之初，心中要有一种培养这种关系的想法。

通过对世界纪录片模式演变的回顾，我们可以看到纪录片在宣传策略上自我完善的历程，它清楚地表明：纪录片在创作模式上的演化，是以对纪实的追求为原动力的，具体体现为叙事方式由封闭型向开放型的过渡。同时我们还可以看到，纪录片概念的内涵广阔，它没有一个对题材或是对内容和形式的限定。这种宽松给了创作者一种自由思维和行动的空间，形成了纪录片的多元化的风格、形式和创作手法。

第四节　纪录片的记录技巧

电视纪录片的创作，是一个创作者对客观事物的感悟与思考进行艺术化表述的过程。就是要用镜头来真实、完整、客观地反映我们的所见所闻和所经历的事物，提供正常的信息，改变人们对事物的一些看法，并欣赏这些事物。总之，电视纪录片就是讲故事，纪录片的创作就是要解决讲什么样的故事，如何讲故事，把握好讲故事时的技巧。这个讲故事的过程，涉及许多创作环节——选题、采访、构思、提纲撰写、拍摄、剪辑、解说词的写作、配音配乐合成等。其中从采访到图像、音响素材的获得，我们一般称之为前期拍摄；从剪辑、解说词写作到整部片子制作完成，一般称之为后期编辑。不论是前期还是后期，都必须紧紧围绕"如何讲好故事"来探讨、实践。

一、电视纪录片的选题

纪录片讲故事，首先遇到的是讲什么故事，也就是从生活中选取什么样的题材和素材来从事创作。在纪录片创作中，可以说好的选题是成功的一半。纪录片的选题范围是不受限制的，一切非虚构的题材都可以成为纪录片的选题。但是要从大千世界中找到一个好的题材，并以此创作出一部好的作品却并非易事。这要求创作者在社会生活中，通过对历史和现实的研究，对某些社会现象和历史内容产生认同。其中，创作者的审美情趣、价值取向、素质高低也都对题材的选择产生着重要的影响。但是，无论纪录片创作者选择什么样的事实作为题材，这种事实都必须具备一定的基本条件，才能成为纪录片所表现的对象。所以，对于一个创作者来说，了解选取题材的最一般的要求是必要的。

纪录片从题材形式上大致可以划分为两类：一类是人文与社会类的题材，一类是自然与环境类的题材。这两类题材的选择各自有着不同的要求。

1. 人文与社会类纪录片题材的选择

人文与社会类的题材，是指那些同人们的社会生活联系紧密的、同历史或现实有直接关系的题材。这是纪录片涉及最多的题材。具体说来，人文与社会类纪录片的选题应该具备如下几方面的特性：

（1）时代性

记录历史是纪录片的主要功能之一，优秀纪录片的内容总是与时代同步的。"所谓'时代性'，就是指题材能够反映特定时代的风貌，触及时代的矛盾，揭示时代的本质，体现时代的精神。"① 如果题材本身不具有时代性，即使创作者有十分娴熟的创作技巧，也很难创作出富有时代感的好作品。时代感不是一个空泛的概念，它是特定历史时期的主流倾向在社会生活中的反映。

20世纪三四十年代，正值第二次世界大战爆发之际，这个时期的纪录片有相当一部分是以战争作为题材的，如《伦敦大火记》（1943年，英国，汉弗莱·詹宁斯）、《战斗中的列宁格勒》（1942年，苏联，罗曼·卡尔曼）、《沙漠大捷》（1943年，英国，洛丁·布尔丁）、《我们为何而战》（系列纪录片，1942～1945年，美国，弗兰克·卡普拉）、《四万万人民》（1938年，荷兰，尤里斯·伊文思）等，这些作品都因记录了这场人类历史上最残酷的战争而成为纪录片史上的经典之作，它们的作者也因此闻名于世。

纵观中国荧屏也是这样，凡是能引起社会轰动效应的电视纪录片，无一不是把握了时代的脉搏，贴近了人民大众的生活。荣获1993年度中国四川国际电视节电视纪录片"金熊猫"大奖的《远在北京的家》，通过讲述几个安徽姑娘到北京当保姆的故事，向观众展示了当代中国从农村到城市的恢弘画卷，由点到面折射出农村生活的巨大变迁。20世纪90年代以来，出国留学在中国成为一股热潮，国内的人们渴望了解留学人员在异国文化中的生活，《我们的留学生活》的编导敏锐地抓住了这一时代题材，制作了这部反映日本的中国留学生生活的系列纪录片，在国内播出后引起极大反响。

虽然时代性蕴涵在社会生活当中，但有些题材的时代特征是鲜明的，而另外一些题材看似远离社会，实际上蕴涵着深刻的时代性，这就需要创作者有独到的发现和挖掘。1993年获亚广联纪录片大奖的《最后的山神》，通过真实地记录鄂伦春族最后一个老萨满孟金福的独特生活过程、独特的文化心理和具体情状，表现了他对古老文化的依恋和执著，同时对现代文化的向往追求，反映了社会变迁中人的心态，这种心态实际上是传统文化与现代文化相碰撞的反映，它也反映了一种民族文化的时代性，深刻地揭示出了社会发展后，历史演进过程中的规律和不可抗拒的人类文明法则。在授予《最后的山神》第30届亚广联纪录片大奖的

① 钟大年：《纪录片创作论纲》，北京：北京广播学院出版社1997年版，第249页。

颁奖典礼上，评委会主席宣读了如下的评语："评委会高度赞赏《最后的山神》自始至终地表现了一个游牧民族的内心世界，这个民族的传统生活方式随着一代又一代的更迭而改变着，本节目选取这个常见的主题描绘了新的生活。"①

题材的时代性与电视纪录片的传播效果是紧密相关的，电视观众希望能在纪录片中看到自己关心的事物，看到同自己的生活息息相关的东西。因此，纪录片创作者应该有意识地注意我们时代的发展，随时发现新矛盾、新事物、新问题，及时发现代表时代精神的新人新事，并把它们通过纪录片反映出来。有些题材看上去是很普通很不起眼的小事，实际上却蕴涵了深刻的时代精神，如果不是有意地去发现和挖掘它，很可能就会被忽略过去。荣获 1998 年度中国电视社教节目特别奖的《中国人——农民潘根大》（中央电视台），就是创作者从一条新闻中掌握的素材，经过挖掘，讲述了一个普通农民复垦土地的故事。"土地复垦年年都在讲，是个并不鲜见的主题，如果按照一般的提炼，充其量做成一个宣传土地法的片子。""但把它放在当代中国的大背景下观照，却反映了千百年来农民和土地的感情，并由此提炼出人与自然，人类与环境相依关系的主题。"②

2006 年 11 月，12 集大型电视"纪录片"《大国崛起》在央视经济频道推出，该片试图以历史的眼光和全球的视野，来解读 15 世纪以来世界性大国崛起的历史，探究其兴盛背后的原因，为当下中国的现代化发展寻找镜鉴。"用一种媒介传播的质量升华了媒介传播的数量，用一种媒介传达的深度置换了媒介传达的广度，从而体现了媒介的理性影响力。"③ 刘效礼认为，"该片没有把着眼点放在对历史细节的考证和历史真相的探询上，而是以一种宽广的胸怀和海纳百川的气概，用分析、探索的眼光，寻找其他国家迅速崛起的主要推动力，以此来为中国的发展之路提供参考和借鉴。正是这种立意与'务实'的风格，让该片超越了传统纪录片的欣赏人群，引起了社会的广泛关注"。④ 罗明认为，"所有的历史都是当代史。没有人能够真正还原历史的岁月，著史和读史的人都免不了当下的情怀与眼光。因此，《大国崛起》对历史的解读，代表着今天的审美眼光和认知高度"。⑤

（2）新鲜性

---

① 张明：《记录正在消失的文化》，《现代传播》，2000 年第 6 期。

② 徐凤：《农民潘根大创作谈》，《电视研究》，2001 年第 1 期。

③ 尹鸿：《媒介一思考，上帝就会发笑吗?》，人民网—传媒频道。http://media.people.com.cn/GB/22100/76588/76593/5263449.html。

④ 刘效礼：《〈大国崛起〉有一种哲学的味道》，《中国电视报》2006 年 12 月 4 日。

⑤ 罗明：《电视人也在铸史》，《光明日报》2006 年 12 月 2 日。

新鲜性，就是题材具有人们所不熟悉的，又普遍感兴趣的有别于事物常态的性质。

新鲜性对纪录片的选题是很重要的，题材的新鲜性与观众的收视兴趣密切相关。钟大年在《纪录片创作论纲》中认为，纪录片题材的新鲜性主要是从以下几个方面体现出来的：

首先，从及时性上体现新鲜。这是一个从新闻角度选择纪录片题材的问题。把生活中刚刚发生的重大事情及时地报告出来，直接触及社会最敏感的神经，必然会引起较大的反响。震撼人心的八集系列纪录片《中华之剑》，可以说是明显地代表了这种价值取向。当毒品在中国大地死灰复燃，成为一个不容忽视的社会问题时，以完全纪实手法拍摄的《中华之剑》与观众见面了。在中央电视台首播时有60多个国家的十几亿观众同时收看了这部纪录片。就连境外的毒枭收看这部纪录片后也感到了巨大的舆论压力，导致了贩毒集团杨茂良部128师的哗变，造成了权力的再分配和贩毒集团力量的削弱。可见一部触及了现实生活敏感神经的纪录片具有多么大的威力，据称"这也是中国缉毒史上第一次'不战而屈人之兵'"的实例。纪录片的及时性与新闻的及时性是不完全一样的，纪录片的时效性没有新闻那么强，纪录片的价值在于它所反映的内容是否能够及时地抓住生活中最新的现象，及时解答人们的疑问。

其次，从特殊中体现新鲜。电视观众在看电视时有一种窥视的心理，特别是对于自己不熟悉的、以前没有见过的事物，这种心理更为强烈。这里的特殊包括特殊的人物、特殊的环境、特殊的事件等等，题材特殊的纪录片往往会引起观众的兴趣，这方面的成功例子很多。在曾获中国电视纪录片学术大奖的《舟舟的世界》一片中，主人公舟舟是一名19岁的先天弱智型青年，父亲是一名提琴手，母亲是一名普通工人。虽然有着先天的残缺，但舟舟从小在父亲所在乐团的耳濡目染下，凭着对音乐的挚爱和出众的模仿能力学会了交响乐的指挥，并出现在世界级的交响乐指挥台上，体现了一个弱智者的生命尊严。特殊人物的特殊命运使这部纪录片播出后在观众中引起了极大的反响。

这里需要指出的是，纪录片选取特殊的题材决不等于纪录片要去猎奇，这是一个创作者选取题材时很容易走入的误区。近年来我国的纪录片热衷于边缘题材，这类节目刚出现时，确实震撼人心，但是经过很多人不断地没有新意的重复后，只会让观众感到单调乏味。我们在选取题材时更应该注意抓取普通事物的特殊点，而不应该盲目地求"奇"、求"怪"。

（3）复杂性

复杂性是指题材所提供的内容不能过于简单，要有一定的容量，它所涉及的材料要足以支撑所要表达的主题和相应的时间长度。① 纪录片的体裁与功能决定了纪录片需要有一定的深度，有一定的典型意义和艺术性。这些都必须有一定的篇幅和足够的内容来保证。纪录片题材的复杂性具体表现在以下几点：

第一，曲折的人物经历。选取的题材，最好是主人公的经历较丰富曲折，这样才容易引起人们的兴趣和情感上的共鸣。一个平平淡淡的经历，即使是名人也不大容易拍出好片子。纪录片《三节草》讲述了一个 16 岁嫁入泸沽湖摩梭人土司作压寨夫人的汉族女子肖淑明传奇般的人生故事，反映了她从一个正在接受现代教育的中学生转变成为摩梭人母系社会的土司夫人所经历的心路历程，主人公丰富的经历本身就为选择素材提供了余地，同时也容易调动观众的情绪。

第二，较深刻的思想内容。题材的复杂性还体现在纪录片应该具有较丰富的思想内涵，而不是停留在简单的现象罗列上。表象的真实不等于真实，纪录片应该努力反映表象下面的深层次的意义。中央电视台的《神鹿呀，我们的神鹿》在第二届帕努国际传记电影节上荣获"评委会特别奖"，片中的主人公柳芭属于饲养驯鹿的鄂温克族，她从中央民族大学美术系毕业后分配到一家出版社，由于始终觉得自己无法融入汉文化的氛围，她又返回了祖居地——大兴安岭的最后一块原始森林。森林、驯鹿、姥姥、妈妈、画家柳芭组成的一个童话般美丽的世界后面却隐藏着传统文化消失的无奈和挥之不去的沉重。14 年没有怀孕的神鹿在拍摄期间奇迹般地怀孕了，然而这唯一的神鹿最后却死于难产，同时有孕在身的柳芭也在痛苦中生下了一个女孩。作者孙曾田从文化的角度解释了柳芭和神鹿的命运悲剧：神鹿是一个文化符号，是一个象征，神鹿最后死了，象征文化的没落。这部纪录片渗透了作者对山林民族的人文关怀和人类学思考，弥漫了对人类文化多样性丧失的忧虑和怜悯之情。这样的纪录片无疑是具有丰富的思想内涵的。

第三，较广泛的涉及面。由许多方面的内容组合在一起构成一个题材，或一个题材内容涉及广泛的范围都能体现出复杂性。这对于大型系列纪录片来说尤为重要。如我们所熟知的《话说长江》、《话说运河》、《望长城》、《中华之剑》、《中华之门》等题材都是内容广博、主题深刻的纪录片。《中华之剑》是中华人民共和国成立以来第一部大规模反映我国禁毒领域的电视纪录片，也是世界上首次用 300 分钟以上的电视纪录片向公众展示所面临的毒品问题的国家。该片编导行程 13 000 多公里，真实地拍摄了公安干警与贩毒分子的枪战情景，表现了吸毒者的懊悔和悲惨的下场以及我缉毒干警在艰苦的工作环境中顽强战斗乃至献出宝贵生命的鲜为人知的事迹。该片共 8 集，涉及禁毒、缉毒的各个方面：第一集

---

① 钟大年：《纪录片创作论纲》，北京：北京广播学院出版社 1997 年版，第 253 页。

《失乐园》，第二集《谁之罪》，第三、四集《剑之威》，第五集《剑之光》，第六集《剑之魂》，第七集《再造方舟》，第八集《共同期待》。

第四，较完整的事件情节。通过一个完整的叙述，构成一个故事。纪录片的题材应该注重故事性既是满足观众收视兴趣的需要，也是纪录片纪实手法发展的必然结果。美国《60分钟》总制片人唐·休伊特说过："如果我们能使节目的主题多样化，并采用讲故事的手法，那么收视率就能翻一番。"与故事片相比，纪录片的故事更真实、更生动、更有感染力。它是现实生活的再现，因此更贴近于观众，更容易引起观众的共鸣。

在国内引起较大反响的《我们的留学生活》就采用了讲故事的叙事方法，整部片子由一个个情节完整的故事构成。如留学生韩松一出机场，摄影机就开始跟踪拍摄，随后按照事件的发展顺序记录了他艰辛的生活直至他考上大学的全过程。观众看到了他住在简陋、脏乱差的租房里；他"一年把这一辈子的碗都洗完了"；他每天学习到凌晨4点，却只能吃到最廉价的鸡腿，青菜想都不敢想……这些过程的记录十分感人。最后，韩松终于考上了他向往的大学。那一刻，他近乎疯狂，泪流满面，与朋友紧紧地拥抱，甚至说话都语无伦次。但是观众都能够体会，甚至和他一样激动，一样泪流满面。这部片子之所以具有如此魅力，很大程度上来源于题材自身的故事性。在谈到《我们的留学生活》的创作时，制片人张丽玲说她先期采访了300多人，选取了66人作为拍摄对象，但最后绝大部分都因为缺乏完整的故事情节而舍弃了。

（4）人文性

所谓题材的人文性是指题材的性质应该蕴涵人类普遍的生存价值和道德意义，应该引起人类普遍的情感体验和审美感受。"纪录片直接关注人，着重人的本质力量，人的生存状态，人的性格和命运，人与自然的关系，人对宇宙和世界的思维。它是以人为核心向外辐射出世界的纷纭、社会的动态、科学的进步等。题材的人文特征是纪录片的特点，它的主题趋向于更为深层更为永恒的东西。"[1]人是纪录片永恒的主题。在表现生与死、爱与恨、善与恶、喜与怒，对生活的追求与抗争，对人生的感慨与探索等等内容时，尽管受到价值观念、生活经历和意识形态的影响，但是作为一种人类本质普遍的精神体验却具有永恒的生命力。这种永恒的生命力，其源泉来自民族的社会生活之中，在于它真实地反映社会生活的情状。如《望长城》、《德兴坊》、《最后的山神》、《远在北京的家》、《八廓南街16号》等节目，这些题材就具有普遍的人文价值和人生意义。人文性的核心是人，是人对社会的叛离与亲和。《德兴坊》与《十字街头》在上海国际电视节

---

① 朱羽君：《现代电视纪实》，北京：北京广播学院出版社2000年版，第98页。

的落选与中奖，说明人类尽管受到价值观念、生活经历和意识形态的影响，但作为一种人类本质普遍的精神体验却具有永恒的生命力。《我的家》反映山东女子监狱的警察们既严格执法，又不忘人道主义关怀。通过"抚养"、"寻找"，用平等的视角观察，用平等的心态记录，关注拍摄对象，展现人间真情，体验人生冷暖。人或人的存在，在艺术审美活动中，不仅仅作为一种暂时的现实存在被人们感知和评价，而且作为一种永恒的存在被人们去认识。①

中国的电视纪录片在20世纪90年代的崛起并真正成为中国电视人的自觉追求，恰是缘于纪录片对普通人的生存状态、生活情感的人文关怀。中国的电视纪录片要走向国际，题材的人文性是不容忽视的一个重要方面。

2. 自然与环境类纪录片题材的选择

自然与环境类的题材，主要指那些和人们的社会生活联系不那么紧密，以自然界和自然物为主要表现对象的题材。如山水风光、名胜古迹、动物世界、海洋奇观等等。在国际著名的电影、电视节上都专门设置了人文及社会类和自然与环境类纪录片大奖，以四川国际电视节为例，就专门设置了自然与环境类的奖：最佳长纪录片、最佳短纪录片、评委特别奖、最佳创意奖、最佳导演奖和最佳摄影奖。

近几年来，自然及环境类纪录片频频在国际电影（视）节获大奖，并获得了较高的影院上座率，像2003年荣获奥斯卡最佳纪录片奖提名的《迁徙的鸟》，而法国的《帝企鹅日记》更是成为"一部全家老少可以一起看完的罕见纪录片,"它真实再现了一个奇妙族类迁徙的过程，成为影史上第二卖座纪录片（仅次于《华氏911》），在2005年轰动全球，摘取了包括奥斯卡在内的多个最佳纪录片奖。

纪录片《帝企鹅日记》讲述的故事是：

每年3月开始，南极洲进入了持续9个月的寒冬。正是在这个时候，成千上万的帝企鹅便离开了它们的海洋家园，来到这一片冰川覆盖、荒凉孤寂的南极洲上。

为了找到一个安全的环境繁衍后代，企鹅们放弃海里的悠闲生活，冒着昏天黑地的大风暴，如婴儿学步一般地开始一段漫长而艰辛的旅程。

凭着天性和南十字星的引导，企鹅们准确无误地向着自己的出生地前行。他们在那里组成一对对的"夫妇"，繁殖和抚育后代，直到企鹅宝宝第一次尝试潜入南极海水中。

影片用纪实的方法，记录了成年帝企鹅求爱、成婚及在小企鹅诞生、成长过

---

① 钟大年：《纪录片创作论纲》，北京：北京广播学院出版社1997年版，第255页。

程中必须面对的艰险。影片运用旁白方式，拟人化地介绍企鹅们的生活。观众为之震撼，为风雪中来不及孵化就冻裂的企鹅蛋而难过，也为失去了自己孩子的企鹅妈妈抢夺他人子女的做法而动容。影片是美妙惊奇的，同时也是发人深省的，因为美丽无辜的企鹅所遭遇的环境威胁其实也正是我们人类自身正在面临的问题。

在我国，随着我国政府对环保工作的加强和人民群众环保意识的增强，新闻媒体加大了对环保题材的报道力度，甚至开办专门性的环保栏目。作为以人类与自然为报道主题的电视纪录片，在这一世界性的话题中尽显出报道优势和威力。从我国 2000 年度纪录片学术奖的获奖作品来看，环保题材占了相当大的比重。获奖作品《平衡》（成都电视台）生动地纪录了发生在青藏高原可可西里地区偷猎珍稀野生动物的真枪实弹的武装斗争；《中国金丝猴》（中央电视台）、《孤岛护鸟人》（大连电视台）、《潜水日记》（海南电视台）等作品，以新颖的视角生动地反映了我国人民全新的环保意识和积极行动。

在 2003 年第七届四川电视节上，广西电视台的《海边有片红树林》获得了自然及环境类最佳长纪录片奖。影片立意高远，不单是鞭挞了对红树林资源的掠夺性开发，更警示人们换位思考：不是我们该如何保护红树林，而是红树林在如何庇护着我们。

这一类电视纪录片的选题要注重知识性、观赏性和寓意性。一般来说，国外的自然及环境类纪录片较为注重知识性和观赏性，其运用高超的摄影技巧和大投入的制作，往往是我国纪录片工作者难以企及的。像美国的《皮肤面面观》就是一部可看性很强的自然类纪录片。我们知道，皮肤覆盖着人体的全部，可我们对于皮肤究竟了解多少？该片从具体的生活情景切入，将生活中的实践和科学的原理进行有机的结合。片子一开始时的那段展示裸体的"行为艺术"，既表现了皮肤的美，也引发了观众对"皮肤的奥秘"的兴趣。

二、电视纪录片的拍摄

电视纪录片的前期拍摄，是向生活选取素材的过程，也是把创作者的构思物质化的过程，通过摄像机拍摄在录像带上的素材，它所占有的时间和空间，它所记录的形象、声音是一种物质材料，是物化了的生活现实，可以对它进行保存、编排和复制。在研究纪录片技巧时，必须把时间本身当作一个美学元素考虑进去。理想的纪录片技巧是：交替使用叙事的或逻辑性展开的形式。逻辑性展开的形式在用于表现实验室工作过程时也是一种叙事的形式，如描述小鸡如何从卵细胞发展到孵化成形的过程。① 由于纪录片的取材特点，纪录片的拍摄不但要求拍摄者具备扎实的基本功，而且还要有很强的观察力和想像力。

1. 纪录片的构思

纪录片拍摄前的准备工作主要有前期采访和撰写提纲，纪录片的构思工作主要就是在这两个环节中完成的。

一般说来，在确定电视纪录片的拍摄题目之后，在正式开机拍摄以前，编导应该先对拍摄对象进行前期采访，在采访过程中编导要了解大量的实际情况和背景材料，获得丰富的感性认识，并逐步发掘主题和寻找立意。在采访过程中还要熟悉所要表现的人物和事件，搞清事件的来龙去脉及其与周围环境的关系。在掌握大量有关拍摄对象的素材的基础上，编导要按照事物发生发展的一般规律来为未来的纪录片确定一个大致的设想，并形成文字——拍摄提纲，然后根据这个提纲的立意到现实中进行拍摄。在拍摄过程中，事物会按照自身内在的规律去发展变化，其结果并不一定符合创作者的主观愿望，这个时候创作者就要使自己的思想符合实际，去随时修正原来的提纲，按照生活的本来面目去反映生活，而绝不能去导演生活，这是由纪录片的纪实本性所决定的。

纪录片拍摄提纲的撰写是没有一定之规的。由于题材内容不同，创作者不同，纪录片拍摄提纲的撰写方法也不尽相同。但一般说来可以分为两种：

一是有较完整细致的构思甚至详细的分镜头计划的提纲。这种提纲适用于那些内容已经相对固定，一般不会有新的变化出现的题材，如历史文献片、政论片、风光歌舞片以及按照一定程序进行的预发性事件等。如香港回归十周年之际，中央电视台新闻中心推出了 10 集大型纪录片《新香港故事》（2007 年 6 月 18 日在 CCTV-新闻频道播出），该片历时一年多摄制完成。在策划构思时，其叙述方式就没有采用一般政论式，而是采取讲故事的方式，将聚焦点放在一个个具体人物身上。每一集试图通过三四个人物的亲身经历和口述，描绘出回归十年香港社会发生的巨大变化，这些变化包括"边界的模糊"、"普通话的流行"、"北上的热潮"、"本地文化的复兴"、"赛马会的变迁"和"金融服务业的崛起"等。

二是无具体的拍摄细节，只是对事物的发展趋势作了大致预测的提纲。使用这种拍摄提纲的一般是创作者对未来的拍摄只有一个粗略的构想，这个提纲主要是为未来的拍摄提供一个大致的方向而用的。这种提纲一般包括片子的主旨、风格、大致内容等，而没有列出具体的分镜头。如中央电视台制作的大型纪录片

---

① ［美］帕·泰勒：《故事片中的纪录技巧》，见单万里主编《纪录电影文献》，北京：中国广播电视出版社 2001 年版，第 401 页。

《百年中国》中关于纪念碑这一部分的拍摄提纲是这样的：

纪 念 碑
在幽远而虚静中，构建心灵净化的祭仪

一、题旨：

纪念碑是凝固的历史，是一个民族命运的见证。选择七座有代表性的纪念碑，运用精细的拍摄手段和富有创造性的结构方式，连接过去、现在和未来，通过历史碎片的拼接，完成对民族精神的追问和凭吊。创造一种神圣而悲凉的悼亡诗境界。

二、内容：

纪念碑—历史资料—城市环境—见证人的诉说—现在的生活

三、选题：

1. 克林德牌坊（八国联军、第一次世界大战、五四运动）
2. 日俄战争纪念碑 1904
3. 黄花岗烈士碑（广州起义）1911
4. 三·一八烈士碑
5. 苏军烈士碑（武汉空战）
6. 南京大屠杀纪念碑（南京）
7. 抗美援朝纪念碑（丹东）
8. 人民英雄纪念碑（北京）

寥寥数语，已经使我们明白了这段电视片的画面内容以及导演风格。一般说来，这一类的提纲的最初设计可能与最后的完成作品相去甚远，甚至完全不一样，这是很正常的。

事实上随着纪实主义创作方法的兴起，越来越多的纪录片的提纲趋于简化，甚至一些创作者在确定拍摄题目后就直接进入事件的记录过程，不管有什么先拍下来再说，在获取了大量的素材之后，再在编辑室中对素材进行分析、提炼、筛选，最终完成作品。

2. 纪录片的拍摄方式

电视纪录片是纪实的艺术，是一种特殊的纪录形态，它强调记录行为空间的原始面貌，也就是那种"带毛边的生活"；它强调了纪录形声一体化的行为活动，忌讳那种强加上去的"上帝的声音"；它强调再现事物发展的逼真效果，使画面人物具有一种符合人们日常生活经验"可经历"的逼真性。因此，它的纪实本性决定了电视纪录片的拍摄必须重视与生活同步的记录，重视过程，重视声音和画面的同构关系。

（1）前进式纪录

电视纪录片的拍摄内容主要是采取一种向未知取材的方式，与生活同步摄影，在动态的选择中向未知索要素材。已经过去了的事件很难作为纪实的画面来展现，因为它失去了事件行为动作的外在氛围和内在动因，失去了鲜活性。而正在发生或将在未来发生的事情，是生活的自然流程，它包括可以预期的或是突如其来的未知因素，未来的事情总是充满悬念和期待的，是可以与观众一起探求、一起体验的真实时空。时间的一维性决定着纪实画面的链条只有向前，才会具有纪实节目的鲜活性、动态性，具有全方位信息的特质。

电视纪录片这种向未知取材的特点使拍摄者在拍摄时总是处于一种紧张的探索状态之中。在实际拍摄中，拍摄者经常要对事物的发展做一定的估计并有预见地提前开机，以抓住事物在生活自身的发展之中的第一感觉、第一反应，让兴奋点在你的前面，让过程展开在镜头之中。我们有些摄像师习惯于在高潮的时候才开机，或者看到有意思的东西才开机。其实对于电视纪录片来说，这个时候开机已经晚了。而且如果有价值的事件发生前观众没有一点心理准备，也难以领会它的意义，它的价值也就得不到完整地体现，其应有作用也就不会完全发挥出来。

绝大部分纪录片都是在没有完整分镜头剧本，更不可能经过事先排练，甚至在没有架好三脚架的情况下，现场突发意想不到的情况，而且是非常精彩的段落，这就要靠摄像师在多变现场面前表现出过人的理解力、灵敏的反应能力和重新组织镜头的能力。荣获 2001 年中国纪录片学术奖的《达比亚》（中央电视台）仅用短短 30 分钟时间，为电视观众讲述了一个发生在 20 世纪末云南怒族福贡县架究村中，一个名叫欧得得的怒族民间乐手，作为怒族古老乐器"达比亚"的唯一传人，因祖传乐器继承问题引发出的一段伤心故事。故事一波三折，令人扼腕长叹，但更令人拍案叫绝的是纪录片创作者的卓越才能，面对陌生的环境、陌生的语言、陌生的习俗，凭着对镜头内容的高度感知力，创作者始终从容智慧地把握着画面，在多次出现连续的突发情况面前，如拍摄杀羊风波、饭桌风波等事件过程中，我们处处感受到摄像师杰出的感知力、预见力和熟练的技术处理能力。在拍摄这些场景时，摄像师能随突发事件的发生、发展、高潮而同步记录下完整的过程，充分表现出创作者良好的心理稳定性，做到了在关键环节上无一遗漏。

（2）过程式纪录

电视纪录片要重视"过程"的纪录，也就是要注意表现事物发展的连续性。生活本身是发展着的，生活本身就有许多矛盾冲突，当把这种冲突和矛盾加以提炼和概括时，纪录片的叙事就变成了有起因、发展、高潮、结尾的叙述过程。一个完整的过程胜过许多支离破碎的内容，电视纪实就需要在完整的动态发展过程中传达人文信息。

美国著名纪录片制作人弗雷得里克·怀斯曼（Frederick Wiseman）认为，影片很重要的一点就是纪录过程，过程就是他的纪录片的情节。他说过，他的片子的最基本单位是一个段落，即一组镜头形成的一个段落；他在建构影片时，先把段落处理好，每一个段落可以是四五分钟，而每个段落就像一个岛屿一样，然后他再寻找岛屿之间的小关系，形成一个列岛，所以，"过程"就是岛屿的形成，要不然，每一个段落都是一个孤岛，也就没有过程。过程式纪录的一个重要特征就是情境化的叙事方式。情境，包括了"具体"的意义，某地、某时、某个特定的环境；情境，又包含了"个体"的意义，某人、某事、某种行为；情境，还包含了"整体"的意义，完整的时空，完整的过程以及在这个过程中事物与外界的关系及反应。由此可见，情境化的叙事方式是以对事件过程的完整记录为基础的。注意过程的记录也就是注意事物发展的延续性，这也是电视纪录片中长镜头比较多的主要原因。纪实性长镜头的主要特征就是"单独的一个镜头记录一个完整的动作和事件，它不依赖于同上、下镜头的连接就能以独自的含义而独立存在"，以及"时间空间的真实，使得特定的事件或动作能在一段连续不断的时间里延伸发展"。中央电视台《万里海疆》大型系列片摄制组曾经拍过一个放生海龟的情景，编导对摄像师所拍摄的镜头十分不满，他事后这样回忆：当时海龟入海的情景很令我感动，它慢慢爬向大海，在整个过程中停顿了三次，其中有一次还深情地晃动了几下脑袋。海龟停了三次，我们的摄像师也停机三次，仿佛他的职责只是纪录海龟如何爬行，而且是同机位、同角度的三次。

我问："你的镜头为什么要断？"

他说："它不走了，我拍它干嘛！"

我说："正因为它不走了，才应该拍，而且要精心地拍摄它如何不走。"①

编导与摄像师产生分歧的根本原因在于摄像师采用了拍摄新闻的手法来拍摄纪录片。这个例子生动地说明了电视纪录片的拍摄与电视新闻拍摄的一个重要区别：电视纪录片的画面注重对过程的记录，多用长镜头；而电视新闻的画面则多由成组的分镜头组成，对过程的描述更多地是由解说词来完成。

（3）观察式纪录

电视纪录片是发现的艺术，即直接取材于现实生活或历史资料，要求创作者从自己的经验世界里，去发现最典型、最有意义、最有趣、最鲜明的事实、细

---

① 高峰：《电视纪录片及其审美选择》，北京：中国广播电视出版社1996年版，第28页。

节、场景。而这种发现，终将得力于认真的观察。从拍摄角度讲，纪录的过程，实际上是一个创作者对被摄对象的观察过程。

当代电视纪录片越来越趋向于开放式的叙事结构，创作者力图做到只是把真实的世界展示在观众面前，最后的结论由观众自己去把握。这种创作观念对电视纪录片拍摄产生的影响就是拍摄者越来越把自己摆在了一个观察者的位置上。观察式纪录可以分为两种：纯粹式观察与参与式观察。纯粹式观察主张主客体截然分开，拍摄者应该像"叮在墙上的苍蝇"一样不介入生活，而摄像机则像"没有记忆的镜子"一样把直观事物呈现在观众面前。由西藏文化传播公司和中央电视台联合摄制的电视纪录片《八廓南街16号》，以一种非常沉静的态度和纯粹的纪录语言，把西藏拉萨一条街上的一个居委会里发生的事，哪怕是极其琐碎的小事都纪录下来。该片编导段锦川说，他拍这部片子时是像上班一样在居委会呆着，并且开始并不急于开机，很耐心地等待，所以片中似乎不经意拍摄下来的事情，都是有一番成熟考虑的，这体现了导演的一种"观察者"身份。有人在分析此片成功的原因时，也指出来自制作者在作品中坚持的"观察者"立场和风格，像怀斯曼那样，花很多时间在现场，不打扰对方，让被拍摄者习惯摄像机的存在。编成后的片子，既没有音乐，也没有利用旁白对居委会的事情说好说坏，它给观众一个机会，让观众自己去考虑，去得出自己的结论。这部纪录片后来获得了第19届法国真实电影节（1997年3月）最高奖 Le Prix du Cinema du Reel。电影节评委会对此片的评语是：这部影片不断地向我们提供了一个广阔的空间，让我们自己主动地去了解今日西藏的真实现状，同时也展示了一个我们从来不了解的西藏。

另一种观察方式为参与式观察。参与式观察受互动理论的影响，认为正如足球赛中的观众的情绪与呼声都会无形中影响到球员的场上表现，从而也影响到比赛结果一样，拍摄必然会对被拍摄对象产生影响，坦率地承认这种影响才是反映了真实的世界。由此我们可以看出观察式纪录的核心理念，无论是哪一种观察方式，其目标都是力求在拍摄中抓取到那些最能反映真实的元素。

三、电视纪录片的结构

电视作品的结构框架是电视节目制作者在制作中始终都必须反复考虑的问题，因为它直接关系到节目的成败，无论你前期拍摄的素材多么丰富，如果结构不好仍然不会产生好的作品。结构的任务就是把前期拍摄获得的纷繁复杂的素材根据一定的主题需要，恰当地组成一个有机的整体。

电视纪录片的结构有两层含义：一个是外部结构，这是对作品整体形式的把握，使作品层次分明，结构完整；另一个是内部结构，这是对影片中各局部之间的构成和转换的把握，使作品上下连贯，过渡自然。

结构不仅是一部纪录片的骨架，也是一部片子的内容。对创作者来说，结构是掌握全局的重要手段，也是创作者思想观念的体现，同时，也是观照自我、观照人生、观照世界的体现。

纪录片的结构形式有着很大的自由度和灵活性，因为它不像故事片那样受既定故事情节的限制，不同的作者更是有不同的风格。但是我们仍然可以从大量的纪录片实例中总结出一些有共性的结构样式来。

(1) 中心线串连式

这是电视纪录片最常用的结构形式之一。所谓"中心线串连式"，就是把几部分不同的材料用一条或若干条主线依序串连在一起，从事物的不同方面展现同一个主题。我们熟知的一些大型电视纪录片如《丝绸之路》、《话说长江》、《黄河》、《望长城》等都采用的是这种结构方法，通过一条条或自然或人为的中心线，将纷繁复杂的内容串连起来，构成一部又一部的宏伟作品。在这种结构形式中，通常中心线本身并不是节目的主题，而只是为了便于反映主题而选择的一个由头、一个话题、一条供叙述之用的元素。如在《望长城》中，贯穿整部片子的中心线是长城，由于长城这条中心线的作用，创作者们能够用比较清晰的思路来拍摄"沿线"的风土人情、民间习俗和人文景观，描绘生活在长城脚下的中国人的风貌。

中心线串连式的合理运用，可以使一个庞杂的主题变得清晰明确；同时还可以给后期编辑带来意想不到的方便。如在庆祝香港回归10周年时，中央电视台海外中心制作了8集大型电视纪录片《香港十年》(2007年6月22日-29日播出)。这部片子"以真实为灵魂，以人物为主角，以故事为载体，以情感为核心"，用影像记录了香港10年来的风雨历程，向世界昭示了中国政府"一国两制、港人治港、高度自治"实践的成功。

第一集《十年见证》总领全片，主要着眼于香港回归及回归后10年来的发展。

第二集《历练之路》回溯了香港回归10年历程中的几个重要命运转折点，展现香港政府和民众经历风雨后走过的一条历练之路。

第三集《和谐相融》以和谐为主题，聚集了最普通、最典型的香港人的生活。

第四集《活力重现》讲述了回归以来，香港金融、航运、贸易等几大行业在全球的中心地位未曾改变，得到了国际社会的肯定和大量资本的注入。

第五集《背靠祖国》回顾了中央政府为恢复香港经济而制订的CEPA和自由行的实施等重大历史事件，讲述了一些在祖国支持下香港发展的故事。

第六集《我是中国人》通过香港人对中国人身份的认同，表现了这一回归以来最大的"变化"。

第七集《血脉相连》将从生活在深港边界禁区的罗湖人家——袁仁基一家迎接新年开始，讲述内地和香港的血脉之情。

第八集《龙腾香江》记录了香港新一代协会"明日领袖"们自上海回港后探讨香港未来的经历，在这个过程中，责任、使命和创新成为香港未来不可或缺的核心价值观。

大型纪录片《香港十年》以香港的十年为中心线，串连起香港重要命运的转折、普通人的和谐生活、全球中心地位的不变与身份认同的最大"变化"。在创新上，寻找与十年前央视拍摄的12集纪录片《香港沧桑》的"延续"关系，从内容的延续性到场景的延续，涵盖了一个最核心的主题，即回归后人心的变化。

（2）逐层递进式

这种结构形式是按照事物发展或人们认识事物的逻辑顺序来安排层次的。这种安排方法使整部作品有明显的发展线索，循序渐进，层层递进。它可以以时间为线索来安排结构层次。

所谓按时间结构，是以时间为轴线，按人物活动的线性发展、事物进程的自然秩序组织安排材料，具有较强的叙事性和较严格的生活逻辑。上海电视台摄制的纪录片《半个世纪的乡恋》就是这种结构方式的佳作。《半个世纪的乡恋》真实地展现了第二次世界大战期间，一个13岁就被日军从韩国抓到中国，成了日军"慰安妇"的李天英老人长达半个世纪的人生经历和情感世界。纪录片以李天英回国探亲的归程为主线，展开了一个凄婉哀怨的故事。

纪录片还可以以认识事物的顺序来安排层次，还可以以时间推移为纵轴，空间展开为横轴，纵横交叉式地安排片子的层次。《我们的留学生活》这部电视纪录片同时反映了多个主人公的经历，其中就某一个人物而言，片中是以时间为顺序来讲述他的生活的，而整部片子采用了纵横交叉式的结构方法，这样就把同一时间不同地点发生的事情紧凑地交织在一起。

逐层递进式的结构方法也很常用，因为它比较符合人们认识事物的特点，人们认识事物总是由浅入深，由现象到本质的。逐层递进式的另外一个优点就是它便于讲述故事，便于设置悬念，从而克服了纪录片一个常见的缺陷——平铺直叙。

（3）放射式

这种结构形式是先确立一个比较明确的主题，然后将几大块相对独立的内容并列地组织在一起来说明这个主题。用这种方式结构作品，材料的使用有很大的随意性，可以不受严格的逻辑要求限制。层次演进不再是单线条式的从开头到发展再到结尾，而是呈放射性线条，每一部分相对独立的内容沿自己的方向向外发散，而所有的放射线又都有同一个端点，这个端点就是一个题目或作者的一种想法。如纪录片《半个世纪的爱》，共介绍了 14 对金婚夫妇的具体生活历程，显然是由 14 块素材组合而成。全片真实地再现了 14 对不同类型老人的真情生活，他们都围绕着一个人类最珍贵的"爱"这个主题而从横向上构成了开放型的结构。

国外纪录片用放射式结构的比较多，其具体形式往往是由一个主持人或类似的人物提出一个题目，然后用不同的材料来说明或证实它，具有强烈的主观色彩。

(4) 漫谈式

"所谓漫谈式就是创作者以自己的目光为线索，看到哪里就谈到哪里，就像人们置身于生活之中，用自己的眼睛观察生活一样，真实，亲切。"① 这种结构方式的特点是非常自然，没有人工雕琢的痕迹，是电视纪录片表现普通人的普通生活的常用方式。如北京电视台的纪录片《芝麻酱还要慢慢调》，讲述的是一个非常普通的老人，他有两个爱好和一个习惯，一是爱唱京戏，二是爱看足球，还有一个习惯是他家的芝麻酱一定要调八遍。他为了能唱京戏，常求别人给他拉胡琴，每次先给人家点一支烟放在旁边，趁人家拉过门时把烟递过去。他对足球的痴迷到了无以复加的程度，时不时发表评论，写发言稿时，一会儿用老花镜，一会儿用放大镜，写不出字时还查字典。片子就是通过这一系列的生活的片段，把这位普通老人对生活的热爱表现得淋漓尽致。这部片子在播出后深受好评，其原因就是它以平民化的视角反映了普通人真实的生活。

在采用漫谈式结构时，要注意用独特的视点来观察生活，注意抓取能反映人物个性的细节，在平凡的生活中见光彩，切忌一般化材料的堆砌。

四、电视纪录片的栏目化生产

在 2001 年第六届四川电视节上，组委会特地安排了为期一天半的《电视纪录片制作与国际市场营销》研讨会，挖掘、建立和发展一个面向新世纪的、具备竞争力的、健康的中国纪录片市场成为研讨会的中心议题。会议认为，"叫好的不一定叫座，叫座的不一定叫好"的问题在纪录片领域长期存在。在本届电视节"金熊猫"奖国际纪录片评选的获奖作品中，大部分是第一次与受众（仅限于参加电视节的业内人士）见面。有的也只不过在圈内小范围的展映中出现

① 钟大年：《纪录片创作论纲》，北京：北京广播学院出版社 1997 年版，第 249 页。

过。以至有人发问：这些电视片到底是拍给谁看的？

我国纪录片的发展面临着许多困难，一方面，纪录片创作者听不到来自市场的声音，更感受不到市场的需求，使其与市场拉开了一定的距离；另一方面，我国纪录片缺少标准化时长，没有固定的播出平台，也是其不能很好融入市场、贴近受众的原因。而加强电视纪录片的栏目化创作与播出，是使其与"国际惯例"接轨，形成稳定的观众群体的一种有效的措施。

上海电视台1985年开播的《纪录片编辑室》是我国最早使纪录片栏目化运作的范例，它以每周一期的播出方式，受到上海市民的欢迎。这个纪录片栏目，一度成为仅次于中央电视台《新闻联播》和《上海新闻》的高收视率的节目，收视率高达20%以上。据介绍，纪录片《毛毛告状》在栏目播出时，曾在电视剧大战最为火爆的上海盛夏荧屏成为最为热门的电视节目。

近年来，上海电视台在实现体制重大变革后，专门推出了"纪实频道"，频道内起核心骨干作用的自办栏目就有5档：

《纪录片编辑室》（30分钟），是该频道的品牌栏目，该栏目主要反映社会中普通人的情感和命运。

《文化中国》（20分钟），是一档纯文化题材的日播栏目，2006年由原《看见》栏目改版而成，主要通过主持人的讲述和专家的解析，回顾一个个富于文化内涵的历史故事，深入浅出地介绍中国文化。

《往事》（22分钟），是一档用记忆唤起对往事回溯的口述历史系列节目。

《档案》（22分钟），力图打开尘封的历史，解读世间沧桑。这档栏目先后推出了纪念中国电影诞生100周年的20集纪录片《老上海、老电影》，以及记录20世纪商界风云人物的52集纪录片《百年商海》。

《经典重放》（60分钟），主要播放国外优秀的访谈式纪录片。

上述纪录片全部采用栏目化的生产方式进入频道编排。

按照国际惯例，大多数电视公司（台）都规定了纪录片的长度是1小时，或是半小时，很少有例外。而且大多数的国际性电视公司（台）每星期都有固定的纪录片栏目（时段），美国甚至早在1985年就出现了专播纪录片的频道，如探索频道（The Discovery Channel），内容涵盖科技、自然、历史、探险和世界文化等领域，他们无一例外都遵循这种规则。

栏目化的生产，对制作人的创造性提出了更高的要求——在规定的时间内以最有效的方式讲述故事。这样，既控制了节目的生产成本，又缩短了制作时间。同时，也可培养出一批高水平的欣赏群体。

第五节　纪录片的发展走向

对任何事物的未来进行展望必须以它的过去和现在为基础。纪录片从诞生到现在已经有 100 多年的历史，电视纪录片的创作也有近半个世纪的历史，回顾过去，我们可以清楚地看到影响纪录片发展的几个关键因素：（1）不同的历史时期有着不同的时代主题，纪录片工作者有着不同的历史任务；（2）科学技术的发展不断地为纪录片的创作提供新的表达手段；（3）社会审美思潮的变化和创作者的动机造就了不同的创作观念和风格样式。这些因素必将继续影响着电视纪录片创作的未来走向。

一、选题视野日益广阔

纪录片的选题可以说是无所不及、无所不能，一切自然的、非虚构的题材都可以用来创作纪录片。然而以前纪录片的选题范围是很狭窄的，大都局限于人类学的范畴，关注个体的人，关注现实的社会条件下的普通人的生存状态和内心世界。而对其他题材，如当今世界发生的重大社会变革、科学文化潮流以及自然环境状况等就关注得太少。形成这种局面的原因大概有两个：一是由于我们过去过于强调纪录片的教育功能和宣传功能，而忽略了纪录片的其他功能；二是由于电视管理体制的原因，纪录片的创作者们没有遇到大的市场压力，其主要创作动机是为了获奖，以至于很多纪录片创作者热衷于选择边缘题材，热衷于表现底层和边缘人物的命运，而对社会的其他内容关注较少。我们处在一个多元化的时代，人们对电视纪录片的功能也提出了多样化的要求。当前欧洲纪录片发展的一个显著趋势就是在使纪录片具有教育和信息功能的同时，也具有极强的娱乐性，这就促使纪录片创作者的选题视野向更广阔的领域拓展。美国探索频道品牌甚至已成为"最佳纪实娱乐"的代名词。2003 年，我国中央电视台《探索·发现》栏目也提出了"娱乐化纪录片"的理念，明确提出要拍观众喜欢的纪录片。

随着我国市场经济的发展，电视纪录片将逐步走向市场，纪录片的选题必须考虑到市场（观众）的需求，不然将无法生存。除了电视台以外，国内将产生越来越多的纪录片专业制作公司和独立制片人参与纪录片的制作。这些完全按照商业规则运作的公司和个人，将带着现代市场意识去生产能够满足各类观众需求的纪录片，这必然会大大拓展纪录片的选题范围。科学技术的发展也为纪录片选题范围的拓宽提供了手段。随着计算机和图像处理技术的进步，人工图像和实拍镜头可以完美结合，以前一些被认为是很难用影像来表现的题材也逐渐进入纪录片的选题视野。1992 年，美国导演莫里斯制作完成了《时间简史》。这部纪录片以科幻片样式向人们阐释了英国科学家霍金的经历以及他的宇宙大爆炸理论，进入了对传统纪录片来说完全陌生的纯科学领域。

二、创作手法多样化

纪实性是纪录片的本质属性。人们总是不断地在重申，纪录片必须真实，必须以真人真事、真实环境为取材基础。但我们还应该认识到，"纪实手法"只是纪录片的一种主要创作手法，它不等于真实。反映真实可以采用多种创作手法和技巧。

20世纪90年代中国的纪录片逐步与国际接轨，符合纪录片创作的主流。然而与此同时，西方纪录片的创作已经悄然发生变化，开始否定"非虚构片"，出现了"新纪录电影"的观念与实践。

"新纪录电影"一词是美国电影理论家林达·威廉姆斯对20世纪90年代以来西方纪录电影创作界出现的新倾向的概括。他认为，"新纪录电影"作品尽管丰富多彩，但有一个共同点，即满足了部分观众了解现实的渴望。这些纪录片在处理题材时所采取的态度更为辛辣，它们所表现出来的真实与人们期待的纪录电影的真实相吻合，而这种真实是纪录电影作者通过操纵性的手段制造和构建的。

"新纪录电影出现在上世纪末期的西方发达国家，可以说是电子时代的纪录片人对传统纪录片表现手法提出的质疑，是对传统纪录片的真实观发出的挑战。生活在高科技时代，人们愈来愈分不清真假，对周围的一切都会产生怀疑，正如当代未来学家约翰·奈斯比特对周围的事物发出的疑问：'她的乳房是真的吗？他的头发是真的吗？探索者号火星登陆舱所拍的照片不会是在亚利桑那州拍的吧？他的'劳力士'是假的吧……'"[1] 高科技时代的事物比以往任何时候都更加真假难辨，传统的表现"真实"的技巧遇到了巨大的挑战：表象的"真实"等于真实吗？纪实会是"真实的谎言"吗？纪录片会不会像故事片那样，由于主题和角度的主观选择问题而成为同样具有主观特点和人为形态的产品？严格地区分虚构形式和纪录形式似乎不再有意义。纪录片制作者不得不重新确定纪录片概念的外延。新纪录电影肯定了被以往的纪录片所否定的"虚构"手法，认为纪录片可以而且应该采用一切手段，包括故事片的虚构手段与策略以达到"真实"。正如美国电影理论家林达·威廉姆斯所评价的：它们明显引入了一种更新的、更偶然的、相对的、后现代的真实，这是一种远未被放弃的真实，当纪录片传统渐渐消退的时候，这种真实依然强有力地发挥着作用。

由此我们可以看出，"新纪录电影"表面上好像是否定了传统纪录片的真

---

[1] 单万里主编：《纪录电影文献》，北京：中国广播电视出版社2000年版，第14页。

实，实际上是一种对真实的认识的螺旋式上升。事实上，纪录片创作者们这种对"真实"认识的不断深入，在历史上一直在进行着，以后也不会停止。采用故事片的"重演"手法来表现过去了的事件在国际纪录片创作界正方兴未艾，越来越多的西方以及部分东方国家如伊朗、日本等国的纪录片导演采用了表演和纪录混合而成的形式来制作纪录片。很多故事片导演也开始学习纪录片的创作手法，如我国著名导演张艺谋的《秋菊打官司》、《一个都不能少》等片中都可以看到纪录片的影响。纪录片与故事片的界限变得相对模糊了，这也证实了纪录片大师伊文斯的著名论断："纪录片向故事片靠拢，故事片向纪录片靠拢。"而我国纪录片在20世纪90年代以后似乎走入了"纪实主义"的误区，纪实手法一统天下。由于无法容纳"纪实"以外的创作手法，造成了我国纪录片创作手法的单一化，从一定程度上阻碍了我国纪录片创作的繁荣。进入新世纪以来，这种情形在发生着变化，用"重演"（真实再现）手法创作的纪录片在国内已经出现。

不过，对"真实再现"手法的运用应有一定的限度，徐舫州认为：在题材上，"真实再现"主要应用于电视历史纪录片上，而且在实践上应该离现在较远；在具体的手法处理上应做到：在同一部作品中，扮演、重构部分的比例不能超过纪实的部分；"真实再现"手法应该"宜虚不易实"；"真实再现"必须对观众作出明确说明。

目前国内纪录片界出于对新手法的追求，对格里尔逊模式已冷落得太久。事实上，这一手法由于具有信息量大这一优势，正大量地被西方电视台采用，他们播出的纪录片，绝大多数都是这种手法。在各种电影节上，这种风格的纪录片一般也占入围片总数的1/4到1/3。

当然，矫枉不能过正，纪实仍然是也必然是纪录片的主要表现手法，但纪录片的表现手法应该而且已经趋于多样化是不争的事实。

我国著名电视纪录片编导张以庆的作品《幼儿园》，在2004年（第十届）上海国际电影节中获最佳人文类纪录片创意奖后，曾引发了我国纪录片理论界的一场讨论，赞赏者有之，于欣赏中担忧者有之，如我国纪录片学术委员会名誉会长陈汉元先生所说，张以庆很有激情，他不太在意社会的时尚理念，他要顽强地表达自己各方面的感受，但这样做是要冒风险的。而中国传媒大学朱羽君教授则更直接地批评说，严格地说《幼儿园》不属于纪录片，该片把孩子当成了符号，来组织自己的思维，来表现他自己内心的东西，而不是表现生活本身的东西。朱羽君说，纪录片应该是纪实的，而该片是属于艺术的。她认为，纪录片再自由、再宽泛，它也应该有自己最严谨的内核，张以庆已经超越了这个界限。①

---

① 刘洁：《关于〈幼儿园〉的专家评论》，《纪录手册》2004年第8期。

关于纪实与艺术的关系问题，早在美国帕·泰勒的《故事片中的纪录技巧》就已经有所阐述，他认为，纪录片仿佛处在艺术与实况纪录之间的分界线上，因为纪录片首先必须尽量简洁地和逻辑地安排一系列有既定顺序的事实。而在想象力特别强调的纪录片中，对事实的逻辑安排则变成了重新安排，造成一种几乎是诗的而不是逻辑的顺序，用文字语言来说，就是成了讲真人真事的高级叙事散文。他说，当初使格里尔逊羡慕不已的正是弗拉哈迪早期作品中这种流畅的叙事散文式纪录片：使人感到是在处理一个不仅真实，而且是美的题材。① 我以为，张以庆的《幼儿园》在艺术表现方面做到了优美、和谐，可以称得上"至善至美"，作为一种风格，在纪录片的长河中应当有它的一个位置，也应当鼓励、发扬光大。

三、纪录片面向市场

第六届四川国际电视节上，有人针对中国电视纪录片创作的一种现象表示了担忧——只为获奖拍片，只为任务拍片！有人为此诘问：获奖，是不是就意味着被认可？如果被认可，它是被谁或谁们认可？而认可的谁和谁们又是不是作品本应该面对的群体？这些问题的提出，实际上反映了我国电视纪录片是否面向市场的问题，这也是我国纪录片创作最为迫切的问题。

纪录片由于自身的纪实本性，使其成为当今人们实现文化沟通的最先进、最生动又最有效的形式之一，优秀的纪录片在国际电视节目市场上极受欢迎。近些年来，国内获奖的纪录片虽然不少，但是可走入市场受老百姓欢迎的片子却难以寻觅。形成这种巨大反差的原因是多方面的。既有纪录片创作的内部因素，如缺乏受众意识、选题范围过窄、缺少标准化时长等等，也有外部因素，主要是我国纪录片市场规模太小，未能建立起一个现代意义上的规范市场。

长期以来，我国纪录片的制作大都采取政府或电视台拨款的方式，创作者主要关注影片的社会效益，却很少考虑观众（市场）的需求，缺乏市场运作的意识。随着我国社会主义市场经济体制的逐步确立，影视片的投资者、创作者考虑经济效益成为理所当然的事情；另外，我国加入世界贸易组织以后，本国的纪录片市场也必然会受到国际纪录片市场的冲击。因此，中国纪录片以商品的形态步入市场之中，走市场化的道路势在必行，否则中国纪录片将难以生存和发展。

市场化问题现在已经成为我国纪录片创作和发展的瓶颈。纪录片市场化的趋势要求中国纪录片创作上的转型。这种转型的中心是确立受众本位意识，纪录片

① ［美］帕·泰勒：《故事片中纪录技巧》，见单万里主编《纪录电影文献》，北京：中国广播电视出版社2001年版，第402页。

的创作必须重视受众（市场）的需求，纪录片的选题要同市场相结合，叙事方式要适应受众的收视心理，制作水平要向国际标准看齐。

市场化的标准是什么？中央电视台著名纪录片编导魏斌认为，就是要形成流畅的市场供需体系，要有足够丰富、一定规模的产品供应；要有比较规范流畅的交换渠道；要有广泛而持久的产品的需求者。为达此标准，就对创作者、创作方式、创作观念都提出了变革的要求。①

在创作上，要摒弃个性至上、漠视收视对象的观念，要真诚地用心琢磨观众喜欢什么样的纪录片？魏斌认为，观众一般喜欢听故事而非说教；喜欢有思想、有情趣的讲述，而不是肤浅的现象的介绍。

在创作方式上，还要摒弃作坊式的个体手工打造，建立流水线式的专业分工制作体系，包括建立策划、导演、拍摄、剪辑等专业化的程序，以及流水线创作的管理结构和机制，以便于类型化的纪录片市场体系运行。在这方面，作为全球最大的纪录（实）片制作商及买家，美国探索频道已为我们树立了市场化运作成功的先例。

美国探索频道目前已通过 15 颗人造卫星，用 24 种语言，向全球 160 个国家和地区播放，每天大约有 4 亿家庭用户收看探索频道的节目，在中国也已有 23 家电视台播放探索频道的节目。这个频道在 2003 年的年利润为 171.70 亿美元，其中广告收入占六成，用户使用占四成。探索频道成功的经营原则是：

（1）坚定不移地保证质量，永远不会为了迎合顾客而牺牲优质的节目内容。

（2）永远记住故事与生俱来的价值。

（3）全球化思考，区域化执行。

（4）努力提高社会团体精神。通讯的新方法已经使地球成为了一个全新的大城镇。

（5）将权力赋予观众，我们不仅给观众提供信息，还必须提供对他们有用的新闻，提供能帮助他们更好生活的工具。

（6）运用最新的传媒技术，拓展教育机会。

（7）运用突破性科技成果为人们平衡工作与家庭之间的关系。

（8）我们永不骄傲。我们必须保持开放和好奇的心境，随时准备迎接技术革新所带给我们的惊奇。在我们面前的疆界永远都是变化的，除此之外我们都不能肯定。②

---

① 魏斌：《略论中国纪录片的市场化》，《纪录手册》2003 年第 6 期。

② 唐世鼎、黎斌主编：《世界电视台与传媒机构》，北京：中国传媒大学出版社 2005 年版，第 81 页。

市场化的运作除了要有制作的优质产品外，还必须为这些产品提供市场交换的渠道。近 10 年来，我国纪录片界从对市场的漠视到对市场化的逐渐熟悉、青睐，已从整体上对纪录片的市场化表示认同，并迈出了实际的步伐，这从广州国际纪录片大会得到证实。

中国（广州）国际纪录片大会，从 2000 年开办以来，目前已举办了四届。这个大会的一个明显特征是为纪录片搭建一个交易市场，引进了国际纪录片交易市场上的一个交易方式 documart，中文翻译为纪录片制作方案预售，在 2004 年付诸实践。这是一个非常着重过程的纪录片交易，在我国当属首次。

过去，我国的纪录片交易方式，往往采取在参展会上摆摊位看成品的方式，这样，由于大多数作品不符合国际电视机构的标准而成为"看品"。而纪录片预售方案相对于成片来说，是使买卖双方从纪录片制作一开始就介入整个流程，更有利于制作出符合买方需求的片子。其方式是，由制片人或导演带着预售方案在交易会上推介，寻找对他们的方案感兴趣的国家。一旦达成协议，就意味着预售方案获得了国际融资。2006 年 12 月，在第四届中国（广州）国际纪录片大会上，参加交易的纪录片方案已达 423 个，其中我国就有十几个方案获得包括探索频道在内的国际市场的不同程度的合作。通过这种交易平台，使中国的资源和国际的资源碰撞交流，把中国的产品推向了国际，也通过纪录片宣传了中国的文化和中国的社会发展。

四、播出频道化、栏目化

随着卫星电视和有线电视的飞速发展，电视频道越来越多、越来越专业化以适应不同层次和不同爱好的电视观众的需要，这已成为一个大趋势。作为电视节目的重要组成部分的电视纪录片也不应该例外。在欧美国家，纪录片是最重要的电视节目之一，各大电视节几乎无一例外地设有纪录片交易和纪录片评奖活动。一些国家早已办起了纪录片频道，如美国的国家地理频道、探索频道，日本的高清晰度电视频道等，法国甚至拥有两个纪录片频道。中国有世界上最多的电视观众，随着他们文化水平和欣赏水平的不断提高，将会有越来越多的人关注纪录片，设立专门的电视纪录片频道的必要性显得越来越迫切。在这方面，上海电视台纪实频道已作了成功的尝试，取得了良好的效益，2002 年收入 2200 万元，2005 年就已达到 4800 万元，实现了翻番。

另外，综合频道已没有纪录片的立足之地。纪录片由于其篇幅较长、节奏较慢，区别于其他电视节目的短篇幅、快节奏，穿插在综合频道中便显得格格不入。许多播放电视纪录片的综合频道不得不把纪录片挪到非黄金时段播出，其结果便直接影响了它的收视率和知名度。改变这种现状的有效办法，就是实现纪录片播放的栏目化，从而使纪录片的发展获得一片广阔的天地。上海的《纪录片编辑室》自不必说，北京电视台的《纪录》栏目则又是一个成功的案例。在电视栏目群雄竞争的年代，其收视率仍高达 14%，其辉煌程度不亚于当年的上海纪录片栏目。据介绍，从 2000 年该栏目创办后的第二年开始，广告商就与北京电视台签订了投资合同，这从另一方面说明了纪录片栏目化运作的成功。

综上所述，中国电视纪录片要真正走向繁荣应该设立纪录片专业频道和实行栏目化制作。只有这样，才会使纪录片创作者有自己的阵地和归宿，必将激励他们创作出更多的优秀纪录片与观众见面；才会使纪录片有固定的播出平台，以至相对地集中电视纪录片的目标受众，提高电视纪录片的收视率。有了专业频道和固定栏目，必然会加快电视纪录片的市场化进程，从而促进电视纪录片生产的良性循环。

五、纪录片的突破

1. 纪录片的困境

我国电视节目市场目前仍然以新闻和娱乐节目为"主打"产品，纪录片一直未能形成市场"潮流"。

国内第一个纪录片频道——阳光卫视于 2003 年 6 月开播后，也一直步履艰难，虽定位于"人文历史"，"讲述昨天、纪录今天、探索明天"，"主流文化、精英话语、知识受众"，但难见经济效益，黯然退场。

上海电视台纪实频道经历短暂辉煌后即入困境，后逐步转向走市场化路线。

重庆卫视在 2004 年曾誓言，"卧薪尝胆、埋头苦干、最多三年、一鸣惊人"。但不到三年就被市场导向"故事"频道。

困境的原因：非节目本身质量问题，而囿于节目的评价指标体系、节目的编排思想、媒体经理人的认识。

2. 纪录片的曙光

纪录片仍是当今国际电视节目市场最活跃的形态，也是我国电视"用世界语言讲中国故事"的最好途径。当事件到来时，所有的媒体都将目光对准一个话题，观众的注意力和好奇心被高度激发起来，对所有与话题有关的资讯都会异常敏感。

凤凰卫视纪录片栏目《凤凰大视野》和《凤凰大放送》就利用和满足这种受众需求，用最热点的新闻吸引观众，用详实的背景、平民化的视角和个性化的解读吸引观众持续收看。

一年一度的上海电视节、四川电视节，都将纪录片的评奖和节目市场交流作为重要的内容和看点。

一年一届的中国国际纪录片大会，至 2006 年已在广州市连续举办四届，成为目前我国纪录片业界最具影响力的专业国际盛会。

2006 年，一批纪录片引起了社会反响：

中央电视台播出的《故宫》、《再说长江》、《大国崛起》；上海电视台的大型系列纪录片《历史的曙光》总长 1750 分钟，包括《伫马太行》（10 集）、《去大后方》（15 集）和《战国行》（18 集）等，收视率分别达到 1.0、0.8 和 1.5；凤凰卫视的《凤凰大视野》栏目（2004 年 1 月 1 日开播）成为著名品牌栏目。

3. 纪录片的突破——以凤凰卫视为例

（1）纪录片的新闻性突破

凤凰卫视的纪录片专栏《凤凰大视野》、《凤凰大放送》，"和着新闻同步起舞，使纪录片拥有了前所未有的魅力"。

如 2004 年，车臣共和国总统艾哈迈德·卡德罗夫在恐怖爆炸事件中身亡，第二天，《凤凰大视野》就推出了《政要谋杀案》的纪录片。台湾地区"大选"中，发生了"3.19"枪击案，27 日《凤凰大放送》就播出了《戏中戏——枪击案引发台湾乱象》。2005 年 7 月 16 日，台湾国民党主席选举结果揭晓后不到三个小时，《凤凰大放送》播出《谁主沉浮——国民党主席选举直击》。

（2）纪录片的制作方式突破

纪录片作为电视节目中的贵族，它以高品质诉求于精英文化，因此需要"精耕细作"。但在市场化的今天，媒介人对电视节目的商业性追求，使大多数纪录片制作人不得不考虑"大众"的口味；信息时代的节奏，促使电视纪录片制作人在坚持精英路线的同时，也不得不考虑纪录片反映当代社会"火热生活"的敏感度与制作时效。

凤凰卫视敏锐地捕捉到电视市场的这一需求变化，创造了一种"与新闻共舞"的纪录片制作方式，从新闻出发，由"点"到"面"，揭示新闻背后的大千世界和人生百味。同时，也创造了一种"最极致"的纪录片制作速度，像报道新闻那样"纪录"新闻事件。例如《唐人街》。

（3）纪录片的形式突破

传统的纪录片模式主要表现为三种：格里尔逊式、真实电影式和访问式。而凤凰卫视根据本公司的节目制作特性，创造出"演播室 + 主持人 + 专题片"的纪录片形式，使纪录片适应栏目化播出，同时保证了纪录片的新闻性制作需要。

传统的纪录片将制作人、采访人隐蔽在摄像机后，避免对客观纪实性的主观介入，而凤凰卫视恰恰借用主持人的名气来吸引观众，吸引广告商，同时，也有效地串接"新闻纪录片"。如纪录片《迈克尔·杰克逊》的主持人窦文涛、《中国知青民间纪录》中的主持人陈晓楠、《巴以恩仇录》中的主持人吴小莉、《父老乡亲——来自田野的报告》中的主持人曾子墨等。

　　《凤凰大视野》栏目主持人在纪录片中的四大作用：调整结构——适当调节纪录片节奏，防止观众的疲惫感；丰富信息——由主持人弥补画面的不足；减少成本——主持人的串场可适当减少片子制作的时长；增加卖点——即使内容不够吸引人，至少可以通过主持人留住观众。

本 章 小 结

　　● 纪录片的本体特征：使用自然的素材（无假定性的真实）、形声一体化的表现结构、情境化的叙事方式。
　　● 纪录片的创作模式或风格主要有：格里尔逊式、真实电影式、访问式和反射式。
　　● 纪录片的记录技巧，包括纪录片的选题原创：时代性、新鲜性、复杂性、人文性；正确运用纪录片的拍摄方法：主要有过程式纪录和观察式纪录；合理设计纪录片的结构，有中心线串连式、逐层递进式和放射式结构。
　　● 纪录片的发展应探索市场化的运作方式。

思 考 题

　　1. 纪录片的定义及特征。
　　2. 格里尔逊式纪录片的特征。
　　3. 真实电影纪录片两个流派的比较。
　　4. 访问式纪录片的特征。
　　5. 人文与社会类纪录片的选题原则。
　　6. 纪录片的结构方式。

第四章　电视新闻栏目

电视新闻在 20 世纪 30 年代开始萌芽,第二次世界大战后得到迅速发展,迄今,已成为电视媒体赖以生存的基础,同时,也成为西方各大电视媒体展开角逐的主要节目领域。从初期的要闻简报,到如今多样化的体裁呈现;从新近发生的事实的报道,到正在发生的事实的同步传播;从大杂烩式的汇编播出,到明确的栏目定位的形成,如今,电视新闻已经以成熟的节目形态,受到广大观众的青睐,并在世界范围内发挥着空前巨大的传播威力。

第一节　电视新闻栏目化

当今的电视新闻基本上都是以栏目的形式出现的。以中央电视台新闻频道每天的新闻编排为例,除了整点新闻播报外,其余的新闻栏目依次为:6:00 的《朝闻天下》、12:00 的《新闻 30 分》、15:10 的《世界周刊》、16:30 的《体育报道》、18:00 的《国际时讯》、18:20 的《新闻社区》、19:00 的《新闻联播》、19:38 的《焦点访谈》、20:00 的《360°》、23:00 的《晚间新闻》、00:00 的《午夜新闻》等。

其实,在电视诞生的最初 10 年间,电视新闻只不过是西方广播公司偶尔为之的"试验品"。直到 1947 年,美国的《骆驼新闻大篷车》出现,标志着世界上第一个新闻专栏节目的诞生。5 年后,由哥伦比亚广播公司(CBS)的著名主持人爱德华·默罗创办的《现在请看》(See It Now,1952—1958 年)成为有影响的电视新闻栏目。随后,美国三大广播公司又先后创办了《今天》、《今晚》、《60 分钟》、《ABC 今晚世界新闻》等较有影响的新闻栏目,其中不少栏目的出现具有里程碑的意义。

在我国,最早的电视新闻栏目应该是作为中央电视台前身的北京电视台于 1958 年建台之初创立的《电视新闻》。该栏目每周播出三次,每次 10 分钟。其后又陆续创办了《图片报道》、《简明新闻》、《国际新闻》等栏目。但内容却只是图片、新闻片、纪录片和口播文字的简单组合。直到 1978 年元旦《新闻联播》开办,真正的电视新闻栏目才得以问世。在此后的近 30 年间,一批又一批较有影响的电视新闻栏目如雨后春笋般地涌现在中国荧屏上，以独特的方式影响和改变着人们的生活。像中央电视台的《观察与思考》、上海电视台的《新闻透视》、福建电视台的《新闻半小时》等，都颇负盛名。尤其是在 1993 年以后，中央电视台陆续推出的《东方时空》、《焦点访谈》、《新闻调查》、《新闻 30 分》等为代表的一大批优秀新闻栏目的出现，使得我国电视新闻栏目化的进程大大加快了。

一、电视新闻栏目化的意义

所谓电视新闻栏目化，是指把电视新闻节目分成多个专栏的编排方式和播出方式，并在电视媒体中普遍运用的一种现象和过程。确立栏目化意识，即强调栏目的类型化、个性化在新闻栏目策划制作中的思维指向作用。这种个性除了表现为内容选择上的独到之处外，还表现为主持人的播报风格、演播室的设置以及整个节目的包装，等等。同样是简报型新闻栏目，提到中央电视台的《晚间新闻》，人们想到的是海霞端庄亲切的微笑；而提到原北京电视台的《第 7 日》，人们首先想到的是元元幽默晓畅的解说，这就是主持人个性的魅力。电视新闻走向栏目化，无论是对媒体，还是对受众，都有着重要意义：

1. 告别电视新闻的无序时代，走向规范化

电视节目走向栏目化，是由过去松散拼凑、大杂烩式的粗放型样式，向追求传播效果最优化的集约型样式的合理转变，是电视节目走向成熟的重要标志。

在电视发展的早期，由于技术条件以及人力、物力等客观条件的限制，电视新闻的播报基本上是"汇编"型的，根本谈不上特色和"定位"。随着电视事业的进一步发展，电视新闻也在告别无序，快步走向规范与成熟。标志之一，便是电视新闻栏目的产生、发展与壮大，并且产生了像美国 CBS《60 分钟》这样历经 40 年之久而不衰的经典性新闻栏目。

近年来，随着通信技术的飞速发展，人类在不经意间已经步入了信息时代。仿佛是一夜之间，各大媒体的新闻与信息大战已打得如火如荼、狼烟四起。不少媒体仓皇之间马失前蹄，惨遭淘汰。电视新闻也同样面临着广播、报纸，尤其是后起之秀第四媒体——网络的威胁。要想在这场激烈的竞争中赢得主动，除了加强新闻密度外，还要推出更多有特色的新闻栏目，让新闻更精彩，以吸引更多的观众，才是电视新闻发展的必由之路。

2. 适应不同层次观众的多种需求，走向风格化

大众传播学的研究早已证明，受众在传播过程中绝不是应声而倒的靶子。对于媒体传播的信息，他们是积极的、选择性的接受的。不同的受众对同一信息有着不同的理解与反应；而同一信息因为不同的传播模式，传播效果也会大相径

庭。作为传播媒体，必须以受众为中心，从受众的角度，从"人"的角度来决定自己的传播内容与传播方式。这样由于人本身的固有差异，更由于当今社会中人们思维方式、价值观念、生活需求所体现出的从单元到多元，从整合到分化的发展趋势，大众传播不得不由"广播"走向了"窄播"。这就要求传播者不再把受众当成一个无区别的群体。

电视新闻作为社会公共性节目走向栏目化，首先能够促进栏目风格的转变，满足大多数人的共同需求。凤凰卫视的《凤凰早班车》之所以能够使人津津乐道，原因之一就是主持人陈鲁豫首开了"说新闻"的播音风格。这种亲切、口语化的传播方式，从几十年不变的一板一眼、字正腔圆的"播音腔"中解脱了出来。其次，栏目化后的电视新闻在内容上给观众提供了更多的选择余地。比如，《新闻联播》为观众提供的是权威的国内外重大时政要闻；而《世界周刊》则是关于国际重要新闻的深度解读；湖南台的《晚间新闻》则用娱乐化的方式展示湖南本地的社会新闻。同时，栏目化的电视新闻能够准时固定地播出，有利于培养观众的收视习惯，使栏目拥有一批相对稳定的观众群，从而为栏目的"名牌效应"打下基础。

3. 优化电视新闻的传播效应，走向系统化

系统论认为，系统是在若干相互作用和相互联系的要素的有机结合下，而形成的具有一定结构和功能的整体。其本质特征就是有机的整体性。各要素所能单独发挥的作用微乎其微，而组合在一起，却能收到"$1+1>2$"的效果。

对一个电视台来说，新闻传播应该是一个有机的整体。如果仅仅是动态消息的汇集，难以满足观众的求深心理，于是，深度报道的出现，无疑是对这种缺憾的一种弥补。以中央电视台为例：《新闻联播》中播出的一些重大新闻，仅仅是以动态消息的形式出现的。为了更鲜明地表明态度立场和揭示事件的前因后果，《焦点访谈》经常承担起了这项任务。《新闻联播》中播音员一句"此事在本台今晚19：38播出的《焦点访谈》节目中将有详细报道"的预告语，把这两个节目有机地串联在一起，收到了相得益彰的传播效果。一个电视台正是通过各个栏目之间的这种协调、合作、同步与互补，而达到新闻传播整体最优化的效果。相反，如果设置新闻栏目时不从"大新闻"的角度加以考虑，不仅是对栏目资源的一种浪费，而且是对电视台新闻栏目整体传播效应的一种破坏。

对于特定栏目来说，电视新闻一旦以栏目的形式出现，就必然要求该栏目有一定的系统性、长期性和固定性。连续报道与系列报道应该是维护栏目新闻传播连续性与可持续发展的两个"法宝"了。

二、电视新闻栏目的形态

电视新闻栏目形态，即电视新闻栏目的播出和表现形式。依据不同的划分方式，电视新闻可以有不同的栏目形态。一般来说，应以栏目的结构形态为划分标准。这样，我们可以把电视新闻栏目大致归结为以下几种形态：

1. 集纳型

这是最早出现，也是我们在电视屏幕上最常见的一种新闻栏目。这种栏目一般是动态消息的组合，能够最简明、最快捷地告诉观众最新的新闻事件。像中央电视台的《新闻联播》、《新闻30分》、《国际时讯》和凤凰卫视的《凤凰早班车》，以及各地方台的早、晚新闻等，都属于此种类型。

2. 杂志型

此种节目形态与简报型栏目相比，信息含量更大，节目形式也更为灵活多样。最明显的节目特征就是其板块化的节目形态。一个杂志型新闻专栏往往由若干板块组成。我国最早的杂志型新闻栏目是上海电视台的《新闻透视》（1987年7月），而真正产生巨大影响的则是中央电视台1993年5月1日开播的《东方时空》。

3. 专题型

电视新闻深度报道的兴起，促进了专题类电视新闻栏目的产生。简报型新闻栏目往往只报道动态消息，杂志型新闻栏目又涉猎范围过广。为了满足观众对新近发生的某一重大事件的前因后果、发生发展的深入了解欲望，单一专题型新闻栏目应运而生。中央电视台的《焦点访谈》、《新闻调查》；东方台的《东视广角》以及其他各地方电视台的"焦点"类栏目，都属于此种类型。

4. 谈话型

谈话型电视新闻节目是指"以面对面人际传播的方式，通过电视媒介再现或还原日常谈话状态的一种节目形态。通常是围绕新闻事件、社会热点等当前群众普遍关心的问题，在主持人、嘉宾和观众之间展开的即兴、双向、平等的交流，在本质上属于大众传播活动"。① 如中央电视台的《新闻会客厅》和《面对面》栏目。二者都以新闻事件中的人物为关注对象。不同的是，前者强调开掘新闻事件中当事人和关联人的亲历、亲为和亲感，突出新闻中的人性和新闻性的结合。后者秉承的理念是面对面的接触、面对面的交流、面对面的碰撞、面对面的印证。

---

① 徐舫州、徐帆编著：《电视节目类型学》，杭州：浙江大学出版社2006年版，第38页。

第二节 集纳型新闻栏目

集纳型新闻栏目，是指消息类电视新闻节目的汇编单位和划分形式。依据不同的分类标准，集纳型新闻栏目可以划分为不同的类型：根据栏目内容的不同，可以分为时事类、经济类、体育类、娱乐类和综合类等；根据报道地域的差别，可以分为国际新闻栏目、国内新闻栏目以及地方新闻栏目。而在当今，最能体现栏目各自特点和风格的分类方法，似乎应该以播出时段为依据，划分为早间新闻、午间新闻、傍晚新闻、晚间新闻。

一、集纳性新闻栏目的编排

1. 早间新闻编排

电视出现以后，甚至是在固定的电视新闻栏目出现以后的很长一段时期里，人们的收视时段仍然习惯性地锁定在晚间——黄昏以后、睡觉之前，早间时段被广播所垄断。直到 1952 年，时任美国全国广播公司（NBC）副总裁的西尔维斯特·韦沃（Sylwester Weaver）创立了《今天》（Today），才打破了这种局面。该栏目每天早晨 7 点播出，时长两小时。《今天》一问世，就以其轻松活泼、令人耳目一新的风格吸引了大批观众，收视率节节攀升，持续保持全美早间节目收视率第一，风行至今已足足 55 个年头了。同时，它也为美国早间电视新闻栏目奠定了一种格调和模式，并且引发了美国另外两大广播公司（CBS、ABC）的效仿，相继推出了《早晨》（Morning）和《早安，美国》（Good Morning, America），从而促进了美国早间电视新闻栏目的发展。

在我国电视发展的初期，早间电视新闻栏目同样是一片空白，充其量只是重播头天晚上的新闻，称不上真正意义上的早间新闻栏目。到了 20 世纪 80 年代中后期，一些地方电视台较早地开始了这方面的尝试。如杭州电视台的《早上好》（1986 年），广东电视台的《早晨》（1987 年）等。而早间电视新闻栏目的真正发展，是在 20 世纪 90 年代以后，以中央电视台《东方时空》（1993 年）的开播为标志，早间新闻栏目的竞争大战正式打响。各地方电视台也纷纷创办或改版自己的新闻栏目，如北京电视台的《北京，您早》、湖南电视台的《潇湘晨光》、上海电视台的《上海早晨》、广东电视台的《岭南早晨》等，凤凰卫视《凤凰早班车》的闪亮登场，又为这场大战增添了许多精彩和亮点。

需要指出的是，目前我国大部分电视台的早间新闻栏目(《东方时空》除外)，虽然大多以若干板块的形式结构全篇，甚至有不少还自称为"杂志型"新闻栏目。但事实上，它们还遵循着简明新闻的编排方式，距真正意义上的新闻杂志还有相当大的距离。因此，我们仍把它们归为集纳型新闻栏目。

如果对早间新闻栏目的诠释仅仅是"一档在早间播出的新闻栏目"，那就未免流于简单和肤浅了。由于所处时段的特殊性，早间新闻栏目与其他时段的新闻栏目相比，无论在内容上，还是在形式上，都有自己较为鲜明的风格与特征。

（1）内容的选择

随着现代社会开放程度的拓展、生活节奏的加快和向人口老龄化时代的转变，固定的早间时段的收视群体正在形成。当新的一天开始的时候，人们希望了解在刚刚过去的这个夜晚，世界上发生了什么重要新闻，对国家、对个人有什么影响："9.11"恐怖事件的最新进展、本·拉登命运如何？纳斯达克有何起伏，对股票是利好还是利空？有毒大米到底有没有流到本市？CIH病毒是否会如期发作？天气预报、交通状况、市场价格……这些老百姓关心的热点话题，也正是早间新闻所要报道的内容。一般来说，早间新闻节目在内容的选择上应该遵循两个原则：

强化时效性。早间新闻应当对前一天发生的事件作变动地连续报道，这样才使得人们对早间新闻有着特殊的关注，"昨夜今晨"正是早间新闻栏目的用武之地。另外，清晨时光人们往往是在匆匆的洗漱就餐、收拾行装中度过的，人们很难有时间和精力坐在电视机前从容地欣赏电视节目。所以，早间新闻只有提前给观众最新的要闻简报，才能吸引观众的注意力。如果还是把昨日的消息搬出来"炒冷饭"，那等待它的只能是"门前冷落鞍马稀"了。

增强服务性。电视作为大众传播媒介，对受众而言，本来就具有不可替代的服务功能。而对于早间新闻栏目来说，观众对这种服务功能的需求，显得更为强烈、直接、具体和迫切。电视观众除了关注昨晚发生的天下大事外，更想知道新的一天的天气状况、交通状况、市场物价等与自己一天生活质量密切相关的信息。所以，早间新闻栏目不能把目光仅仅囿于时事新闻报道，还应拓展自己的视野，多一点人文关怀，照顾观众的多种服务信息的需求。

对于服务性信息的内容，不应只局限于天气、交通、物价这些方面。其实，凡与老百姓的日常生活息息相关的生活资讯，比如股票、彩票、电影票、出版、人才市场以及就医等信息，同样是老百姓非常关心的。而且，这种服务信息应该是具体的、灵活的。比如，夏秋之交，武汉市民爱吃香辣蟹，但是如果食用不当，就会引起食物中毒或其他疾病。湖北卫视的《新闻早班车》，就在节目中及时地给大家提个醒，并告诉大家正确选购和食用蟹的方法。再如，秋季到来，冬装开始上市，《新闻早班车》又关切地提醒大家，服装也有保质期，并告诉观众服装标签上的数字到底代表什么意思，使观众增长了一些选购衣物的知识。不过，对这样的服务信息要注意找好新闻由头。

"民之所欲，常在我心。"多站在观众的立场上思考，早间新闻栏目的服务性才能加强。

（2）形式的选择

"一日之计在于晨"，人们都愿意以轻松愉悦的心情、饱满的精神状态迎接新的一天。所以早间新闻栏目应该定位在轻松活泼、清新明快上。

NBC 的《今天》从创立之初，就因在栏目风格上的成功定位而牢牢地树立了自己在早间新闻中的地位。ABC 于 20 世纪 70 年代末创办的《早安，美国》因混合了新闻和娱乐也获得了成功。而 CBS 开播的《早晨》却因风格过于严肃沉重，收视率一直处于低迷状态。直到 1982 年，该栏目在形式上大动手术、改头换面，使节目的节奏加快，风格更为活泼，状况才略有好转。国内电视界目前已普遍接受了这种"轻松传播"的理念。比如，《上海早晨》的栏目广告语便是："充满活力的一天，从《上海早晨》开始。"

节目形式的设置，可作如下尝试：

首先，演播室的家庭化。家，永远是一个温馨亲切的象征，也是最容易让人放松的地方。因此，家庭化的演播室与早间新闻栏目轻松活泼的风格是非常吻合的。家庭化的演播室一般应包括四个景区：客厅风格的主景区——此景区最能体现家的味道；新闻演播室风格的新闻景区——此景区用于向观众播送"要闻回顾"或时政新闻；起居室风格的服务景区——此景区用于播报与观众生活密切相关的生活资讯；多功能的移动景区——可以为任何一个景区做配合。

其次，解说声的广播化。清晨的观众，很难坐下来认真地注视电视画面。所以，早间新闻栏目除了强化电视的图像传播功能，还应向广播靠拢，靠解说传达信息。比如，1999 年，沈阳电视台《沈视早报》中关于北约轰炸南斯拉夫的一组报道，就对画面进行了详尽地描述，收到了良好的传播效果。

再次，主持人播音的口语化。美国学者赛弗林和坦卡德认为：大众传播，要传播到尽可能多的受传者。所以必须写得（或用其他形式表现得）尽可能的明白易懂。这种大众传播的"易读性理论"以及人际传播中的"人情味理论"，都为当下颇为流行的"说新闻"提供了理论基础。

"说新闻"的播报方式，自从凤凰卫视的陈鲁豫在《凤凰早班车》中首开先河以来，迅速风靡全国。在这种播报方式下，主持人娓娓道来，轻松诉说，再加上面部表情、体态语言等其他传播符号的使用，使得传播者在传播基本信息的同时，也能够完成一定的情感交流，语言风格实现了从宣传型向服务型的转变。在这种状态下，主持人的言谈举止中充满了对传播对象的尊重和体贴，同时也营造出了轻松活泼的栏目风格。

但是，在当下国内风靡一时的"说新闻"中，也有一些不和谐之处。最明显的，就是导语的口语化与解说的"播音腔"之间的不协调，使整个节目的风格难以统一，反而显得不伦不类。为此，记者在写稿时，一方面应该注意从书面语言向口语的转变，同时还要注意推广许多电视台都已经开始施行的"主编主播制"；另一方面，要多拓展一些"说新闻"的方式。比如，采取主持人聊天的方式，异地连线采访嘉宾或外勤记者即时场外报道的方式，以及主持人通过笔记本电脑为观众介绍网上新闻的方式等。

（3）栏目的编排

新闻栏目的编排，体现了电视媒体的立场、风格以及对当天新闻的整体把握。同时，对于栏目的吸引力以及观众的持久注意力也起着关键作用。美国电视媒体有一些经验和做法值得我们借鉴。

下面以美国 NBC《今天》栏目为例，分析早间新闻栏目的编排。①

《今天》于 1952 年 1 月 14 日开播以来，节目时长一直为两个小时，每天清晨东部时间 7：00 ~ 9：00 和观众见面。2000 年 10 月 2 日，NBC 对该栏目扩版，时长为三个小时，从每天清晨东部时间 7：00 ~ 10：00 播出。从某一期具体节目可以看出《今天》栏目的编排情况和节目内容样式。

表 4.1　　　　　　　　　　　　**NBC《今天》节目编排表**

	时间	播 出 内 容
第一小时	7：00 ~ 7：25	新闻：①科罗拉多发生森林火灾,介绍其原因和审判过程,4 个工人被指控；②4 月份发生的重大绑架案,主持人电视连线联邦调查局人员,询问具体情况；③巴勒斯坦的局势；④MM 牌巧克力变新颜色。 天气：西部天气情况, 空气质量, 一周的天气走势。 连线访谈：①森林火灾带来的危害, 采访当地受害人；②现场电视连线小布什夫人（关于少年读书的问题）。 插播演播室外热情观众的画面
	7：25 ~ 7：35	地方新闻和天气、交通情况
	7：35 ~ 7：50	专栏：《图书俱乐部》, 介绍新书《海洋公园的皇帝》（The Emperor of Ocean Park）, 邀请作者和相关人士探讨。
	7：50 ~ 7：55	专栏：《婚礼》, 有四对夫妻参加节日庆祝自己的婚庆。
	7：55 ~ 8：00	地方新闻和天气、交通情况

① 《今天》的节目内容，参考了苗棣等著《美国经典电视栏目》，北京：中国广播电视出版社 2006 年版，第 26 ~ 34 页。

续表

时间		播 出 内 容
第二小时	8:00~8:20	新闻：①科罗拉多火灾目前的情况，灾情已扩展到 6000 英亩；②绑架案，回顾几个月来的详细过程。 天气：中西部有大雨雪；一周天气走势，天气逐渐变热。 新闻：深度报道绑架案，连线被绑架者父母。
	8:20~8:25	专栏：《美容与时尚》，主持人邀请一位知名消费记者讨论美容咨询：注射胶原质和抽脂。
	8:30~8:35	互动：主持人来到演播室外和观众在一起，访问现场观众：喜欢《美国偶像》里的哪个选手。 天气：西南部比西北部冷，中西部比较湿，有大暴雨。 穿插地方节目
	8:35~8:45	专栏：《生日快乐》，给六个百岁老人送去生日祝福； 　　　　《娱乐》，电视连线《美国偶像》的三位选手，交流他们的参赛表现和观众的热情，插播他们在《美国偶像》中的表演镜头。
	8:45~8:55	专题：回顾女性在体育中的角色变化。1972 年，尼克松签署了一项决议，让美国的女性有了平等受教育的权利，影响了女性在体育中的地位。节目采访了一些往年的金牌获得者和体育专家。
	8:55~9:00	地方新闻及天气、交通情况
第三小时	9:00~9:05	简明新闻：火灾情况；绑架案，盐湖城警官介绍绑架情况，联邦调查局采取行动与盐湖城协作。阿拉法特府邸遭袭击。
	9:05~9:15	连线访谈：女性的社会机会。
	9:15~9:25	专题访谈：关节炎疼痛的药物治疗。
	9:25~9:30	地方新闻
	9:30~9:45	专栏：《书吧》，《社会犯罪》（Social Crimes）的作者作客《今天》，探讨社会上的犯罪存在的原因等。
	9:45~9:55	专题访谈：①邀请专家来探讨毒品对女性的伤害，通过研究对比，毒品对女性的伤害远大于对男性的伤害。②时尚专家为观众提供最新的服饰，美容等方面的资讯。
	9:55~10:00	地方新闻及天气情况。结束：大火新闻

* 穿插在各时段之间的广告未在表中体现。

从表4.1可以看出，《今天》的编排采用整点的划分方式，整点播报新闻和天气，半点开始播放各种小专栏和专题节目。新闻内容是"硬"（新闻）"软"（新闻）兼施，专题和专栏节目侧重服务性、娱乐性和知识性。

表4.2 　　　　　　　　　　 NBC《今天》栏目中的专题节目编排表

星期 \ 专题	服务性专题	娱乐性专题	知识性专题
每天		娱乐	图书俱乐部
周一	今日理财		
周二	今日健康		
周三	今日厨房		今日葡萄酒
周四			社会关系
周五		时尚与美容	
周末	教儿育女		

《今天》的专题除表4.2所列外，还有《居家与园艺》、《婚礼》、《名人》、《穿越世界》（每周一期）等。

一般来说，美国的早间电视新闻栏目在编排上都分为七大块：

第一部分，是整个节目的缩影，通过短短的报题表现整个节目的情调、节奏和特色。

第二、三、五部分，一般安排突发性新闻、介绍情况的成套新闻以及有关健康科学的专业新闻。第四部分，往往安排一则新闻特写，以形成"峰谷技巧"编排。所谓峰谷技巧，就是把电视节目想像成一系列的山峰，错落有致、高低不平。每次新闻节目，都用当天最新、最重大的消息做头条，越往后，紧迫性和价值就越小。在低谷状态下，应找出一个办法，使节目重回高峰状态。在这里，当前面两部分新闻重要性依次递减的情况下，一般采取新闻特写的方式制造高潮。

第六部分，一般是体育新闻。

第七部分，内容回顾和最新消息。最后一条一般选用新闻特写或风趣新闻，使观众在清新隽永的结尾中轻松结束。

早间时段是一个很有潜力的市场。在美国，20世纪50年代以来早间新闻的竞争从未停止过，而且有愈演愈烈之势。2000年，NBC在其早上7点播出的全美同时段收视率最高的《今天》之后，又开办了一个9点播出的新栏目《稍晚的今天》。其他两家电视台的动作也不小：ABC 起用了观众缘极好的实力派女主持戴安娜·索雅作为《早安，美国》的新的当家花旦，且在曼哈顿区百老汇开设了新演播室；CBS 也开播了新的《早间节目》，用以代替早上 7 点的《早晨》。在国内，早间时段新闻栏目的开发尚处于起步阶段，还有很大的发展空间，需要更多的探索与开拓。

2. 午间新闻

午间新闻栏目在当今中国电视界的地位似乎有些尴尬。不论是在理论界，还是实务界，人们都把更多的目光投向了早间和晚间的节目时段。晚间新闻是电视新闻中最早开发的黄金时段，因此，受到电视台更多的关注。早间新闻则作为继晚间新闻之后的又一个开发热点吸引了众多专家学者、平民百姓的目光。而对于现有的午间新闻栏目，则有进一步开发之必要。至少在美国如此，目前在午间还未有一档名牌新闻栏目。

虽然目前国内 30 多家省级以上的电视台，已开办了午间新闻栏目，但由于认识上的偏差和目前对早、晚新闻的过多关注，而导致大多数午间新闻栏目存在着信息量小、深度不够、时效性差等缺陷。

午间新闻对于电视台而言，是一个非常重要的新闻时段。此时，大多数的观众群体，不论是忙碌的上班族，还是购物的主妇以及上学的学生都已经结束了上午的工作。这是一个具有相当规模的收视群体的时间段。同时，从观众的需求来看，人们对于上午发生的事件有着较强的探知欲望，并且能够较为从容地欣赏电视节目。因此，在内容选择上，应更加注意新闻的接近性，在节目制作上应该鲜明地树立起服务意识、策划意识和直播意识。

（1）服务意识

由于午间新闻是在人们用午餐的时间，主要对象包括家庭主妇，所以这个时段明显增加了生活服务内容，但是具体到某个或某类栏目，其服务的内容、方式和规格还是有很大差别的。

以中央电视台每天中午 12 点播出的《新闻 30 分》为例，除了对国际、国内的重大时政新闻进行简要的报道，以及《出行参考》这个颇具特色的服务资讯性小栏目之外，该栏目把大部分的关注点放在了国内社会新闻的报道上。比如，关于环境保护、医疗改革、质量打假、消费者权益、住房改革等等，都是《新闻 30 分》常报常新的话题。

（2）策划意识

当新闻理论界还在为"新闻能否策划"，"新闻策划与策划新闻区别在哪里"等问题争论得不可开交时，新闻报道策划早就作为一种新闻报道手段走进了各新闻媒体。午间新闻节目由于有较为充足的时间对报道内容进行精心策划，可形成一定的规模效应。

还以《新闻30分》为例，由于近年来沙尘暴频频发生，并有愈演愈烈之势，国人十分关注。为了解除观众的种种疑惑，《新闻30分》在2000年春季——正是北方沙尘暴肆虐的季节，精心策划组织了一批专家学者组成科考队，远赴内蒙、甘肃沙漠地带，进行实地考察。记者全程跟踪采访，及时发回相关报道。再如，2000年3月12日植树节，全国各大媒体报道的大多是各地植树造林的动态。而《新闻30分》则精心策划报道了一组关于我国水土流失的报道，在陕西、甘肃、宁夏、内蒙古等几个报道组中，记者向观众展示了触目惊心的水土流失造成的严重后果。在植树节当天编发这样一组报道，其意义更为深远。

（3）直播意识

电视直播因为能够带给观众亲眼探求"未知"的新奇感和同步亲历事件的满足感，而成为电视的魅力所在。但现场直播本身是技术发展的产物，它很大程度上受制于技术、人力等客观因素。而对于午间新闻栏目来说，这种限制与其他时段的新闻栏目相比，降到了最小。由于播出的时段多在12：00到13：00之间，午间新闻采访、摄制、交通、甚至人员配备的难度都要比其他时段小得多，拥有现场直播的众多有利因素。

1998年，凤凰卫视曾对开启金字塔进行过直播。《凤凰午间特快》栏目经常通过画面的切换，使前方记者的现场报道能够清晰地展现在观众面前，新闻报道的叙事时间由以前的过去时变成了现在进行时。2001年10月9日的《凤凰午间特快》对"9.11"恐怖事件的一些后续报道就直播切换了驻美国、欧洲及中东记者的现场报道。这种报道形式或许会由于技术的原因产生一些小的差错，但瑕不掩瑜，相比之下，它带给观众的现场感、冲击力及随之而来的信任感是更为强烈的。《凤凰午间特快》作为凤凰卫视中午的强档新闻栏目，每周一至五12：30～13：00播出，内容都是从当天上午9时到13时的国际经贸、社会、财经及政治新闻，力求在第一时间为观众呈现。

3. 傍晚新闻编排

不论在国内还是在国外，晚间新闻栏目都可分为两个时段：18：00～19：00和21：00以后。其中，对于18：00～19：00傍晚时段的新闻，国内已经形成了从内容到形式都非常鲜明统一的"联播新闻"模式。因此，我们在这里主要分析美国同一时段的新闻节目。

在美国，傍晚6点（东部时间7点）被认为是一天中最重要的新闻时段。因为此时大多数人都已经结束了一天的工作，正是和家人坐在餐桌旁准备就餐的时候，而且，此时观众的收视状态较为从容专注，不像早间那样忙碌。同时，从电视台节目整体的收视率考虑，"晚间新闻是当晚电视节目的封面"，它的精彩与否直接决定着后面节目的收视率。因此，此时段被各大电视媒体极为看重。

美国三大广播公司在此时段安排的节目分别为 CBS 的《CBS 晚间新闻》，NBC 的《NBC 晚间新闻》，ABC 的《ABC 今晚世界新闻》，时长都是 30 分钟。三大广播公司晚间新闻的节目构成，多是当天发生的时效性强的突发性事件和重要的时政新闻的报道。节目一般由中间插播的商业广告分割成五个"新闻段（news block 或 news segment）"组合而成。

第一个新闻段：A. 画面精彩、重要的硬新闻

B. 与头条新闻相关的背景新闻（或重要新闻的后续报道）

C. 预告以下新闻

（广告时间—1）

第二个新闻段：A. 重要性稍次于头条的报道——国际或国内新闻

B. 软新闻或新闻事件特写

C. 新闻人物或事件特写

D. 预告以下新闻

（广告时间—2）

第三个新闻段：A. 重要性稍次的国际或国内新闻

B. 新闻特写、特别报道

C. 预告以下节目

（广告时间—3）

第四个新闻段：A. 重要性再次的社会新闻

B. 较轻松的社会新闻

C. 预告以下节目

（广告时间—4）

第五个新闻段：多是一条调查性事件特写或人情味新闻或人物特写①

从三大广播公司晚间新闻节目的编排中，能够再次看到"峰谷技巧"的纯熟应用。

第一个新闻时段总是最重要的一环。因为它不仅确定着当天新闻报道的重点和风格，而且担当着吸引观众看下去的重任。其中头条新闻应当把当天最重要的新闻事件公布出来以满足观众求新求快的心理要求。第二条新闻一般是头条新闻的背景新闻或相关的新闻。

第二个新闻段中的新闻价值略低。从内容上讲，该时段往往安排有关健康、

---

① 王纬主编：《镜头里的第四势力》，北京：北京广播学院出版社 1999 年版，第 157 页。

科学或社会新闻。一般把与普通观众生活相关度最密切的新闻安排在该段中的头条。

第三个新闻段由于刚好处于整个节目的中间，正是观众的注意力开始分散的时候。所以，此时安排的新闻往往是重要性仅次于头条新闻的重要新闻，而且，一般是画面丰满、动感强烈的硬新闻。

第四个新闻段一般是体育新闻。

第五个新闻段往往安排一则充满情趣或人情味浓厚的"软"新闻，多是人物特写和事件特写，给当天的新闻留下一个动人的结尾。

从以上新闻编排看出，新闻特写在美国新闻节目中的运用是非常普遍的，这在各新闻段中起到了回升收视曲线的重要作用。

所谓新闻特写，是指"对新闻事件、人物活动和场景中富有特征的局部，作细致描绘和再现的报道形式。它的形象化表现，既有强烈的视觉效果和情感效果，又有诱发联想的力量"。① 在我国电视新闻报道中，比较经典的新闻特写是广州电视台在香港回归的当天所编排的一组《广州新闻》（1997 年 7 月 1 日）。新闻编排第 5 条《新闻特写——别了，彭定康！》，利用末代港督彭定康告别仪式上的现场音乐和降下英国国旗的场景，配上对应的具有调侃意味的字幕"别有一番滋味在心头"、"早知今日，何必当初"等，把英方在香港殖民统治的终结、末代港督彭定康在大势已去时无奈无言的复杂心态淋漓尽致地表现了出来。

新闻特写本是在 20 世纪 60 年代，报刊为了应付电子新闻而出现的一种体裁，其文体风格从一个极端的新闻分析，到另一极端的对新闻事件所进行的描绘式、煽情式、富有人情味的报道，成为那些希望在专业上有所成就的报刊记者所应具备的一项重要的技能，同时也成为电子媒体应对平面媒体竞争的一个重要形式。

4. 晚间新闻编排

晚间新闻栏目即晚上 9：00 以后的新闻栏目。

我国早期的晚间新闻基本上是对当晚首播新闻的摘要重播，从内容到形式并无鲜明的特色。如今，晚间新闻在众多电视人的努力下，正在形成自己的独特内涵和鲜明风格。以 1999 年夏中央电视台《现在播报》的开播为标志，一场晚间新闻的改革在电视屏幕上悄悄地开始了。一些地方台的晚间新闻栏目也开始崭露头角、闪亮登场。如：湖南台的《晚间新闻》、北京台的《晚间新闻报道》、江苏台的《晚间播报》、辽宁台的《今晚直播》等，都在大胆地探索着适合自己的

① 赵玉明、王福顺主编：《广播电视辞典》，北京：北京广播学院出版社 1999 年版，第 84 页。

发展之路，在社会上赢得了广泛的观众缘，甚至形成了自己的品牌效应。

目前，我国晚间新闻的时段大都在 21：00 到 23：30 之间。这一时段受众最为集中，收视心态最为平和。并且经过一天，尤其是经过黄金时段各种信息的狂轰滥炸之后，他们更希望在轻松舒缓的气氛中接受信息，了解事件的最新进展，尤其是事件的前因后果。而且，此时的电视新闻栏目还面临着电视剧的冲击。所以，观众此时段的收视状态、心理需求以及客观条件决定了晚间新闻必须注意以下两点：

（1）贴近百姓生活

一个栏目能否成功，最根本的在于观众是否认同或欢迎。首先需要解决的当然是栏目办给谁看，突出什么内容和特色，也就是我们通常所说的栏目定位问题。本来，面向大众是电视最本质的特征之一。但这个特征在很长一段时间里却被严重地忽视了。近来的新闻改革终于明确提出了"平民化"的口号，开始把绝大部分的精力投入到对每一个个体生命的生存状态和个性状态的关注上来。强调以观众的普遍关注程度为标准的社会性，以观众感兴趣为标准的趣味性，以符合观众审美要求为标准的可视性，力求最大限度地贴近百姓生活。

在材料的选择上，晚间新闻大多选择观众感兴趣或与观众生活具有贴近性的社会新闻为主要报道内容，挤掉了大量一般性会议或工农业四季歌之类的报道，强化了观众本位思想，使栏目的传播意识更多地思考"观众要不要看，想不想看这样的新闻"。

湖南台的《晚间新闻》，大胆地抛弃了时政要闻，而完全以社会新闻尤其是百姓生活新闻为报道对象。其内容通常是由这样几个部分组成：一个人物特写，一个人物事件，一个社会问题的曝光，一个治安案例，再配上一些奇闻轶事等软性新闻。不论是国内新闻，还是国际新闻，全部把镜头对准了广阔的社会。其实，这种完全世俗化的报道在为一个个平凡的生命勾勒出生活的剪影，吸引他们的关注的同时，也折射出整个时代的广阔背景。

在叙事风格上，晚间新闻大都采用了或娓娓道来、或设置悬念的讲故事的方式。美国 CBS《60 分钟》的制片人休伊特曾经十分强调他们的节目"一定要有故事性"，要为观众提供一个 story。在国内，也有人甚至给电视新闻下了一个这样的定义：电视新闻就是利用现代电子技术传播一个鲜为人知的故事。

在这种叙事意识的主导下，一般除了在题材上选择故事性较强的内容外，更注重利用各种手段彰显新闻的故事性。比如，对导语和串词进行精心设计，设置悬念，以求引人入胜等。

（2）加强深度报道

在一般人的印象中，简报型新闻栏目很难兼顾深度，深度报道似乎只属于杂志型、专题型节目。其实不然，晚间的观众更想立体地了解事件的前因后果。同时，晚间新闻播出的时段也使得调动资料、重新编排以及收集各方意见成为可能。这样，既有需求，又有可能，深度报道理应成为晚间新闻报道的重点。

湖北卫视《新闻空间》曾播出过一则《开学了，香梅学校停课了》的报道。记者从接到家长投诉入手，在现场先后采访了无所适从的家长与学生、满口无奈的任课老师，以及闪烁其词、百般逃避的学校领导。以大量的同期声再现了现场气氛。同时，也逐层剥笋般地把事情的真相揭露出来，俨然一个小型的新闻调查。

新闻的组合报道，也是深度报道的一种重要方式。它采用多种体裁，通过一组多角度、全方位、立体式的报道来满足观众对某一新闻事件求知、求新、求深的欲望。

组合报道大都由这样几条构成：头条一般是对事件的概述报道，第二条一般是背景资料，最后一条通常是一则评论。这样，基本上完成了对某一事件的透视报道。

以黑龙江电视台《新闻联播》一期组合式报道为例：

本期节目围绕黑龙江籍运动员大杨杨44秒改写中国冬奥史、实现金牌零的突破的事件，编发了9条相关新闻：

a. 大杨杨：44秒改写中国冬奥史（从美国盐湖城发回的现场报道）

b. 新闻背景：冬奥会，中国人的足迹

c. 新闻述评：梅花香自苦寒来

d. 大杨杨夺冠精彩回放

……

这一组新闻，从单条新闻看，只是一则则新闻简报，但从整体看，则是一个新闻事件的深度报道，既有消息报道，又有消息的历史背景和新闻分析，完成了新闻深度报道所具备的各种要素组合。

而且，这种组合报道还能够通过连续或系列报道的形式达到增加深度的目的。如中央电视台的《晚间新闻报道》关于《聚焦婚姻法》的系列组合报道就采用了这种方式。当天播出了《我国将修正婚姻法》的消息，随后播出了《新闻背景：婚姻法的沿革》，介绍了历次婚姻法修改的历史状况；此后，又接着报道了关于家庭暴力的《婚姻法修正案（草案）反家庭暴力旗帜鲜明》、《新闻背景：反家庭暴力——全球共同的行动》；第三天又报道了《婚姻法修正案（草案）关注重婚包二奶现象》、《重婚的认定成为婚姻法修正的焦点》、《重婚、包二奶将承担法律责任》。3天的报道逐层深入，层层递进，有选择地报道了婚姻法的修改情况。

二、集纳型新闻栏目的个性化

个性化，即差异化。个性化栏目是指具有一种不可替代性，从而使之具有同类节目无法比拟的优势。在电视栏目众多、媒体竞争日益激烈的情况下，差异化战略对于电视媒体的节目而言，具有更加重要的意义。电视新闻栏目的个性化，是对"注意力经济"的深刻理解和栏目创新的基本要求。

《凤凰早班车》1998年4月1日开办，开创了"说新闻"的方式，应当是颇具个性化的栏目。主持人以通俗的口语，讲述摘要新闻的内容，将每天的报纸、广播、电视和网络的最新信息做集约化处理，用平实的语言向观众传递。其意义在于：个性化传播——与传统的严谨庄重、字正腔圆的新闻播音产生了极大的反差，带来了电视新闻语言叙事的新变化。人际化传播——把新闻的传播过程变成一种一对一的对话，增强了信息传递的对象感和交流感，把主持人定位在与观念平视与对等的基础，强化了传播效果和节目的亲和力。

凤凰卫视的《有报天天读》2003年1月6日开办，也是一档个性鲜明的栏目。该栏目定位于："填补重要的言论资讯落差"，成为一档信息评论节目。内容主要是摘要播报世界各地以及两岸三地华文报章杂志的"头条"及其他新闻言论。既让观众看到外国人对一个事件是怎样看的，又反映主持人杨锦麟对他们的"看法"是怎样看的（个人化点评）。其特点：荟萃每天国际媒体和海外华文媒体的言论精华，以"读"的方式，将有关的国内外媒体对大事的评述扼要介绍给广大观众，满足他们获取更多信息的需求，努力做到"一个事件，多种声音"。

如关于"朝鲜六方会谈"的报道：

英国《卫报》：美朝无意延续六方会谈

韩国某大报：朝鲜表示六方会谈有害无益

新加坡《联合早报》：六方会谈仍有作用

韩国某大报：朝鲜无理是一贯行径

香港《亚洲周刊》：朝鲜不再信任中国……

上述几篇报道，表现出不同的意识形态立场和各自的利益观点，体现了一种多元价值观。

在新闻栏目的个性化方面，表现最为突出的是在全国首创"民生新闻"的《南京零距离》。该栏目于2002年1月1日由江苏广播电视总台城市频道创办。每晚18：50～19：50首播。收视表现强劲：开播第2周，即进入AC尼尔森南京地区电视节目排行榜前50名；第28周进入前5名；从第36周开始，名列AC尼尔森南京地区电视节目排行榜第一名，并一直保持领先，直到2006年12月，仍以平均收视率 7.1%，排名南京市电视节目收视第一名。

《南京零距离》栏目创造了巨大的经济效益和社会效益，其影响力可以从两个方面看出：一是栏目的广告收入：

2002 年 5 千万元

2003 年 8 千万元

2004 年 1.0088 亿元

2005 年 1.0388 亿元

2006 年 1.0688 亿元

二是在《南京零距离》的带动下，全国劲吹民生新闻之风，如安徽台《第一时间》、湖南经视的《都市一时间》、河南台《都市报道》、湖北经视的《经视直播》等，通过向《南京零距离》学习，并借鉴其成功的运作模式，在本地化的经营方面都取得了良好的社会效益和经济效益。

下面以《南京零距离》民生新闻为例，分析新闻栏目的个性化运作。

所谓民生新闻，按照创办者的初衷是：以平民化的视角关注平民百姓，而追求民生则是栏目不遗余力表现的内容。一句话，即反映民众生活的新闻。

《南京零距离》主要从社会事件、生活投诉、实用资讯这三个角度来反映平民百姓方方面面的生活，主打民生新闻，无疑给人耳目一新的感觉。这些民生的内容是事件化的（即通过具体的事件来呈现他们的真实生活）；这些事件是过程化的（即通过曲折的过程来揭示他们心灵的冲突）；这些过程又是细节化的（即通过丰富的细节来还原生活的本真）。我们从《南京零距离》的一期节目串联单中可以看出该栏目选题体现出的民生取向：

提要

广告

主持人

《今日快报》

1. 九华山隧道正式动工

2. 无锡青年受刺激，悄悄潜入敬老院

3. 零距离调查：你相信东郊有老虎吗？

4. 司机拒载，醉汉受伤

5. 这里的路堵何时休？

广告

提要

6. 女菩萨入户行骗，众乡邻揭开骗术

7. 假和尚上门行骗，机警市民当场揭穿

8. 开选矿厂，请不要牺牲环境

9. 护照丢了之后……

下节零距离提要

广告

10. 少妇大胆，吓着行人

11. 洗头是假，盗窃是真

12. 车主打盹，布匹被偷

《孟非读报》

孩子入园赞助费该填多少?（现代快报）

"人造美女"生丑儿，赔夫百万（南京晨报）

广告

《今日快报》

13. 银行"适度从紧"，房贷门槛提高

《小璐说天气》

下节零距离提要

14. 中央门南站又现街头骗局

15. 新闻追踪：圣鹰防盗门收费有点"横"

16. 龙虾店为何无故被砸?

17. 依法施工，文明执法

18. 孩子他爸，回家吧!

广告

19. 好心居民烧垃圾，执法人员来制止。

"零距离"调查结果：参调人：7 266 人

相信东郊有老虎的人：1 814 人

不相信东郊有老虎的人：5 452 人

从本期《南京零距离》印证出该栏目的基本理念"平民视角、民生内容、民本取向"。在这个理念指导下，栏目内容追求与南京市民的"零距离"。主持人采用即兴串接词的表达方式，妙语连珠、幽默诙谐、勇于自嘲。最有特色和不可复制的是该栏目的个性化评报。子栏目《孟非读报》几乎是为主持人孟非量身定做。孟非的评论，充满了个性，给人留下深刻的印象，并成为《南京零距离》收视率最高的子栏目。其成功的经验在于：

选报标准——有话要说。

点评依据——能使观众产生共鸣，但大多数观众又说不出来的话。

评说角度——以受众的眼光来看待。

评说原则——真诚、公正。

评说方法——多提问题，少下结论。

评论撰稿——个人撰写，有利口语表达。

第三节 杂志型新闻栏目

杂志型节目（the Magazine Format）的概念最早是由美国全国广播公司（NBC）前任副总裁西尔维斯特·韦沃（Sylvester Weaver）在 20 世纪 50 年代初提出的。而且，韦沃本人还身体力行地创立了世界上第一个杂志型新闻栏目《今天》（Today，1952—）。《今天》的创立不仅仅在于韦沃为 NBC 打造了一个 50 年来长盛不衰的名牌栏目，更在于它作为一个开创者所带给后人的启发与引导意义。从此以后，杂志型节目成为电视新闻栏目里不可或缺的一个组成部分。其中不乏经典之作，像 CBS 的《60 分钟》（60 Minutes，1968—）、NBC 的《日界线》（Dateline，1992—）、ABC 的《20/20》、《黄金时间实况》（Primetime Live）等。这些栏目在参与甚至改变历史的同时，也走进了校园的教科书。

杂志型新闻栏目在我国起步较晚。我国第一个新闻杂志栏目是上海电视台 1987 年 7 月开办的《新闻透视》。该栏目采用大板块小栏目、主持人点评串联播出的形式，不仅使栏目风格生动活泼，更使得电视节目增加了深度与思辨色彩。这在当时是很难得的。因此，刚一出现，就受到了电视界的好评。随后，不少电视台陆续推出了自己的杂志型新闻栏目，如福建电视台的《新闻半小时》、北京电视台的《看世界》、浙江电视台的《晚间 60 分》等。而杂志型新闻栏目真正产生影响、并且作为一种观念被广为接受，则是在 1993 年中央电视台大型早间新闻杂志节目《东方时空》开播以后。《东方时空》的开播带动了新一轮更大力度的新闻改革，杂志型的样式被广为采用，许多栏目还创造了自己的特色，都在以自己的方式演绎新闻杂志节目，如，东方电视台的《东视新闻 60 分》等。

一、事件组合式

事件组合式杂志型新闻栏目，就是在每期节目中播出几则深度报道，通过记者或主持人的点评串联，而形成一个有机统一体的杂志形态的新闻栏目。美国 CBS 的《60 分钟》便是这种形态的典型代表。下面以《60 分钟》为例，分析事件组合式新闻杂志栏目的特征。

1. 报道内容的思辨性

《60 分钟》是美国 CBS 广播公司于 1968 年 9 月创办的杂志型电视新闻节目，现在每周日晚 7：00~8：00 播出。栏目成功挤进了美国收视率前十名，而且连续保持了 22 年，曾 10 次获得艾美奖。《60 分钟》每期节目通常由三则报道构成，每则报道时长 13 分钟，报道之间由广告隔开。

《60 分钟》栏目关注的内容也非常广泛，"从社会热点到历史事件，从名人轶事到凡人琐事，几乎无所不包"。吸毒、健康、时政、黑社会、新闻人物、社会体制、教育弊端、传统与现代的冲突、个人与制度的矛盾、文明之间的对立等，都可以成为《60 分钟》关注的内容。更为重要的是，《60 分钟》对这些问题的关注不仅仅停留在报道的层面上，而是想方设法使事件或社会问题向纵深拓展。在早期播出的节目《马丁·路德·金一家的圣诞节》（Martin Luther King's Family at Christmas）中，麦克·华莱士首先介绍了金一家在金遇刺后是如何度过这个没了丈夫和父亲的圣诞节的。但是，如果仅仅是泛泛的介绍，那节目的意义就要大打折扣。随后，《60 分钟》通过对金夫人及其孩子的采访，肯定了这个家庭从失去亲人的混乱和无序中走出的能力。而且，华莱士的目光并未就此打住，他只是以此为由头，引出了对金的遇害给整个美国民权运动造成的影响的分析，为当前的社会现象做出注脚，对民权运动的发展做出预测。

2. 叙事形态的多样性

还以《60 分钟》为例。《60 分钟》时而严肃认真，时而诙谐幽默，节目风格好像总是在随报道主题的变化而变化。尽管如此，近 40 年来，《60 分钟》还是形成了自己基本的模式与特色。

在节目的编排上，大致由节目介绍、具体报道和专栏评论三部分组成，有时还会有观众来信选播。在具体报道的安排上，通常每期播出三则报道。如"9.11"事件后，《60 分钟》的一期节目由如下内容构成：

第一则报道：《沙特艾华利王子》

报道从沙特王子在"9.11"后给纽约市长捐款 1 000 万美元开始，通过一系列采访、报道、反映了沙特人对"9.11"的看法及对美国的态度。

第二则报道：《（美）军方家庭暴力案》

节目通过对一些美军家属被虐、被杀的采访报道，指责美军对施虐军人监管不力而造成的恶果。

第三则报道：《伊斯兰教学校》

通过对几个信仰伊斯兰教学生的采访，探寻人体炸弹者的心理状态。

这几则报道分别采用了如下叙事方式①：

（1）侦探式

----

① 参考王纬主编《镜头里的"第四势力"》，北京：北京广播学院出版社 1999 年版，第 203 页。

叙述的基本步骤是：介绍侦探和罪行；重组犯罪情节并寻找线索；对质嫌疑人和证人；说明解决方式和结局。

例：《军方家庭暴力案》介绍罪行：（美）肯塔基的甘宝堡驻军三名军人家属遭家庭暴力。五年来，总共有58 000名军人配偶成为家庭暴力受害者。

重组犯罪情节：罗尼史宾斯被杀、中士甸·沙弗利和卓西尼安纳残害妻子。

对质：军方有关人士和法官等。

解决方式：军队相关制度的严格执行与法律制裁。

侦探式是最能体现《60分钟》本质特征的叙述方式。在谈到《60分钟》的成功因素时，该栏目的创始人和总制片人唐·休伊特曾说：《60分钟》成功的公式是简单的，它可以简化为几个字，那就是：给我讲一个故事，就这么容易。什么是好故事？——"就是说，抓住你的注意力，让你在瞬间觉得这个东西你不知道，那就成为好的新闻素材，然后你去挖掘它、报道它。"（莫里·塞弗，2004）

《60分钟》的侦探故事主要围绕以下两个冲突展开：

a. 安全与危险的冲突。这主要体现为维护美国社会所认同的主流价值观，如安全、诚实、忠诚、公正等。在《沙特艾华利王子》节目中，一方面通过对王宫的参观和对王子与平民的会见，展现了一个童话般的故事；另一方面通过"9.11"事件后对沙特王子及沙特人的采访，以及对"9.11"的看法和"沙特人真的爱美国人吗"的回答，让美国人彻底丢掉对沙特人的幻想。正像节目结束语所表达出的《60分钟》节目鲜明的立场和观点："我们作出报道后王子继续捐款，上个4月，为巴勒斯坦人给一个沙特政府电视节目捐了2700万用来买食物、衣服、药物和捐给巴勒斯坦恐怖组织烈士家属，该组织包括自杀式炸弹袭击者。"

b. 诚实与欺诈的冲突

《60分钟》是怎样达到它的目标的？是什么让它与众不同？唐·休伊特说："我们做得最好的事情是用探照灯照亮黑暗的角落，如果躲在黑暗中的人正在做着他们不应该做的事情，我们能做的就是将探照灯照过去。"这是对侦探式最好的诠释。

（2）分析式

在这种叙述模式中，记者承担着社会评论员或精神分析者的角色，并赋予叙述以结局和道德含义。其结局不在于抓获某个罪犯或解决某一罪行，而是肯定某种价值观和道德观。记者作为调查员，像审讯员一样采访提问。节目就从客观冷静的调查报道中体现出客观公允立场。

《60分钟》从节目提要、解说词的说明、提问的巧妙设置，再到各式人物的采访和节目最后的评论都或隐或现地表现其观点。为了达到客观报道的目的，《60 分钟》往往在节目中寻找提问的最佳切入点，抓住事件的最核心部位和关键点向对方发问，以期得到想要的答案。

（3）游客式

这种叙事报道中记者的任务是：作为观众的代理人探索并描述新鲜的或陌生的事物；寻找真实（报道的核心）。这些报道主要调节三种冲突：传统与现代化、自然与文明（或乡村与城市）、个人与制度，例《沙特艾华利王子》。

《60 分钟》作为典型的事件组合式新闻杂志节目，其成功的关键在于讲好每一个故事。然而，是什么成就一个好故事？

唐·休伊特提出了一个与众不同的见解，就是"为耳朵写作"。他说："我关注故事听起来是怎样的，而不是看起来是怎样的。""真正吸引观众，使观众成为忠实受众的是写作，是语言。"他还进一步强调：留住观众的最好方法是——与其抓住观众的眼球，不如抓住观众的耳朵。这就是《60 分钟》与后来的追随者不同的原因，是《60 分钟》近 1/4 世纪以来一直名列 10 大电视节目之一的原因。我们坚信，尽管是电视节目，在每个星期天，观众收看我们的节目是因为我们的故事而不是因为我们的画面。

二、栏目组合式

栏目组合式新闻杂志栏目就是在一个统一的栏目名称下，把形态不一、内容各异的多个小栏目经过精心编排，组合而成的播出节目形态。该形态最忠实地代表了杂志型栏目的倡导者、NBC 前副总裁韦沃的意图。在世界范围内，NBC 的《今天》是栏目组合形态的典型代表，迥异于以《60 分钟》为代表的事件组合形态的杂志型新闻栏目风格。

在国内，人们对杂志型新闻栏目的理解更多地倾向于这种形态。所以中央电视台的《东方时空》被公认为典型的新闻杂志节目。从 1993 年至今，《东方时空》在经历了数次的改版与调整后，已经成为当今中国电视新闻杂志领域里的一面旗帜。在此，我们不妨以《东方时空》为例，循着其开办以来的演变与发展轨迹，解析栏目组合式新闻杂志节目的内容和形式。

1. 栏目创立

1993 年 5 月 1 日 6 时 58 分，一组以万物复苏为主题的画面在清新舒缓的 MiDi 音乐伴奏下出现在千家万户的电视屏幕上。喷薄的朝阳、振翅的飞鸟、生长的新芽、奔流的江河之后节奏骤然变强，"东方时空"四个大字从天际飞来。这艘后来被称为"中国电视的航空母舰"的崭新栏目扬帆启航了。

创立之初的《东方时空》，除了早间新闻之外，包括四个较为固定的子栏目，按照播出顺序依次是：《东方之子》、《东方时空金曲榜》（后改称《音乐电视》）、《生活空间》和《焦点时刻》。总共时长 40 分钟。

按照最初的设想，《东方时空》只是用来填补中央电视台早间空白的一档节目，整个栏目以及各个子栏目的定位并不明确，显得较为零散。经过一段时间的播出，子栏目大致找到了自己较为明确的定位。《东方之子》："浓缩人生精华"；《音乐电视》："高歌民族曲，激荡中国魂"；《生活空间》："讲述老百姓自己的故事"；《焦点时刻》："时代写真，社会纪实"。

在这几个子栏目的定位过程中，《生活空间》的探索尤显艰难。该栏目内容最初限制在情感婚恋、世相风物、信息咨询以及其他居家琐事上。像"夫妻关系大家谈"、"果蔬美容法"、"如何教育孩子"这类较浅层次的服务性内容，以及"弯弯绕"（益智节目）、"绝活"（普通人的拿手好戏）这类娱乐性的小栏目，成为节目的构成主体。从内容上看，它有些类似中央电视台 20 世纪 80 年代的老栏目《为您服务》；从节目构成上看，则显得杂乱无章，让观众无所适从，也难以形成自身的风格与体系。经过艰难的蜕变与再生之后，在《东方时空》四个子栏目中突出了自己鲜明的节目内容与形态。而《东方时空》的整体形象也在各个子栏目的探索中，逐渐形成了自己独有的文化特色，成为中国电视屏幕上一个日益亮丽的品牌。

2. 栏目发展

从 1996 年 1 月 27 日第 1001 期开始，《东方时空》做了一次较大的改版。这次最大改动之处在于将《音乐电视》割爱，代之以全新的主持人言论小栏目《面对面》。同时，将《焦点时刻》改为《时空报道》，并在选题上侧重社会新闻。而且，不再设小栏目主持人，由一名总主持人贯穿到底。

这次改版是本着栏目定位更加明确，整体效果更加统一协调流畅的原则进行的。《音乐电视》正是由于过于轻松活泼、青春朝气，与《东方时空》"电视新闻杂志"的整体定位明显脱节而被改掉的。取而代之的《面对面》由主持人就一些社会问题直接面对观众进行点评，显然，在内容上和整体定位上与栏目较为相符。《焦点时刻》的调整主要由于它在名称和选题上和中央电视台每晚19：38播出的《焦点访谈》撞车，自己的个性得不到张扬。因此，从名称到选题的改动，使之与《焦点访谈》相区别。最后，由一名总主持人代替原来的子栏目主持人，也是出于栏目整体性的考虑。由一名主持人一以贯之，更利于栏目的整体策划和协调，使节目风格更加流畅协调。

3. 栏目新生

任何事物都是在超越中发展的，超越同类，超越自身，在一次又一次的否定之否定中完善自己。4 年之后，2000 年 11 月 27 日，《东方时空》再次改版。这次动作之大，连栏目标志和片头都改头换面了，决非以前的调整改版所能比，从内容到形式，都更像一次新生。

首先，在栏目时间上，播出时长由原来的40分钟骤增到150分钟，开播时间由7：00提前到6：00。

其次，在栏目内容上，改换了一批老栏目，增加了一批新栏目。增加的新栏目有：三档整点滚动播出的《早新闻》、新闻性栏目《传媒连接》、资讯性栏目《时空资讯》、四档《天气预报》及周日版的《纪事》（《百姓故事》精华版）、《世界》（一周国际热点）、《直播中国》（中国电视第一个直播栏目）。

本次改版的理念集中表现在三个方面：新闻性的追求、信息量的加大以及人文关怀的再度拓展。

新闻性的追求。在日常版的新《东方时空》中所增加的栏目全都是新闻或新闻性子栏目，保留下来的经典栏目也都或多或少地加强了新闻性。如由《东方之子》演变而来的《面对面》走下"神坛"，不再盯着名人专家，而将目光锁定在真正的新闻人物身上；《百姓故事》在《生活空间》的基础上进行改革，突出现代感，加快了叙事节奏。与《时空报道》相比，《直通现场》加大了纪实报道部分，强调记者的现场报道和强烈的现场纪实语言，选题侧重于新闻实践过程的丰富性、层次性，从而让观众"感受真实，直通新闻现场"，这是增强新闻性的另一个表现。

信息量的加大。在延长的110分钟时间里，新闻资讯类栏目就达80分钟，占73%。同时，还缩短了新闻长度，实行滚动播出，及时更新。2000年12月1日的《早新闻》中，6：00播出新闻14条；7：00播出17条，更换5条；8：00播出20条，更换9条。平均更换率达37%，平均每条新闻时长不足1分钟。

新《东方时空》另一个明显变化就是服务性的强化。四档滚动播出的《天气预报》，三档囊括文化、交通、时尚信息的《时空资讯》都重在满足观众的信息需求上。

人文关怀的再度拓展。在播报上，《东方时空》采用了"准口语"的方式，以期能够在拉近与观众的距离的同时，还能维持国家电视台的新闻的权威性。比如，《传媒连接》这个栏目有两个定位，一是报纸摘要的新闻传递，但它同时又是一个谈话节目，要有说话的对象感，对一些枯燥的文字和数字通过交流的方式强化理解。

4. 栏目完善

由于《东方时空》栏目的名牌效应，2000年11月的改版吸引了众多关注和期待的目光。在新版刚推出的一段时间里，评论四起，褒贬不一，单从其他媒体的报道来看，似乎贬者稍占上风。《东方时空》在考虑观众的反馈信息之后，又断断续续地对节目构成和形态进行了调整和完善。

(1)恢复《东方时空》的原有片头和标志。改版仅两天后,《东方时空》就做了这个调整。原因是观众难以适应。

(2)主持人由双人到单人。这主要是为了避免双人主持的不易协调,以增加节目的流畅性。

(3)取消《面对面》,恢复《东方之子》。这主要是连续几个月,许多观众来电来信表达他们对《东方之子》的热爱和怀念。在保留《面对面》的相关优点后,推出新的《东方之子》。

(4)栏目结构重新调整。从 2001 年 11 月 5 日起,原来从早上6:00开始到8:30结束的长达两个半小时的《东方时空》,具体分为《新闻》和《东方时空》两部分。6:00~6:30、7:00~7:15 是两档整点新闻,7:15~8:00 是调整后的《东方时空》栏目,8:00~8:30 播出新开辟的新闻栏目《新闻早八点》。同时,推出一个新的子栏目《时空连线》,对观众关注的新闻事件进行深入报道,由新闻当事人、相关人士和专家从不同角度解读新闻背景,分析事实内涵。到目前为止,《东方时空》栏目由如下三个子栏目构成:《东方之子》、《百姓故事》和《时空连线》。

发展和完善总是相对的,从这个角度看,《东方时空》的每一次调整和改版都只是在以一种不完美代替另一种不完美。但不论怎样,它总是在前进,也总能给我们的电视理念尤其是电视新闻理念不少的启发与冲击。

栏目组合式主要表现为杂志形态,自1952 年韦沃首创以来,迅速风靡全球。目前,美国各大电视网都有自己的杂志型栏目。但是,近两年来,杂志型节目风头渐减,呈现出走下坡路之势。

从收视率上看,美国三大广播公司的新闻杂志节目都在一路下滑。NBC 的《日界线》(Dateline)在 1998~1999 年度的收视率为 9.7%,而 1999 年以来,收视率下降了 1.4%,只达到 8.3%;CBS 的《48 小时》收视率与 1998~1999 年度相比下降了 13%;《60 分钟》下降了 9%;《60 分钟Ⅱ》下降了 10%;ABC 的《20/20》更是以惊人之速下滑,幅度达 28%。迫于现实压力,ABC 已把《20/20》节目的播出由每周四次减到每周三次;NBC 已将周一的《日界线》砍掉,改播游戏节目《21》。

新闻杂志节目收视率下滑的原因很多,其中一个不可忽视的因素是娱乐节目的冲击。《60 分钟》的制片人唐·休伊特在新闻杂志节目如日中天时曾经说过:"在每一个伟大的新闻杂志节目背后,就有一部失败的情景喜剧。"他预言,西海岸节目再次出现轰动时,新闻杂志节目的播出时数就会减少。

残酷的现实不幸被休伊特言中。一个叫《谁想成为百万富翁》的游戏节目,以及火爆全美的《生存者》节目，使得新闻杂志节目的处境十分窘迫。据尼尔森收视率统计公司的数据显示，在这两个游戏节目的播出期间，新闻杂志节目在11个晚上中有9个晚上观众数目大幅削减。

但这并不意味着新闻杂志节目已经日薄西山、穷途末路。因为，与娱乐节目相比，新闻杂志节目还有一个相当明显的优势，那就是低廉的制作成本。而且，从现实来看，游戏娱乐节目像走马灯式的更换，以博得观众的欢心，而保持不变的杂志型新闻节目则一直成为媒体的中坚，其生命力远远强于娱乐节目。

总之，杂志型节目还需要不断的探索，因为，追求没有止境，就像电视本身需要不断的探索与发展一样。

第四节　专题型新闻栏目

专题型新闻栏目相对于杂志型新闻栏目而言，是指每期内容只有单一专题报道的新闻栏目。由于这种类型栏目着重于事实深度的挖掘与分析，因此深度报道就成为其主要特征。

对于深度报道的定义，美国哈钦斯委员会在其报告《自由而负责的新闻界》中，这样阐述："所谓深度报道，就是围绕社会发展的现实问题，把新闻事件呈现在一种可以表现真正意义的脉络中。"这种脉络的展现，相对消息来说，实际上就是在空间上对事件做出背景网络的呈现和拓展；在时间上是对事件过去、现在和未来的交待与预测。

深度报道最早产生于20世纪40年代的西方报界，本是报纸在广播电视迅速崛起的强大压力下的产物。后来逐渐应用于电视领域。CBS于1951年创办的《现在请看》应该是最早运用此种形态的新闻栏目。创办于1968年的《60分钟》的大获成功，更是加速推动了电视新闻专题栏目的发展与繁荣。我国最早的专题型深度报道栏目，是中央电视台1980年创办的《观察与思考》。目前，中国电视屏幕上此种栏目形态的典型代表则是中央电视台的《焦点访谈》和《新闻调查》。

专题型新闻栏目由于其深度报道的典型特征，使得其无论在题材的选择，还是形式的设置上，都有自己较为鲜明的特色。

一、题材的选择

题材的选择，对于节目的重要性不言而喻。正如朱羽君教授所言，节目"要好看，选题是第一关。"而且，题材的选择是否规范化、条理化、有序化，也是一个栏目成熟与否的标志。专题型新闻栏目在选题上一般要注意以下几点：

1. 重大性

重大新闻事件因为其深切的社会影响、广泛的社会关注，而成为大多专题型新闻栏目所不愿放弃的关注点。《新闻调查》就把重大新闻事件称为其"主战场"。

仅以 1998 年《新闻调查》播出的节目为例：《大国的握手》、《跨世纪的政府》、《腐败团伙覆灭记》、《保卫荆江》、《跨国追索走私文物》、《中国第一税案》等关注了克林顿访华、政府机构改革、陕西 11.8 大案、建国以来第一大税案等年内发生的重量级新闻事件。

2. 社会性

社会性就是表明新闻事件要具有普遍性或广泛的社会关切度。还以 1998 年的《新闻调查》为例。《沈阳如何过冬》关注的是沈阳冬季供暖问题。而沈阳其实只不过是我国众多面临同样问题的北方城市中的一个代表。节目披露的困难、问题与经验具有广泛的适用性。《面对分流的公务员》是在当年出台的国务院机构改革方案中明确规定"机关干部编制总数要减少一半"的大背景下对化工部人员分流的状况进行的走访。虽然也只是个案的调查，却具有全国范围的普遍意义。

3. 故事性

"大时代背景下的故事一波三折"，一波三折的故事对观众有着永恒的吸引力。所以，《新闻调查》的理想就是"内容上突出故事性……形式上创造一种电视调查文体"。新闻事件本身可能并不重大，但其背后隐藏的价值或文明的冲突，却能给节目足够的内容张力。这种小故事、大主题的题材选择，在《新闻调查》中为数不少。《走进大山的年轻人》、《从市长到囚犯》、《48 个孩子的特殊家庭》、《"黑脸"姜瑞锋》、《贩毒死囚的忏悔》、《精神损害如何赔偿》等，都是通过对个体生命故事的演绎，完成了对重要主题的彰显。CBS《60 分钟》的栏目执行主编菲利浦·席勒也认为，《60 分钟》基本的选题思想就是寻找一个小故事，但这个故事要能表现出一个大的主题。比如，对于那个帮助病人实施"安乐死"的医生的报道，就涉及医生的职业道德、人的生命权利等。无独有偶，《新闻调查》也曾做过一期《眼球丢失以后》的节目，涉及同样的问题。这恐怕不仅仅是一种巧合。《60 分钟》的制片人休伊特还宣称，有 300 多部好莱坞影片取材于《60 分钟》，这也反映出《60 分钟》在选材上对故事性的重视程度。

4. 人性化

这里说的人性化，即指对题材及其思想的挖掘多从人性的角度着眼，尤其是以情感因素来打动观众。《新闻调查》早期的《宏志班》、《煤井塌方大营救》、《国家的孩子》，以及后来的《第二次生命》、《一个死囚的忏悔》、《藏羚羊之死》都有鲜明的表现。《逃亡日记》的编导甚至明白地宣称，自己是"从人性的角度关注一个逃亡者"。而《藏羚羊之死》在故事结尾那一句凄婉的追问："藏羚羊都死光了，人类的路还有多长？"更是从灵魂的深处给人以振聋发聩的冲击与警醒。

《新闻调查》从 1996 年 5 月 17 日开播至今，已走过了 10 年的历程，成为我国著名栏目，其选题就基本上遵循了以上四项原则。十年来，《新闻调查》经历了三个发展阶段：第一阶段从 1996 年至 2000 年提出"从现实到理想"的"三步走战略"，即从"主题性调查"到"事件性调查"、再到"内幕调查"；第二阶段 2000 年至 2002 年提出"探寻事实的真相"；第三阶段从 2003 年至今提出做真正的"调查性报道"。经过 10 年的探索证明，《新闻调查》以能做真正的"调查性报道"为栏目选题标准，制作完成了一批经典性节目：

1996 年，《宏志班》，调查专为贫困生开设的中学班，这种办学思想和形式是否可以成功并作为教学体验在全国推广？（荣获中国广播电视新闻奖社教政治类二等奖）

1997 年，《公交能否优先》，调查在我国的城市是否可试行"公交优先"？

1998 年，《大官村里选村官》，记录了吉林省镇赉县大官村的村民第一次用全新的方式选择他们的村委会主任的事。（荣获第 39 届蒙特卡洛电视节女神银质奖）

1999 年，《第二次生命》反映一位母亲捐出自己的肾为女儿实施换肾手术的故事。（荣获第 36 届亚广联——多元文化贡献奖）

2000 年，《婚礼后的诉讼》，调查一起有关伦理、法律和习俗之争的案件。（荣获第 38 届亚广联电视信息类节目奖）

2001 年，《范李之死》，调查 18 年前家住重庆的李裕芬儿子死因之谜。（荣获全国法制好新闻一等奖）

2002 年，《与神话较量的人》，调查一股市神话被质疑后的风波。（荣获 2002 年度全国电视评论类一等奖）

2003 年，《北京："非典"阻击战》。（荣获卫生部"礼来"杯抗击"非典"好新闻奖）

2004 年，《张润栓的年关》，调查 8 年前涉及 100 万元的民工工资债务问题。

2005 年，《以生命的名义》，调查预防艾滋病有效干预问题。

这些专题调查节目始终关注中国的社会问题，毫不手软的揭示那些故意掩盖、损害公众利益的"真相"，支撑起《新闻调查》栏目，成为专题型新闻栏目的典范。

二、叙事的技巧

由于专题型栏目的报道多属深度报道，因此，专题型新闻栏目必须更加注重对事件叙述和理念表达的技巧把握。

CBS《60分钟》的缔造者唐·休伊特认为，《60分钟》受到广泛欢迎的原因在于其成功的"叙述传统"：过去纪录片的收视率差别不大，不论它们是在ABC，CBS还是NBC上……都是相同的15%～20%的观众占有率。我告诉自己，我敢打赌，如果我们能使节目主题多样化，并采用个人新闻——不是处理事件，而是讲述故事；如果我们能像好莱坞包装小说那样来包装事实，我担保我们能把收视率翻一番。

这种讲故事的叙事传统，不仅使《60分钟》长盛不衰，也给后来的深度报道提供了一种参考的模式。一般来说，对于故事的讲述，主要是通过记者的调查过程而实现。《新闻调查》原策划、编导刘春说，记者的调查过程是我们展示的重点，做好了会比事件本身的发展过程更精彩。因为事实是比较固定的，而我们的调查则可以成为一个很有魅力的过程。国外一般把这种着重展示记者调查过程的报道模式，称为侦探模式。

这种模式一般用于犯罪新闻和事故新闻（国外叫做揭丑新闻）的调查取证与归纳推理之中。节目往往以记者或主持人对新闻事件的概述为开端。然后，带领观众深入内幕。由于案情往往是一波三折、扑朔迷离，再加上编排技巧的使用，整个节目常常就在结构上表现为跌宕多姿、悬念叠生、有起有伏、环环相扣，不断给观众制造兴奋点，吸引观众看下去。美国三大电视网的许多记者常常冒着生命危险，以隐性采访的方式深入事件内幕，成功地揭露事件的真相。他们对案件的调查、推理与突破能力，有时甚至超过了政府专门机构。

近年来，类似的调查报道在我国的电视屏幕上也不断涌现。像《焦点访谈》播出的《粮食满仓的真相》就是一个较为典型的代表。1998年5月22日，朱镕基总理前往安徽省南陵县视察时，在鹅岭粮站看到了粮食满仓的情景。但是，朱总理走后，《焦点访谈》就收到群众举报，声称其中有假。《焦点访谈》的记者迅速赶到南陵。先通过暗访的手段，获知事实：粮仓不满。因此粮食满仓有假便是千真万确的了。那么，他们欺骗总理的目的又是什么呢？在记者的一再追问下，当地领导承认，是为了面子。按说，这个官僚主义的理由是可以搪塞过去的。但记者却敏锐地发现与事实不相符，问题背后应有"大文章"。最终，在记者们的穷追不舍下，当地官员终于承认，由于当地未按政府规定以保护价收购粮食，而是压低粮价，导致农民不愿卖粮。因此，造成粮仓的空虚。在朱总理视察前夕，他们就从其他五个粮站急调了1031吨粮食以掩盖真相。这样，随着记者层层深入的调查，整个事件的全貌也就一步一步清晰地呈现在观众面前了。节目播出之后，引起了较大的社会反响。

另外，像《焦点访谈》播出的《雄县追车记》、《惜哉文化》、《看病哪能添新病》；《新闻调查》播出的《透视运城渗灌工程》、《查处虚假统计》、《腐败团伙覆灭记》等都是通过记者的深入调查，把记者的睿智与调查的艰难、事件本身的多头与迷离，以破除悬念的形式铺展开来，从而为观众创造一个又一个收视亮点。

故事归根到底是人的故事，而人物的命运往往最能打动观众的情感。1998年5月8日，《新闻调查》播出的《面对分流的公务员》中，就选择了三位面临分流的公务员作为报道的对象。其中，化工部干部刘先生在设计自己的余生和表示对国家政策的理解时，感叹道："做一介书生，此生足矣！""作为我们这一代国家的公务员，没有任何理由不和我们的总理一起来趟地雷阵，过万丈深渊。"对命运无常的感叹和对国脉民瘼的关注，使这位面临分流的局级干部的话听来不由不悚然动容，有几分悲凉之感。

结构主义叙事学认为，任何叙事都是按一定的模式进行的。叙事学的使命就在于探寻并解读这些模式。电视深度报道同样具有自己的叙事模式——叙事的故事化即是其中一种。而更多的叙事方法与技巧还有待于我们的探索和发现。

三、专题型新闻栏目的发展趋势

1994年4月1日开播的《焦点访谈》异军突起，迅速开创了一种风格鲜明的报道模式。一时间，全国上下纷纷效仿，"焦点"类栏目热遍全国。但随着电视媒体与观众的日渐成熟与理性化，这类节目也发生了明显的转变。

1. 栏目定位：从揭露曝光到理性建设

《焦点访谈》的意义在于它开创了一种报道的崭新模式。这种以批评性报道为主的栏目，对于正处在艰难改革进程中的中国社会来说有一定的现实意义。所以，这种节目刚一问世，即火爆全国，一时间，中国的电视屏幕上处处闪动着"焦点"。但是，这种一味地曝光与揭露，由于缺乏理性思考与深度的论证，从一开始，就注定了它难以持久的命运。

所以，在持续几年的"焦点热"逐渐降温的时候，《焦点访谈》栏目于1998年把定位语由原来的"时事追踪报道、新闻背景分析、社会热点透视、大众话题评说"调整为"用事实说话"。改变后的定位语不仅在于它变得简洁了，更表明了新时期新闻媒体对于舆论监督和批评权力的内涵理解的转变，那就是以事实为报道的依据，以理性为思考的工具。

以此为标志，各地的"焦点"节目在经历了几年的喧闹之后，都渐渐归于平静。电视舆论监督的终极目标是推动社会的进步而非一时的疾恶如仇。所以，更多的关注点投向了具有建设性的意义和题材，报道与老百姓息息相关的话题。于是，城市交通、环境污染、住房困难、产品质量、下岗再就业等就成了"焦点"栏目的着眼点。比如，改版后的上海东方电视台《东视广角》栏目就提出了以"老百姓的期望值为标准"的选题口号。该栏目报道的《最后的"残的"》，对弱势群体倾注了深切的人文关怀，但又不去激化矛盾，在政府与群众之间起到了很好的"桥梁"作用，使"上海取消机动三轮车"这项复杂的社会工作进行得平静而有序。

2. 栏目视点：从法官侠士到社会现实的记录与思考者

在前几年"不怕上告，就怕上报"的奇特社会背景下，记者的地位与作用被扭曲地夸大了，而"报纸审判"、"电视审判"的现象也确实发生过。记者不是法官侠士，也不是钦差大臣，在一个民主、文明、法制健全的社会中，法律才是最终的裁定者。

在经历了最初的疾恶如仇、侠肝义胆之后，深度报道的栏目记者们终于找准了自己的定位——社会现实的记录与思考者。

《东视广角》曾播出过一期《期盼阳光》的节目，讲述了一对年迈的老夫妻因为一幢大厦的遮挡而终日不见阳光，决定告到法院以满足这余生中最大的愿望，而法院的几次判决都使老年夫妇失望而归。在这种情况下，《东视广角》没有为达到"煽情"的效果而情绪化地处理这件事。他们对此事进行了客观地报道，只是在结尾的评论中说："我们相信法院的判决是慎重的，但是，应该指出，在我们的生活中，合法又不合理的事情还是不少见的。即使我们现行的法律条文和有关规章还不能裁定把阳光还给这对老人，我们就能心安理得地让他们在没有阳光的冬天里'正常'地生活下去吗？"

在这里，栏目主持人没有武断地指责任何一方，但人性化的评论还是让人感到了屏幕后面深切的人文关怀。而且，最后的追问，也足以引起世人对情与法这个让人争论不休的话题的再次深入思考。

3. 栏目制作：从专题报道到调查报道

传统的专题节目制作是以观点的表达为核心，组织声画素材围绕主题剪辑合成。而当代的专题型新闻节目更注重采用调查报道的方式，寓事实于调查过程的展现，增强节目的悬念性和故事性。

调查报道方式一般分为三种①：

（1）纯粹调查式

---

① 石长顺著：《当代电视实务教程》，上海：复旦大学出版社 2005 年版，第 222 页。

这是调查报道独有的样式，记者对某一新闻事件或社会问题进行客观地调查，在调查中发现问题、揭示问题，能透过现象看本质，不被表面现象所迷惑。西方传统揭丑式的调查报道通常采用纯粹调查式。在我国，它也是电视调查报道常用的一种形式，对调查的事件和问题进行明察暗访，揭开鲜为人知的事实真相。所谓真相，就是正在或一直被遮蔽的事实，这些真相通常呈现为两种状态，一种是属于所谓的内幕和黑幕，它或被权力遮蔽或被利益遮蔽；另一种真相是复杂事物的混沌状态，那是被偏见、道德观念和认识水平所遮蔽的真相。在纯粹调查式的调查报道中，记者积极介入调查事件和问题，作为公正、正义和公共利益的代表，勇敢而冷静地与假、恶、丑作斗争，调查过程极富矛盾冲突、悬念和戏剧性。这种表现方式能融合更多的调查手段，形式比较灵活。像《城管的一次非法执法》（《焦点访谈》）、《追寻1700台问题起搏器》（《经济半小时》）、《央视〈生活〉千里追寻 揭密垃圾明胶》（《生活》）、《深圳外贸骗局揭密》（《新闻调查》）等等都是属于纯粹调查式的调查报道。

（2）访谈调查式

此类调查以访谈的形式展开，这种表现方式的运用比较广泛，常用于人物调查、问题调查中，有的事件不便于或没有必要在事件发生现场进行调查采访，就通过对亲历者、目击者和相关者进行访谈的形式展开调查。访谈的方式虽然少了几分事件现场的形象感，但话语更容易表现细腻的情感和思想的锋芒。《新闻调查》的《与神话较量的人》、《戒毒者的自白》、《探险之路》、《死亡可以请求吗?》等节目属于典型的访谈式调查。

（3）记录调查式

这是一种借鉴了纪录片表现手法的调查方式，是用纪实的手法对客观的调查过程作真实的记录。在记录式的调查中，记者不必以积极的姿态介入事件，而是静观其变，真实客观地记录事件，原汁原味地展示事件。有的新闻事件进展过程和事件背后并没有被表象、假象所遮蔽、掩饰，事物本来就以真实的面目呈现，且这类新闻事件折射出了重大的社会变革与发展，对此类事件的调查就宜采用记录式的表现方式，将事件的原貌呈现给观众，让观众自己去思考、体味。

本 章 小 结

● 电视新闻栏目化是电视媒体的发展趋向。电视新闻栏目的形态有：集纳型、杂志型、专题性和谈话性新闻栏目。

● 集纳型新闻栏目在遵循普遍编排规律的基础上，应特别注重栏目的个性化创作，在我国成功的案例是电视民生新闻栏目的创新。

● 杂志型新闻栏目编排主要有两种：事件组合式和栏目组合式，前者的代表为 CBS 的《60 分钟》，后者的代表为 CCTV 的《东方时空》。

● 专题型新闻栏目的创作要注重题材的选择与叙事技巧。

思　考　题

1. 集纳性新闻栏目的编排方式。

2. 杂志型新闻栏目的组合方式。

3. 分析《60 分钟·军方家庭暴力案》的侦察方式。

4. 分析中央电视台新闻频道新闻栏目（整点新闻除外）的形态类型及其特征。

第五章　电视社教栏目

　　电视社教节目，是以社会教育为宗旨的各种电视节目的总称，简称社教类节目，常与新闻类、文艺类节目并称为电视的三大支柱类节目。"社教节目的题材内容十分广泛，其表现形式多种多样，既有传播信息的作用，又有供人们欣赏娱乐的作用，但它的基本社会功能是教育。"①而电视社教栏目，是为了便于观众收看，将各种社教节目纳入固定专栏之中，实行周期、定时播出的节目形式。

　　传统的社教节目概念是包含生活服务类节目的，鉴于这类节目随着社会的发展和受众的需求，已经有了较大的发展，作为独立节目形态研究的时机也已成熟，故本书将生活服务类节目另辟专章解析。

　　关于电视社教节目，在世界发达国家的电视节目表里没有这一类别的提法，它们一般将电视节目分为新闻、公共事务和娱乐三大类。但在公共事务节目中却包含了社会教育的内容，如公众利益节目、政治事务节目和教育节目等。美国的电视节目虽然充满了商业化的气息，但美国的公共电视的内容则是侧重于社教性质的教育、文化、知识类的节目。始建于1955年的芝加哥WTTW电视台的使命即是："教育、启迪和鼓舞公众，满足公众在公共事务、教育和艺术方面的利益和需求。"② 美国公共电视的宗旨标榜为"提供更多的节目选择"，其主要特点就是重视教育节目、关注社会问题、为儿童提供宝贵的精神食粮、注重为特定观众安排节目，这些都在提供教育方面起了不可低估的作用。

　　社教节目作为面向公众、以社会教育为宗旨的各种节目的总称，广义上应包括教育性节目和教学节目。本章则主要讨论教育性社教节目创作的有关问题。

第一节　社教节目的地位

　　作为社会的人，一生要经历家庭教育、学校教育和社会教育三大阶段，而社

---

　　① 赵玉明、王福顺主编：《广播电视辞典》，北京：北京广播学院出版社1999年版，第143页。

　　② 马庆平：《外国广播电视史》，北京：北京广播学院出版社1997年版，第137页。

会教育是要相伴终生的，在知识爆炸的信息时代，这点显得尤为重要。美国著名传播学者施拉姆说："所有的电视都是教育的电视，惟一的差别是它在教什么。"以电子声像为传播媒介的电视社会教育，是社会影响中最广泛、最生动、最活跃的一部分。

电视社教节目内容包罗万象，形式活泼多样，可以兼容纪实与表现、谈话与调查、外景报道与室内表演、电视杂志与单一形态、动画与实景、文艺表演与事实报道等多种表现手法，从而形成社教节目形式的多样化和独具魅力的多种风格。社教节目在对电视传播功能的开发和拓展中起着独特的作用，即使是国外电视台，也很重视这类节目，他们把社教节目的水平看成是电视台综合实力的表现。

社教节目的宗旨是社会教育，它每天通过电视向观众传播国家政策法令、道德规范、重大时事政治、先进人物、先进典型事迹和民族政策等。电视通过社教节目介绍祖国的建设，对人们进行爱国主义教育；通过先进人物的事迹介绍进行道德规范和道德情操的教育；通过科技知识的传播，对人们进行科学文化、现代生活知识的教育，充分发挥了电视社会教育的功能。

广播电视是党、政府和人民的喉舌，其任务是教育、鼓舞全国人民为实现党在社会主义初级阶段的总任务而奋斗，而电视社教节目在其中充当着重要的角色。因此，从我国电视诞生之初，就开办了一定数量的社教栏目，如：《电视台的客人》、《科学知识》、《文化生活》和《国际知识》等。相应的制作机构从建台初期的社教组，随着电视事业的发展，也先后逐步扩建成社教部和社教节目中心。社教节目也从单个节目扩展到栏目、直到现在的专业频道，像中央电视台的科教频道、一些省级电视台的法制频道等。

随着社教节目重要地位的奠定与发展，电视社教节目有了长足的发展，电视社教专栏也进入了空前繁荣阶段。据有关资料显示，在20世纪80年代末期，中央电视台的栏目构成中，社教节目就已占22%，从播出时间上看，则占46.9%。而2000年中央电视台开播的第十套节目，就定位于社教专业频道。

我国的电视社教节目，在经历了20世纪90年代中、后期"娱乐"旋风冲击的低潮之后，于2005年以来，由于一批具有广泛社会影响的社教栏目的兴起，再度受到社会的关注和媒介人的青睐。

以中央电视台第10套科教频道为例，自2005年12月26日改版以来，好评如潮。改版第一周收视率大幅上涨达到30%以上，观众忠诚度和满意度节节攀升，《探索·发现》、《走近科学》和《百家讲坛》等一批自主创新节目引起很大反响。

此前，中央电视台社会与法频道2004年12月28日改版（由原西部频道改版）开播的第一年，平均收视份额比 2004 年翻了一番。2006 年前 47 周平均收视份额又增至 1.77%，最高达 2.55%，跻身全国上星频道前 10 名。

这些调查数据充分说明，我国电视社教节目正呈上升趋势。

在当代，随着我国电视改革的进程，中外电视交流和电视节目的交易活动进一步扩大，境外电视节目从各种渠道进入中国，也进一步推动了电视制作市场化的发展。许多社教类节目，特别是纪录片的大量引进，满足了我国正在推进的频道专业化对节目的大量要求。像武汉电视台第三套节目每晚播出的 Discovery，就是引进美国探索（发现）频道的节目，它主要为观众提供来自世界各国的优秀纪录片，内容包括科学与科技、自然生态、人文历史、全球风貌、人类探险等，节目富于教育意义，可以说是寓知识于娱乐，具有较高的收视率。目前，Discovery 作为专业的科教纪录片频道节目已成为全球十大知名品牌中惟一的媒体品牌，覆盖面积遍及全球共 160 个国家超过 14 400 万个电视用户。

第二节　社教栏目的类别

正确认识社教栏目的类别，是规范社教栏目创作、搞好电视社教栏目策划以及创新发展的基础和前提。但由于社教栏目题材范围最为广泛、表现形式最为多样、接受对象最为庞杂，且是电视台节目种群栏目最多、比重最大的栏目类型，其本身构成了一个庞大的节目体系，因而也是分类最为复杂的一个节目类型。

按照"同一律"分类的基本规律，任何一种分类都是以相同性和相等性为条件的。通行的分类方法是"三分法"，即按传播内容属性、传播对象属性和传播形态属性分类。

一、按节目题材（传播内容属性）分类

社会教育节目的内容涉及政治、经济、文化、军事、历史等各个领域，注重开掘人文及自然环境类的题材，取材十分广泛，且互有交叉现象。要想将客观世界广阔的领域归于简洁、清晰的分类条目中，的确是一件比较困难的事。从全国历年电视社教节目评选情况看，其分类也在不断变化之中。1990 年全国首届优秀电视社教节目评选类别为栏目类、社政（社会政治）类、文教类、知识类和服务类。1991 年度全国社教节目评奖类别有了较大的变化，保留 1990 年度的 4个类别外，另增加了经济类、科技类、教育类、系列片类。到 1998 年至 2000年，电视社教节目评奖类别又有较大的改变，除保留栏目类、经济节目、科教节目和系列片外，其他均不作单独评奖类别，另外增加了长、短片奖项目。2004年，电视社教节目评奖项目变化最大，项目共六项：优秀专题、优秀纪录片、优秀科普节目、优秀少儿节目、优秀电视动画节目和优秀电视广告。

全国电视社教类节目评奖是中国广播电视新闻奖的一个重要类别，也是对当年全国电视社教类节目的一次大检阅，代表了我国电视社教类节目评价的最高权威。因此，该奖项的评奖类别应是电视社教节目内容属性分类的重要依据。由于上述教育类不在本章社教栏目的狭义讨论范围内，且服务类节目单章分析，系列片及纪录片、专题片又属节目的结构方式和形态，那么，余下的类别当是本节的题材分类内容。

1. 社会政治类

以反映一个时期内的重大社会问题、社会现象、历史事件等为题材的节目。如获首届电视社教节目奖的《神州风采》（中央电视台）、《同心曲》（北京电视台）和1999年1月2日开播、至今仍然受到欢迎的《今日说法》栏目。

2. 经济类

以经济信息、经济政策、经济活动和经济服务为中心内容的节目。这个类别是在1991年全国优秀电视社教节目评选中首次增设的。原广播电影电视部副部长刘习良在当年全国优秀电视社教节目颁奖会上谈到改革电视社教节目时指出：各类电视社教节目必须紧紧扣住经济建设大环境做好节目，在经济建设和改革开放中，找到自己合适的位置，发挥特有的作用，体现自身存在的价值。

3. 文化类

以文学、艺术、音乐、舞蹈、美术等方面的人物和事件为主要题材的节目。文化类的栏目如中央电视台的《文化访谈录》和《子午书简》，对观众都有很大的吸引力。近年来，异常活跃的《百家讲坛》更是将文化类的叙事节目推向高潮。

4. 科技类

以普及科学技术、关注科学问题、贴近科技生活、阐释科技现象、弘扬科学精神、展现科学魅力为题材的社教类节目。特别是于2001年7月9日正式开播的中央电视台科教频道，更是以"教育品格、科学品质、文化品位"的定位亮相，展示了科技类节目的发展前景。事实上，美国的"探索"频道和"地理"频道，还有英国的Beyond 2000等都是制作精良的科技频道，并将其视为电视传媒发展的新趋势、新标志，已成为国内外电视业内人士的共识。

5. 人物类

以人物事迹为主要内容，反映人物精神面貌、性格特征和思想品格的节目。中国电视社教节目评奖在1991年度开始增设了人物类奖项，当年获得社教人物类奖的节目有《军中铁汉》（中央电视台）、《扬州第九怪》等。近几年社教节目的评奖项目虽没有人物类，但自1998年开始设立的短片与长片奖项目，实际上都是人物类的长、短片。如 2004 年获得优秀纪录片奖的《嵩山丰碑》（河南电视台），反映了人民的女警察任长霞的先进事迹。同年获优秀系列专题奖的《学者》（50 集，山东电视台），记录了一批中国近代知名学者和历史上有特殊贡献的人群。

二、按受众对象（传播对象属性）分类

当代电视乘电子传播技术发展之风，正迅速产生裂变，电视节目传播渠道资源短缺的状况基本消失，人们坐在家中可以选看 100 套左右的电视节目。电视频道的增多和双向沟通的可能使受众可以在中国 3 600 多个电视频道中任意自由选择。传媒的媒介环境发生了巨大的变化，对传媒本身也带来了极大的冲击和影响：收视份额被瓜分，市场"蛋糕"在减少。虽说"多频道"、"多媒体"传播是其中的一个原由，但电视传媒对受众层次细分的忽视、媒介传播方式的固守，不能不说是一个重要因素。随着业内人士和理论研究工作者的调查分析，将受众细分化的传播方式逐步提出并普遍给予重视，应该说是一剂富有效应的"良方"。因此，随着频道的增多和受众的细分化，我国电视以综合频道播出为主的栏目制作现象正在逐渐淡出，代之而起的是对栏目受众对象定位更进一步的区分，对象型节目的传播正在形成栏目编辑的共识。

我们知道，对象型节目是指向特定对象播出，并侧重表现特定范畴或兼而有之的专题节目的形态，它与电视栏目类型的划分标准一致，一般根据观众的职业、年龄及其他方面的特点分别设置。

按职业对象分类，可分为工人节目，如《当代工人》（中央电视台）；农民节目，如《乡约》（中央电视台）、《乡村发现》（湖南电视台）；军人节目，如《和平年代》（中央电视台）等。

按年龄对象分类，可分为老年节目、青年节目和少儿节目，如中央电视台的《夕阳红》、《十二演播室》、《第二起跑线》和《七巧板》等。

按性别对象分类，突出表现为妇女节目，如中央电视台的《半边天》，湖南长沙电视台女性频道的《21 世纪我们做女人》等。

按地域对象分类，有港澳台胞节目和对外节目，如中央电视台的《天涯共此时》和《海峡两岸》等。

按其他对象分类，是按特定对象的生活习性、各人爱好等特殊需要划分的受众类别，如根据民族对象而设的少数民族节目，根据人种对象而设立的黑人专栏节目，还有以残疾人为服务对象的残疾人节目等。

三、按节目样式（传播形态属性）分类

电视社教节目是最具综合性、最能反映电视的现代性特征的节目类型。电视节目的各种体裁样式、制作方式、传播方式都可为电视社教栏目所用。因此，社教节目也是最能体现电视媒介特性的节目类型。其主要类型有：

纪录片型节目——电视社教栏目最基本的制作样式。电视纪录片本是报道类节目中的主要节目样式，但它适用于任何一种形态，既是新闻类节目也是社教类节目制作最基本的体裁样式。除了为专门播放纪录片而设置的栏目外，在社教类其他体裁的栏目中也大量运用，并取得了良好的传播效果。前者如中央电视台的《见证》栏目，后者如《第一线》。中央电视台科教频道的《探索·发现》，也是采用纪录片的基本形态，以人文发现的眼光和科学探索的态度，讲述中国的历史、地理、文化故事，探究自然之谜、历史之谜、生命之谜，并同时介绍中国博大精深的文化遗产。

谈话型节目——电视社教栏目最经济的制作方式。电视谈话节目是从美国广播谈话发展而来，到20世纪80年代成为非常流行的电视节目形式。在我国，从20世纪90年代末期才在全国电视界流行起来，并成为社教栏目的主要型态。2003年我国广播电视奖首设十佳栏目奖，在当年获奖的10个优秀栏目中，就有9个是谈话栏目（另一个是杂志型栏目），包括：中央电视台的《对话》、《实话实说》、《相约夕阳红》，重庆电视台的《龙门阵》、安徽电视台的《记者档案》、河北电视台的《真情旋律》、北京电视台的《真情互动》、湖北电视台的《往事》、黑龙江电视台的《当事者说》。谈话型节目最常用的有两种基本形态，一是"脱口秀"式，按话题、嘉宾、现场观众和主持人因素而建构，像我国著名的谈话栏目《实话实说》（中央电视台）、《往事》（湖北电视台），就是典型的"脱口秀"式谈话节目。二是访谈式谈话节目，形式上只有主持人与嘉宾访问、谈话展开叙述，表现一定的主题，如《记者档案》。节目构成形式，除了以谈话为主题，还兼容了纪录片、新闻节目形式，如中央电视台和凤凰卫视中文台在2002年初同时分别播出的《极地跨越》和《极地之旅》，就是采用演播室谈话与极地现场纪实相结合的编排方式。

杂志型节目——最常用的栏目编排形式。杂志式编排方式，是在一个统一名称的栏目之下，由几个相对独立的节目单元组合而成。"杂志型节目"自美国NBC公司西尔维斯特·韦沃（Sylvester Weaver）在20世纪50年代提出以来，虽然也在娱乐类和新闻类节目编排中采用，并产生了一定的影响，如美国CBS的《60分钟》，但大量采用这种形式的还是社教类节目。尤其是在20世纪90年代末期的全国电视栏目改版潮中，几乎所有的社教栏目都采用"杂志式"编排方

式。这种方式的优点是每期节目可以容纳更多的内容，适应了广大观众的不同要求，并且在形式上采取多样组合，满足了受众求新求异的心理。但在实施过程中，有的栏目过于追求"丰富性"而将每个社教栏目内的子栏目设置多达 10 个左右，每周 7 天播出几乎都是轮流置换子栏目。从表面上看，每天栏目都有新的面貌，但在浩如烟海的电视栏目中，谁还能记得住这个栏目的定位特征呢？失去个性的庞杂栏目是很难吸引住稳定的收视群体的，这种乱用"杂志型"节目样式给人以"杂乱"、"肤浅"之感。目前，屏幕上出现的栏目专题化倾向，似对"杂志型"的一种过正矫枉。不过，杂志型节目仍然是社教类栏目创作的一个重要形态，对杂志型节目操作中的部分失误并不影响杂志型节目形态本身的优势。

以上从三个方面对电视社教栏目进行了分类，均尽量按"同一律"原则，对同一类节目作了具有合理的"可比性"安排。但由于社教类节目涉及的内容十分广泛，表现手法多种多样，三种类型相互交叉、相互渗透的现象比较突出，尤其是当代作为具有典型后现代特征的电视，其"拼凑"手法的流行，有时更难以对社教栏目给予非常明晰的划分。如在对象属性类，按职业性质划分的各类栏目，实际上绝不可能脱离老、中、青、少和男、女职业的属性交叉。在样式属性中，交叉现象更为普遍，亦如前例。诚然，任何分类都不可能做到十全十美，尤其是处在迅速融合发展中的电视社教节目，交叉、渗透现象将会一直存在。但这并不妨碍我们尽可能地通过科学划分，对社教栏目有一个清晰的认识。只要把握住社教栏目的本质特征，在实践中就较容易把握住它们的规律。下面，我们将对公共型（与传播内容属性分类一致）和对象型社教栏目的创作进行一些剖析。

第三节　公共型社教栏目的创作

公共型栏目是相对于对象型栏目而言的，它是指面向广大电视观众播出的栏目类专题节目，对应于按节目题材分类的社教栏目。"公共型节目无特定对象，面向全社会，其选题也应选择电视观众普遍关心的题材，栏目类中的多数节目属于此种类型的节目形态。"①

一、社政类节目创作

社政类节目一般是反映社会生活领域所发生的一些较为重大或有一定典型意义的事件和现象。尤其是社政类中的法制节目，由于涉及了个人、家庭、社会团体的行为、伦理与法制等，通常成为人们的热门话题和关注的焦点，容易在社会

---

①　杨伟光主编：《中国电视专题节目界定》，北京：东方出版社 1996 年版，第 28 页。

上引起较大反响，因此，这类节目在全国电视媒体迅速发展，已形成了一种独立的报道形态，被称为"电视法制节目"。

电视法制节目，是"以电视为载体，借助电视的制作和表现手段，以宣传法律为主题，以法制与社会生活方面的密切联系为切入点的各种节目形态"①，也是社政类节目中最为活跃、报道最为频繁、最有"观众缘"的一类节目。下面主要以电视法制节目作为社政类节目的典范创作，对之进行较为深入的解析。

我国的电视法制节目，创始于"二五"普法时期，至今已有十余年的历史。今天的法制节目比任何时期都要繁荣兴盛，这固然有法制新闻本身所蕴含的永远值得传媒追寻的趣味性价值因素，但更为重要的现实动因还在于随着法制的建树，人们对法制问题的关切度和对法律知识的需求度也在不断提高。正如中央电视台《今日说法》等栏目的原总监尹力所说："不是我们做得有多好，其实是观众真需要。"现在全国所有省级以上电视台均开办有法制栏目，不少省市电视台还陆续推出了多个固定法制栏目，如上海电视台的《案件聚焦》、山东电视台的《金剑之光》、黑龙江电视台的《走进千万家》、江苏电视台的《人与法》等。另外，全国还有一些省市电视台陆续推出了2~3个固定法制栏目，1999年长沙电视台还推出了全国第一个政法频道。目前又有黑龙江电视台、河南电视台等台也办起了法制专业频道。中央电视台的"社会与法"频道（2004年12月28日开播），秉承"公民、公正、公益"的核心理念，致力于制作好看、有用和高品质的电视节目，受到广大观众的喜爱。2006年下半年全国观众满意度调查显示，该频道观众满意度和期待度在全国上星频道中名列第3位，观众规模居第4位。

在法制栏目、专业频道数量增多的同时，节目质量也在提高，中央电视台的《社会经纬》第103期《吴越打官司的故事》获1998年度中国广播电视新闻奖电视社教栏目一等奖，黑龙江电视台制作的《为了农民的权利》获1998年中国广播电视新闻奖电视社教长片节目一等奖；中央电视台的《今日说法》（1999年6月19日）获1999年中国广播电视新闻奖电视社教栏目一等奖。

电视法制栏目的收视率也在不断攀升，栏目影响力日益扩大。

1. 栏目定位

任何栏目要办出特色，都要有明确的定位。法制节目如何定位？原中央电视台副台长李东生说："电视法制节目重在'普'、根在'法'、淡于'奇'、贵在'引'。"② 在具体节目的制作中要始终遵循"普及法律知识，提高法律意识，弘扬道德风尚，宣扬精神文明"的宗旨，将其相互关系融入节目制作之中，充分

---

① 李东生主编：《电视专题文集》，北京：北京出版社1998年版，第386页。

② 李东生主编：《电视专题文集》，北京：北京出版社1998年版，第372页。

表现法制节目的特征。

我国电视法制节目的产生，以上海东方电视台 1985 年创办的《法律与道德》栏目为标志，初期承担了"普法"的功能，因此，以"说教式"节目居多。到 20 世纪 90 年代后期，以中央电视台《今日说法》栏目（1999 年 1 月 2 日开播）为代表，标志着"谈话说法"节目的异军突起。该栏目在开播后的短短两个多月时间里收视率就逐渐上升到 CCTV 排行榜的第 7 位。栏目总制片人王新中认为，这个栏目受欢迎的主要原因是具有实用性，为老百姓提供实实在在的法律帮助。而这种实用性是通过准确的节目定位和独特的节目形态实现的。记者采访＋百姓故事＋法律专家权威点评，这种形态的最佳组合，凸显了普法特点——"举案说法"，从而受到了观众的欢迎。

近年来，以北京电视台的《法制进行时》（1999 年 12 月 27 日开播）、中央电视台的《法治在线》（2003 年 5 月 1 日开播）为标志，强调将新闻及时性、现场性的特点引入法制节目创作，取得了很好的效果。

2. 栏目选题

题好一半功，这是被许多文本作者验证过了的。一期电视节目的成功与否，与选题有很大关系，纵观许多名栏目、优秀节目的成功，无一不是对选题重视的结果。中央电视台的《焦点访谈》栏目在这方面作出了有益的探索，该栏目除了正确制定选题原则外，还专门建立了"三会一报"制度，即每周一次例会，通报上级有关宣传工作精神和各方面情况，明确最近哪些题目不能做，哪些题目必须做；每周一次报题会，确定下一周各栏目的节目选题；每周一次制片人碰头会，总结上周节目采制及各方面反映情况。"一报"，即选题报批把关制度，经过三道关口，最后才确定选题，从而保证了选题的准确性和成功率，这对法制节目的选题方式有一定借鉴意义。

法制节目的选题，有其特殊性。根据以往成功的经验，衡量法制节目的选题标准，一般要做到"三贴近"、"两依托"，就是要贴近生活、贴近观众、贴近时代，依托已经审理或正在审理的形形色色的案件作为报道的线索。在具体运作上，要从实际出发，走出法制节目报道"重刑事、轻民事"的误区，将选题重点转向对违法事件的报道。那些游离于传统道德与现代法律及民族陋习之间的话题，也是观众非常感兴趣的选题，如《社会经纬——父子争房纠纷案》。

法制节目的选题，要以新闻敏感去发现问题，戴上法律的眼镜去看世界，就会有取之不尽的题材源泉。在采访过程中注意寻找观众关心、注意的焦点，抓取鲜活的生活事件中的悬念，这样就会引起观众的共鸣和思考，引起人们对相关法律问题的兴趣，从而使每一个选题都能成为"法律就在我身边"的阐释。

3. 栏目结构

结构是一部作品的组织方式和内部构造。电视节目制作者根据对生活的认识，按照事物的发展逻辑和表现主题的需要，运用各种表现手法将一系列生活材料、人物、事件等分别轻重主次，合理而均匀地加以安排和组织，使其既符合生活的规律，又适合节目体裁的要求。合乎逻辑的结构是法制节目制作的基本要求，是能否实现最佳传播效果的关键。否则即使再好的栏目定位和选题，也会因为节目制作思路的混乱，让人不知所云。

中国电视法制节目委员会理事长尹力先生曾在一篇文章中说，衡量法制节目的结构标准是看其如何运用悬念。这实际上是涉及结构的一种方法。他认为法制题材的节目常常都涉及人物的命运和事件的发展变化。如果能充分利用这两点，稍加结构，就能引起观众的关注。

法制节目的结构，一般由三个方面组成：

（1）社会背景展示：栏目首先要交待好案例的社会背景，包括社会影响度、百姓关注度和案例相关的政策法规。

如《吴越打官司的故事》开头交待背景：最近以来，一些文章的作者，或是刊登文章的媒体因为侵犯名誉权而被推上被告席，有甲A足球裁判陆俊诉《羊城体育报》因披露涉嫌"黑哨"事件的侵权案，有歌星解晓东诉《科技时报》社侵害名誉权案，还有马俊仁就《马家军调查》一书欲将作者推上被告席等。结论认为，近两年来新闻报道引发的名誉权官司，再次成为人们关注的焦点，这就是该节目的社会背景。

（2）主题故事叙述：要努力做到展示矛盾、抓住细节、制造悬念、讲好故事。特别是要注意运用悬念，即在案件审理的每一个要害处，人物命运的每一个转折点，埋下伏笔，留下想象空间，从而抓住观众的解谜、求知心理。在《吴越打官司的故事》中，作家吴越因出版社出版其改写的《海上花列传》一书，不但几年来未得到稿费，反而被出版社以名誉侵权将作者推上被告席，官司谁输谁赢？一直牵动着观众的心。而对被告作家吴越来说，事关重要的关键证据是否能取出？这一个接一个的悬念，把故事戏剧性地层层展开。

（3）专家分析评述：专家的评述，因其权威性，可以帮助当事人和观众从法律的角度去明辨是非，了解并掌握相关的法理。同时，由于专家讲评往往是从案例入手，容易谈得具体、生动，对相关的法律问题也能够从感性上升华到理性的认识，使观众易于接受和理解。在《吴越打官司的故事》节目中，主持人邀请专家就吴越败诉的行为作评析，给观众以启示：维权的手段必须合法。

4. 栏目形式

自1994年4月中国广播电视学会法制节目委员会成立后，我国的电视法制节目步入了一个较快的发展时期。据称，全国已有150余家电视台开办了电视法制节目（栏目），其中有近 20 家电视台还开辟了第二个法制专栏。① 各电视台法制节目制作方法尽管有所不同，但总体看起来，不外乎以下三种形式。

（1）专题式

本章前面已论述过，纪录片或专题片是社教节目的基本样式，我国初期的电视栏目多为专题报道式。电视栏目在经历了"杂志式"的喧哗后，现在似乎又有点向专题方向转化的趋向。这种专题式的节目往往关注普通人的生活命运、当事人的心理状态以及在当代社会大背景下，追踪案件的发生、庭审等过程进行叙事，充分展示了司法程序，表现了当事人起伏跌宕的心理变化。如中央电视台原《社会经纬》栏目中的《吴越打官司的故事》、《父子争房纠纷案》等，都是以纪录片的拍摄方式，追踪报道了"打官司"的故事。

电视法制节目题材往往充满了矛盾冲突、悬念和错综复杂的变化，如果能运用纪实手法对这些案例作真实的纪录，可以增强法制节目的可视性、可信性和说服力。因此，在专题式的法制栏目中，往往以庭审为依托，以调查报道为手段，聚焦案件情节，穿插对人物的纪实、交谈，"形成故事性、知识性、人物命运、生存状态并行的具有厚重感的栏目"。

在 2004 年度中国广播电视奖评选中，获得优秀电视专题节目的《法制进行时·惊心动魄 22 小时》（北京电视台），就是采用全程纪实拍摄方式，专题报道了 22 小时解救吴若甫的全过程：2004 年 2 月 3 日凌晨，吴若甫在北京朝阳区三里屯酒吧街遭遇绑架，犯罪嫌疑人向其家属索要 200 万元赎金，并扬言自己身上带着手雷，谁抓他们就和谁同归于尽。案发后，北京电视台《法制进行时》女主持人徐滔带领节目摄制组冒着生命危险随警拍摄。当侦察员按住怀揣手雷的犯罪嫌疑人时，当特警全副武装冲进关押人质的房间时，摄制组紧随其后，记录下了一个又一个惊心动魄、震撼人心的场面。

（2）"说法"式

"说法"式，是对电视访谈节目样式的延伸或移植。这种形式的节目是以访问、谈话的形式展开叙述视角、表现鲜明主题的。在实际运作中，节目往往采用演播室和外景案件（事件）的穿插展示与点评形式相结合。或者是在节目的形式构成中，以访谈为主，兼容纪录片、新闻节目、模拟表演等样式，使节目形式表现丰富多样，防止了枯燥的侃谈。

中央电视台的《今日说法》是这种"举案说法"的典型栏目。该栏目在 1999 年 1 月 2 日开播时就标明"重在普法、监督执法、促进立法"，并通过新闻介入、大家参与、专家评说的方式进行，给老百姓一个"说法"。

---

① 《电视研究》1999 年法制节目专刊。

这类节目的话题，一般选自和老百姓生活贴近而又在人们心目中有误解或误区的小事件，而且这一事件在老百姓中可能有两种以上的观点，如"离婚了，财产该如何分割"等，选题涉及赡养与抚养、家庭暴力、婚姻纠纷、邻里矛盾、交通事故、青少年犯罪、诈骗、名誉权、著作权纠纷等。这些或在我们身边，或离我们并不遥远的已经发生过的，或正在发生着的事情，我们都要给个说法。有的案例看上去似乎很小很平淡，缺少悬念和冲击，但都明晰地体现着一种公平、一种秩序、一种理性、一种法制精神的张扬。由于大多数民事中的话题在观众中可能会有不同的理解，这种认识矛盾的本身就是"说法"节目成功的一个因数。

（3）庭审式

2001 年 4 月 21 日上午，轰动全国的张君、李泽军特大系列抢劫杀人案在重庆、常德两地开庭审判，中央电视台对这一事件作了庭审"特别节目"的直播报道。据中央电视台调查，这一节目的收视率达到 6.41%，观众 7 013 万人，占有率为 6.27%，在白天时间段（特别是上午）电视节目能达到这样的收视率应当说是比较可观的。这从另一方面也说明了庭审节目是非常受欢迎的。

所谓庭审节目，是以法庭审判过程为结构依据的节目形式，包括庭审直播和庭审录播两种，以往我们经常在电影或电视剧中看到法庭上控辩双方的激烈交锋，往往被那些精辟入里的辩词、敏捷严密的思维所折服，观众似乎在看一场精彩的辩论赛，不时从庭审的千变万化情节和能言善辩的艺术中获得一种审美满足。实际上，在庭审直播的当初，也的确给观众带来一些新奇与兴奋，但随之而来的却是庭审中繁琐的程序、冗长的陈述以及纠缠不清的细节，让观众乏味至极。认真分析庭审直播中的现状问题，以引起电视法制节目制作人的注意，是改进庭审直播节目的必要前提。

从近几年关于法制节目的理论研讨中可以看出，庭审直播节目主要存在下列问题及其原因：

庭审模式问题

大多数业内人士认为，我国的庭审模式与英美"对抗制"模式不同，是属法官主导型。律师和检察官不能随便走动，也不能随便施展自己的辩论魅力，只能是被动地回答法官的提问，程序显得沉闷乏味。特别是庭审节目"对于那些没有利害关系的人们来说，看庭审过程简直是受罪"。为此，有人提出"录播"的良策。就是把冗长的法庭陈述过程删去，经过精心编辑，将庭审辩论的话锋接到一起，使之更激烈。但是司法的程序又受到伤害，很难体现司法的公正。

案件选择问题

庭审直播节目，事先必须征得法院的同意，使电视台的想法尽量获得法院的支持。但往往在案件的选取上，双方意见可能不一致。电视台希望选取具有轰动效应、案情曲折复杂、内幕层出不穷的案件。而法院则愿意直播那些便于操作，便于向公众交待，不会影响自身形象的小人物、小事件的案件，这当然不会引起观众的兴趣。

庭审栏目化问题

电视栏目的长度和播出时间一般是固定的，但是庭审时间却不可控制。况且，每周一期的栏目播出时，不一定有所需的庭审案件直播，这对栏目化的庭审节目制作来说，是一个很大的挑战，弄不好甚至"无米下锅"。有人甚至对庭审直播本身提出质疑，其论据是，包括美国在内的许多国家，通常都禁止对庭审现场进行摄影、直播或做了许多限制。

曹瑞林在《关于庭审直播的若干思考》中提出，美国，除极少数州以外，已从1981年开始准许摄影、摄像进入法庭。事实上，在1994年至1995年，洛杉矶法庭电视台和其他电视台已经实况转播了辛普森谋杀案的审理。在日本、法国，也是允许对公审庭的活动进行摄像或直播的。①

为避免我国庭审直播过程的冗长和"庭审"过程的枯燥，中央电视台在《张君、李泽军特大系列抢劫杀人案庭审特别节目》中，采用了庭审直播+演播室访谈+专题片的形式，较好地解决了上述问题，对改进庭审直播有一定启示和借鉴作用。如在"特别节目"中邀请了刑法专家、刑侦专家和案件有关人员，配合直播作了一些深入的分析，讲述了庭审幕后一些不为人知的故事，调节了整个直播的气氛，特别是穿插播出的相关专题片《张君、李泽军犯罪团伙覆灭记》和《常德庭审纪实》，对观众有很大的吸引力。

关于庭审直播节目，有人还提出了"庭审直播干扰庭审"的疑虑，容易导致庭审人员的"做秀欲"，甚至妨碍庭审过程的庄严与严谨，进而影响案件的公正审理。事实上，恰恰相反，庭审直播能将庭审过程公之于众，使庭审活动在监督之下，更加庄重与严谨。实况转播，无非是扩大了公审听众的范围，只要是全面的报道，并不会影响法官独立审判。关键是要在直播过程中把握分寸，将人们所担心的负面影响减至最低程度。

二、经济类节目创作

经济类节目是专门报道经济问题的节目。从概念上说，经济节目不同于财经节目，后者是以金融的视角为出发点，以泛金融领域为报道题材，包括财税、金融、证券等方面的内容。经济节目除上述领域外，还应包括工业、农业、交通、基建、市场、贸易等方面经济生活的报道。

---

① 《中华新闻报》2000年6月5日第3版。

经济节目是随着经济的不断繁荣而逐步发展起来的。在我国，则是国家的工作重心转移到以经济建设为中心上来以后，电视经济节目才作为一种独立的节目形态提出来，逐步受到全国电视界的重视。中央电视台在 1984 年率先组建了经济部，并于 1985 年 1 月 1 日推出了全国第一个经济节目《经济生活》。此后，全国各省、市电视台相继成立了专门制作经济节目的部门，甚至成立了相对独立的经济电视台。由于经济电视台具有相对活跃的管理体制，因此，在节目制播、社会影响、经济收入等方面，有的经视台甚至达到和超过省级台的水平及状况。近年来，随着广播影视集团的建立和频道专业化的实行，一些省、市电视台合并后，还对电视频道进行了专业化的调整与设立，纷纷设置了经济频道，或以经济为主的经济、生活频道。

"经济节目的对象是全民性的，它通过对国内外各种经济问题的报道，阐释我国经济政策，分析多种经济现象，普及各种经济知识，提供各类经济信息。经济节目对更新我国国民的现代化经济意识，真正把经济建设作为中心工作，起到了积极的舆论引导作用。"[①] 但在实践中，有人对经济节目的社教功能认识仍然不很明确，因此，需要对此作进一步分析。

1. 经济栏目的社教属性透析

传统观念认为，社教节目是指教、科、文、卫、法制、民族等社会知识、社会服务类节目，也就是能通过栏目弘扬民族优秀文化，使人增长见识、开阔眼界、陶冶情操、提高道德观念和思想素质要求的电视节目。而对经济节目的社教属性，却很少提及。实际上，经济节目的社教作用是显而易见的，尤其是在经济专题节目中更为突出。

1991 年度全国优秀电视社教节目评选，首次列入"经济类"节目，当年获得一等奖的是广东电视台的《物价——改革的突破口》和甘肃电视台的《一条增值的通道》，均为专题节目。再从 1998 年至 2002 年全国电视社教节目的评选情况看，获经济类节目一等奖的也都是以专题节目面目出现的，如 1998 年度广州电视台的《成品油走私大追踪》，1999 年度中央电视台的《为了绿色家园——1999 世界环境日特别报道》和《1999〈财富〉全球论坛上海特别报道》，2000 年度大连电视台的《大连思路》和山东电视台的《透视冷热"圣人游"》，2001 年湖南电视台的《麦德龙"透明发票"带来的启示》、中央电视台《蜀道难》和广东蛇口电视台《面对"巨人"——"人人乐"的故事》，2002 年中央电视台《小康中国》、北京电视台《创业进行时》等。

社教类经济节目大多运用专题节目形态制作播出是毋庸置疑的。问题在于这

---

① 杨伟光主编：《中国电视专题节目界定》，北京：东方出版社 1996 年版，第 29 页。

种观念的强化，影响了人们对部分经济类栏目的社教属性认识与运作，以至在实践中将经济类栏目全部划归新闻信息类，而弱化了部分经济栏目的社教功能。为了澄清模糊认识，有必要对经济栏目的类型先作一简明的分析。

按照传播功能划分，经济节目有新闻信息类、服务类和社教类。新闻信息类经济栏目，如1992年8月31日开播的《经济信息联播》（中央电视台），每期30分钟，以传播各类经济技术信息为主，汇集国内外最新消息，分宏观、财经、服务、国际、新产品五大类，每一类分别以小栏目形式出现。中央电视台2000年6月在经济生活服务频道全新推出的《中国房产报道》，也是以物业、城建、房产、地产为报道对象，面向消费者的信息节目。服务性经济类节目以中央电视台的《为您服务》为代表，该栏目以都市家庭为主要服务对象，在秉承细心周到、全心全意的同时，更贴近观众的需求，更关注市民身边细微的变化。在轻松幽默的50分钟时间里，观众通过栏目《家事新主张》、《生活培训站》、《法律帮助热线》、《旅游风向标》的导引，紧紧把握时尚的脉搏，精心体味高品质的生活。社教类经济栏目以中央电视台的《经济半小时》为代表，节目以社会经济热点事件的持续追踪与经济个案的独家调查为栏目的主体形态，在追踪调查中又以具体事件为载体，展示事件的过程和前因后果，揭示事件背后的真相，给人以较强的震撼力和教益，其社教功能是显而易见的。

按照传播形态划分，经济类节目又分为杂志型栏目和专题型栏目。前者如中央电视台的《中国财经报道》、《世界经济报道》等栏目，后者如《地球报告》栏目，其节目内容是以荣获美国艾美奖等国际大奖的优秀纪录片展播为主。专题型栏目类似于纪录片型，每期以一部专题片为主干，对有关经济节目作深度报道。

事实上，电视作为一门综合性很强的媒介，在栏目属性的判别上，又是很难将新闻性、文艺性、服务性和社教性的界限划分得像楚河汉界那样一清二楚。各种属性的经济节目互相渗透，你中有我，我中有你，栏目与栏目之间交叉的情况大量存在，比如，经济信息类节目《中国房产报道》就具有很强的服务性，其宗旨就包含有"传播现代物业知识和理念，带动消费市场，沟通并引导房地产消费市场的需求"等服务性功能。再如，服务类经济节目《为您服务》，定位于家庭指南类，其本身就包含有衣、食、住、行、财等方面的服务信息。而《经济半小时》，既有"年广久：商场没有父子兵"之类的矛盾冲突和真相调查，又有以"最快的时间传递最前沿的经济信息"，在节目形态上，有时是杂志型，有时又采用专题报道式，总之，只要做得"好看"，难免综合利用，颇有点"后现代电视"的特征。

在确定一个栏目的属性时，应当按统一的标准划分。目前，我国电视栏目基本上是按功能划分类别，在西方也大体如此。但在 2000 年中国广播电视新闻奖电视社教节目评选中，荣获经济类节目一等奖排名第一的则是中央电视台的《开心辞典》，这有点令人费解，不知评委出于什么考虑作如此安排，或许是因为本期《开心辞典》竞答内容是以经济知识题为主体。但《开心辞典》栏目本身的定位和观众的收视认同，都将之认定为"一个集趣味、知识、紧张、惊险、幽默于一身的益智游戏节目；一个真正牵动亿万个家庭，通过层层选拔奋力攀登光辉顶点的全民互动节目；一个引进国外先进电视形态、由高科技网络、声讯手段支持的游戏节目"。作为中国电视社教节目最高级别的政府奖项与节目制作者和受众对栏目认识的差距之大，可见对经济类节目属性的界定难度以及对这类问题的深入探讨显得多么必要。

2. 经济栏目的经典案例分析

随着经济全球化时代的到来和我国经济改革开放的深入发展，与人们生活息息相关的经济领域将受到世界经济的挑战与冲击，日益变化的经济生活将越来越受到人们的关注。作为当代最具影响力的电视媒体必将因受众注意力中心的转移，而将媒体报道的中心移向泛经济领域。经济频道的设置也成为各大媒体实施频道专业化的共识，经济栏目的开办不再作为媒体的点缀，而成为媒体竞争的重心，湖南电广传媒当初用 8 600 万元巨资打造《财富中国》一档栏目就是明证。经济节目在所有电视节目中的比例也有较大的上升。在这一系列变化的电视经济现象之中，值得关注的是中央电视台的《经济半小时》，通过对这一栏目的追踪分析，可以看出我国电视经济节目的发展变化历程及走向。

《经济半小时》是在 1989 年 12 月 18 日，在原《综合经济信息》改版的基础上新开办的电视经济栏目。《综合经济信息》于 1987 年 2 月 1 日推出，通过中央电视台第二套节目向全国播放。该栏目每天的节目内容除了一般的新闻消息外，每天还分别安排了《经济纵横》（周一）、《经济博览》（周二）、《世界经济窗口》（周三）、《科技与效益》（周四）、《企业家园地》（周五）、《信息发布会》（周六）、《消费者之友》（周日）。另外还有《周末热门话题》、《外汇牌价》、《广告》等板块。这种栏目设置与编制方式，后来被许多电视媒体仿效，其初衷是想使栏目内容更为丰富，但实际效果并不理想，隔周一次的子栏目既不利于形成社会影响，又给观众定期收看的稳定性带来一些障碍。但子栏目中的小专栏《周末热门话题》的成功，以及后来在《综合经济信息》栏目中所播出的6 集政论专题片《时代的大潮》在社会上获得的好评，都给后来《经济半小时》的全新改版提供了重要的启示和借鉴作用。尤其是小专栏《周末热门话题》，内容贴近百姓生活和现实，形式上较早运用了主持人面对面的谈话方式，既轻松又活泼，给观众留下了较深的印象。小专栏《消费者之友》也为日后社会影响较大的《中国质量万里行》和每年的保留节目《"3·15 国际维护消费者权益日"消费者之友晚会》创造了一些经验。

《经济半小时》栏目在开办之初，形式上并没有脱出《综合经济信息》的窠臼，依然是由小而全的众多子栏目构成，除每天都有的《经济信息》外，周一为《桥》，周二为《消费者之友》，周三、周日为《看市场》和《经济博览》，周四为《开眼界》和《世界经济窗口》，周五为《七十二行》，周六为《经济透视》，后来又增加了《祝您致富》、《警世钟》和《新书架》。值得注意的是，《经济半小时》在开播后不到 3 年的时间里所播出的大量专题节目，在社会上都引起了极大的反响，从而奠定了该栏目在社会上的地位。如《中国质量万里行》，受到了党中央和国务院领导人的高度赞扬与肯定。《"3.15 国际维护消费者权益日"消费者之友晚会》，已成为消费者每年 3 月 15 日的节目。《经济半小时》播出的 6 集专题片《商战》（1991 年），全面、客观地反映了中国商界深化经济体制改革，展开社会竞争的情况。它把当年郑州股份制集体企业亚细亚商场，与其他五大国营商场之间的明争暗斗、扑朔迷离的情景，真实而生动地展示给观众，受到了中央领导的好评。这部片子当年还获得了全国优秀电视节目评比一等奖。《经济半小时》栏目也在 1990 年度、1991 年度全国社教节目评比中两次获优秀栏目奖。

1992 年后，《经济半小时》推出了一系列重大题材的报道，为日后该栏目从经济信息报道向深度报道转换做出了有益的尝试。如：16 集大型系列节目《试点追踪》（1996 年），12 集系列片《世纪的呼唤——市场经济与职业道德》（1996 年），4 集系列片《温州人》（1997 年），10 集系列片《跨世纪的转变》（1997 年），5 集专题片《软着陆》（1997 年），12 集系列片《千秋万代话资源》（1997 年）等。

上述一系列经济节目的深度报道在社会上均引起了广泛的关注。事实也证明，只要更新观念，努力开拓经济节目的题材内涵，经济节目同样能办得让人爱看。

《经济半小时》自开办以来的成功探索，为日后的改版积累了丰富的经验。1996 年 7 月 1 日改版后的《经济半小时》，打破了原有的板块设置，每天作单一主题报道，从而达到凸显形象、提升栏目档次和提高节目质量的目的。改版后栏目又陆续推出了一批有分量的主题性系列报道，如上所述，集中体现了该栏目深度报道社会经济生活的宗旨。

作为频道专业化改革的重要步骤，中央电视台又于 2000 年 7 月，对第二套的经济生活服务节目进行了大规模调整，新增了一批适应社会、创意独特、制作手段先进的新型栏目，而《经济半小时》也成功地进行了改版。这次改版以新闻化为方向，以"追逐新闻、捕捉热点、揭示内幕、力求独到"为追求，以"质疑的精神、研究的态度"为宗旨，致力于做到给经济新闻更多的理解，给事实更多的背景。

2002 年 7 月《经济半小时》再次进行全面改版，提出了"创造当日需求"的口号，要求从每天纷繁复杂的新闻事件中，挑选出一至两条最重要的经济新闻，进行有学术、有评论、有多元观点的报道。"做透一条"成了《经济半小时》的新选择。

近 20 多年来，《经济半小时》从 20 世纪 80 年代的中原"商战"到 90 年代国企改革试点追踪、软着陆以及 90 年代末的财富对话，直至新世纪推出"CCTV 中国经济年度人物"，《经济半小时》一直走在中国市场经济改革与发展的最前沿——用经济的眼光关注社会热点，以更加贴近现实、关注民生、大众化的社会经济新闻拓展更为广泛的收视群体。

3. 经济栏目的发展方向探析

2001 年 12 月 28 日，上海文广新闻传媒集团在发行量极为可观的《环球时报》第 13 版做了一整版全新推出的包括财经频道在内的 11 个专业频道的广告。12 月 31 日，上海电视台财经频道又在《21 世纪财经报道》第 36 版，单独用更大的篇幅以醒目的"新版财经频道"黑体字推出了整版平面广告，配以简练有力的文字介绍，显示出咄咄逼人之势："财经世界，如同剑场，惟有具备敏锐、迅捷、精确、强悍、自信的专业素质，才能出剑完胜，笑傲天下。上海电视台财经频道，是中国实力最强的财经专业频道之一，内容涵盖经济、金融、贸易、证券投资等各个领域。专业、权威、亲民，新年频频出剑，《第一财经》、《近日股市》、《经济观察》、《财经开讲》……招招是好剑。财经世界，舍我其谁。"素有"第一媒体"之称的电视传媒，居然也在平面媒体上做起了经济节目的广告，这固然是一个进步，但另一方面也说明了在当今文化消费社会里受收视率支配的经济节目可能会存在一些危机。

中国电视经济节目从 1985 年 1 月第一个栏目《经济生活》开播以来，发展到今天的专业经济频道，对国家建设和人民经济生活的确发挥过不可忽视的作用，但面对信息化和娱乐化趋向的盛行，经济类节目似有被冷落之感。收视率的调查也难令人满意。据某大城市电视媒体对所属的专业频道的"观众满意度调查"显示，经济类节目在各项指标调查评估中均不理想。在栏目指数①、栏目关

---

① 栏目指数：指该栏目在所设定的六项指标中所得分数的平均值。栏目指数实际上是该栏目的满意度水准。

注度①、栏目忠诚度②前 15 名中，经济类节目均榜上无名，只是在综合分析的栏目知名度③前 15 名中，与另一档娱乐栏目并列置于最后。

　　上述排名结果虽是个别地区电视媒体的受众调查，却具有警示意义。以中央电视台为例，尽管第二套（经济生活服务频道）节目的覆盖率达 55.2%，仅次于中央电视台第一套节目，早在 1999 年的满意度调查中，中央电视台第二套的入户率也在九成以上，明显高于除中央电视台第一套之外的其他卫星频道。④ 但作为一种特例，如将以此产生对经济节目传播效果的盲目乐观，势必掩盖全国绝大多数地方电视媒体的危机状况。

　　经济节目传播效果不佳，与节目制作者的思维方式、制作方式、报道视角等不无关系。枯燥的"数字化"报道、"严肃"的经济"工作"报道、领导者的长篇大论、具体工作技术罗列等，使电视经济节目成了专为领导制作的工作情况汇报（其实领导也未必看了），致使经济节目远离观众、远离普通民众。

　　针对这些问题与原因，许多业界人士进行了研究与探讨，专家们也对此开出了一些良剂药方，认为经济报道类节目的核心应该是"人"。只要有了"人"，节目和观众就有了交流的对象感，人物在经济活动中的悲欢苦乐、矛盾冲突等，必然会引起观众收视的兴趣。长期以来，我们的电视经济节目中有关人的活动并不令人满意，有的见物不见人，有的见人不见物，把人的活动和经济建设人为地割裂开来。因此，在经济节目制作中，首先要确立起经济报道社会化观点、经济报道的主体是"人"的观点和经济报道要以小见大的观点。中央电视台第二套于 2000 年 7 月推出的全新栏目《对话》，在不到一年的时间就迅速引起了广大观众的注意，同时获得了可观的广告赞助，其原因就在于把《对话》栏目作为一个风云人物际会的舞台，一个智慧与思想碰撞的空间。它通过现场主持人与嘉宾的充分对话、交流，直逼新闻人物的真实思想和经历，展现他们的矛盾痛苦和成功喜乐，折射出经济社会的最新动向和潮流，同时，又充分展示了对话者的个人魅力及其鲜为人知的另一面，这应当是《对话》经济节目的成功之处。

---

　　① 栏目关注度：指观众在看电视时，心目中比较关心、倾向于收看的节目程度。

　　② 栏目忠诚度：指该节目在平时播出时能够锁定多大群体的观众程度，电视节目忠诚度是该节目收视率的最基本保障，忠诚度越高，收视率的水准越高。

　　③ 栏目知名度：指一个节目被观众记住、认识、了解到建立信赖关系，甚至崇拜的程度。程度越高，越有市场价值，也就是品牌效应。

　　④ 《关注经济、感受生活、强化服务——中央电视台第二套节目全面改版》，《中国电视报》2000 年 6 月 26 日第 1 版。

三、文化类节目创作

文化作为一种"外显"与"内隐"的行为模式构成,在人类生活中无处不在,似乎又捉摸不定。文化的内核是观念与价值,它是人类通过劳动、社会实践协调人与自然的关系和人与人的关系,是为满足人的需要、欲望、要求而创造出一定的生活方式的过程和物质与精神成果。广义的文化应是包括知识、信仰、艺术、道德、法律、习惯以及其他人类作为社会成员而获得的种种能力、习惯在内的一种复合整体。电视媒介在文化传播中发挥着重要的传承作用,同时,本身也作为大众文化的一部分,成为人们吸取知识、接受教育、文化娱乐的媒介对象。在当今这样一个信息时代,电视作为占统领地位的社会教育手段,其在文化普及中的作用是不能低估的。

电视文化本身是一个涵盖极为广泛的文化现象。从广义上说,几乎可以认为所有的电视节目都是电视文化的组成部分。从狭义上讲,电视文化节目是指那些专门报道、传播文化方面的现象和问题,并对之进行深入探讨的节目。本文是从狭义概念上来探讨电视文化节目创作的有关问题。

1. 文化专栏的演进

文化专栏节目是我国电视媒体开办最早的节目之一,从 1961 年的中央电视台正式开办《文化生活》栏目至今,已形成了电视文化节目的多样化格局。

《文化生活》栏目开办之初,并不像现在的栏目定位单一,而是包含内容广泛、形式多样的综合性栏目。初期文化生活栏目既有文化知识介绍,又有文化人物访谈,还有文学新书推介。有时,为了满足系统传播文化知识的需要,还开办了"戏曲知识"、"音乐知识"、"书法讲座"之类的系列节目。一个栏目几乎涵盖了当今综艺频道的所有节目类别。

受"文化大革命"的影响,文化类节目一度被中断达 10 年之久。1977 年 5 月 23 日,在纪念毛泽东同志《在延安文艺座谈会上的讲话》发表 35 周年之际,《文化生活》栏目恢复播出,成为文化节目复苏的标志。1981 年 5 月,中央电视台在昆明召开了第一次全国电视《文化生活》专题座谈会,29 个省市电视台的代表出席会议并进行了经验交流,这次会议首次明确了文化节目的基本特性是思想性、知识性、欣赏性三者的有机结合。会议的另一个收获是,通过研讨会,进一步开阔了思路,文化专栏节目题材得到进一步开拓,内容也进一步扩大,从文学艺术家的专访,到文学作品的赏析,影视剧的评价以及文化知识的竞赛活动等相继出现。一批较有影响的文化节目先后获得全国优秀专栏节目评选一等奖。

1992 年 9 月,随着电视杂志型节目样式的引进与借鉴,中央电视台《文化生活》栏目进行改版,栏目名称改为《文化园林》,节目制作打破了单一的专题片样式，代之而起的是若干小板块式的组合设置。主要的小板块有：评论性的《辣椒园》、介绍海外文化的《海风堂》、文化精品的《集粹楼》、获奖作品介绍的《金榜台》、文化人物介绍的《撷英殿》、文化赏析品味的《赏心篇》等。新颖的栏目样式、丰富的信息容量，加上融趣味与思辨于一体的表现方式，极大地吸引了观众的收视兴趣。此后出现并活跃在中央电视台屏幕上的《精品赏析》、《文化视点》等，都可以看出当年《文化生活》的踪迹。

到了 20 世纪 90 年代中期，电子技术的发展使电视频道资源获得了迅速的开发与广泛的利用，观众对电视节目有了较大的选择余地，受众分化趋向开始形成。为满足不同层次观众对文化知识的需求，文化节目的分流细化势在必行。1994 年 5 月，《文化园林》（原《文化生活》）撤销，美术栏目《书坛画苑》（1995 年）、读书栏目《读书生活》（1996 年）、评论栏目《文化视点》（1996年）等相继诞生。

"文化"的知识性、欣赏性成为文化专栏节目的主流。但随着观众需求的多样性发展，电视媒介也注意到文化节目新样式的开发。CCTV-9 于 2000 年 9 月推出了一档文化信息类的栏目《文化报道》。这个栏目每天汇集中国和世界的文化、艺术、教育、娱乐等领域的新闻和故事，及时呈现给观众。《文化报道》汲取国内外文化娱乐节目的精华，采用新闻与专题相结合，自采与编译共存的编排制作方法，调动一切手段宣传中国当代文化。

2. 文化专栏的分类

用系统论的方法研究文化问题时，将世界文化的结构分为三个层次：第一层次为最高层次的世界性系统，它的单位是文化圈，如东亚文化圈。第二层次是国际性系统，即在各大文化圈内的民族文化集团，如中国文化。第三层次是民族文化，它的单位是地区性文化，如汉、藏文化等。这是人们生活方式、观念形态等大文化角度的分层划类。电视文化的传播既是世界文化的延续与传承，也是通过具体内容的反映，在知识层面进行扩展。根据节目内容范畴，文化专栏可分为以下几种类型：

（1）文化风情类

这是以介绍、赞美某一地域、民族、地区独特的风土人情为主要内容的栏目。观众通过这类节目，增长了关于某一地域、民族的地理特征、历史发展、文化构成及风俗习惯知识。因此，这类节目既需要展示具有鲜明特色的地域风土人情，更重要的是展示各民族、地区的文化价值观。

中央电视台于 1978 年 9 月 30 日开办的《祖国各地》栏目，主要就是介绍我国的山川风光、名胜古迹、民族风情，以此传播地理、历史、文化知识。一批优秀节目就产生于此栏目，如《大连漫游》、《长白山四季》等。1991 年该栏目推出《当地一绝》系列节目，介绍各地特殊风情，如中国的桥、文物史话、名山、名川、名楼、名塔、名亭以及特殊城市的介绍。1995 年至 1997 年《祖国各地》不断改进，内容定位在"爱家乡、爱亲人"上，形式为杂志板块节目。1997 年后确立《城市年轮》、《旅游探奇》和《中国一绝》三个板块为一期节目。

2002 年 9 月 2 日，CCTV-4 创办了《走遍中国》栏目（每日播出）替代《祖国各地》。这是一档以弘扬中华民族优秀文化，展示现代中国改革发展为宗旨的大型电视文化栏目，不同于以往单纯的"祖国游"。《走遍中国》包含 3 个板块：《历史中国》用跨越时空的方法讲述传说典故、名人古迹的历史记忆；《魅力中国》用独具慧眼的视角展现风土民情、自然山水的人文魅力；《今日中国》则用引人入胜的故事表现经济发展、时代脉搏的活力变化。该栏目主创人员在深入中国每一座城市的时候，都试图探寻独具魅力的个性特征，精心为城市塑造"文化名片"，构筑"交往平台"，如《真假赤壁》中关于"三国"时期赤壁的话题从南北朝以来就众说纷纭，争论不休。在湖北省境内就出现了 5 个"赤壁"，分别是"汉阳赤壁"、"汉川赤壁"、"武昌赤壁"、"蒲圻赤壁"和"黄州赤壁"，那么，当年的曹操、孙权、刘备在长江的大战究竟发生在哪一个赤壁呢？节目将带领观众走进湖北。

如果说《祖国各地》这类栏目主要是介绍国内的地域风貌，那么，《环球》（中央电视台，1993 年 5 月开播）则是一个"看世界的窗口，跨文化交流的桥梁"重在展示国际优秀电视文化作品，介绍国外科技和社会发展的成果，内容涉及文化艺术、社会经济、科技发现、人文风情各个方面。栏目前身相继为《环球45′》、《′94 环球》、《′95 环球》直至《′99 环球》。栏目形态主要为杂志型，其子栏目有《越过大洋看世界》、《异域剪影》、《神奇的世界》、《人物》、《科技传真》、《电影魔术》和《金唱盘》等，同时还不定期地推出具有欣赏价值的系列专题节目，如《失落的文明》、《我们的宝贝》（2001 年）等。栏目改版后，对国际文化界热点问题和热点人物更加关注，对东西文化底蕴和内涵异同进行比较，对人类古代文明追寻和对人类文明起源的探讨等，都使观众较为直接、形象地了解到五彩缤纷、深奥莫测的神奇世界。文化风情类电视栏目，真正成了观众看世界的一个重要窗口。

（2）文化生活类

美国著名传播学者威尔伯·施拉姆曾说过："电视的出现让大众媒介占有我们醒着的时间的三分之一，不仅改变我们的闲暇时间的使用，也改变了对媒介的使用。"（1982 年）人们通过电视除了了解信息、娱乐游戏外，还需要电视提供高雅的艺术作品、高品位的文化生活，以得到心灵的慰藉和审美情操的熏陶。于是，一批以文化人生、作品赏析、艺术入门等为主题的文化生活栏目不断涌上屏幕，成为人们闲暇的精神大餐。

《读书时间》（中央电视台，1996 年 5 月 12 日开办）正是在这样的背景下，为顺应时代的要求而开办的具有一定文化品位的栏目。该栏目以引导人们多读书、读好书、提高读书兴趣为宗旨，力图使栏目成为加强精神文明建设、倡导高雅文化的窗口。栏目创办之初为板块式结构，其子栏目《新书信息》给读者推荐近期出版的有影响、有意义的好书；《百家书话》请作者和编译者来到演播室与主持人对话，就一部有影响的作品的时代背景、内容结构、写作技巧、社会影响及有争议的问题进行讨论，使观众增长见识，从中汲取精神营养；《书里书外》讲述有关书或与书有关的趣味故事，使观众陶冶性情，获得艺术享受。此后，该栏目在内容和形式上都做了改进，加大了深度和张力，注重了画面的生动。如节目《庄孔韶——"独行者"人类学随想丛书》，由书及人，谈出了人类学研究不同一般社会科学研究的特点，再由作者的人类学研究谈到人类学纪录片，真实地反映了作家的人类学研究生活。《读书时间》的"本期专访"是该栏目采用了近年来颇为流行的谈话节目形式，对著名作家嘉宾进行的深入访谈。如对著名女作家铁凝的专访，铁凝自 20 世纪 80 年代初发表成名作《哦，香雪》以来，就一直不断地用她的新作吸引着广大读者，其中篇小说《永远有多远》还获得了鲁迅文学奖。在演播室里，她娓娓道来，从中学时代的一篇作文谈起，向观众介绍了自己投入写作的整个历程。同时与主持人讨论了她的《玫瑰门》、《大浴女》、《永远有多远》等代表作以及由此引出的关于写作、关于文学等多种话题。非常遗憾的是，《读书时间》在中央电视台首次栏目末位淘汰中被撤销，这对高雅文化栏目的传播不能不说是一种悲哀。

文学的魅力是永恒的。尽管它受到了电子媒介的强有力的冲击，但文学的地位与影响是无法取代的，因此，电视试图与文学联姻、嫁接。在 20 世纪 90 年代初起，我国电视屏幕上开始兴起电视散文、电视诗歌、电视小说、电视报告文学的创作。电视诗歌散文的展播、赏析也大大丰富了人们的文化生活。《电视诗歌散文》（中央电视台 1998 年 2 月 1 日推出）栏目以清新淡雅的风格，满足较高文化层次的观众对电视文学的需求。该栏目分若干板块，以欣赏为主，介绍文学作品和作家为辅，使诗歌散文的主旨通过电视可看、可听、可想、可感、可悟，最大程度地满足观众对文学作品的多层面了解和对文学意境的想象。特别是那种文字优美、情感真实的抒情叙事诗歌散文，经过电视的声画处理，把热烈的情绪传达给观众，达到了情感上的共鸣和审美上的沟通。一位观众曾经写过一篇"关于电视散文的话"真实地表达了观众对这种节目形式的心声。

"都市的大厦建得越来越高了，马路上流浪的人越来越多了；外面越是车水马龙、人声鼎沸，我们越是孤单茫然，听不到自己心灵的声音。'失语'，失去的不是内心的话语，而是对话的人和话语存在的环境、氛围。

"这个时期，我们需要一种声音，一种静悄悄却发人深省的声音；我们需要一种关怀，一种灵魂被呵护被尊重的深层关怀；我们需要一种力量，一种可以触动心扉、唤醒爱的力量。电视诗歌散文给予我们的正是这样一种静悄悄的空间和悄然的关怀。

"诚然，电视诗歌散文的负载是有限的。它承载不了人作为独立个体与生俱来的孤独，承载不了对社会整体层面上的'世纪末的关怀'，但它可以是我们喧闹后的小憩，可以是我们盛宴席后一杯沁人心脾的香茗，可以带我们中的一部分人回到童年，回到初恋，回到美和爱，回到我们自己这几年来的一条林阴小径。沿着这条铺满花香的小径，流浪的心将找到自己的家。"①

电视诗歌散文里真有这样的魅力吗？我们不妨随手辑录一段《神女峰》，让您自己品味、体验一下：

> 在向你挥舞的各色花帕中，
> 是谁的手突然收回，
> 紧紧捂住自己的眼睛，
> 当人们四散离去，
> 谁 还站在船尾，
> 衣裙漫飞 如翻涌不息的云，
> 江涛 高一声 低一声，
> 美丽的梦留下美丽的忧伤，
> 人间天上 代代相传，
> 但是 心真能变成石头吗？
> 沿着江岸，
> 金光菊和女贞子的洪流，
> 正煽动新的背叛，
> 与其在崖上展览千年，
> 不如在爱人肩头痛哭一晚。

人类的文化蕴涵着灿烂的瑰宝，不仅净化着人们的心灵，也为电视文化的开掘提供了取之不尽的源泉。电视屏幕上有《岁月如歌》（中央电视台）的文学专题欣赏，也有《瞬间世界》的故事，还有《美术星空》的艺术知识。前者如

---

① 弯弯：《默默的关怀》，《中国电视报》1999年1月28日第18版。

《城市系列》、《乡情系列》、《诗词欣赏系列》，形成了高品位的全新电视文学节目。

（3）文化人物类

文化人物属于公众性人物，和一般人物相比具有更大的关注度，比如画家、作家、音乐家，特别是表演艺术家，由于在青少年中拥有一批"追星族"式的群体而尤其引人注目。对文化人物的报道，在电视发展初期的栏目中，就产生了一批较有影响的节目，从《雕刻家刘焕章》直至后来的《斯诺与中国》，以及用纪实手法表现郑小瑛普及音乐文化的《舞台下的指挥家》等。

近年来，表现文化艺术人物的栏目更呈上升之势。借助音乐家、歌唱家、影视明星本身的知名度，这些嘉宾被纷纷请进各栏目演播室内，一面畅谈艺术人生，一面做精彩的艺术表演，自然吸引了不少观众，这在当前屏幕以收视率为指挥棒的情况下，似乎成了各地电视台另外一种无法抗拒的选择趋向。如中央电视台的《艺术人生》，聚集了国内著名的歌手与艺术界人士到中央电视台演播室，回首人生，演示音乐，展示自我。《电影人物》（CCTV-6 于 2000 年创办）则是通过对名编剧、名导演、名演员的采访，来回忆他们个人的经历，回顾中国电影的发展，为今天的观众打开一扇通往电影历史的窗口。

从 2001 年 8 月起，在北京生活频道热播的《阳光文化》，把嘉宾扩大到世界名人的范围，并且除了艺术家外，还走访了各国政要、科学家、企业家以及杰出的华人。栏目以名人为中心，紧紧围绕名人这个主题，介绍名人的成长过程，呈现相关历史事件的资料背景，特别关注他们的性格特点和命运发展，以历史的深度和时代的广度，表现名人在波澜壮阔的历史背景下，其个人魅力对历史潮流的引领，形象地再现其叱咤风云的历史瞬间，更揭示出一些鲜为人知的"历史背后的历史"，以名人的故事抓住观众的心。

3. 文化专栏的定位

文化专栏节目作为社教栏目的一个类别，相较于新闻和娱乐节目而言，显得不那么火爆和轰动，这除了"社教"功能的本质区别外，与大部分文化栏目的雷同有关，尤其是缺乏从"大众"的角度对文化栏目作准确的定位。在这方面，《百家讲坛》既有过受观众冷遇的痛苦，也有受观众热捧的喜悦，对之深入分析，将对文化栏目定位有所启示。

《百家讲坛》是中央电视台科教频道于 2001 年 7 月 9 日正式开播的一档日播学术讲座栏目，时长 43 分钟。栏目开办几年来，从初期的险遭"末位淘汰"（2002 年，央视在市场大潮中开始在全台推出"栏目警示及末位淘汰"的考核机制），到如今不断引起轰动效应，成为科教频道的品牌节目，以致在 2006 年该频道第一季度栏目综合排名中名列榜首，是什么成就了《百家讲坛》，使之成为前后收视效果反差极大的一个栏目？按照该栏目制片人的话说，《百家讲坛》成功的关键，在于该栏目清晰、准确地定位，更加贴近受众、符合受众的需求。

该栏目对象目前定位于初中以上文化程度的大众，这来源于两个原因：一是来源于人口统计学的调查。据国家统计局2005年全国人口抽样调查显示，我国13亿人口中，大学以上占5.42%，高中12.59%，初中36.93%，小学30.44%。其中，初中文化程度的人口数量占比重最大。因此，该栏目的对象定位正是出于最广泛传播基础上的文化普及考虑，定位于初中文化起点的观众。二是来源于栏目初期不当定位的教训。栏目开播初期，主讲嘉宾以固有的讲座模式，像给博士生讲课一样作学术性发言，这样，只适用于"窄众"的收视需求。后经过摸索、调整，定位于"一座让专家通向大众的桥梁"，用通俗的演播方式、知名的专家学者和引人入胜的历史事件，成就了该栏目的品牌，也使传统文化中的精华迅速在民众中普及。

《百家讲坛》栏目内容定位：从初期人文科学、社会科学、自然科学的百科杂陈，到如今只定位于中国优秀的传统文化和历史，使栏目的"约会"意识增强，让有预约收视的观众产生了一种稳定度和到达率。简要回顾一下《百家讲坛》的发展历程，我们便可以看出该栏目是如何从初期的混沌状态发展成如今的清晰定位的。

《百家讲坛》在2001~2002年开办初期，内容选择有点曲高和寡，如"美与物理学"、"空间叙事艺术"等，深奥晦涩，普通老百姓被排斥在外。

2003年后开始渐变，内容选择从知识普及和兴趣入手选题，比较接近百姓生活了。

2004年，从历史题材中找故事，以悬念的方式吸引人。如阎崇年的《清十二帝疑案》创下当时10套节目0.57的最高收视率，这使该栏目受到很大启示：开始将栏目定位转向人文。

2005年，从大众熟知的文化、科学现象入手，挖掘悬念故事，并从百姓兴趣中寻找突破口，尝试用"系列"节目的方式，以便获得观众的持久关注率，这已接近如今的《百家讲坛》定位。

2006年，《百家讲坛》随着一批"学术明星"的出现而开始走红。如刘心武"揭密《红楼梦》"、易中天"品三国"等，在全国掀起一次次文化热潮，既提升了栏目的整体形象，也促进了观众对科教文化知识的渴求。从《百家讲坛》发展历程可以看出，文化专栏的准确定位正是一个栏目的生存基础。

四、科技类节目创作

科技类节目指传播科学知识，介绍科技成果类的专栏节目。综观世界电视传播发展趋势，包括美国、英国、德国、日本等国都非常重视科技节目的开发与建设。美国有以专门播放有关自然、科学、历史和冒险的纪录片为主的《发现》频道、《地理》频道，英国有《Beyond 2000》等，都是耗巨资以高成本打造的。这些节目制作精良，主题充满文化内涵，画面极具冲击力，音效也是世界一流的，其艺术魅力足以使人"惊叹"。因此，大力发展科技节目创作，并将其视为电视传播发展的新趋势、新标志，已成为国内外电视从业人员的共识。

1991 年，武汉电视台在全国电视台中率先成立了科技部，并于 1995 年 5 月创办了大型科普专栏节目《科技之光》，通过中国电视教育网向亚太地区传播。后又在 1996 年 9 月与中央电视台签订科技宣传合作协议，自此，《科技之光》栏目又通过中央电视台卫视频道向更广泛的范围传播。

"科教兴国"是我们国家的战略方针，要建设经济强国、建设现代化国家必然要发展科技，要赶上和超过世界先进发达国家，最重要的是要先提高国民的科技素质。教育为本，科技为先，科学技术是第一生产力，这些都是我们的基本国策。适应当代社会发展需要，传播科技文化知识，是电视媒体的重要职能。在世界经济日益"全球化"的背景下，发展科技节目，创建科技频道，加强与世界各国科技领域的交流与传播，具有深远的意义。

以中央电视台 2001 年 7 月 9 日正式开播的科学教育频道为代表，我国各省市电视台，在实行频道专业化的今天，大都已开办了科技（科教、科技生活）频道。在中央电视台科教频道中，共设置了 30 多个栏目，其中包括《探索·发现》、《绿色空间》、《走近科学》、《科技之光》等新办栏目。

《探索·发现》栏目（2001 年 7 月 9 日创办）旨在介绍我国的地理探索、历史发现及博物大观。栏目采用纪录片的基本形态，以人类发现的眼光和科学探索的态度，探索隐秘的历史事件、神奇的地理故事，发现自然与人文景观中蕴含的规律与文化内涵。《探索·发现》的题材分为两大类，即自然地理和人文历史之谜。自然地理之谜，着重展示地质地貌、水文气候等自然现象和奇异景观等。如《寿山石》的探索，过去在民间曾有"一两田黄三两金"的传说，讲的是以（福建）田黄石为首的寿山石曾经是清朝皇族收藏的稀世珍宝，慈禧掌控政局时，同时拥有两个寿山石印章。寿山石，产自福州市一个叫寿山的山脉，它经由怎样奇妙的过程才形成有限的资源？它如何被开采下来？寿山石怎样成为人们争相追求的把玩品？节目带领我们去探索自然规律，发现人对大自然的选择与适应。

《探索·发现》揭示的人文历史之谜，侧重研究人类历史，对重要的历史遗存、历史现象进行发掘探秘。如《世纪战争》（48 集大型纪录片），通过回首 20 世纪所发生的主要战争，来研究战争、理解战争等，从而引发人们对于战争与和平问题的进一步探索。

《探索·发现》秉承栏目的宗旨："在未知领域，我们努力探索；在已知领域，我们重新发现"，致力于成为中国的地理探索、中国的历史发现。自 2003 年开始，栏目又奉行"娱乐化纪录片"的制作理念，努力探索实践，以期为中国纪录片制作提供一种全新的样式。

《绿色空间》栏目是采用纪实拍摄和主持人与专家对话相结合的方式、发挥多种影视表现手段特点的综合性谈话节目。该栏目每期一个话题、一个事件或人物，既传播了自然生态知识，倡导了绿色生活理念，又进行了环境警示教育。

《走近科学》是中央电视台最早开办的大型科技栏目。每期由一条新闻线索引出，讲述新闻线索背后的科学问题；对社会生活中焦点、热点、难点及疑点等现象给予科学的解释；对科学事件进行真实记录，引发观众对事件的兴趣。如此，通过对多种领域内存在的现象、问题进行调查，澄清人们对科学的认识，弘扬了科学思想和科学精神。

《科技之光》由武汉电视台创办，并一直承制至今。栏目旨在介绍电子、通信、生物等各科技领域的最新发现，并以全世界科技的进度为报道内容，做成深入浅出的科普节目。该栏目同时在中央电视台和武汉电视台播出，据武汉地区电视观众满意度调查结果显示，6 项指标（信息量、制作质量、主持人素质、可视性、可信度、知识性）均居武汉科教生活频道栏目的前列。在武汉电视台 6 个频道（新闻经济频道、文艺频道、科教生活频道、影视频道、体育休闲频道、外语频道）栏目的综合分析中，《科技之光》栏目的知名度、关注度、观众需求度均列前 15 名之内，其综合评价指数在武汉电视台 6 个频道的栏目排名中名列第 8 位。这说明科技节目在观众需求市场中还是受欢迎的。

纵观全国科技节目，仍有相当一部分栏目没有跳出传统科普作品的表现手法：貌似权威人士的生硬说教，占统治地位的画面加解说的呆板形式，脱离生活实践的高新科技介绍，枯燥无味的苍白配音，这些都与当代观众的收视要求产生了一些距离。要弥补这一鸿沟，尽可能广泛地争取科技节目的受众，就必须探索科技节目创作的特征，加大科技节目的改进与创新，最大限度地提高科技节目的传播效果。

科技节目首先要讲究科学性，这是不言而喻的。要从揭示事物的本质规律入手，从观众能够真正学会并掌握知识出发，强调科普性，注重高新科技的发展趋势。其次，要注重科技节目的趣味性，增强科技节目的兴奋点，使观众产生对科技节目的浓厚兴趣。另外，注重科技节目的创新也是至关重要的。过去的科教片偏重叙述，长于灌输，激不起观众的收视兴趣，这就要求科技节目创新。比如可吸收当代电视节目的一些表现手法，融合在科技节目的制作之中；可以采用纪实风格，增强节目的参与感和现场感。注意让人的活动穿插其间，从而弥补了沉闷、单调的说教，而代之以趣味性、动感和丰富性。较好的例子有《永远的探索者——达·芬奇与爱因斯坦》（1999 年中国电视获奖作品）。美国探索频道在世界科技节目制作方面堪称典范，其选题广阔、制作精良都是最高水准，像《海啸》、《地震》、《火山爆发》、《动物大观》和《认识与发明系列》、《蓝色星球系列》等都是经典之作。

与国外比较优秀的科技节目相比，我们的制作手段还十分落后、保守、缺乏想像力，这需要进一步改进。

第四节　对象型社教栏目的创作

当电视以一种生活方式存在于我们身边的时候，由受众需求的变化而引发的电视传播观念的转变也正在悄悄地发生。过去，信息发送者完全掌握信息传播的主动权，人们被动地选择收视内容。如今，受技术的推动，整个社会的产业结构和人们的生活方式都在从单一向多元发展。电视对人们文化意趣和生活习惯的统摄力逐渐减弱，不同的人越来越倾向于选择收视不同的节目和频道。这种受众的分野，可以称之为收视的分众化，这也就是现今越来越多的对象性栏目和专业频道产生的动因。

自从托夫勒首次使用"分众"（demassify/demassification）这个词以来，"分众"在欧美及我国的传播学界一再被谈论。在传媒业十分发达的美国，这样的分众观念早已渗透在电视的商业运作中，除了电视台和频道的专业化，就是同一类别的电视节目也会针对不同的收视人群作出内容和形式上的不同选择，并取得良好的收视业绩。据美国一个传媒研究机构梅耶（Myers Group）所做的一次全美媒体影响指数调查显示，排名前 10 位的媒体中，传统的综合电视台——美国国家广播公司、哥伦比亚广播公司和全美广播公司仅排名第五、第九和第十位，而其他榜上有名的都是专项的主题电视频道。如排在前四位的 A & E 电视网络、Discovery 探索频道、体育频道 ESPN、新闻频道 CNN，以及排在后面的 Learning 学习频道和 History 历史频道等，可以看出，专业频道的利用率高于大众资源频道。

从经营者的角度看分众，我们可以借用经济学上的"公地悲剧"概念：在大众传播中，大众的注意力资源就是一块公地，它成为众多电视台进行掠夺性利用的"公地"，每家电视台都以争取最大数量的观众为目标，争夺的方式就是尽可能使自己的节目"通俗"，迎合尽可能低的文化趣味，拒绝一切深度和力度。这种低水平过度竞争的结果，只能使节目越来越缺乏实质性内容，内容的一次性、垃圾化成为大势所趋。只有用"铁丝网"把公地隔开，将产权明晰，每个经营者才会严守自己的阵地，用心经营。"分众"的道理也在于此。

基于这样的社会背景和自身的实践，中央电视台也在逐渐转变自己的传播理念和节目设置。从一个"大而全"的综合频道发展到多个各具特色的专业频道，各类节目也在不断改进，向个性化方向发展。如社教中心专题部的节目，过去有一个栏目《与你同行》，内容既有文化、科技，又有民族、社会服务以及对残疾人的关注等，几乎无所不包，恨不得把男女老幼观众"一网打尽"，结果却适得其反，由于各个部分尽失其个性而让口味不同的观众无法找到自己喜爱的节目，不得不"铩羽而退"。随后的新栏目就摒弃了原来"大而全"的节目理念，开始新的思路。栏目个性鲜明、目标观众相对清晰。如《半边天》栏目就确立了性别意识、性别视角的节目理念。《当代工人》栏目把转播车开到工厂，主持人走进车间，同最基层的一线工人直接对话，探讨他们关心的话题。这样的例子还有《读书时间》、《中华民族》、《今日说法》等，这些节目都以顺应了分众化的市场需求而取得了良好的收视效果。这也充分说明，雅俗共赏已被雅俗分赏所取代，电视分众化时代已经到来。

一、年龄层次的栏目分析

在我国的电视栏目设置中，明显以年龄层次划分的对象型节目只有青少年节目和老年节目。

青少年节目是指以青年、少年、儿童为特定收视对象制作播出的、以反映青少年及儿童日常学习和生活为主要内容的节目。这个年龄层次的对象较广，从3岁能看懂电视的儿童开始到大学里的学生，都在这个范围内。为满足这一群体对电视内容的选择需要，各大电视媒体都专门成立了青少部，有针对性地设置了一些对象型栏目，如中央电视台针对儿童的心理特点和欣赏习惯及接受能力开办了以益智为主要功能的《七巧板》，以知识性为主的少年节目《第二起跑线》，富有时代气息的青年节目《十二演播室》等。在这个层次的电视节目中，儿童电视节目最受欢迎，收视对象早就跨出了儿童的界限，年轻的父母、年老的爷爷奶奶都饶有兴趣地陪小孩一起观看、欣赏，不时还充当画外讲解员。因此，儿童节目的制作者应充分考虑到这一有利的条件和更高的要求，力求创作出一些老少皆宜的少儿节目。

目前我国有近4亿儿童，加上青少年，数字将更大，这是一个世界上最为广大最为固定的收视群体。青少年是祖国的未来，电视在青少年的社会化方面起着重要的作用。电视已成为儿童渴望了解社会的一个窗口。2004年4月8日，国家广电总局发出了《关于开办少儿频道的通知》，要求中央电视台要进一步办好少儿频道，省（区、市）和副省级城市电视台要创造条件逐步开设少儿频道。

截至 2005 年底，我国已开播了 33 个少儿频道。

办好少儿节目，应做到四个关注：

1. 关注少儿节目定位问题

从目前我国少儿节目现状看，主要存在以下问题：一是泛儿童化问题。我国未成年人（未满 18 周岁的公民）人数有 3.67 亿，占全国总人口的 1/4。对于这样一个年龄跨度大的庞杂群体，如果只按传统的学前节目和学龄节目对电视对象分类，显然过于宽泛，指向不准确。比如学龄节目的对象范围划为 7～18 岁，实际上 7 岁的孩子和 10 岁、14 岁、16 岁的孩子收视需求具有很大的区别。另外，性别上的无区别对待，也有可能影响传播效果。美国 FOX 就专门开办了男孩频道和女孩频道。日本已细分到 10 岁女孩频道和 10 岁男孩频道。二是节目结构失衡。少儿节目多限于做游戏、做手工、儿童歌舞和木偶剧等，而对一多半的农村和城镇的孩子来说，很少有关注他们需求的节目，更别说能亲身参与节目。

2. 关注少儿收看电视时间

据 2004 年 1 月 1 日至 3 月 20 日全国样本测量仪收视率数据分析：4 岁以上观众总体日均收视时间为 167.76 分钟，4～18 岁日均收视为 157.83 分钟。两类相差约 10 分钟（见表 5.1）。

表 5.1　　　不同年龄青少年周末和平时日均收看电视时间比较（分钟）

不同年龄段	4～6（幼儿园）	7～12（小学）	13～15（初中）	16～18（高中）
周一至周五	149.41	156.41	151.36	152.34
双休日	167.81	189.1	190.58	168.16

这些调查数据为电视节目的有效编排提供了科学的依据。

3. 关注少儿收看兴趣

从表 5.2 看出：高中学生已不再是青少节目的主要观众，十大栏目中没有一档是青少节目；娱乐类节目占很大比例。

我们知道，CCTV-少儿频道栏目有：《七巧板》、《智慧树》、《大风车》、《同一片蓝天》、《芝麻开门》、《第二起跑线》、《三星智力快车》、《神奇之窗》、《异想天开》、《名师名校》等。在这些少儿栏目中仅有《大风车》和《三星智力快车》两个栏目受到初中学生欢迎，这应当引起我们的深思。

表5.2 中学生爱看的央视栏目表

高中生最爱看的央视十大栏目			初中生最爱看的央视十大栏目		
序号	栏目名称	高中生（%）	序号	栏目名称	初中生（%）
1	同一首歌	69.2	1	同一首歌	70.6
2	新闻联播	66.5	2	开心辞典	64.1
3	开心辞典	59.7	3	幸运52	60.3
4	焦点访谈	56.4	4	新闻联播	58.1
5	幸运52	53.4	5	大风车	54.8
6	今日说法	49.3	6	动物世界	53.7
7	人与自然	44.0	7	焦点访谈	49.9
8	动物世界	43.7	8	今日说法	49.6
9	实话实说	42.3	9	人与自然	48.5
10	体育世界	41.1	10	三星智力快车	39.4

4. 关注少儿收视心理

据专家介绍，儿童身心发育过程中的心理需求有七点：

被关怀的需求

归属感的需求

成就感的需求

满足好奇心的需求

自尊心的需求

活动的需求

参与的需求

而目前少儿电视节目制作者普遍缺乏针对儿童心理特征制作节目，这是一块有待进一步开发的领域。

老年节目是专门向老年观众这一特定对象播出或以反映老人日常生活为主要内容的节目。据报道，我国已进入老年化社会，全国的老年人口已达一亿多人，成为一个很大的社会群体。这批人从工作岗位上退下来以后，仍需得到社会的关怀，需要信息的交流，需要得到服务、享受快乐。因此，老年节目的特点是以服务性为主，知识性为辅，目的是要使老年节目办得有趣、好看、轻松，有娱乐性。

中央电视台1993年10月22日开播的《夕阳红》，就是一个以老年观众为收视对象的综合性栏目。

每天早上 8 点 50 分，在《最美不过夕阳红》的优美旋律中，《夕阳红》栏目正式开播。"最美不过夕阳红，温馨又从容。夕阳是晚开的花，夕阳是陈年的酒。夕阳是迟到的爱，夕阳是未了的情。多少情爱化作一片夕阳红。"内涵丰富、极富哲理的"夕阳红"词曲，不知感染了多少老年人的心，也激荡着不同层次观众的情怀，精心的创作，明确的定位，使这个栏目一直受到老年观众的普遍欢迎和喜爱。

《夕阳红》栏目的定位：注重时代性，紧跟时代，贴近社会主流生活；开放性，把老年生活放在一个开放的社会系统中来考察；服务性，既强调实际生活的服务，更强调精神上的人文关怀；参与性，既注重行为上的介入与参与，更强调精神和心理的介入与参与；多元性，在社会主流价值原则下，尊重个人的价值选择；多样性，根据电视媒介的迅速发展，节目形态呈现出一种与时俱进的多样性。其节目编排如下：

周一，社会版。《关注夕阳》及时宣传党和国家关于老龄工作的方针政策，交流老龄工作经验，维护老年人合法权益，弘扬尊老敬老美德，倡导爱老助老新风。

周二，健康版。《祝您健康》通过提供权威医疗咨询，介绍自我保健方法，倡导健康新观念以及促进老年健身运动，提高老年人的身体素质，改善老年人的生活质量。

周三，人物版。《不老人生》以老年人的人生经历和现实生活为内容，以纪录片手法讲述老年人自己的故事，探索和寻找人生的价值和真谛。

周四，生活版。《生活新视窗》通过点点滴滴、实实在在的服务，帮助老年人排忧解难，架起与老年人沟通的桥梁。

周五，旅游版。《潇洒走四方》把电视旅游和休闲旅游合二为一，让观众朋友可以直接感受到各地的旅游景观和不同的地域文化，增长旅游知识，及时地掌握一些最新的旅游信息。

周六，谈话版。《相约夕阳红》交流思想，沟通情感，增进老年人与家庭、社会的相互理解，密切代际关系，化解老年人心中的郁闷，给老年人以精神慰藉。

周日，娱乐版。《智慧老人动脑筋》搭建祖孙同乐的忘年空间，让"老小孩"与小小孩之间展开天真的交流与对话，填补老年娱乐节目的空白。

《夕阳红》作为中央电视台唯一的一档面向老年人的栏目，在全国中老年观众中享有很高的声誉，节目以老年人的不同视角观照老年人，反映了老年人眼中的世界与世界眼中的老年人。

二、性别层次的栏目分析

如何运用电视强势媒体，在男女平等没有完全实现的情况下凸显女性群体、张扬性别旗帜，传递女性声音，更切实地关注女性群体的生存状态显得十分必要。

借联合国第四次世界妇女大会在北京召开之风，中央电视台于 1995 年 1 月 1 日正式推出了一档妇女栏目《半边天》。该栏目以向社会介绍女性，向女性介绍社会为总体原则，由社教中心"一批事业心强，有创新精神的同志"开始筹划这个风格温馨、轻松、健康的反映妇女生活的杂志型栏目。子栏目设置有介绍女性人物的《我是女人》；有反映妇女生活的《休闲时光》；有维护妇女权益的《女性社会》等。该栏目当年便获得了中国电视新闻奖（社教类）栏目一等奖，其中反映贵州贵定瑶族女童及她们的母亲渴望文化学习的《几代女人一个梦》，也被评为全国优秀社教节目社会政治类一等奖。

此后，《半边天》栏目做了较大幅度的调整。以展示女性的社会形象，传播女性关注的科学、生活知识，促进男女两性在社会生活中的和谐发展为宗旨，更加突出女性的时代形象。栏目始终坚持"把握时代潮流，展现当代女性风采"、"把握性别视角，讲求男女平等"的基本原则，在竞争激烈的中央一套站稳了一席之地。

女性栏目的对象主要是妇女观众，在这个大的群体中，由于文化程度高低不等，生活环境千差万别，年龄经历也各有不同，所以，这类节目必须在注意到妇女共性的基础上，将妇女的个性加以考虑。作为女性节目，应该办得雅俗共赏，通俗易懂，既能满足城市知识女性的要求，也能顾及乡村广大妇女的现实需要。在这方面，辽宁电视台的《女性世界》、广东电视台的《女性时空》和湖南电视台的《天下女人》都是典型的代表作品。

"用女人的眼光看世界、用世界的眼光看女人。"女性节目的成功与发展，同其他社教栏目一样，开始由栏目向频道延伸。1999 年 3 月 28 日，在长沙，我国境内首家以女性命名的专业频道——长沙女性频道正式开播，它犹如星空里的一道亮光，使全中国电视媒介同时为之一震。以女性的视觉"完全关注"世纪女性的"世界生存"，致力探索 21 世纪女性如何在社会中成功扮演女性角色。"触摸女性生活、传播时代风尚"，成为女性频道的准确定位。女性频道中的《女性完全关注》是一档杂志型栏目，它以"传递女性声音、反映女性需求、表现女性话题、关注女性问题"为宗旨，体现出一种对女性的人文关怀。

当长沙女性频道开播一周年后，频道的主管们，又在思考着新的计划，又在琢磨每日为生计操劳一天的女性朋友们，该以怎样休闲的方式来收看节目。也许，"她们不想沉重，但她们并不拒绝深刻；她们需要生活的坐标，但不接受说教。她们很希望从自己局限的圈子里跳出来，但需要可以参照的榜样"。[①] 媒介也需要理性地、认真地就女性关心的生存与发展问题进行一些探讨和研究。于是，长沙女性频道的女性电视人，又有了《21世纪我们做女人》栏目的策划与实施。于是，一批中国各领域中的卓越女性，开始相约走进了"电视论坛"，她们中有中国妇女研究专家李小江、著名女性节目主持人张越、中国电视说新闻第一人陈鲁豫、中国首席化妆师徐晶、著名女作家毕淑敏、著名经济学家何清涟等。"她们是当代中国最有思想的女人，她们是最为传媒关注的女人，她们在各自的领域解密中国女人的成功，每一个故事都是女人的经典，每一个细节都是女人的感动。"[②] 这样的节目不仅吸引着女人，而且也吸引着男人们。其原因就在于"论坛"的声音都是"从她的内心深处流泻出来的心声，都会让人们真切地体验到这些智慧女人们的心之清韵、心之彻悟和心之大智。于是我们就要清除许多浮躁、固执、迷茫、徘徊、狭隘和忧虑，而获得更多的冷静、沉稳、思想、理智、勇气和自慰"。

近年来，随着省级卫视频道个性化、特色化建设时代的到来，许多卫视一改综合面貌，而以"独特"的定位置身与境内外电视媒体的竞争中。广西卫视在这场全国收视份额之争中，以"女性频道"的定位大见成效，一批体现女性特色的栏目，如《寻找金花》、《唱山歌》和《时尚中国》等，为广西卫视进入全国卫视前列奠定了坚实的基础，同时，带动了广告收入的大幅上升。

三、职业层次的栏目分析

社会职业千差万别，要想一一对应地开办电视栏目是不现实的。按照传统的工、农、商、学、兵阶层办对象型电视节目，是目前电视媒介通行的做法。如工：《当代工人》；农：《今日农村》、《农民之友》、《乡村发现》；商：《商界名家》、《商务电视》；学：《十二演播室》和教育专业频道节目；兵：《人民子弟兵》、《当代军人》等。

对象型节目的重点是"社教"，其焦点是在于"教"什么，难点在于如何教，我们知道，新闻节目和文艺节目分别满足了观众的信息需求和娱乐需求，而作为支柱节目之一的社教类栏目如何克服貌似权威的教化，摒弃高高在上的宣讲

---

① 陈晓玲、霍红主编：《21世纪我们做女人》，第二版，长沙：湖南大学出版社2000年版。

② 陈晓玲、霍红主编：《21世纪我们做女人》，第二版，长沙：湖南大学出版社2000年版。

圣坛，这些都影响到对象型社教节目的创作与播出。

当我们进入到一个文化学者所谓的"话语时代"的时候，社会话语的多样化表达正在成为电视人的一种追求。社教栏目的形式创新，正是在实践的不断摸索与改进中实现的。以中央电视台1997年5月19日正式播出的《当代工人》栏目为例，经过几年的艰苦摸索，已基本形成了相对稳定的表现形态模式。从初期的专题片＋主持人评论的司空见惯的模式，到主持人导语＋外景演播现场谈话＋主持人结语的实验模式，应该说是一大进步，特别是将演播现场搬到生产第一线，首开演播形式之先河。

《当代工人》栏目由专题片样式向谈话节目样式的转型，表明该栏目的编导能以平民化视角关注受众，开始以"观众为本"，要求观众"你们讲给你们听，你们表现给你们看"。但"实验模式"版仍有演播室背景与工厂车间现场背景下的两种主持风格的不协调。后又经过短时期的实验与摸索，《当代工人》彻底摒弃了旧的模式，形成了独一无二的"外景谈话节目"，充分体现出编导人员日益成熟的现代电视观念。

在《当代工人》开播四周年的一次栏目学术研讨会上，有专家评论说，该栏目既没有明星加盟的耀眼，也没有亮丽舞台的背景衬托；既没有口若悬河的侃谈，也没有故弄玄虚的作秀，一切都是那么的自然而然——节目演播室设在了第一生产线，电视镜头对准的是普普通通的劳动者，话题的焦点是社会转型时期人们最为关心的悲喜、困惑和权益，节目的起承转合所展现的是职工群众的心路历程，但正因为如此，在不经意间，这个每周一次的节目已渐成为我国3亿多职工群众最具家园感觉的电视栏目。

社教节目是一个庞杂而又充满着变数的体系，在激烈的媒体竞争中，它既没有新闻节目传递信息的优势，也没有传统娱乐游戏节目的休闲，它在承载社教功能的前提下，需要调动一切手段为之服务，让人们在知识信息的传播和快乐电视的氛围中受到教益，这将是社教节目制作人员为之努力奋斗的方向。

本 章 小 结

● 电视社教节目，是以社会教育为宗旨的多种电视节目的总称。从总体上可分为公共型和对象型社教栏目。

● 公共型社教栏目以法制类、经济类、文化类、科技类栏目为代表。

● 法制节目制作形式主要有三种：专题式、说法式和庭审式。

● 文化类栏目的兴起以《百家讲坛》为标志，表明一个栏目只要定位准确、选择适当的叙事方式即可获得成功。

● 对象型栏目按照年龄层次、性别层次、职业层次可分为不同的类别，并遵循不同的创作规律。尤其是对少儿类节目，应注意把握少儿的收视心理与需求。

思 考 题

1. 公共型社教栏目的类别。
2. 对象型社教栏目的类别。
3. 试述法制节目创作的一般方法。
4. 举例分析经济类、文化类、或科技类、健康类栏目的创作方法。
5. 分析某一类对象型栏目创作的基本要求。

第六章　电视生活服务栏目

　　传统的电视栏目分类有三分法、四分法，即将电视栏目分为新闻栏目、娱乐栏目、社教栏目或再将生活服务栏目从社教栏目中独立出来，成为第四种栏目类型。本章即取四分法，将生活服务类栏目单列出来分析，符合当代电视发展的趋势。

第一节　生活服务栏目的发展

　　长期以来生活服务类栏目是电视台众多节目中的"鸡肋"，食之无味，弃之可惜。但关注荧屏的人都会发现，近几年生活服务节目已由"鸡肋"变成了"香饽饽"，备受专业人士及观众的青睐。

一、生活服务栏目的发展历程

　　根据不同时期生活服务类栏目成熟程度的不同，其发展历程大致可分为雏形期、独立期、发展期三个不同的历史阶段。

　　雏形期（1960~1979）以中央电视台建台之初开办的知识性、教育性栏目《集邮爱好者》、《摄影爱好者》、《生活知识》、《医学顾问》等为标志。这个时期还没有完整意义上的生活服务类栏目，只能说在社教节目中有一批带有生活服务性质的栏目，即栏目内容是为广大群众生活服务的，但传播形式上却是不折不扣的"教育灌输"式，从创作意识上来说也是教育人，而不是服务于人。

　　独立期（1979~1995）以中央电视台《为您服务》的开播为标志。1979年8月12日，《为您服务》栏目第一次与观众见面。最初，这个栏目主要介绍电视节目及烹饪、衣着、养花等家庭生活小常识，节目内容、长度和播出时间都不规范。1983年1月1日，《为您服务》经过改造后以新的面貌出现，固定了播出时间和主持人，沈力也因此成为第一个因栏目而知名的主持人。节目还扩大了服务面，将集邮、摄影、市场信息等内容收罗进来，并不定期举办绒线帽编织、时装设计等比赛。《为您服务》在1990年度社教节目评奖中获优秀栏目奖，成为当时中央电视台最有影响的综合服务型栏目。至此，生活服务栏目已经从社教节中独立出来，具有了标志性的栏目形式、内容和特征，成为一种形式完备的栏目类型，在当时具有一种独特的魅力。同时期的节目还有《实用知识》、《电视与观众》、《生活之友》等。这时期的生活服务栏目内容大多是医疗卫生、节目预报、生活小常识等，范围十分狭小，且节目形式仍以讲解为主。

发展期（1996～）以中央电视台第二套节目中《生活》栏目的创立为标志。1996 年 7 月 1 日，《生活》栏目开播。此栏目围绕老百姓的衣、食、住、行、用、休闲（玩）进行多方位服务，强调反映生活、服务生活、介入生活、引导生活，以科学、健康、智慧的新生活方式服务百姓、引导百姓。《生活》栏目一经创办便掀起了一股生活服务类栏目的制作潮流，不仅中央二套节目频频创办生活服务栏目，省、市电视台也争先恐后创办此类栏目，不久便从全国部分省、市台扩展为一股遍及全国的电视制作潮流。同年，北京生活频道成立，开创了用一个频道的空间传播生活服务节目的理念，使生活服务类栏目的制作更加专业化、集中化、精致化，将此类节目的制作水平及规模都提升到了一个新的层次。在随后的几年，湖南生活频道、河南生活频道、福州生活频道、浙江经济生活频道、山东生活频道的相继成立，使生活服务节目彻底改变了以往在其他类型节目的夹缝和边缘中求生的形象，与其他类型的节目共同构成了中国电视完备的栏目类型网。

二、生活服务栏目发展的背景

生活服务类栏目的逐渐兴起，既与飞速变化发展的我国社会历史背景息息相关，也与电视行业本身的自我完善发展有关。

纵观生活服务类栏目的发展时期，不难看出，此类节目的产生、兴起与我国社会发展的大背景是密切相关的。由于我国经济的稳步发展，人们的生活状况有了很大的改善，加上国家规定每周实行双休日，人们闲暇时间大大增加，于是对生活质量有了较高的要求，"休闲"也成为一种流行时尚，这一切催生了生活服务类节目，也促进了其快速发展。

美国《新闻周刊》有一位记者在报道我国改革开放后的新变化时写道："无数的中国人突然发现：持续多年的短缺经济时代结束，自己不再需要手捏一大把票证去排队购物，丰富的消费品潮水般向他们涌来。"经过改版后的《为您服务》，在 20 世纪 90 年代初期，为适应人们消费的新需求，把节目重点放在了介绍生活小常识以及如何在温饱的基础上来享受生活的乐趣，包括怎样精打细算过好自己的小日子。这时期，京沪两地也推出了《学烧中国菜》、《毛衣编织种种》、《室雅何须大》等栏目，成为当时获得大众共鸣的代表作。

近十年来我国综合国力进一步增强，据统计，早在 1997 年 6 月，全国城乡储蓄就已突破 42 000 亿元大关，而且其中 80% 以上是城乡居民储蓄。据国家统计局公告，2003 年我国全年城镇居民人均可支配收入已达 8 472 元。物质生活上的丰富，引起了人们生活观念上的转变，人们有能力，有需求去探索多样化、文明、健康的生活方式，生活知识、生活观念、生活时尚、生活趋势成了人们自觉自愿的需求，正是在这种社会大背景下，生活服务类栏目才有了自己生存和发展的空间。

电视被普遍认同的四大社会功能是传播新闻、社会教育、文化娱乐和提供服务。我国电视台的四大节目类别就是按照这四大功能设置的。但 20 世纪 80 年代以前，我国电视的发展"曾因经济发展的失控和政治指导的失误而滞缓了走向世界的脚步"。电视媒介的属性和功能被仅仅局限于单一的、极左思潮干扰下的宣传上。改革开放之后，随着社会转型期的到来，我国电视文化的整体功能发生了历史性的变化，由过去单一的宣传、教化功能，回归、扩展到信息传达、社会教育、娱乐消遣、服务大众等多重社会功能并举。电视文化从"宣传本位"向"人本位"转变，开始以人为本，根据人们的需求来构建节目。正是在这种本体认识上的质的飞跃，完成了对电视传播功能的全面认识和对"服务意识"的确立。

电视节目贵在创新，中央电视台于 1996 年 7 月 1 日开播并于当年就荣获中央电视台优秀栏目称号的《生活》栏目，使人感受到了生活服务类栏目人文关怀的深层意蕴。其开办初期的子栏目《背景》将经济生活中普通老百姓的消费需求或其他经济行为在市场背景中放大，并将国家宏观政策与百姓生活相关联，具有新闻特色；《消费驿站》引导消费者的日常生活，推介和分析最新时尚，并展示各权威机构对商品的检测结果，帮助消费者选择商品，追求信息的引导性和服务性；《百姓》涉及百姓经济生活各个方面有代表性的问题，深入百姓生活的各个领域，保持与观众的广泛联系。《生活》栏目彻底改变了人们对生活服务类节目的传统认识，电视人从一种新的角度，新的层次诠释对"生活服务"的理解，从而拓宽了此类节目的创作思维，提高了节目制作的标准。正是由于在生活服务类节目中出现了像《生活》一样制作精良、赢得观众认同的栏目，才使得此类节目创作具有了强大的驱动力和宝贵的制作经验，从而带动了一批生活服务类节目的涌现。同时，一批优秀的创作群体正在迅速崛起，他们中有运筹帷幄、成竹在胸的策划人，也有兢兢业业、深刻体认"服务百姓"四字的记者、编导，正是这批人的出现，才使生活服务类栏目有了源源不断的生命活力。

三、生活服务栏目的发展形态

服务性节目是一个庞大的节目类型，多年来，经过广大电视工作者的不断探索,在发展中逐步改进完善,使服务类栏目呈多样化发展态势。

按节目性能划分,有直接服务型栏目、咨询服务型栏目和指导服务型栏目。

按主要表现手法分,有综合型、专题型、新闻型和谈话型。在创作实践中,有的生活服务节目表现手法则呈现出交叉融合的形态。如《生活》中就曾采用新闻采访、纪录片拍摄、短剧演绎、统计调查等多种表现手法。有的生活服务节目则只采用一种表达方式,如河南生活频道的《阳光生活报告》,就是一种生活新闻栏目,其表现手法就是如实记录,简要播报。而湖南生活频道的《大当家》栏目,则是一个典型的谈话节目,每期由现场观众、嘉宾和主持人围绕一个生活话题侃侃而谈。

按栏目形式划分,有普及型和特定对象型。普及型服务栏目内容广泛,具有普遍性,一般适合各种职业和不同年龄、文化层次的观众。如《为您服务》(中央台)、《百姓家事》(浙江台)。特定对象型节目主要是为有共同的生理特征或社会特征的受众开办的,如专门为老年人、残疾人提供服务的栏目,专门为白领职业女性、待业青年提供生活服务的栏目。这类栏目的受益人是特定的。

栏目形态的划分多种多样,我们按照通行的节目形态进行分析。

1. 综合型生活服务栏目

这种类型的节目,服务项目多,涉及普通生活的方方面面,多以人们在日常生活中经常碰到的问题、疑惑、矛盾以及日常消费、生活常识为主要报道对象,栏目针对居家过日子所必备的知识、资讯、观念,来构建节目内容,一般只固定板块,而不固定内容,可以今天谈"房子",明天说"锅子",后天聊"车子",无所定式。这类节目就像是一道南汤北菜、五味俱全的"生活大餐"。其收视对象模糊了年龄、性别、职业、收入等具体对象特性,而抽象出普遍的"当家人",只要是手握家中财政大权,管理家务大任的"人",都是节目的收视对象。该类节目的优势就是无所限制,只要与老百姓有关,凡是老百姓关心的事,都可以去关注、去报道、去反映,利用媒体的优势为老百姓排忧解困,答疑解惑。

辽宁电视台北方频道的《生活导报》就是一档集多重资讯、超大信息量的综合型生活服务栏目。该栏目设置了以下几个常规栏目:《在线沟通》——以新闻播报的方式,为观众提供政策信息,解答疑难问题。在一期节目中,该栏目试图揭开购物券的神秘面纱,看看它带给您的到底是银子还是套子。节目还对在很多商场促销活动条款中常见的"最终解释权",进行法律上的探求,看看这"最终解释权"到底对消费者有没有约束力。《特别参考》——为观众提供多方位的生活方式解答及技术操作层面的服务;《资讯点击》——网罗报纸、网络、广播等其他媒体上的最新生活方面的资讯。在一期节目中,该栏目提示:电磁辐射威胁健康;七成新居弥漫有毒气体。《个案解说》——以个案的形式,重点解答生活方面的困惑、疑问。至此我们可以看出一档杂志型的生活服务栏目其内容是十分庞杂、丰富的。

2. 专题型生活服务类栏目

这类节目只为受众提供某一方面的具体服务，其内容单一而集中，观众收看的目的性强。专题型生活服务栏目可分为单一"专业"型服务类栏目、单一对象型生活服务类栏目、单一目的型生活服务栏目。

（1）单一"专业"型生活服务类栏目

它是指生活服务类栏目中，专门为衣、食、住、行、用、玩的某一个方面提供集中的、全方位、细致入微的服务，且多为知识性、实用性的服务。如重庆卫视的《食在中国》栏目就设有《食俗采风》、《美食沙龙之陈太厨房＼食事新闻＼电视菜谱＼热力竞猜》，不仅传播关于饮食文化的知识，而且教你做菜，播报最新有关于"食"的新闻，围绕"食"这一方面，做深做透，为观众提供了关于"食"方面专业、到位、充足、细致的服务。再如湖南生活频道的《清风车影》在一期节目中先是介绍了4条车坛动态的消息，再请观众欣赏了上海车展中的玛莎拉蒂车，接着又有专业人士提供的夏日开车保修知识，为故障车的车主提供维修方案，提供驾车出游到湖南郴州所需费用、沿途路况、行车线路等实用性很强的信息。在这种专业化的具体服务中，观众的收视目的性很强，往往能得到有效而又实用的服务。

（2）单一对象型生活服务类栏目

它是指生活服务类栏目中，专门为具有共同特征的收视群体提供独特服务的栏目。如山东卫视的《老友》栏目，就是旨在全心全意为老年人的精神生活和现实生活服务，以亲人的温暖，社会的关怀，使老年人领略人生乐趣，提高生活质量。如《老友》中的《养生有道》就是专门针对老年人的身体状况而设置的，因为只有老年人才有时间和精力来"动静结合，形神共养"。如果对青壮年谈养生，对老年谈蹦极，那就不切合实际了。

（3）单一目的型生活服务类栏目

这类栏目的特征就是栏目设置的目的性十分强烈，专为一个服务目的而设。一般生活服务类栏目都有多个服务目的，如传播信息、回答问题、改变观念、传授知识等。单一目的型栏目的目的性十分明显，如《天气预报》。重庆卫视预告节目的《重视情报站》、广州电视台的《荧屏速递》、广西卫视的《相聚荧屏》、浙江生活频道的《求职》等。

在对专题型生活服务类栏目进行观察和分析时，我们发现一种变形的专题型节目形态。从形式上看这种栏目每天由一个独立的"子栏目"构成，依次进行周期循环，但总体上又互为补充，互相连贯，我们姑且称之为单元型。如凤凰卫视中文台的《完全时尚手册》，就由星期一的《天桥云裳》，星期二的《饮食文化》，星期三的《科技前线》，星期四的《车元素》，星期五的《周末任你游》5个不同的子栏目组成，内容涵盖衣、食、住、行各个方面，包罗万象，丰富多彩，同时每个子栏目在自己的领域又获得了如同一个独立栏目的自由发挥空间。所以单元型生活服务节目既具备了专题型生活服务类节目的优势，同时又避免了由于栏目划分过细而导致栏目众多繁杂的弊端。

第二节　生活服务栏目的特性

当我们在对生活服务类栏目的特性进行分析之前，首先要弄清生活服务类栏目的本质含义及报道范畴。

一、生活服务栏目的界定

服务性栏目，就广义而言，所有的电视节目都是为观众服务的。狭义的服务栏目，是相对于新闻性、文艺性、社教性栏目而言的一类栏目。

1999年10月出版的《广播电视辞典》将服务性节目解释为：以实用性内容为主，直接为观众日常生活、学习、工作服务的电视节目。① 这类节目通过传播信息、解答问题和反映群众呼声，帮助受众解决日常生活、工作和学习中的各种实际问题，为社会提供直接、具体的服务。节目注重实用价值，力求满足现实生活中的各种服务需求。

所谓生活服务类栏目是指：与个人日常生活的各方面实际需求相关，以提供直接具体服务为主的播出单位。如中央电视台二套中播出的《生活》、《为您服务》、《中国房产报道》、《学烹饪》等栏目。

在这里需要特别指出的是，通常被归入服务性节目的电视广告以及一些经济类栏目不能归入生活服务栏目之中。首先，虽然电视广告能在一定程度上使电视观众了解商品和市场信息，但其基本立场不是为人民群众提供服务，而是为生产企业、商家、市场服务的，是卖方为了达到宣传促销的目的而委托制作或自制的节目。因此广告在制播目的上与生活服务类节目是根本相对的。另外，除了《电视购物》类集中发布广告信息的栏目，一般的电视广告因不具备栏目的基本形态，充其量只是电视节目而已。

其次，一些经济类节目，如《经济半小时》、《证券时间》等也不能归入其中。虽说日常生活也包括经济生活，但因经济话题过于纷繁复杂，涉及的对象有

---

① 赵玉明，王福顺主编：《广播电视辞典》，北京：北京广播学院出版社1999年版。

个人、企业、群体、国家、国际组织，难以划分。而且，近年来经济节目又不断发展壮大，逐渐形成了具有自身创作特色的栏目，所以也不宜将其包括进来。

最后，由于近年来生活服务栏目的发展，一些原本不是生活服务类的栏目，也增加了一些生活服务的内容，如中央电视台的《半边天》、《夕阳红》等栏目。有些专著及研究文章就将其划进生活服务性节目。这种归类法有待商榷，因为判断事物的性质，应看其主体特征，而不能为其附加和非主体特征所左右。

二、生活服务栏目的特性

所谓"特性"是指某一事物特有的性质，而不是其他事物也具有的特点，我们对生活服务节目特性的研究也应该遵循这个原则。概括说来其特性主要是以实用信息为核心内容，以"以人为本"的理念为精神内核，以"杂烩化"的手法为表现特征。

1. 以实用信息为核心内容

根据"界定"而知，生活服务性节目以实用性内容为主。所谓实用信息，是指具体的、实在的、能够直接作用于他人的信息。这类信息还有细小、琐碎的特点。而生活服务类节目就是选择观众想知而未知的关于日常生活的实用信息，进行组织、加工、搭配、包装后，传播给观众，以期对观众的日常生活产生具体而直接的效用。如烹调、保健、美容、养花、航班信息、购物指南、交通状况、寻人启事、为您点播、节目预告等等。实用信息构成了这类节目的核心，如果将其抽去，则生活服务类栏目的服务特性就不复存在，这是服务类节目区别于其他诸如新闻、娱乐、社教节目最本质的特征。新闻节目是通过传播新近发生的事件来满足人们了解世界的需求，娱乐节目是通过热闹搞笑的场景满足人们放松心情和消遣娱乐的需求，社教节目是满足人们求知、陶冶情操的要求，而生活服务节目则是通过提供实用有效的信息满足人们生活中的实际需求。甚至可以抽象地说其他节目是为人们的精神生活而服务，对其产生间接影响，而生活服务栏目主要是为人们的物质生活服务，并对其产生直接影响。

如重庆卫视早晨播出的综合服务性栏目《日子》，在一期节目中就播送了物价举报电话开通，公交车增加了几路月票车、冷藏食物需注意的几点问题，各生活小区一天的停电时段，怎样利用分时段电费计价来省电费，小孩单独一人在家需作的防范措施，邮寄包裹的一般步骤和注意事项……可以说在短短的 20 分钟节目中，90% 以上都是不需观众消化，一看就懂，一看就明白，可能马上会对当天或以后的生活起到作用的信息。

目前在西方国家建立和发展的"电视商店"等双向电视服务网，更是将生活服务类栏目的实用特性发挥到极致，也为这类节目的发展展现了广阔的前景。

观众不仅可以坐在荧屏前选读报刊书籍，选看影视片，还可以随时与亲友"对面"交谈，任意"走入"各种商业场所去选购商品。

2. 以"以人为本"的理念为精神内核

"以人为本"的理念是生活服务类栏目的精神内核，是生活服务类栏目的立足之本，也是生活服务类节目进行创作运行的根本指导思想。如果脱离了这个理念，就会使节目变得枯燥无味，只剩下几招干巴巴的我教你学式的演示。

"以人为本"的理念有两重含义。首先，它指的是世俗化的人文关怀。人文关怀的价值取向是近几年来中国电视掀起的平民化、平民风格"革命"的成果，有相当一部分的电视节目抛下严肃、高傲的面孔，转而以观众为中心，运用平民化的语言，以平民的视角去审视报道的主体。但相对于其他节目将"人文关怀"作为自己取信于民的一种手段不同，生活服务类节目自诞生之日起，这种世俗化的人文关怀——"只要你过得比我好"，就已渗透到节目之中，伴随其成熟、发展，成为这类节目的精神内核。生活服务类节目存在的价值，就在于它始终将观众、百姓作为关注的中心，将百姓作为节目制作的出发点、归宿点。节目就如同观众的朋友一样，在生活上给予观众"无微不至的关怀"，对于百姓的疑问、困难、矛盾，感同身受，没有任何精英意识可言，只有平等、只有服务。无论从最初教您做菜制衣打毛线的《为您服务》，还是如今将国家宏观经济政策化解为与百姓利益攸关的具体内容的《生活》，"以人为本"的节目理念始终是生活服务类节目的立足之本。

其次，"以人为本"指的是把人物当成生活服务类节目中必要的场景、现象，人的活动就是图解各种生活现象、生活问题的最好方式。如果没有了人的活动，没有了"人味"，生活服务类节目就成了单调呆板的信息节目。现在很多省市电视台开播了图文频道或称信息频道，其传播的内容与生活服务类节目的核心内容——实用信息如出一辙，甚至更为细致全面，但为什么收视率仍然低得可怜呢？就因为其只有不会说，不会动，不会笑，死气沉沉的字幕信息。人的生命之存在，人的活动之展示是生活的本源，失去了人的活动，便成了信息服务。生活服务类节目中所传播的信息，虽然有通过图文传达的方式，但更多的是主持人解说、街头采访、专家评说等。总之，生活服务类节目传达的实用信息是通过人与人之间的沟通，而不是屏幕与人。

北京电视台在1999年4月推出的大型饮食栏目《八方食客》，将一个人人关心却在电视节目上得不到充分展示的饮食节目做大，以至成为全国知名的饮食服务类的品牌栏目，其根本原因就在于该栏目坚持了"以人为本"的宗旨。它采用现场两位厨师烹饪对垒的节目形式，增强了栏目的娱乐性；现场嘉宾就每期节目主题（如"多样的饼"）的历史渊源、烹饪技法和趣话营养进行深入开掘，使栏目增强了文化性；每期还围绕节目主题介绍有关小窍门制作，使栏目增强了与百姓生活的贴近性；充当栏目主持人角色的"馋丫头"满世界导吃，增强了栏目的时尚性。由于这档栏目突破了传统节目的方式，融合了时尚电视栏目的多种元素，契合了现代人对我国古老的饮食文化和当今的时尚佳肴的喜爱。尽管观众对现场烹饪高手制作的佳肴也学不会（如能拉7米长的萝卜丝饼、细如发丝的盘丝饼、楚汉对垒的棋子饼），但观众通过欣赏栏目中烹饪大师对佳肴的精彩演绎，也获得了视觉满足感。

3. 以"杂烩化"的手法为表现特征

生活服务节目是集新闻、专题、娱乐、教育为一体的特殊栏目。生活服务类栏目的表现手法几乎是不拘一格、形式多样的。因为节目的限定词就是"生活"、"服务"，"生活"多彩无定数，"服务"多样无定格，所以它既没有新闻节目对表演、虚构的避讳，也没有娱乐节目对严肃、庄重的不屑，无论采取何种方式，都是为了更好地服务，以赢得观众。它可以用新闻信息播报的方式，也可用演员演绎的方式，还可用我教你学的教育方式……至于编辑手法、动画效果更是无所不能用。因此生活服务类栏目在表现形式上非常混杂，有严肃传授，有娱乐游戏，有嬉笑调侃，节目中往往采用好几种风格不同的表现形式。如中央电视台第二套的《生活》栏目，就有新闻调查式的《发现》，专题式的《消费驿站》，演示型的《创意空间》，周末版的《龙行天下》则是用娱乐节目的形式传播旅游信息。又如湖北卫视的《生活自助餐》就采用了短剧表演、新闻采访、专家访谈、图文提示等手段。可见，生活服务类节目的一大特色就是其表现手法的"杂烩化"。

第三节　生活服务栏目的创作

我国的生活服务类节目经过40多年的发展，无论在内容上还是形式上都有了长足的进步，在逐渐与世界电视业发达国家的同类节目接轨的同时，也逐步形成了自己的特色，探索出一些基本规律和原则。

一、生活服务栏目的创作原则

1. "生活服务"的虚实结合

"实"，无需多言，即指通过传播实用信息而提供实用有效的直接服务。这是此类节目一个共通的本质特征，国外的"公共服务"节目提供的服务也绝大多数属于此类。"虚"，则是指在很多主流生活服务类栏目中，也含有诸如陶冶情操、引导观念、思想升华的内容，甚至还有如《生活空间》的百姓故事等精神生活方面的内容。有的生活节目甚至将此类服务作为节目的特色之一加以宣传，如《生活》栏目，在很多研究文章中，都对其"引导消费观念"的独特方式，称赞有加。这类被"虚"化的服务内容，也如同其他新闻、娱乐、社教等节目的效果一样，是潜移默化的而不是立竿见影的。

"虚"、"实"结合服务的特色，是与我国电视事业的性质以及生活服务类节目的历史渊源分不开的。首先，我国电视事业具有社会主义属性，是党和人民的喉舌，因此电视媒介担负着高于商业利益之上的社会责任。在社会转型期，各种社会思潮、生活方式相互冲突碰撞，人们的生活准则和消费秩序受到了前所未有的挑战。电视媒体意识到引导人们走健康生活，科学消费道路的责任之重大，以前花花草草、厅堂厨房之类的服务节目实难当此大任，因而以"反映生活、服务生活、介入生活、引导生活"为己任的生活服务节目应运而生。其次，从生活服务节目的历史形成看，服务类节目脱胎于社教节目，最初的服务节目，直至现在都还有研究者将之归于社教节目，因此"指导"、"引导"之类的意识根深蒂固地存在于电视媒体从业人员的脑海中。

应当说，这种虚实结合，既引导生活观念，又直接服务于生活的节目，尤其是中央台开办的一些栏目，确实起到了积极良好的社会效果，好评如潮。但在地方台中，这种结合却难取得良好的效果，在此环节上难以体现地方特色，发挥不了地方台的优势。

2. "生活服务"的多元化

生活服务栏目从最初内容单调、形式单一的状态，发展到今天，已经形成了多形式、多层次、多渠道的多元化生活服务。最显著的变化是，"生活服务"已经从最初的花花草草、柴米油盐扩展到生活的方方面面。最初列入社教节目的摄影、集邮，都已成为人们生活中的一部分，并随之融入到生活节目中。

表 6-1　　　　　**全国 23 家省市电视台生活服务栏目设置情况表**

节目类型	栏目名称及所属电视台	
综合型	《日子》（重庆卫视） 《服务》（宁夏卫视） 《伴你生活》（河北卫视） 《生活导报》（辽宁卫视） 《生活无限》（福州电视台） 《阳光生活报告》（河南生活频道） 《为您服务》、《生活》（CCTV-2） 《时尚中国》、《新生活》（浙江经济生活频道）	《大家》（上海卫视） 《服务在线》（河北卫视） 《生活自助餐》（湖北卫视） 《科学大观园》（四川卫视） 《时尚放送》（广东卫视） 《购物乐园》（济南电视台） 《完全时尚手册》（凤凰卫视）

续表

节目类型			栏目名称及所属电视台	
专题型	单一目的型		《重视情报站》(重庆卫视)	《荧屏速递》(广州电视台)
			《卫视飞鸿》(河北卫视)	《凤凰太空战》(凤凰卫视)
			《收视情报站》、《观众与屏幕》(四川卫视)	
			《荧屏快报》、《电视与观众》(辽宁卫视)	
			《凤凰气象站》(凤凰卫视)	《求职》(浙江经济生活频道)
	单一专业型	食	《食在中国》(重庆卫视)	《妙厨阿鸿》(凤凰卫视)
			《美食全搜索》(河南生活频道)	《学烹饪》(CCTV-2)
			《八方食客》(北京电视台)	
		住	《置业周刊》(重庆卫视)	《都市选房》(黑龙江卫视)
			《人居》(浙江经济生活频道)	《都市雅居》(四川卫视)
			《房产超市》(河南生活频道)	《中国房产报道》(CCTV-2)
		玩	《湘女出行》(湖南卫视)	《周末导游》(广州电视台)
		行	《汽车杂志》(广州电视台)	《车行天下》(河南生活频道)
			《车迷俱乐部》(福州电视台)	《清风车影》(CCTV-2)
		用	《周末家电时空》(天津卫视)	
		医	《求医问药》(重庆卫视)	《名医大会诊》(上海卫视)
			《健康俱乐部》(湖北卫视)	《周末新学堂》(凤凰卫视)
			《健康》(安徽卫视)	《健康》(山东卫视)
			《健康之路》(CCTV-2)	
		其他	《真相3.15》(湖南生活频道) 注:关注日常消费生活	
			《网络空间站》(广州电视台)	
			《百姓专利》(广西卫视)	
	单一对象型		《老友》(山东卫视) 注:针对老年人	
			《金土地》(四川卫视) 注:针对农民	
			《金土地》(CCTV-2) 注:针对农民	

从表6-1中可看出生活服务节目中吃、穿、住、行、用、玩一个不少,有专门关注消费投诉的《真相3.15》(湖南生活频道),有关注时尚生活的《时尚放送》(广东卫视)等。另外,服务的层次也从单一的"过日子"型发展到社会生活的各个层次,有温饱、小康层次的《服务在线》(河北卫视),也有为先富起来的人服务的《时尚中国》(浙江经济生活频道)、《车行天下》(河南生活频道)等;有夹杂在众多节目中,偶尔让你眼前一亮的生活服务栏目,也有用整

个频道资源来"打造生活"的专业生活频道。最近在山东济南电视台还出现了导视频道。在这个频道中，屏幕可以同时出现 13 个频道正在播出的画面，为没有"画中画"电视机的观众打开了方便之门。

3. "生活服务"的时代性

生活服务栏目是当地社会发展的风向标，人们生活中的新思想、新动向、新潮流、新问题都成为我国电视台生活服务节目的反映对象。如中央电视台第二套的《生活》栏目的理念就是"与消费时代同行，关注市场经济条件下中国普通消费者的生活"。再如，针对我国消费市场上越来越多的消费投诉现象，湖南生活频道开设了谈话类服务节目《真相3.15》，专门解答观众的消费疑问和消费投诉。而在反映日常生活的报道中，更多的将目光投向了时尚生活、健康生活、科学生活。强烈的时代感是当今优秀生活服务栏目的共同特色。

时代性的原则还表现在生活服务类节目中，要注意展示生活的"现在时"，抓住与生活有关的新闻由头作为切入点，寓服务性于新闻性之中，力争与现实生活同步，为观众提供最新、最快的生活信息。因此生活栏目的编导不仅要当个婆婆妈妈的"大管家"，而且要当个快手快脚、行动敏捷的记者，用新闻的思维去发现去传播生活中能为人民服务的信息，或者说用为生活服务的眼光去发现新闻。《生活》中采用调查新闻学的手法，揭示消费现象之间的因果联系，就取得了良好的收视效果。在一些地方台中甚至出现了完全以新闻方式播报生活服务信息的栏目，如湖南生活频道的《生活晚报》，辽宁卫视的《生活导报》，等等。这些新闻的关注点与一般新闻的关注点是有区别的，它关注的是新闻事实对百姓生活产生的影响。比如，对于一条修路的新闻，一般报道主要对工期、质量、进行关注。但生活新闻则需要告诉观众的是修路会不会影响附近居民的供水、供电、出行等问题。

4. "生活服务"的娱乐性

用轻松、幽默的手法所表达的内容往往能使人在心情愉悦的状况下自然而然地接受节目所传达的信息，就如"寓教于乐"一般，"寓服务于乐"中，实用性与娱乐性兼备，往往可以收到更好的效果。北京电视台的《八方食客》之所以受欢迎，就是一改过去饮食教学节目方式，采用厨师打擂的方式，从而增强了栏目的娱乐竞争性。栏目"导吃"的"馋丫头"其造型也打破了一般主持人主持节目的风格，而是一个自由的角色，以各种适应节目主题角色的"扮演"，赢得观众的人缘。其实，在生活服务节目中，无论是表演、音乐歌曲，还是竞赛、抽奖、游戏等都可大胆运用，不必受什么限制。生活服务节目反映的应该是生动活泼、充满乐趣的生活，这样才能让观众心驰神往。

5. "生活服务"的知识性

在服务节目中所传达的很大部分信息应是知识性的，让观众受益无穷的东西。除传播一些如二手车信息，停电公告之类的生活动态信息外，更应着力传达能够积累、增加观众阅历，提高观众生活能力、技巧、质量的信息，这就是生活知识。服务栏目的知识性是提升节目品位的一个重要砝码。知识性的成功运用是生活服务节目避免琐碎、庸俗的重要手段。但在保证节目知识性的同时，应注意方法，尽量用朋友式、建议的口吻来传达，千万不能本末倒置，分不清主次，把服务节目做成了教学节目。

二、生活服务栏目存在的问题

我国生活服务栏目经过几十年的迅速发展，一方面，节目质量和数量都取得了不可小觑的进步；另一方面，也还普遍存在一些不能忽视的问题。

1. 对实用信息理解的表层化、类型化

实用信息是生活服务类节目的核心内容，但在时下的生活服务类节目中则将实用信用信息理解为表层信息。"实用"是就其功用而言，虽有细小、琐碎的特点，但并不是指那些不需思考，不需研究，浮于生活表层的信息。有些栏目编导习惯于将从某些部门、市场得来的信息，在电视屏幕上照搬不误，不进行有效地组织、归纳、筛选，这种零散、杂乱的信息很难说会对观众产生多大的影响。

还有一些栏目仅仅提供一些浅层次的信息，并不进行深入挖掘。比如一个家居栏目，做一期关于购买建材的节目，仅仅告诉观众哪里有什么东西买，多少钱，是不够的。这种表层的信息对于信息渠道来源丰富的观众来说，根本不稀罕，"服务"的周到也就无从谈起。在这点上《中国房产报道》（CCTV-2）就做得很好。它是一档以物业、城镇建设、房产、地产为报道对象，面向消费者的信息节目。它以体现知识性、服务性、综合性、趣味性为特征，通过演播室内外结合的多种电视手段，反映业内动态，传播现代物业知识和观念，带动消费市场，沟通并引导房地产消费市场的需求。如在一期节目中谈到投资房该怎样付款时，就以100平方米的商品房为例，按照2 500元/平方米的价位计算，分别介绍了分期付款与一次性付款的房价，最后得出结论是一次性付款要节省5 600元，如果手上有足够的钱，还是选择一次性付款要划算。这样做不仅告诉观众选择怎样的付款方式，而且告诉观众怎样去计算，这种服务就比较实用、有效，可惜的是很多服务节目往往做不到这一点。

另外，实用信息的表现手法比较单一，大多采用字幕配解说的方式。这种方式的缺点是一闪而过，还没看到几个字就消失了，更谈不上记忆。因此，很多信息就如油浮于水一般，浸入不到观众的脑海中，无效传播太多。鉴于此，对于繁多、琐碎的实用信息，应该尝试用形象的手法表现，如人物演示、实际拍摄、图形解说等。

在实用信息的传播上，还存在一个毛病，那就是类型化。"类型化"本身并无贬义，它是一种艺术产品标准化的规范。如类型电影，就是由不同的题材和技巧而形成的影片范畴、种类或形式。但类型并不意味着内容的一成不变，或形式的单调泛滥、视野的狭窄禁锢，它应该是一种模式的扩展运用，在视觉上总能给人一种既熟悉又新颖的感觉。否则，就会与观众疏离。但是目前我国相当一部分生活服务栏目就落入了"类型化"的窠臼，无法创新。

这种现象在一些单一专业型的节目中表现得尤为突出。谈"食"的节目就告诉你"吃"，谈"住"的节目就告诉你"家居"，谈"行"的节目就告诉你"小汽车"……有一档关于"食"的栏目，在15分钟的节目里，就有两个板块告诉你怎样做菜，真人演示不够，还要搞个"电视菜谱"（将菜谱用字幕打出来）。其实关于衣食住行可以衍生很多话题，比如说"食"，不仅可以谈"吃"，还可以谈"吃"的用具；关于"住"的节目，不仅可以谈"家居"，还可以谈"旅居"；关于"行"的节目，除"小汽车"外，话题更是多不胜数，如城市公交、长途汽车、火车、轮船、飞机等。但目前很多节目在内容上都相似相近，往一个胡同钻，常常造成节目雷同、重复、单调，不受观众欢迎。

2. 对"服务"对象理解的偏颇

过去电视中常有个栏目叫《观众信箱》，专门回答观众提出的一个个问题，并尽力帮助解决。还有《为您点播》，为观众传送祝福的心愿。随着电视生活服务节目的发展，这种节目都快消失殆尽了，取而代之的是一批"服务于大众"的服务节目。这就形成了一种尴尬现象，服务节目为"大家"服务却不为"我"服务，在观众真想求得服务时，却求助无门，这其实就是对"服务"理解的偏颇。很多栏目将"服务"理解为普及服务、人人都需要的服务，节目中注重传播的是普及型的信息，即便是单一型的节目所传达的内容，相对于它的收视群体来说也是普及的。这种普及型服务的弊端就是无法提供确切、贴身的服务。因此应该在服务类节目中适当加入服务的另一种形式——个性化服务的内容。在这之前提到《观众信箱》、《为您点播》，那种单调呆板的节目形式不宜提倡，但它的理念却可以帮助我们重新理解"服务"二字。这种理念经改头换面已在一些节目中出现，并获得了观众的青睐。如《为您服务》（CCTV-2）中的《法律帮助热线》，每期节目帮助观众解决一个法律纠纷。当然这种法律纠纷的分析、解决，应当具有普遍的参照意义。又如《清风车影》（湖南生活频道）中有个《病车档案》，也是每期选一个车主的机车问题，让车主与专业人员一问一答，解决车主的疑惑，修好机车，这些都是个性化的服务。这种服务有针对性，能切实解决观众生活中出现的问题，将"实用"发挥到极点。

3. 生活服务节目的隐性广告倾向

生活服务节目不同于新闻节目，没有对"有偿服务"三令五申的禁止，所以有些生活服务节目就为广告商大开方便之门，频频制作广告效果远高于插播广告的宣传节目，即"软广告"。有的美食节目中把各色菜肴吹得如何美味可口，滋补健身，临了不忘告诉一句店名、店址；有的家居节目将某些设计师设计的住房说得如何美观大方、典雅精致，临了总会告诉你设计单位名字；有的健康节目则干脆成了医药广告"代理商"，林林总总，不一而足。公正地说，服务节目在传播信息，尤其是商品信息时，还是需要广告性的信息为公众服务。如刚才所说，在介绍一道美食时，观众也想知道在哪里能吃到（在适当的时候介绍"地点"，也是为观众"服务"的内容之一）。但问题是有些节目失去了公正立场，谁出钱替谁说话，站在广告商立场上，对商品的介绍是"溢美之言，何患无词"，极尽吹捧赞扬之能事。某个电视台的《电视商场》栏目开办之初，是站在"当家人"的立场上去选择真正优质的商品推荐给观众，从而获得了观众的好评。但不久，因要求上节目的商家太多，以致交钱了事，造成节目质量下降，信任度下降。以服务节目形式传播广告的情况已经泛滥成地方台生活服务类节目中普遍存在的问题，如不加以遏制，必将对生活服务类栏目带来极坏的影响。

4. 生活服务节目中的"克隆"现象

随着电子技术的发展，我国电视已进入多频道时代，为了在激烈的媒体竞争中求得生存，"电视频道专业化、电视栏目个性化"的改革势在必行。只有独创性的，具有鲜明栏目风格的电视节目，才会让观众在众多眼花缭乱的节目选择中留下深刻的印象。遗憾的是，我国电视界跟风现象盛行，只要哪一个栏目产生了影响，或只要哪一种节目形态受到欢迎，其他媒体就一窝蜂地"克隆"制作。如饮食类服务节目，从20世纪60年代，一直到90年代末，都是一律的"糖少许、醋少许、味精少许……"，不免给人老套的感觉。在化妆节目方面，也是一味地折腾女人，从头发、眉毛、眼睛、耳朵、鼻子、嘴唇、手指……一直讲到脚趾甲上画花，甚至一讲"休闲"节目，镜头里总是出现珠光宝气的半老徐娘在婚纱摄影机前的矫揉造作。对这种倾向如不加以注意，总是期望从现成的模式中讨取点东西，其结果只会随俗沉浮。

总之，目前我国生活服务类节目还存在很多问题，如区域性不明显，观众细分不到位，节目制作题材一般化，构思不精巧，内容不准确，表达不清晰等毛病，需要不断地完善、提高。

三、生活服务栏目的定位

栏目的定位主要有两个方面，一是对象的定位，二是内容的定位。对于生活服务类栏目来说，对象的定位是十分关键的。从客观存在来看，收视对象的多元化已是不可逆转的大趋势。多元，即表示着对人群中多样异质的肯定。现代社会除了由于人的既存的心理、性格、地域、习俗、道德、教育、利益等导致的分层，又无可避免地增加了诸如技术变迁、市场分割、消费文化等对群体进行重新划分的力量。在这种越来越充满现代气息的多元社会活动中，中国电视的受众想必也"已经变成了一个个有不同节目需求的目标受众群"，在他们之间形成了不同群体风格的生产生活方式。而生活服务类栏目的收视对象分层、分群的要求相对于其他节目就更为重要，因为不同的目标受众的差异性首先就体现在生活方式、生活要求、生活观念的区别上。如果说新闻、娱乐节目还可以说自己拥有广泛对象的大众，那么生活服务类栏目是绝对不存在能够服务于所有观众的节目，它必然是为某一具有共同生活习惯、生活理念的收视人群提供服务的，因此在栏目进行对象定位时必须有针对性。中央电视台第二套节目的《生活》在对象定位上非常明确，就是针对收入在2 000 元/月以上以女性为主的有购买力、有生活享受欲望的白领阶层。但是从总体上来看，特别是地方台的生活服务栏目在对象定位上是比较模糊的，有的就算在创办之初有条文定位，但执行起来，也是三天打鱼两天晒网。如某家电视台将自办的健康栏目的对象定为：一、老年人，二、身患疾病的观众，三、专业人士，四、中青年妇女。这种狮子大开口的架势，恰是反映了自身内容的空虚、迷茫和杂乱。

在对象定位上，生活服务类栏目可借鉴美国期刊的经验。美国期刊由于市场竞争的激烈，市场细分的程度已达到令人观止的地步。比如妇女期刊市场就细分为给工作女性看的《悟性》、《自我》和《工作女性》，专门给住在芝加哥的女性管理层看的《今日芝加哥妇女》。甚至这个趋势还远没达到一个期刊发行人建议的程度，他开玩笑说，可能在不久的将来还会出现这样一些期刊：《工作着的祖母》、《左手乒乓》等。虽是笑谈，但仍可以给生活服务类栏目的创作者以启示。

生活服务类节目内容的定位，也需要相对专一。生活本身丰富多彩，从衣食住行到家庭建设、子女教育、人际交往、审美意识、道德观念等，无一不是人们生活中必须关心的问题。所以对于包括如此庞杂内容的生活栏目，如果不对自身的内容加以规定限制，就会使制作者和观众都不知所措，一个跟头摔在这个"杂"字上。事实上，我国生活服务栏目在内容上已经呈现出"专业化"的趋势。由表6-1可看出，单是内容十分明显的专业化的栏目已经占相当大的比重。并且在综合栏目中也有内容相对集中的关注消费生活、时尚生活的栏目出现。

但是在内容专业化的同时，我们也应看到在定位上，有发展不平衡的现象，比如说电视节目预告栏目，健康栏目，家居栏目，相对来说发展得充分一些，而如旅游栏目，家用栏目则薄弱了很多，关于家庭教育的服务节目也相当缺乏。根据《中国都市生活报告》（中国统计出版社）的统计显示，"教育支出脱颖而出，旅游消费增势强劲"，调查表明，城市消费向软性消费及精神文化消费的趋向得到进一步加强。80%的家庭表示，将会增加教育支出。其中35%的家庭选择各类培训技能，强化知识的短训班，26%的家庭选择将为子女教育增加支出。与此同时，40%的被调查家庭表示有远游祖国山川的打算，19%的家庭选择了有空会在市郊走走，另外分别有7%的家庭表示要到港澳台地区和东南亚旅游。有如此旺盛的消费需求，就一定会增加对服务于这类消费需求的栏目的兴趣，因此创作人员在内容定位时，不妨多考虑这些方面。

有了好的定位，就为栏目的运作确立了一定的方向，但如何按照这一方向走下去，将节目做得好看，还需对节目的具体创作运筹帷幄。策划，就是生活服务类栏目具体创作中的点睛之笔，没有它，栏目就不可能焕发生机。生活服务类栏目大概是最难以产生轰动效应，最平淡无奇的节目了。正如生活的本质一样，生活服务栏目也是"平平淡淡才是真"。但生活要有亮色，有兴奋点，就不会变成死水，栏目也一样，要有吸引人的亮点，才不会永远当个不知名的灰姑娘。策划，是点石成金的魔棍，能将平淡的日子点拨得喧闹喜人。

CCTV-2的《生活》就是策划成功的范例。《生活》栏目有一个专门负责策划的班子，他们每隔一段时期就适时地推出一批精心策划的节目，不断地刺激观众的最佳兴奋点。这些精心策划的节目穿插在日常报道中，形成一张一弛的收视合力，稳住了收视率。为了进一步扩大栏目的社会影响，《生活》编创人员有时策划一些大型节目，以大制作、大手笔的气势，联合全国30多家电视台一起，对中国普通百姓的消费行为、消费特征、消费心态进行调查，制作出一系列专题节目。如1997年的《生活报告》，对当年16大消费热点进行了总结分析；1999年春节联合制作的大型消费调查《百姓下一步买什么?》，使生活服务类节目产生了深远的影响，好评如潮；2001年《生活》在"七一"、"十一"期间栏目又连续两次推出系列节目《今天》，分别反映了17个城市的今天。通过《认识这个城市》，展示每个城市里最有特色的几个地方；通过《城市故事》里几个普通居民或家庭的故事，反映整个城市面貌的改变和居民生活质量的提高；通过《市长与市民的对话》，就生活中关心的问题进行现场交流。通过策划进行新的尝试，使《生活》栏目获得了成功，而它所带来的创作理念、表现手法和运作模式上的创新，也为生活服务类栏目的明天打下了良好的基础。

四、生活服务栏目的选题

生活服务类栏目选题的大前提是贴近生活，贴近观众，贴近时代。贴近观众，就是要认真分析节目的收视对象，分析他们的心理和需求。许多文章指出生活栏目的收视对象是"当家人"，这只是针对以"家居指导"为主的生活类栏目的主要对象，实际上生活栏目的收视对象是千变万化的，不同的栏目有不同的收视对象，需要区别对待之。贴近生活，贴近时代，则是要求编导在选择题材时，要选择那些与现代生活背景同步的题材。这个同步，第一就是要选择时代的热点、焦点问题，从生活服务的角度去报道。比如，假冒伪劣商品的日益猖獗是一段时期讨论得比较多的一个话题，老百姓十分关心。那么生活服务栏目就应该告诉观众甄别假冒伪劣商品的方法。又如，针对农药公害这个越来越被人们所重视的问题，就应该告诉观众怎样识别有毒蔬菜水果，以及蔬菜水果消毒、解毒的方法。同时也可热中求冷，不必是社会的焦点、热点，只要是与广大观众日常生活密切关系的题材，也可成为这类节目不可或缺的内容。冷热交替地办节目，既要有热点，又要有正常的日常生活，有时还可以爆爆冷门，只要有时代特征，就都未尝不可。

栏目选题在考虑大时代背景的同时，还要考虑"小时代"背景——季节性的特点。如夏天到了，生活服务节目中大多是介绍消暑的内容，像什么空调病、夏日饮料、游泳等，这都是夏天特有的。另外编导人员最好还要熟知中国的传统节日、传统风俗，提前应变，适时地推出与特定季节、时段相关的节目。

总之，生活服务栏目就是要贴近受众，服务观众的最大需求。当即将进入夏季时，《生活》栏目就告知我们要《明明白白买空调》；电信部门要调整电话资费，就提醒人们《电话还要精打》；当房地产商推出了"买房赠车"的销售宣传后，栏目及时推出了《买房赠车咋回事》；当有人为买保险好还是储蓄合算犯难时，栏目马上为您制作出《保险与储蓄的比较》。

做生活服务栏目的选题还有一个原则：尽量选取地域特色的内容作为栏目的主打内容，尤其是由地域特色取胜的地方台，千万不要为了求全、求广、求高而丢了这块金字招牌。选题要有自己栏目的特色，多在选题上花心思，选题好了，节目就成功了一半。

从当代受众对媒介的需求看，首选仍然是新闻，但这并不意味着生活服务类栏目地位的下降，相反，可在生活服务节目的新闻性上下一些功夫，也不失为创作选题的一大突破。过去，电视生活服务节目总爱从小报小刊中去寻找选题，找那些生活的边边角角，这当然激不起人们的收看兴趣。事实上，重大的新闻事件往往蕴含着许多适合做生活服务类栏目的资源。如 2001 年上海 APEC 会议上，与会国家首脑都穿着具有中华民族特色的"唐装"，精明的生活编导，就应当充分运用新闻信息与资料，以此发挥制作成关于唐装的历史、式样、洗涤、选购以及与之相关的节目。如此，就要求生活服务类栏目的编导也应当具有新闻敏感和工作热情，善于从新闻题材中挖掘具有自己独特视角的选题。

五、生活服务栏目的制作"意识"

生活服务类栏目是一种很能体现创作人员能力的节目，节目要取得成功，就要求制作人员必须具备多方面的素质和特殊的创作意识。

首先是"仆人意识"。有人说，做服务节目，应该有种"平等意识"，听起来感觉是给了观众莫大的恩惠。其实，仅停留在平等层次是不够的，因为观众不必反过来为你服务。生活服务节目的编导应把自己当成观众的"仆人"。因为服务，就是为别人工作，说穿了就是做人家的仆人，创作思维必须创作以"主人"为核心，围着需求转，挖空心思地揣摩"主人"的心思，投其所好，只有这样才能做出贴心贴意的好节目。

但从另一方面看，"仆人意识"又容易使节目的创作走入歧途，被观众的一些不良习惯及观念所左右，所以，创作人员还必须有"引导意识"。这种意识不是通常理解的"教导"，而是指创作人员在遴选题材时，应在观众需要的范围内，选取积极向上、有利于人民身心健康、符合时代大潮的题材来制作节目，以期在潜移默化中感染观众，让其自觉放弃一些不良的生活观念、生活习惯。这就需要创作人员有高人一筹的识别能力，选择出能代表社会主流意识和生活的题材。在这两种意识的结合下，才能做出既让观众爱看，又受益匪浅的节目。

生活服务类栏目的编导还必须有"公正意识"，正确处理生活服务和广告宣传的关系。生活服务类栏目是除广告之外最有广告宣传意味的节目。从其服务的性质及范围来说，在很大程度上都是带有广告色彩的，甚至节目中为投资商制作有偿服务的节目也是允许的创收手段之一。但广告和服务节目的本质区别就在于两者所代表的利益主体不同，生活服务节目是为观众谋利，广告是为客户谋利。生活服务节目就应该像新闻报道一样客观公正，不为贤者讳，也不为庸者美。在制作有偿服务的节目时更应把好选题关，高标准、严要求，不做假冒伪劣商品的保护伞。

第四节　生活服务栏目的案例分析

一、栏目个案：《为您服务》（中央电视台）

《为您服务》是生活服务类栏目中历史最悠久的栏目，它见证了生活服务类栏目在中国电视节目中的发展历程，本身也经历了由盛至衰又重新崛起的过程，所以选择其作个案分析具有典型意义。

1979 年 8 月 12 日《为您服务》开播

1983 年 1 月 1 日改版，固定了播出时间及栏目主持人

1991 年 获社教节目优秀栏目奖

1994 年 1 月　因专题栏目调整停播

2000 年 7 月 3 日复播改版，栏目形式为板块结构，子栏目由 4 部分组成：《家事新主张》、《法律帮助热线》、《旅游风向标》和《生活培训站》。栏目倡导"从概念到动手"、"从信息到解疑"和"从指导到帮助"的全方位服务。

2003 年 7 月《为您服务》再次改版，现阶段包括 6 个子栏目：《健康新主张》、《律师出招》、《火线答题》、《生活智多星》、《寻宝智多星》和《旅游风向标》。从近几年改版足迹看，该栏目更突出了消费时代的服务性，突出了时尚品位。

《为您服务》前期的内容涉及家庭生活的方方面面，包括衣食住行、妇幼保健、购物旅游、花鸟饲养、家庭文化、生活窍门等等，为观众提供了全方位的生活服务。2000 年改版后复出的《为您服务》，定位于以现代都市家庭为主要收视对象，在秉承了细心周到、全心全意的同时，更贴近观众的需求，更关注受众身边细微的变化。栏目力图在轻松幽默的 50 分钟时间里，让观众紧紧把握时尚的脉搏，精心体味高品质的生活。

现在节目的常规版块是《家事新主张》、《法律帮助热线》、《旅游风向标》，播出时间是中央电视台第二套（经济频道）星期一至星期五的 18：00。改版后的《为您服务》更为成功。

首先，是其"人文性"运用的到位。生活服务节目"以人为本"是其根本理念，即生活节目的创作都必须以观众为轴心，观众的需求是一切节目创作的动机，观众的眼光是一切节目制作的角度。《为您服务》栏目就真正做到了这一点。在《旅游风向标》这个版块中，每期选一名曾经到游览地游玩过的游客讲亲身体验，来传达旅游途中应该注意的信息，如景点、特产、费用等，以一名普通游客的眼光而不是电视拍摄者的眼光，介绍游览地，评价游览地。观众似乎在听朋友讲述不久前的旅游故事一般，自然而然地接受了节目中所传达的信息。这是对观众心理的一种深切体会，大部分的信息通过游人自己的亲身经历来传达，是最容易获得观众信任的一个途径。通常的节目为了表现平民性，总是认为放低姿态，就变成了与观众平行的视线，就是人文关怀，其实不然。节目中的平民性、人文关怀应该是经过电视人用一种感同身受的方式，对观众、百姓的需求用平视甚至仰视的态度来对待，来关注，来体认。在电视"平民化"的风潮中，有一部分节目把平民化仅仅理解为赢取观众的一种手段，只把形式上的调剂，内容上的肤浅，等同于平民化，等同于人文关怀，这是一种误解。而在《为您服

务》中，为满足观众需求而在形式上的创新，内容上的转换，都让人感受到一种真正的"人文性"的光芒。

其次，是《为您服务》的"个性化"服务。个性的哲学含义是指一般事物区别于其他事物的个别的、特殊的性质。当今时代，是越来越讲求个性化的时代。在生产领域，已经有商家提出了个性化服务的理念，即根据客户个人的要求专门为他设计产品。这样做的难度很大，投资很多，但这是一种趋势，一种赢得顾客好感的拉动性投资，因为能根据顾客的需要而生产，减少了盲目生产所造成的不必要的浪费。而且现代人类确实存在着很多根本无法统一，各式各样的需求，统一的服务根本无法满足。所以反观我们的电视节目，尤其是为多姿多彩的生活服务的电视生活服务栏目，也应该提供这种个性化的服务，让"服务"这个词从高呼"实用"的虚幻中走进真实，减少盲目传播造成的无谓浪费。《为您服务》的《法律帮助热线》就是这种个性化服务的典范。每期节目中，记者和随行律师绝不是旁观者，只会冷静地分析对错，而是介入纠纷，站在当事人的立场，从法律、从人道主义角度为当事人解决问题。在一期关于老人赡养费问题的节目中，随行律师除进行有针对性的法律知识的介绍和提供解决方案之外，还当场为文化层次不高的主人公——两姐弟书写了一份正式向法院提交的申诉书。从某种意义上说这个服务节目就完完全全只为这姐弟俩而做。在国外的生活服务类节目中，个性化服务也是其发展潮流之一。如有一个专门替人解决生活苦恼的服务节目，有一期就是反映一位女士不知为晚上的宴会准备什么礼服而苦恼时，节目主持人就带她来到商店，与店员一起为她出谋划策，选好衣服，让她满意地去参加宴会了。这种个性化的服务不仅赢得了被服务对象的高度好感，更重要的是也能让观众对节目产生强烈的认同感、依赖感以及信任感。为什么有些节目，观众觉得可看可不看，缺少个性化的服务就是其中的一个原因。个性化服务的最大优点是能赢得观众极高的信赖，就像有事打"110"电话一样。

当然，从另一个角度来看，个性与共性又是辩证统一的，共性存在于个性之中。任何一个个性化的服务，都蕴含着可以提供给大众的普及服务。因此，普及服务也是必要的，关键是要处理好普及服务与个性服务的关系。《为您服务》的《法律帮助热线》在服务于个人的同时，总结出对大家可能有帮助的法律知识，作为"律师提示"提供给大家。而且即便不这样做，个人的现象、说法仍然能起到提示作用，观众也能从中汲取经验教训。

第三，《为您服务》的成功，还表现在经典性上。所谓经典，应该是指能经受历史考验而流传的东西。栏目的经典性策略就是要用严谨真诚的态度考察反思栏目，对精髓刻意保留，对枝末断然舍弃，面对变幻莫测的世界恪守自己的一些历经时间考验仍可以保留的东西，这种以不变应万变，塑造经典的策略恰是一个

名牌栏目保持长久生命力的法宝之一。名牌栏目之所以成名，总有其经典之处和最吸引观众的动人之处，

这就是其"不变"的基础。以这个"不变"应对瞬息万变的观众市场、媒介市场，就好像有指路灯照明一般，不会让自己迷失方向。《为您服务》是一档历经十多年的老牌栏目，它数十年如一日，始终坚持自己的主体内容、主体风格不变，其不变之处，就是其温馨、妈妈味十足的家庭风格以及以家政为中心的内容。《为您服务》是从家政服务开始的，在停播前也一直没有脱离过这个中心内容。直到 2000 年的重新开播，它仍然走的是家政服务的路线。《家事新主张》自不必说，绝大部分选题都是从家居生活而来。《法律帮助热线》似乎与家政不搭界，其实仔细分析它的选题，就会发现仍然多为清官难断的家务事。《旅游风向标》也尽量从传统风光片的窠臼里走出来，让一位类似您家庭成员的游人游历大江南北，临了还不忘替您精打细算拟个出游方案，巨细无靡，家庭味十足。在生活如此快节奏的今天，《为您服务》仍然是事无巨细，不怕麻烦，甚至有点啰嗦地传达着它认为观众需要的东西，就像家中妈妈的叮咛一般，使人感觉非常温馨。时代在变，生活在变，《为您服务》却一直固守着自己宁静的家园，默默耕耘，虽没有如《生活》节目一样的时尚、新潮、大气，但它却也为自己赢得了固定而忠实的观众群。

当然，作为名牌栏目在固守经典之处时，也需要跟上时代的步伐；在保持栏目一些本质性东西的前提下，具体选题应该跟随时代的发展，在变中求新。《为您服务》在固守自己的阵地的同时，也时时翻新，不断以新的成果与观众共享。栏目在经历两次大的改版后，从最初的烹饪、衣着、养花等家庭小常识到摄影、集邮、购物、家电，再到如今的电磁波辐射、绿色消费、科学减肥，无不映透着时代的变化与发展，再加上旅游、法律专版的出现，也体现出栏目创作人员对时代热点、时代脉搏的准确把握。

有些栏目之所以名噪一时，又迅速消失，其主要原因要么是盲目追赶潮流，轻易抛弃自己的特点优势，搞面目全非式的改版，要么就是守着老本度日，不思进取，最终也仍会被淘汰。而《为您服务》合理地运用经典性策略，成了观众喜爱的栏目之一。

通过以上的分析，《为您服务》毫无疑问是一档优秀的生活服务栏目，但为什么它的名声与收视率反不如后来居上的同为中央电视台第二套节目的《生活》呢？《为您服务》收视率的低迷，关键是自身存在的一些缺陷。第一，新闻性较弱。三个板块的时效性跟专题差不多，有的更慢，难以吸引"过路"观众和新观众。我国观众的收视吸引时间平均只有 5.5 秒，而《为您服务》的内容比较平实，很难在几秒钟之内吸引住观众的视线。第二，策划的水准还有待提高。

《为您服务》不是没有策划，比如 2001 年 8 月份播出的关于"绿色承诺"（源于奥运承诺）的系列报道，题材好，但内容不新，依旧是做滥了的绿色消费等，而且形式也是平铺直叙，没有什么新点子。而《生活》的成功多半归功于高水准的策划，《百姓关注的十大经济话题》的成功就是让其名扬天下的经典策划。

从客观原因来说，《为您服务》的播出时间不利。它的首播时间为 18：00，此时人们正下班回家，赶不上趟，就算在家，打开了电视机，各个地方台的新闻或动画片又狂轰滥炸，收视率当然难以保证。而且《为您服务》属于节奏比较缓慢的节目，更适合茶余饭后慢慢品味。再看重播时间，将近深夜零点，相对于特定收视对象，实在太晚了。

二、频道个案：上海生活时尚频道（Channel Young）

我国出现电视生活专业频道只是近十年的事。自 1996 年北京生活频道创办至今，全国至少有 9 个省（市）级电视台开办了生活频道，包括北京、湖南、河南、福州、浙江、山东生活频道、上海生活时尚频道、海南旅游卫视和江苏数字靓妆频道。上海生活时尚频道作为较早创办的生活频道之一，在业界和社会上产生了一定的美誉度，下面以该频道为例，分析生活服务频道的运作。

上海电视台生活时尚频道（Channel Young）是上海文广新闻传媒集团所属的 11 个专业电视频道之一。Channel Young 于 2002 年 1 月 1 日开播，每天 24 小时播出，其中首播栏目时间约 5 小时。

Channel Young 以倡导优质的生活态度、传播时尚的生活方式为宗旨，以自由、当代、优雅、前卫为节目风格，自开播以来，就备受业界和广大观众的瞩目。随着业务的发展和涉足领域的不断拓宽，Channel Young 超越了单纯的电视频道的概念，而成为中国时尚领域的一个品牌，一个标志，一个不可或缺的组成部分。

上海生活时尚频道采用公司化运作方式，由上海文广新闻传媒集团的全资子公司上海时尚文化传媒有限公司经营。公司从内容、渠道、运营三方面入手，不断加强节目的生产、研发、渠道的拓展，为观众提供优质的生活方式、资讯和态度。

2003 年 1 月，上海生活时尚频道为获得观众的注意力，在对该频道的目标观众和市场准确定位后，制定了一整套具体的品牌营销方案。先就频道定位重塑频道标识、标记 logo，然后按照 A–I–R 方式进行频道品牌的战略部署；也就是通过活动获得注意力（Attention），然后吸引观众的参与兴趣（Interest），最后让观众对活动产生反应（Response）。经过一个月的调研和设计，确定了橙色 + 态度的 logo 设计方案。3 月，又推出一个名为"young 是什么"的活动方案，并开始在上海各类媒体上登出，目的就是获得观众的注意力。方案设计出来之后，他们采取了以下六个步骤实施：首先由报纸启动；然后用电视广播解释活动内容；第三步是播放宣传片，告诉观众有什么内容需要你来参与及联系的方式；第四步是播出一组形象宣传片来鼓励大家参与；第五步是收集整理答案并且在屏幕上放映出来；第六步是组织颁奖。最后需要媒介和社会研究公司来开发收到的观众答案。活动启动后，社会反响热烈。① 一时间，"young 是什么"的活动不断出现在上海市民眼前。

该频道以 20~45 岁的城市人群为目标观众，立足上海，面向全国，把国内最新的时尚资讯以及时尚生活的专题节目带给上海和全国的电视观众。同时，Channel Young 还与美国、英国、法国、意大利、日本及东南亚的媒体和商业机构合作，把世界范围内的时尚盛会、品牌发布、流行趋势等资讯同步地带到上海，带到中国，成为中国观众了解国际时尚的窗口和桥梁。Channel Young 的主打栏目包括《今日印象》、《人气美食》、《心灵花园》、《十字街头》、《大城小事》、《相伴到黎明》、《超级模特》、《风尚东方》、《时尚领地》、《新食尚》和《生活前沿》等，单从栏目名称的设计看，就显示出时尚的气息。

《今日印象》用大众最能接受的眼光解读时尚，让风尚为我所用、随心所用，让优质的生活理念渗透入每一个生活细节。节目将进一步拓展创新空间，更全面的风尚，更新奇的传播样式，影响更广大受众的生活。

《人气美食》是一档以探访上海人气小店，搜寻民间美食，讲述开店故事为特色的风格独特的专栏节目。同时，又增添了改造生意不好的小店、人气店不定期回访测试、失败店挑刺找原因、市民访吃团等街头小型真人秀板块，使节目形态更趋完整。

《心灵花园》是一档情感类谈话节目，以"讲述都市真实的情感故事"为主线，通过加入心理、社会等学科的深入分析和讨论，在真实故事的基础上为观众提供现实生活的指导，引导人们面对生活困境和心理疾患做出智慧的选择。

《十字街头》为沪上第一档"圆梦真人秀"，它以市井间的老百姓为人物基点，以小人物的大梦想为内容核心，讲述平凡人的生活，实现普通人的梦想。圆梦行动明星助阵，街头寻找百姓参与，用爱心传递方式一起来帮助当事人完成一个愿望、送出一份惊喜。

《大城小事》这档节目讲的是在我们这个大都市里发生在普通百姓身上的点滴故事，采用的节目形式是时下红遍大江南北的电视栏目剧，力图在平凡生活中寻找素材，主要表现为都市人的情感生活、都市中的人际关系。

---

① 罗军：《问题·根源·案例》，载《中国广播电视学刊》2004 年第 2 期，第 16 页。

《相伴到黎明》被称为全国第一档在电视、广播和网络多个平台同步直播的谈话节目。有不同人生的精彩故事，有只言片语的人生感悟，更有不同风格的主持人与千万颗难眠的心相伴。深夜，抚慰心灵，感受温暖。节目以平和亲切的传播态度，与更多深夜不眠人相伴至天明。

《超级模特》是一档以打造专业模特为内容的全新时尚类综艺节目。每周六晚，都会有一群新生模特与您相约荧屏，一个小时的节目中您将亲身感受秀、时装和美女俊男的魅力，将会给您视觉、听觉的全方位享受。

《风尚东方》定位于大型电视时尚杂志：时尚、优雅、精致、深度，展示上海时尚魅力，关注全球时尚动态，发布独家时尚资讯深度报道，制作各色时尚板块。

下面随机抽取上海生活时尚频道 2007 年 7 月 25 日节目表，以此了解时尚频道全天候的节目编排：

6：00 羽西看世界

6：30 人气美食

7：00 大城小事

8：00 时尚领地（气色非凡）

8：30 今日印象

9：30 都市剧场

11：15 天天厨房

11：30 人气美食

12：00 心灵花园

13：03 新食尚

13：33 电视剧

16：00 生活前沿

16：15 大城小事

17：20 新食尚

17：45 都市剧场

19：30 人气美食

20：00 大城小事

21：00 心灵花园

22：00 今日印象

23：00 时尚领地

23：30 相伴到黎明

1：00 都市剧场

2：45 今日印象

3：45 大城小事

4：45 心灵花园

6：00 结束

Channel Young 不仅是立足上海的媒体经营企业，同时也是国内电视市场的时尚节目提供商。无论在华南、华中、华北、东北和西部，全国 70 多个地级以上城市的观众都可以通过当地的电视频道收看到 Channel Young 出品的电视节目。

Channel Young 非常注重频道包装。2004 年 6 月 24 日，生活时尚频道（Channel Young）之宣传片 "Too Young"，以其独特的创意与精良的制作脱颖而出，获第 26 届 Promax（国际电视宣传与营销联合会）2004 全球 "对内营销宣传片" 银奖。生活时尚频道系列 "ID Young Attitude" 同时入围 2004 Promax（国际电视宣传与营销联合会）频道 ID 评选，与新加坡都市频道、英国 VH1、VH2 等多个国际频道共同参与角逐。这是中国内地媒体首次入围并荣获该大奖。Promax & BDA 国际奖被业界公认为电视包装界的 "奥斯卡" 奖，是电视媒介中宣传与营销领域唯一的全球性奖项。

本 章 小 结

● 生活服务栏目的特性：以实用信息为核心内容，以 "以人为本" 的理念为精神内核，以 "杂烩化" 的手法为表现特征。

● 生活服务栏目的创作应遵循虚实结合、多元化服务、贴近时代和寓服务于乐的原则。

● 生活服务节目创作应避免以下问题：对实用信息理解的表层化、类型化；对服务对象理解的偏颇；生活服务节目的隐性广告倾向；生活服务节目的 "克隆" 现象。

思 考 题

1. 生活服务节目的选题原则。

2. 个案分析：CCTV《生活》栏目。

3. 案例分析：某一生活服务频道的栏目设置。

第七章 电视娱乐栏目

自1997年7月11日湖南卫视推出《快乐大本营》栏目在社会上获得的巨大反响后，其他电视媒体从中看到了娱乐节目的巨大商机。一时间，娱乐节目如雨后春笋般迅速发展，在中国电视界形成了一种"电视娱乐节目热"现象，直至《超级女声》真人秀节目的出现，达到高潮。

电视娱乐节目是综艺节目发展的新形式。较之传统综艺节目，它具有更纯粹的娱乐性、游戏性、消遣性、商业性和大众性。娱乐节目是目前电视上最常见的一种节目形态。

第一节 电视娱乐节目的基本类型

一、电视娱乐节目的基本样式

电视娱乐节目在发展中出现了相当丰富的文本类型，同其他类型节目一样，由于具有交叉与多变性，很难作界限分明的类别划分。本文依据形式作为基本的分类标准，尝试区分为以下一些基本节目样式：

1. 游戏类

游戏类娱乐节目是大众参与的，以竞技竞赛项目为核心的娱乐节目。所谓游戏，荷兰学者约翰·赫伊津哈定义为："是在某一固定的时空中进行的自愿活动或事业，依照自觉接受并完全遵从的规则，有其自身的目标，并伴以紧张、愉悦的感受和'有别于'平常生活的意识。"① 这个定义告诉我们三个特征：自主性（自愿行为）；非功利性（它不作为平常的生活）；隔离性（在特定范围的时空中"演出"）。它是电视娱乐节目的一个重要类别，目前在"游戏"的冠冕之下，这一类节目又演化、发展出多种子类型，它们之间有区别也有联系，本节把它们分为三个子类型：益智类游戏节目、综艺游戏节目和电子游戏节目。

---

① ［荷兰］约翰·赫伊津哈：《游戏的人——关于文化的游戏成分的研究》，北京：中国美术出版社1996年版，第30页。

（1）益智游戏节目

益智游戏节目在国外又叫 Game Show 或 Quiz Show，是指为得到某种物质奖励或奖金，在一定规则下，大多由普通百姓参与，偶尔有明星参与的智力游戏节目。通常是由电视台制定游戏规则，通过主持人和选手一问一答的形式层层递进，最终赢取奖品或奖金。

益智游戏节目可以说是由传统知识竞赛发展和演变而来的。随着电视的普及，报纸、广播、电视之间的竞争日益激烈，要想在各媒体中立于不败之地，就必须尽可能争取更多的受众群体。以收视为第一要义的西方电视媒体注意到，电视的娱乐功能在此方面将大有可为。于是，电视的娱乐功能被放大，在众多肥皂剧、文艺节目充斥荧屏的时候，以知识竞赛为蓝本，将竞争引入荧屏，用知识赢得财富的益智游戏节目悄然登场。这种知识与电视结合的最初想法源于 20 世纪三四十年代的电台智力竞赛，早期的电视益智节目有英国的《一本万利》和《任你选择》等。真正在世界范围内引起轰动的是英国的《百万富翁》（The Millionaire）。

1995 年，英国电视导演戴维·布里格斯开天辟地地以百万英镑的高额奖金为诱惑，要制作一档益智游戏节目。1998 年，这个名为《百万富翁》的节目终于问世，并且迅速蹿红，不仅占领了市场 59% 的份额，而且更以不同版本在美国、荷兰、日本、澳大利亚等六十多个国家和地区播放，收视率居高不下。到 2004 年初，使用该节目样式的国家已达 108 个。游戏参与者不仅可以在镜头前炫耀自己的学问和勇气，更有机会拿到梦寐以求的大奖；旁观者则可以边看节目边学知识，时不时还可以把玩一下参赛者的"尴尬"和"洋相"。这一切都保证了把观众牢牢地"贴"在电视机前。

在欧美电视娱乐圈，绝大多数娱乐节目都是在以营利为目的的前提下，对节目进行不断地改版和创新。看多了名人、明星的丑态，在注重纯娱乐的西方电视，还有什么比百万巨奖更能让观众为之疯狂呢！《百万富翁》的游戏规则是这样的：在全国范围内选取十名参赛者，通过一道抢答题选出其中一个用时最短并答对问题的人，此人获取机会问鼎 100 万英镑的奖金。他将依次回答 15 道多项选择题，如果全部回答正确，那么，他将赢得全部的累积奖金；如果出现不确定的问题，选手可以使用三个锦囊：去掉四个答案中的两个错误答案，留下 50% 的机会在剩下的两个答案中作答，或者电话求助亲友，或寻找现场观众帮助；如果在任何一个阶段出错，奖金就将跌至安全线下，或者 1000 英镑，或者 3.2 万英镑，游戏也将到此结束。这种巨额奖金的诱惑，也让某些具有投机心理的观众成为相对固定的收视群体，甚至为此跃跃欲试。虽然在《百万富翁》节目开播三年之时，全球六十多个国家只有二十多人因此成为百万富翁，但是这丝毫不会削减参与者挑战的热情，反而会激发他们的斗志，燃烧他们求胜的欲望。

在《百万富翁》的带动下，2000年，英国广播公司（BBC）又推出《最弱一环》（The Weakest Link，又译作《最薄弱的环节》、《智者为王》）来与其抗衡。同样是巨额奖金，同样创下了收视率新高。而后便是不同版本的《百万富翁》和《最弱一环》的全球电视娱乐领域的遍地开花。

在中国，电视承担了过多的政治功能和教化功能，对电视娱乐功能的意识觉醒可以说是近几年的事情。但是说到益智游戏节目，它的出现却远远先于其他游戏类节目。早在1981年7月，赵忠祥就曾和一位老师在中央电视台共同主持过一档"北京市中学生智力竞赛"节目，面向全国播放；1985年，电影演员王姬和总政话剧团导演金翼在北京电视台主持了"家庭百秒知识竞赛"，并且伴有些许奖品。这些可以算得上是中国电视益智游戏节目的前身。真正在全国范围内掀起益智游戏节目高潮的是中央电视台的《幸运52》和《开心辞典》，这两档节目分别借鉴了英国的《Gobingo》和《百万富翁》。随后，《才富大考场》、《超级英雄》等一批益智"劲旅"纷纷踏上中国的娱乐荧屏。总体来讲，从《幸运52》和《开心辞典》等中国益智类节目出现到今天，短短几年时间里，益智类节目发展迅速，被证明是一种极具市场潜力的节目形态。由于国情、体制、文化以及价值观等方面的差异，益智游戏节目在借鉴的过程中又不断改进，成为具有中国特色的本土化版本。

在全球信息化和知识化时代，"知识"无疑给益智游戏节目穿上了最华丽的外套。益智游戏节目毕竟不再是原来的知识竞赛，"知识"的外套包裹的是诱人的财富，大多数选手穷尽智慧、"殚精竭虑"，不只为在大众传媒上展现风采，其最终的目标就是那诱人的奖金。而观众观看这类节目，一方面虽可以获得很多实用性的知识，但更为重要的是想看到选手财富梦想的实现。这样既给观者以强烈的刺激，又满足了娱乐的需求。

（2）综艺游戏节目

所谓综艺游戏节目，是指大众广泛参与的，以一定游戏规则为主导，综合众多艺术形式的电视娱乐节目。综艺游戏节目由两大基本要素构成——综艺和游戏，在节目的整体结构中二者所占分量、所发挥的作用都不尽相同。

任何一种新节目类型的产生，都不是凭空策划出来的，综艺游戏节目亦然。从其称谓中，我们不难判断出它与综艺节目的关系甚密。一方面，综艺游戏节目脱胎于综艺节目而产生，二者具有亲缘关系；另一方面，综艺游戏节目归根结底是游戏因素比重较大的一种综艺节目，二者在概念上是从属关系。

中国的综艺节目内容涵盖范围一般集中于文艺表演方面，它将音乐、舞蹈、戏曲、杂技、魔术、武术、相声等多种艺术表演形式融为一体，构成了满足观众多方面审美需求的电视综艺节目，偶尔也会出现游戏的因素。然而，在综艺节目发展历程中，观众的收视需求发生了很大转变，以往以艺术欣赏性来满足观众审美需求的节目越来越遭遇冷落，于是，游戏、竞赛、益智、猜谜等形态也被加进综艺节目的大拼盘中。因此，当游戏因素在综艺游戏节目中得以充分运用，并上升至关键环节，成为其他节目因素的载体时，综艺游戏节目便从综艺节目的母体中分离出来，自立门户。

中国综艺游戏节目的产生，是电视娱乐本性回归的结果。在 20 世纪 80 年代前期与中期，电视节目的娱乐化倾向并不明显，担纲娱乐功能的节目主要还是电影、电视剧，但电视文艺晚会已开始出现了，并且逐渐普及，进而发展成固定栏目。这类定期播出的晚会形态的电视娱乐节目已初具综艺节目的雏形，发展到 90 年代已盛极一时。综艺游戏节目也正是在此时开始崭露头角，出现了北京电视台的《开心娱乐城》及上海东方电视台的《快乐大转盘》等。两家电视台开中国综艺游戏节目先河之作的举措在当时带动了一批省市电视台的综艺游戏节目纷纷上马，形成了一个不小的高潮。这股旋风到 1997 年前后又受到港台娱乐电视节目的影响，继之又催生出了以《快乐大本营》、《欢乐总动员》为代表的全新姿态的综艺游戏节目。这在当时还被认为是新生事物的节目类型来势汹汹，不但迅速抢占了每个周末的黄金时段，还取代了原有综艺节目在中国娱乐电视界的龙头地位，更引发了电视娱乐节目的某些根本性变化。

在此之前，几乎所有的电视娱乐节目都是以演员的艺术表演为主体。如中央电视台的《综艺大观》节目，其节目组织与晚会的节目组织颇为类似，节目形式也与晚会的形式大体相同，大多是明星们表演节目，主持人串场。而综艺游戏节目则不然，它的主体虽然仍是明星艺人，但是一改在综艺节目中以本行表演为主，而是参与到各种游戏中，以轻松、热闹、搞笑的姿态出现在观众面前。如果说电视综艺节目是在艺术表演、艺术欣赏方面下功夫，那么，综艺游戏节目的主要目标和兴奋点则主要落在游戏娱乐上。综艺游戏节目的平民化风格，拉近了广大电视观众与节目的距离，在观演关系的层面上，激起了观众强烈的参与意识。

今天的综艺游戏节目更能够尊重人的游戏天性，从平等的理念出发，在近乎面对面的交流互动中，把天南地北的人们聚在一起。观众们不再是置身于节目之外的被动旁观者，而成为游戏的主动参与者。开播于 2003 年 10 月 26 日的《非常 6+1》，它打出的口号是："梦想在你心中，机会在你手中"，它的目标是"成就普通人的明星梦想"，这一口号的打出进一步激活了人们的娱乐神经，从此，人们不但要成为节目参与者，还要展现自我，进而实现自我。正因为如此，节目一经推出即反响强烈，迅速掀起了一股全国范围内的平民选秀热潮。

（3）电子游戏节目

电子游戏节目是指电视观众可以直接或间接（通过电话连线、短信、互联网等方式）参与的、在电视平台进行实时电子游戏竞技的节目。

传统生活游戏可以分为脑力和体力两种，电子游戏是脑体并重，而基本上更注重脑力方面的游戏。与其他电视综艺游戏节目相比，电子游戏作为一种"纯游戏"，不但具有趣味性、互动性等传统游戏形式的特点，而且还有它自己的优势——华美漂亮的画面，动听优美的音乐音效，引人入胜的故事情节，环境设置或任务安排，最大限度的交互性和可操作性等特点，这些是其他游戏形式无法比拟的。

自从电子游戏出现之日始，它就改变了人们的休闲娱乐方式，其影响力引起了专家和学者的很大关注。以电子游戏竞技为主要内容的电视节目，除了包含电子游戏本身的特点外，还产生了其自身作为电视节目的新特点，因而受到很多观众的喜爱。

20 世纪 80 年代，电子游戏随着计算机的发展深入到普通民众之中，改变了世人的娱乐观念。但电子游戏真正的发展是在从 1990 年开始，技术的进步推动了电脑、电子游戏的流行和发展。伴随着游戏产业的蓬勃发展，电视上的电子游戏专题节目应运而生。从最初开始仅仅是某些资讯节目的一条或是一个板块，逐渐发展成为专题资讯节目，再到可以直接在电视上玩游戏的电子游戏节目，由此，电脑显示器上的游戏内容开始进军电视屏幕。

从 20 世纪 90 年代开始，电视娱乐在中国快速发展。娱乐改变了电视节目的语境，并引进了更多新的形态供电视人学习借鉴，电子游戏节目就是电视娱乐大潮中翻滚出一朵小浪花。到今天，电子游戏产业的成熟，使它与电视媒体的合流成了一种必然的趋势，而这种趋势最直接的产物就是电视媒体的电子游戏节目。

2001 年，以电子游戏各方面资讯为内容的电视专题节目在中国大陆出现，代表节目有北京后方国际影视文化传播有限公司的《电玩 GO GO GO》（后更名为《电玩方舟》），旅游卫视的《游戏东西》，央视的《电子竞技世界》等。但此时的游戏节目还只能算是资讯类节目形态，并不是真正的电子游戏节目。直到《游戏东西》的衍生节目《东西争霸》和《电子竞技世界》的《玩家擂台》板块的出现，才具备了电子游戏节目的雏形。

现如今，电子游戏节目往往与数字电视、机顶盒、收费电视等新名词联系在一起。原因在于，游戏节目的互动特点决定了其必须依托于数字技术，而数字电视正是电子游戏节目的理想载体。目前，经国家广电总局批准，我国已有两套数字付费有线游戏频道。

人类对于竞技游戏有着与生俱来的爱好，电视的人性化传播特性又强化了游戏的竞争性、公平性和刺激性，由此不难理解为什么在电视出现伊始就有这种观众参与的游戏节目。在此类节目中，表演者和参与者融为一体，竞技、游戏的过程即为节目的内容，具有相当的互动性，观众和参与者也由此获得身心的松弛和愉悦，充分体现了电视在娱乐方面的社会性和大众化特征。

2. 公共舞台类

公共舞台类娱乐节目是以观众自我抒发、自我表现为目的，提供观众表演空间、满足观众表演欲望的娱乐性节目。

中央台的《梦想剧场》、《星光大道》，福建东南台的"模仿秀"娱乐节目《开心100》都属于这类节目。

在《开心100》的"开心明星脸"、"走近大明星"等子栏目中，来自全国各地的自愿者在台上或唱歌、或跳舞、或演小品，充分展示才艺，改变以往以名人、明星唱主角的娱乐节目形式，观众翻身做了"主人"，从被动的接受角色转变为主动的表演角色。在这个栏目中，被邀请的明星不再是荧屏上的主角，他们大多扮演的是嘉宾、评委的角色，所以在节目中他们首先表露的是作为观众的心态，然后才有评判的权力。而参与"明星脸"的模仿者才是节目真正的主角，他们从全国四面八方赶来，在荧屏上一展自己的艺术才华，既满足了表演的欲望，又有了出头露面的机会，一举两得。

这种娱乐节目为普通人提供了一个公共舞台，个人从中自娱自乐。而观众在对他人的自我表现中也会产生一种同质共振，获得替代性的表演愉悦。此外，由于这是一种非专业的介入，在各种日常鲜有机会表现的内容中，才智与梦想之间的落差，业余与专业之间的距离，均让节目天然地融合在一起。

公共舞台类节目的扩展成为"舞台秀"，让大众通过电视媒介这个"公共舞台"来充分展示自己的表演才能。由于这类节目也引入了竞争元素，因此，使得节目既充满紧张、刺激，又将一环一环的悬念留给观众，让大家在互动中一起见证优秀表演者的胜出。如中央电视台的《星光大道》就是通过4个环节的竞技演唱，让获胜者一步一步走上"星光大道"的顶端：第一环节"闪亮登场"；第二环节"才艺大比拼"；第三环节"家乡美"；第四环节"超越梦想"。每期节目都以同样的环节、不同的表演给观众一种熟悉的"陌生"感。

3. 娱乐资讯类

娱乐资讯类娱乐节目是以娱乐资讯报道为主的节目，它融合了新闻性和娱乐性，并以报道的方式固定播出。

这类节目有《娱乐现场》（原《中国娱乐报道》）、湖南卫视的《娱乐无极限》、北京生活频道的《娱乐通天下》，凤凰卫视的《相聚凤凰台》等；以电影资讯为主要内容的节目也非常典型，如CCTV-6的《世界影视博览》等。

至今，在世界各国的节目构成中，娱乐资讯报道节目都占有不可或缺的位置。据统计，美国的 ABC、CBS、NBC、CNN 等电视网每天都有半小时左右的娱乐资讯报道，欧洲多数国家的电视台也有专门的娱乐资讯节目。

娱乐资讯节目有娱乐的资讯（内容上的娱乐）和娱乐化的资讯（方式上的娱乐）两种表现形式。娱乐资讯指的就是"娱乐界"或"娱乐圈"中的明星逸闻、近期动态等内容。娱乐资讯节目以报道娱乐圈的新闻满足观众对娱乐的兴趣，在新闻素材选取上注重明星效应，内容上强调娱乐性，既包括电影、电视、音乐、舞蹈、戏剧、曲艺、文学界的最新人物动态，也包括文化娱乐产品、文化娱乐市场、政策、管理、从业人员和机构动态以及文化艺术教育、国际文化娱乐业动态等等，其中不乏一些娱乐界人士的趣闻、秘闻。《中国娱乐报道》开创了国内娱乐资讯节目的先河，使娱乐界的种种人物、事件从专题的形式走向了新闻报道的形式。

在报道形式上，娱乐资讯节目也强调娱乐性。由于娱乐资讯节目的特殊信息类别，对文化娱乐作品及其活动的展示在节目中占了相当的份额，譬如，在报道演唱会的信息时，对演唱会现场会有较长时段的展示，同时还有后台的花絮、观众的反应、对明星的个人情况介绍等；在新片报道中，有对影片较为完整的段落演示及在拍摄现场的采访等。譬如《花样年华》在内地上映之际，《娱乐人物周刊》先对相关新闻进行了一定的报道，现场采访了王家卫、梁朝伟、张曼玉，紧接着就安排了"中场 TV 秀"。当在吊起了观众的胃口、欲罢不能之时，又进入了"明星到场"单元，在演播室现场采访该片的男主角梁朝伟，同时又结合了网民的提问及事前采制的现场观众提问，较为充分地满足了观众对这一影片的娱乐需求，而且在"集团式"展示中，营造出娱乐的情绪和氛围。

娱乐的资讯仅仅是一种内容特殊的资讯，而所谓娱乐化的资讯，就是被"娱乐"手段处理过的一般资讯。这种"娱乐化的资讯"中的"娱乐化"其实就是新闻表达方式的一种。资讯的娱乐化，实际是对资讯传达语境的个性化设计，也是将资讯人性化，资讯传播人性化的尝试。央视新闻频道的早间新闻就颇有娱乐化的味道，主持人以稍带调侃的口吻发布着每条新闻，娱乐这种新表达方式给传统的新闻节目带来新的看点。

娱乐化的新闻资讯节目与娱乐的资讯节目有相似之处，那就是它们在内容上都偏重于软新闻，减少严肃新闻的比例，将名人趣事、日常事件、带煽情性和刺激性的犯罪新闻、暴力事件、灾害事件、体育新闻、花边新闻等软性内容作为新闻的重点。但与单纯的娱乐新闻不同的是，娱乐化了的资讯节目并不仅仅关注娱乐界的琐碎资讯和明星逸闻，而是竭力从严肃的政治、经济变动中挖掘其娱乐价值。此类资讯节目在内容的表现形式上，强调故事性、情节性，走新闻故事化、新闻文学化道路。节目主持人也以调侃休闲的话语取代传统的播报方式，整个节目的布景、主持人的着装、形体、色彩搭配上都实现生活化、趣味化，最大限度地实现节目的娱乐属性。当然不是任何新闻都可以娱乐化，娱乐化有它既定的题材和范围，一般社会新闻、文化新闻、体育新闻等与娱乐业紧密相关的内容才较可能做成娱乐化的风格。

4. 娱乐谈话类

由于电视谈话节目从它诞生之日起就以娱乐性为其特征，因此从广义上说，谈话节目都是具有娱乐性的。从狭义上来说，所谓娱乐谈话节目，是以谈话为载体，充分展现话语的幽默和情景的滑稽，极力营造轻松愉悦的收视氛围，以取悦观众。娱乐谈话类节目或具有娱乐的内容，如《超级访问》、《娱乐串串秀》、《艺术人生》、《鲁豫有约》等，这类节目多以娱乐人物作为嘉宾；或就娱乐圈的热点事件进行讨论；或谈话具有娱乐的形式，如《东方夜谭》、《锵锵三人行》等，这类节目娱乐的内容不是很多，但它的目的也是让观众觉得好笑、好玩，节目的诉求和娱乐节目相同，因此也属于娱乐谈话类节目。

在西方，尤其是在美国，电视谈话节目都被称为"Talk Show"，港台媒介引进这一节目样式的时候将它形象地称为"脱口秀"。这一译法将美国"脱口秀"节目的精髓体现得很传神：脱口而出、即兴发挥正是"脱口秀"的主要特征。与西方相比，中国的电视谈话节目从一开始就不是按照娱乐节目来运作，这和美国"脱口秀"有着本质的区别。中国的电视谈话节目更强调节目的"谈话"性质，它的目的是为人们提供一个相互沟通的场所，通过主持人、嘉宾以及现场观众在演播室的谈话，来引起全社会对某些问题的关注。

经过近十年的发展，电视谈话节目逐渐从只注重内容走向内容和形式的结合，越来越多的节目形态和电视技巧出现在娱乐谈话节目中，如《艺术人生》、《超级访问》、《东方夜谭》等娱乐谈话类节目异军突起。此外，越来越多的电视谈话节目在节目形式上体现出娱乐化趋势。这似乎预示着国内电视谈话节目正在经历着一次转型。同时，随着主管部门对谈话节目的限制逐渐放开，给国内"脱口秀"节目的出现提供了契机。一些和美国"脱口秀"具有相似特征的国产"脱口秀"也风风火火地发展起来，其代表如湖南电视台的《玫瑰之约》，凤凰卫视的《非常男女》、《性爱学分》，上海电视台的《相约星期六》等。

这些娱乐节目的内容多涉及男女之间的敏感区——情爱话题。由于情爱话题一向被公众视为"绝对隐私"，而窥探"隐私"又是观众好奇心理的普遍表现，同时这些娱乐节目主持人的主持又"深得人心"，这就使得这些娱乐节目更有观众"卖点"。整个节目加入了很多游戏的因素，娱乐性很强，因此，把它们归为谈话娱乐节目。这类节目以演播室中的访谈部分为主，陌生男女在主持人的引导下，探讨家庭、婚姻、感情等方面的问题，然后互相选出自己中意的男女朋友，进行现场速配。

5. "真人秀"类

"真人秀"类节目，也有人称之为"游戏秀"、"真实电视"、"纪录片式的肥皂剧"等。自从1999年荷兰的"真人秀"类节目《老大哥》播出获得成功后，这种纪实性的游戏节目便风靡了整个世界，成为近年来在西方最为火爆的一种娱乐节目形式。

"真人秀"类节目基本上采用了纪录片的拍摄制作方式，表现真实人在真实场景中的活动情节，同时也有游戏、竞技比赛、荒岛及室内生活、记者的现场采访和脱口秀式的演播室访谈等。这是一种集纪录片、游戏、益智、竞技、谈话、新闻报道等多种形式，融知识性、娱乐性、可视性等多功能于一体的节目类型。

"真人秀"也有人称之为"游戏秀"、"真实电视"、"纪录片式的肥皂剧"等，对应的英文名称为"Reality TV"或"Reality Show"。所谓"真人秀"节目是指：由普通的人（非扮演者），在规定的情境中按照制定的游戏规则，在游戏规则的制约下，为了一个明确目的去做出自己的行动，同时被记录下来而做成一集节目。有人认为，"真人秀"节目是"制片方给选手提供一个封闭的环境，一个刺激的游戏规则，让选手在规定的情境里自行其是，然后对他们进行全天候、全方位的拍摄，真实记录他们的言行、情感、心理以及隐私，也有人称其为'窥探电视'①"。

"真人秀"节目的火暴虽然是近几年的事，但它的产生可以追溯到20世纪中期。20世纪50年代，美国便出现了"真人秀"节目的雏形，如始于1948年拍摄真人生活的《公正的镜头》，50年代拍摄的《美国家庭滑稽录像》，以及1973年公共广播公司制作的追踪一个家庭一年内真实生活的《一个美国家庭》等，但当时这些节目的播出并没有造成太大的影响，直到1999年荷兰的《老大哥》节目播出后，才真正开始在全球范围内掀起了一股"真人秀"节目的收视狂潮。

《老大哥》这个节目的名字出自乔治·奥威尔的著名小说《1984》中的一句话："老大哥在看着你呢。"节目游戏规则是：选择10名青年男女，他们共同生活在一个特制的有着花园、游泳池、豪华家具的大房子里，大家共享一间卧室、一套起居室和卫生间。《老大哥》设置了25台摄像机，32个麦克风和40公里长的电缆，一天24小时记录他们的一举一动，制作成每天半小时或一小时的节目，向电视观众展示屋内发生的大事小事。

在共同生活的10周左右的时间里，选手们每周六要选出两个最不受欢迎的

---

① 纪辛：《西部黄金卫视再造内容看点》，《国际广告》2003年第11期。

人。而每天守候在电视机前的狂热者们则用声讯电话，在这两人中选中一个他们最不喜欢的、最没有人缘的选手出局。为了争取坚持到最后可以得到 25 000 美元的奖金，选手们必须努力改变自己的态度和表现。

《老大哥》节目由 4 个基本元素构成：最原始的生活条件、竞争淘汰制、《老大哥》每周布置的任务和一个秘密"谈话室"。谈话室供选手们表达各自的想法、情绪，并说出他们希望淘汰的对象。《老大哥》现已成为全球最大的真人秀（或真实电视）节目之一，也是目前传播最广泛的"真实电视"节目。

《老大哥》的节目模式派生出大量的"真人秀"类节目，如《幸存者》、《诱惑岛》和《阁楼故事》等。《幸存者》节目是由美国哥伦比亚广播公司（CBS）于 2000 年 5 月开始推出的另一档风靡全球的真人秀节目。从近万名应征者中挑选出的 16 名参赛对象被送到一个荒岛上参加"幸存者"游戏。这 16 名男女选手在漫长的 4 个月时间里，既要迎接自然界的生存挑战，还得为在岛上"居留权"处心积虑绞尽脑汁，因为他们每周要召开一次"部族会议"，宣布将其中一个人逐出小岛。依此类推，经过 4 个月的"优胜劣汰"，最后一位岛上居留者将成为唯一的赢家，获得广播公司颁发的 100 万美元奖金。由于"游戏规则"规定人们可以发挥除暴力以外的任何手段，所以这实际上意味着竞赛者们除了极尽其说服能力外，还得把人性中最隐秘的一面——造谣中伤、欺软怕硬、欺骗狡诈发挥得淋漓尽致，才有可能最终获胜。

"真人秀"类节目虽然整个过程都是真人真事，但仍然只是一种基于真实的节目，是一种经过设计的真实。首先是参与人员的精挑细选；其次是特定环境和人物心态使节目具有一定的刺激性，人与人之间的争斗也具有很强的娱乐性，特定情境的设计和媒介所具有的距离感，又更加激发了这种娱乐性。而且虽然几个月每天都生活在镜头下，但是最后制作出来的节目毕竟只有几十小时，既是真实，又是一种浓缩过的具有表演性质的真实，其所具有的娱乐性因有了真实的基底而显得更贴近人心。

"真人秀"类节目参与游戏的已经不仅仅是因逐渐淘汰而减少的几名参赛者，人们通过观看和各种方式的参与而成为这一场真实娱乐中的一员。如《幸存者》节目吸引美国电视观众的总人数超过美国其他几大电视网观众人数的总和，达到了 4000 万人，居美国电视节目收视率的首位。随着最后一位幸存者产生日子的临近，全美上下掀起了一股《幸存者》狂潮。不仅到处有这款节目的"模仿秀"，连最后 4 位幸存者的衣着、发型等在一夜之间都成了美国人的时尚。市场上充斥着有关这个游戏的书籍、录像带，几乎所有的酒吧都举行"幸存者"派对，并且向那些扮相最像最后 4 位"幸存者"的顾客颁发奖金。从而使游戏节目演变为举国上下的一场狂欢。

"真人秀"类节目在西方的电视屏幕上创下了收视率和广告收入的新纪录，在我国也产生了广泛的影响。中国"真人秀"节目的产生几乎与国外同步进行，广东卫视成为中国本土第一个吃螃蟹的电视台，于 2000 年推出的《生存大挑战》成为中国本土最先涉足"真人秀"的节目。目前，这种"真人秀"节目仍在引导中国新一轮的娱乐节目潮流。除了像中央电视台和凤凰卫视直接引进播出外，由于社会形态、价值观和审美习惯等的不同，中国的"真人秀"节目从一开始就多是移植国外节目的形态，然后加入中国元素后才开始亮相本土。如维汉公司制作的《走进香格里拉》就是经过改造的《幸存者》类型节目，上海电视台纪实频道和上海卫视联合制作的《走通黄浦江》节目，CCTV-2 的假日特别节目《欢乐英雄》，北京维汉与湖南经视联合制作的《完美假期》，浙江卫视推出的《夺宝奇兵》，贵州卫视摄制的《星期四大挑战》等，节目形态较之国外更加复杂，往往融入了益智、竞技、综艺等多种元素。广东电视台在其《青春热浪》栏目中推出的《生存大挑战》的专题系列节目中，以一定情景设置，让青年去求生存，然后以摄像机跟踪偷拍的方法记录、制作节目。如让参赛的青年人只带着 5 元钱和身份证件去一个陌生的城市环境中生活两天一夜。在节目中，摄像机始终跟随其后，拍下了参赛者的不同表现。

尽管"真人秀"在中国只有几年的时间，但事实上已经走过了一个从兴起到衰落再到复兴的发展过程，节目形态也从单纯模仿到引进模式和自主设计进行多种尝试。以 2003 年中国电视"真人秀"论坛为标志，前期电视真人秀节目除《完美假期》外，其他节目几乎千篇一律是"野外生存挑战"类的"野外真人秀"，而后期则以"海选"、"全民娱乐"、"民间造星"为主要特征的"室内真人秀"。

2004 年 2 月，湖南卫视以《美国偶像》为蓝本，推出一档全新的娱乐节目——《超级女声》，这种由地方电视台制作播出的电视娱乐节目，从湖南长沙开始，迅速波及到广州、成都、杭州、郑州及武汉等地，使无数怀揣着梦想的女生纷至沓来，以致在全国演变成一场声势浩大的全民娱乐游戏，也形成一种独特的电视现象和文化现象。根据央视——索福瑞媒介调查公司对全国 31 座城市进行的收视调查，《超级女声》的播出让湖南卫视的白天收视率从 0.5% 上升到 4.6%，市场占有率上升到 20%，最高为 49%，并且该活动播出时，同时段收视率仅次于中央电视台一套，排名全国第二名。

此后，上海东方卫视和中央电视台也分别推出两档同类型节目《莱卡我型我秀》和《梦想中国》。《梦想中国》是央视品牌栏目《非常 6+1》的特别版，上海东方电视台在"真人秀"节目的制作上与湖南卫视打起了擂台，分别于 2006 年和 2007 年推出的两档节目《加油，好男儿》和《舞林大会》将这种

"真人秀"再次推向了一个新的高潮,大有进入全民狂欢时代的迹象。

就人的心理而言,真实娱乐节目的产生本身就是个契合现代人心理的创意,这种真实娱乐节目满足了人类的好奇天性,让人在一个不受特定道德规范约束的情况下满足自己的窥视欲望。因此,这种真实与扮演结合的真实娱乐节目成为近年来颇受欢迎的一种娱乐节目类型。

纪实和娱乐之间不是不可以逾越的,真实性娱乐节目的隐含意蕴就在于模糊了现实与游戏的界限,以挑选出的个体的实践行为在集体的意念上使得游戏与生活内外融为一体,让人们在一个意念的模糊地带去感知一些隐隐约约的冒险与冲动,既有刺激又没有逾矩。

社会发展到今天,娱乐已经渗透到了生存活动的各个方面,人们也有了更大娱乐游戏的时间和精力,节目也因此有了更大的市场。在围绕着对人天性的满足和调动中,电视娱乐节目还在不断发展。

二、电视娱乐节目的特征

表面上看来,娱乐节目形式上出现了很大的变革,传统的歌伴舞、舞伴歌,相声加小品的晚会形式被多姿多彩的形式所取代,各种游戏、竞技填充在节目之内。不仅如此,娱乐性节目与传统的综艺节目在文化内质上也有了本质的区别,那就是:拒斥和取消电视文化所透射的意义和价值,淡化与解构了传统综艺教育、导向功能,对严肃审美基调进行革命性颠覆,对纯娱乐性极度推崇。

1. 无价值深度的、轻松的游戏

当前的娱乐节目正是以这样一种娱乐倡导者的形象出现在观众面前的。这些娱乐性节目,提供的大多是一些无深度但却轻松、流畅的情节和场景、令人兴奋而又晕眩的视听时空,是消除了时间感、历史意识、与现实生存的真实性联系的自我封闭的文本游戏。在这些娱乐性节目中,文化的认知功能、教育功能,甚至审美功能都受到了抑制,而强化和突出了它的感官刺激功能、游戏功能和娱乐功能。有娱乐节目的主创人员甚至直言不讳称:"我们的节目就是玩,就是娱乐"。即使有些娱乐性节目的创作人员认为他们的节目依然具有寓教于乐的特征,但揭开表象可以看到,目前所有的娱乐节目的主持人、嘉宾、现场观众完全本着游戏、找乐的调侃态度来参加,玩乐占据节目的主体地位;节目的最终目的不再是为了教给人们某种知识,让观众得到启迪,"玩"才是节目最本质的追求;它抛弃了"寓教于乐"的传统模式,更倾向于给观众带来感官上的轻松愉悦。

这些娱乐节目都有一个共同点:即对崇高感、悲剧感、使命感、责任感的放弃和疏离,过去文化中那些引以自豪的东西,如深度、焦虑、恐惧、永恒的情感被淡化,取而代之的是一个个世俗梦想、儿童乐园和文化游戏,它不需要我们殚思竭虑，它甚至可以把我们的智力消耗降低到几近于零。这是一个巨大的诱惑，它用对矫情的贵族意识的嘲笑、对那些虚伪的道德寓言和价值观念的瓦解，以及那种进退自如、宠辱不惊，超然于胜利与失败之上的人生态度，为处在生存压力下的大众允诺了一种文化"解放"；它兴高采烈地抛弃了那些由意义、信念、价值强加给人们的重负；它是非常放松的娱乐，是一次性的消费文化；它是一种近乎表层化、平面性的节目形态；它不要道德劝诫，不要知识灌输，不要心智的深入思考，主题模糊随意，以游戏为主体，有时甚至显得场面混乱和狂欢化；结构也很散漫，主持人和嘉宾一种满不在乎的态度满足了人们一种游戏的天性和放松的欲望。娱乐性节目带来了一股叛逆精神，它消解了综艺节目中的教导权威地位，将娱乐简单化、纯粹化了。

2. 平民性、互动性的现场

娱乐节目全方位地表现出"平民意识"。首先是参赛选手的平民化，无论是中国的《星光大道》，还是美国的《美国偶像》，都体现出一种媒体的草根倾向、平民意识。从《美国偶像》的形式与规则看，其实就是一个平民歌手选拔赛。节目制作者的宗旨就是为有音乐才华的普通人提供一个舞台，通过有戏剧冲突的比赛进行选秀，直至达到总统选举式的节目高潮。

其次是节目主持风格的平民化，以前主持人声音的处理原则是在咬词吐字上下功夫，既夸张又严肃，现在讲求自然亲切。

再次就是娱乐节目十分强调观众参与，强调互动，非常注意人际交流整体氛围的传播。现场保留了很多自然生发的内容，画面容易制造激情，特别是在直播类节目中，画面内容的节奏和观赏心理的情绪相互激荡，构成一个交融一体的传播空间，台上台下打成一片。从传播角度而言，电视娱乐节目进行的是一种多点对多点的群体式的传播，讲求的是一种情感的互动和交流，所提供的是群众性的娱乐活动，是一个可以充分拓展的时空。观众是游戏节目的再创造者。屏幕内观众的参与直接联系到屏幕外观众的参与，而观众的参与直接影响到节目的质量，影响到节目的存在价值。这样的节目让观众感觉不仅仅是在看电视，而且还在和嘉宾以及场内的人一起活动，不仅调动了现场观众，活跃了现场的气氛，拉近了普通人与明星之间的距离，也调动了电视机前观众的情绪，缩短了电视与观众的距离。应该说，这是一种进步。

观众通过发手机短信等形式，参与投票，决定娱乐节目选手的最后去留，是互动的第二种表现形式。《美国偶像》2004年5月决赛时，吸引了6500万人次投票，相当于2000年美国总统选举投票人数。《超级女声》在2005年单场手机短信费收入就超过了1500万元，可见投票互动的巨大社会效应和经济收益。

3. 类型化、模式化的制作

类型化的概念来源于类型电影（或称样式电影），是好莱坞技术主义电影在全盛时期所特有的一种影片创作方法，即一种艺术产品标准化的规范。在一个商业化的美国社会里，当一种类型影片受到观众的欢迎后，制片商就对这种类型不断复制。这种经过市场检验的类型影片可以最大限度地避免盲目创新而带来的巨大经济损失。

借用到电视媒介中，这种模式化的运作方法在"真人秀"类节目中也获得了成功的验证。《生存者》（CBS）于2000年5月开始推出，在每周四晚上八点的黄金时段播出。开播第二周，其收视率就跃居至当时全美黄金时段榜首，广告收入也随之大涨，最高价格达到每30秒60万美元，创下了单集3600万美元的天价。最后一集大结局播出时，当晚的收视观众超过美国其他几大电视网观众总和，全美约有44%的家庭收看。

《生存者》第一季让CBS打了个翻身仗，其总收视率从美国四大电视网的最后一名一跃而上。因此，《生存者》接着又从2001年1月至2005年9月，连续制作了第二季至第十一季节目，并打破了每年只推出一季新节目的惯例，在每年春、秋分别推出两季节目，尽管后来受到《美国偶像》的冲击，但还是取得了不错的成绩，这就是类型化电视的魅力。

目前，我国的娱乐节目多为"拿来主义"。有的直接引进，有的移植过来。比如中央电视台的《城市之间》就是法国《城市之间》的中国版。收视率极高的湖南卫视的《快乐大本营》与香港地区10年前的《综艺60分》同出一辙。《玫瑰之约》、《相约星期六》则如同台湾地区的《非常男女》换汤不换药。其他的栏目《欢乐总动员》、《假日总动员》等节目则更像是《快乐大本营》的北京版、浙江版。

实际上，当一个概念被集体性地一再重复时，它所意味的不再是类型电视的魅力，而是节目的匮乏。所以当打着"快乐"、"幸运"、"欢乐"等旗号的娱乐节目一拥而上的时候，它意味着其实是人们在这方面的需求没有被真正满足。同一层面的重复起到的是一种隔靴搔痒的作用，并将最终连这种浅层次的快乐都消失殆尽。

4. 商业性的、博彩性的刺激

娱乐性节目让观众得到娱乐的目的是为了什么？最终是为了赢得高收视率，获取经济效益。不论是请明星嘉宾出场表演比赛，还是以热线电话抽奖，都是为了吸引场外观众的参与；不论是新鲜的招数、有趣的游戏、火爆的场面、快速的节奏，还是礼品、钻戒、出境旅游等数额巨大的奖品，甚至比较浅俗的节目格调，都是为了聚集广告客户。娱乐性节目迎合了观众的欣赏口味，用娱乐找到了经济效益，这就是它的商业运作模式。

电视娱乐节目是消费性的娱乐，是一种商业娱乐。在引导观众走进游戏的欢乐之时，也使人们感受到了浓浓的商业气息。几乎每台节目都设有幸运抽奖，奖品价值动辄成千上万，有些节目甚至当场发给现金。《生存者》、《谁想成为百万富翁》奖金都高达百万美元、百万英镑。此外，节目主持人在演播过程中不时介绍企业、产品，或者请赞助商讲话，都使娱乐节目呈现出浓浓的商业味，为娱乐节目打上了浓厚的博彩特征。

5. 约束性、操作性的游戏规则

节目运作中的规则是游戏节目非常重要的因素。"所有的游戏都有其规则。它们决定着由游戏划分出的这个暂时世界中所尊崇的东西。比赛规则是完全无情且不容置疑的，因为规则所蕴含的原则是不容摇撼的真理。"① 电视游戏节目的成功与否，关键就在于游戏规则、游戏环节设置的严谨性，操作的公平性和制作的可复制性。《星光大道》节目每期不变的即是 4 个环节的规则性，可变的则是每期参赛对象的不同，因此，每期节目都能给人以全新的感觉。《美国偶像》和《生存者》的成功制作，也在于其不变的坚守游戏规则，可变的生存环境和参赛选手。

《生存者》从 2000 年 5 月第一季，到 2005 年 9 月第十一季，游戏环境绝不相同，分别是婆罗洲、澳大利亚内陆、非洲、马克萨斯群岛、泰国、亚马逊、珍珠群岛、瓦努图、帕劳、危地马拉等。16 名参赛选手分别来自不同的地方，职业五花八门，年龄层也是老少搭配，参赛者的种族、性格和政治观点也多有不同，充分代表了美国社会的各个阶层，成为当代美国社会缩影，这也是为了吸引美国社会各阶层人员的广泛观看。

《生存者》游戏全过程一般分为三个阶段，第一阶段为团体间竞赛；第二阶段为个人间竞赛；第三阶段为最后对决。每一阶段的一个游戏进程持续三天，由若干竞赛项目胜出者决定淘汰人员，直到最后一个幸存者的诞生。

《美国偶像》于 2002 年 6 月登陆美国后，也获得巨大成功。其节目规则类似于业余歌手大奖赛，即最初从全国报名到歌手参加比赛、评委点评，再到观众投票选拔，直到最后优胜者诞生并签约唱片公司。其游戏规则与基本样式为 4 个阶段比赛过程：第一阶段为初选阶段；第二阶段为比赛阶段，评委根据选手的综合表现选出 30 个人；第三阶段为淘汰赛，历时 3 周，将 30 个选手分成 3 组，每组 10 人，观众投票选出 3 个最喜爱的歌手。这样有 9 人进入决赛。同时，评委们从其余的 21 人中选出 1 个幸运儿，共 10 人进入总决赛。第四阶段为决赛阶

① ［荷兰］约翰·赫伊津哈著：《游戏的人——关于文化的游戏成分的研究》，北京：中国美术出版社 1996 年版，第 13 页。

段，产生出最终的超级明星。

真人秀节目由于没有剧本，因此，规则设置就成为这类节目的核心，而对规则的描述和设计就成为一种节目模式，对模式的总结有利于节目制作公司（部门）提高制作水平。

第二节　电视娱乐节目的消费语境

在社会生活中，如果某一种社会现象突然、普遍地影响到人们的社会生活，并广泛受到社会的欢迎，我们称之为"热"，如房地产热、开发区热等。随着社会政治、经济的变化，消费主义观念开始渗透到电视娱乐节目创作和传播过程中，在社会上迅速形成一种娱乐电视潮流。

一、消费文化的滥觞

消费文化的滥觞并迅速在全球范围内蔓延，为"真实电视"等娱乐节目的风行提供了土壤。

消费文化本质上是种快感文化。在这样的文化状态下，大众文化生产会吸纳一切有消费潜能和娱乐价值的资源，包括我们的生存，我们的人际关系，我们的感情。在《老大哥》中，人们消费的是同居一室的男女情感与关系；在《生存者》中，人们消费的是残酷竞争中的勾心斗角。

消费文化也是一种商业文化。商业和资本逻辑已成为电视媒体背后越来越重要的"看不见的手"。追求收视率已成为电视媒体的重要目标。

哈贝马斯在论述"公共领域"如何在商业化的力量之下成为文化消费的领域时说过：曾经作为理性——批判论争私人场所的公共领域，逐渐蜕变为一个文化消费的领域。而大众媒体由于商业化必然走向非政治化、个人化和煽情化，并以此作为促销手段。

电视的商业化趋势使得电视的娱乐节目获得了合法性的发展空间，而娱乐节目又一直是西方商业电视提高收视率的重头戏。在目前，我国电视既要服从主流意识形态，又要服从市场逻辑。市场和意识形态因素的共同作用使得电视的观念和运作方式发生了很大变化，而且，二者可通过策略化运作达到一种共识，形成一种基本的策略：爱国、民族、集体主义精神＋男女情感或复杂的人际关系模式。

有人说，中国的观众是靠电视剧培养起来的，电视的故事化已成为节目生产的一种泛文化背景。即便是新闻报道，也较为重视新闻事件的故事性，突出事件的冲突和矛盾，如《焦点访谈》、《新闻调查》等。

大众文化的兴起彰显了普通民众和消费者的地位，使电视的平民化和日常化成为一种潮流。"讲述老百姓自己的故事"，成为当下一种电视理念。日常生活中的小人物往往更容易获得人们的喜爱和认同，因此，日常化已成为一种文化征候。

二、电视娱乐节目的"热潮"

20 世纪末以来我国电视出现"娱乐节目热"，虽然电视批评界对于电视娱乐节目缺乏深层次的理性研究，但还是有些专家学者和电视界从业人员关注到这个问题，对此进行探讨。如李立的《电视娱乐热留给我们的思考》（《现代传播》2000 年第 2 期），刘宏的《透视中国电视的娱乐节目热》（《新闻战线》2000 年第 6 期），《娱乐节目何以再度火爆?》（《电视研究》1999 年第 2 期），对电视娱乐热现象进行了探讨。具体说来，"电视娱乐节目热"体现在以下几个方面：

1. 媒体"热"播

电视娱乐节目兴起于 20 世纪 80 年代末，90 年代初在我国迅速发展，有的开办专门性电视游戏节目，如上海电视台的《智力大冲浪》、东方电视台的《快乐大转盘》等；有的在社教类栏目中设立电视游戏节目的小板块，不过当时并未形成"娱乐热"。

20 世纪 90 年代中期，以《综艺大观》为代表，形成"综艺节目热。"90 年代末期，自湖南卫视的《快乐大本营》推出之后，游戏、明星、奖品，这种种"刺激"在把观众充分调动起来的同时，节目的高收视率也把全国的电视台调动起来了。各地的同类节目纷纷出笼，带动了全国电视的"快乐热"：像湖北台的《幸运千万家》、江苏台的《非常周末》、上海卫视的《幸福快车》、浙江台的《假日总动员》、辽宁台的《七星大擂台》、云南台的《快乐周末》、山东台的《快乐星期天》、江西台的《非常快乐》、北京台的《欢乐总动员》，而且这些栏目大多是上星的节目，全国都能看到。在这股"娱乐"风潮中，中央电视台也概不例外，闻风而动，体育部从法国引进《城市之间》，经济部从英国引进了《幸运 52》等。新世纪之初，以《生存者》、《超级女声》为代表，又在全球形成真人秀节目热潮。

2. 观众"热"看

"电视娱乐热"让观众过足了"娱乐"瘾。每逢"非常周末"，观众就会"欢乐总动员"，搭上"幸福快车"，走进"快乐大本营"，摆起"七星大擂台"，相约"非常男女"，过一个"快乐星期天"。"娱乐"旋风感染了电视界，也形成了一股收视热潮，特别是在青少年观众中受到普遍欢迎。人们对娱乐类节目的喜爱程度，可从收视率调查中窥见一斑。据中国人民大学舆论研究所 2000 年 5

月进行的"北京居民电视收视行为与收视意愿的调查"显示，"北京人每天收看娱乐综艺类节目的平均时长为 46.3 分钟，这一收视时长在本次调查所列的 11 类电视节目中，仅次于影视剧节目（74.8 分钟），高于时事新闻类节目（38.3 分钟），位居第二"。对这次调查数据的进一步分析表明，"目前在北京地区电视传播市场上，各类电视节目的收视份额为：（1）影视剧类，占 23.4%；（2）娱乐综艺类，占 14.5%；（3）时事新闻类，占 12.0%；（4）体育类，占 9.3%；（5）音乐戏剧类，占 9.2%；（6）法制类，占 8.1%；（7）青少年类，占 5.5%；（8）生活服务类，占 5.3%；（9）科技教育类，占 4.6%；（10）专题类，占 4.4%；（11）经济类，占 3.7%。换言之，在北京人每 100 分钟的收视选择中，有 23.4 分钟是用于收看影视剧类电视节目；有 14.5 分钟是用于收看娱乐综艺类电视节目（约占电视收视市场份额的 1/7）。"① 就全国而言，据上海电视节 CSM 媒介研究《中国电视综艺娱乐节目市场报告 2006～2007》，2005 年我国电视综艺节目播出总量为 14 万小时，其中真人秀节目在全国范围内大规模举行，使得 2005 年观众收看娱乐节目时间大大增长，占总收视时长的 7.4%。

观众不仅"热"收看，而且积极参与电视娱乐节目的项目中，如做电视台的嘉宾或现场观众，虽然直接参与节目的观众和嘉宾只是一小部分人，然而通过参与电视节目的有奖竞猜和热线电话，则是一个庞大的观众群体。

《新周刊》通过观众每年投票选出的年度最佳电视节目显示，娱乐节目往往榜上有名，并居前列。对此该刊大加评论说：对游戏精神的鲜活演绎和大胆倡导，不仅为中国电视，更为中国人的生活注入新鲜元素，其热烈的现场气氛，成功营造出电视与观众的兴奋点，而其层出不穷的游戏样式更是充分代表了娱乐节目不断创新的趋势。

3. 市场"热"销

娱乐节目观众"热"看，媒体"热"播，市场自然"热"销，娱乐节目做得好的电视台和制作公司由此获得了非常可观的经济效益。靠《快乐大本营》和《玫瑰之约》在全国声名鹊起的湖南卫视就不用说了，另一个靠娱乐节目起家的新秀——北京光线电视策划研究中心，靠 10 万元起家，以小作坊的方式制作完成了一档将新闻信息与娱乐相融合的独创性节目《中国娱乐报道》（现改名为《娱乐现场》），向全国推出一年多时间，就已在全国 300 多家电视台签约播出，现在该公司资产已过亿元。香港亚洲电视台也正是靠引进的娱乐节目《谁想做百万富翁》，于 2001 年 7 月彻底打败了它的长期强劲对手无线电视台的百战

---

① 喻国明：《关于大众娱乐节目的走向与思考》，《新闻传播》2001 年第 1 期，第 84 页。

百胜的港姐竞选。《谁想做百万富翁》其实就是知识竞赛而已，只不过，它把竞赛的奖金额多加了几个零，而正是这几个零，创造了疯狂的知识经济。虽说强劲的参赛对手可从节目娱乐现场赢得百万元甚至数百万元大奖，但制作节目的媒体却能获得数十倍的巨额经济效益。2005 年《超级女声》的火爆就带动了湖南电视台的广告收入，其综艺节目广告投放额达到 8.39 亿元。2006 年《超级女声》广告招标，就凭标的物即揽入 1.3376 亿元。而中央电视台第三套更以 17.52 亿元的广告投放额排在全国综艺娱乐节目广告投放的首位。

三、娱乐节目的接受心理

不论电视的本质是以娱乐消遣为主还是以实用为主，"娱乐"是电视传播的一个非常重要的功能，这一点是毋庸置疑的。所谓"娱乐"，就是获得感性愉悦或使人获得感性愉悦之意。按通常理解，审美文化（如各种艺术活动）的主要目的正是要使人获得娱乐。但由于我国的特殊国情，从我国电视诞生的那天起，电视作为党的新闻宣传机关的角色，也是确定无疑的。长期以来，电视台本身被视为是一个制度性的象征和代言人，它的职能是对受众进行引导和教育，按照集体升华的模式来聚合电视受众。看电视只是一种集体行为，或者说是一种社会性行为。电视主要承载的是宣传、教化、导向、信息传递等功能，电视的娱乐功能被有意地忽视了。

中央电视台的前身——北京电视台，于 1958 年 9 月 2 日正式播出时就确定：电视台是综合性质的宣传机关。电视台的任务是：宣传政治任务；传播科学技术知识；充实群众娱乐生活，但实际上，娱乐功能被削弱。虽然从 1961 年到 1963 年共举办过三次《笑》的晚会，但由于当时阶级斗争扩大化的影响，许多节目被禁播，《笑》的晚会中还有许多节目受了批判，此后文艺节目的选择范围越来越窄。到"文化大革命"时，以前所制定的"宣传政治，传播知识，丰富人民文化生活"的电视节目方针被斥之为"修正主义"而予以否定。所办的知识性、教育性、娱乐性节目被说成是封、资、修，受到批判和取消。当时的文艺节目只播《东方红》、"八个样板戏"和"老三战"（《地道战》、《地雷战》、《南征北战》）。粉碎"四人帮"后，文艺工作开始复苏，1979 年 1 月 28 日春节，中央电视台举办迎新春文艺晚会。1981 年后，中央电视台开辟了文艺栏目，并且每年举办大型综合晚会节目和智力竞赛节目，80 年代后出现了《正大综艺》、《综艺大观》等综艺节目。传统的综艺节目，如各种主题文艺晚会，节庆晚会，宣传色彩浓郁，强调主题的宏大，突出的是教育功能。虽然当时社会呼唤电视的"娱乐"进入人们的生活，但这种呼声太微弱。

20 世纪 90 年代中期，电视媒体在主观诉求上开始有了更好地满足人们日益增长的物质和文化生活需要的强烈愿望。电视媒体也开始在遵守法律和游戏规则的情况下追求利益最大化。因此,在遥控器时代,电视媒体必须用新的方式接近观众。其中,最直接的就是要让观众有视觉的狂欢感。

视觉狂欢在此指的是一种把传统的戏剧元素与创造性的摄像和制作技巧结合起来的全新感受,具有视觉上的冲击力。不管这种冲击是来自对节奏的把握,还是视觉设计本身独特的视角,要给人一种完全的视觉的启迪,在一种共生和相互转换中产生新的内涵,让人看了之后产生新的视觉概念。显而易见,娱乐节目无疑是最能实现视觉狂欢的。

游戏娱乐是人的一种本能,它是无时无刻不通过各种样式来表达的,当前游戏娱乐节目的走红实际上是人们把游戏娱乐的本能愿望通过电视来宣泄、来表达。不过,所有的补偿都是阶段性补偿,一个浪潮的兴起是对过去开发不足的补偿,一旦补偿到位,它的历史使命就完成了,它就变成了一种常规的观念和常规的样式。这种波折起伏的过程,是世界各种文化发展过程中共有的经历,也是受众接收心理变化使然。

心理因素可用来解释人们使用媒体的动机和来源。按照心理学的一般观点,人的行为是由动机支配的,而动机是由需要引起的。所谓需要,就是客观刺激通过人体感官作用于人脑所引起的某种缺乏状态。客观刺激,既指人体外部的,也指人体内部的;可以是物质的,也可以是精神的;或兼而有之。

动机引起行为,维持行为,并引导行为去满足某种需要。动机源于需要,当人产生某种需要而又未能得到满足时,人体内便出现某种紧张状态,形成一种内在动力,促使人去采取满足需要的行动,这就是心理学上所说的动机。

行为决定于动机,动机来源于需要。但是,并不是说,有某种需要,就一定产生某种动机;也不是说,有某种动机,就一定发生某种行为。因为,一个人同时可能存在多种需要,不是每一种需要都产生动机,也不是每一种动机都引起行为。动机之间不但有强弱之分,而且有矛盾和冲突,只有最强烈的动机即"优势动机"才能导致行为。根据消费者的需要设置某些刺激物,激发足以引起消费者行为的"优势动机",这在市场营销学中叫做"激励"。

在西方,现代最流行的激励(动机形成)理论有两种:一是西格蒙德·弗洛伊德(Sigmund Freud)的理论;二是阿伯拉罕·马斯洛(Abraham Maslow)的理论。

弗洛伊德的动机形成理论的主要意义是:它指出了消费者行为同时受到心理和产品两方面因素所激励;而马斯洛的动机形成理论又被称为"需要层次理论(Hierarchy of Needs)",这种理论认为:人是有需要和欲望的,随时有待于满足,需要的是什么,要看满足的是什么,已满足的需要不会形成动机,只有未满足的需要才会形成导致行为的动机；人的需要是从低级到高级具有不同层次的，只有当低一级的需要得到相对满足时，高一级的需要才会起主导作用，形成为支配人的行为的动机。马斯洛将人的需要分为从低到高五个层次：生理的需要、安全的需要、社交的需要、尊重的需要、自我实现的需要。

近年来，随着社会主义市场经济建设的快速发展，我国城镇居民的收入大幅度增加，消费结构继续改善。因而，生理需要、安全需要基本上获得满足以后，我国的公众便产生了更高层次的需要。

现代竞争加剧，生活节奏变快，这些因素也使得人们需要一种文化形式，以解脱烦恼、消除疲劳，他们不求严肃、高雅，而是寻求轻松、流行、时尚和刺激。

现在流行的多种多样的娱乐节目，拒斥和取消电视文化所透射的意义和价值，淡化与解构传统综艺教育、导向功能，对严肃审美基调进行革命性颠覆，对纯娱乐性极度推崇，正是与人们的心理需要相契合。

情感宣泄：现代社会激烈的竞争使人们普遍背负着沉重的心理压力，这些心理压力一方面可转化为动力，使人们在物质生产领域不断进取以求改变现状；另一方面，按弗洛伊德的理论，压力还可通过移情的方法在非现实的虚拟空间获得释放。在游戏类娱乐节目中，人们在夸张、怪诞的游戏情境中暂时忘却了现实的烦恼，使平日被压抑的情感得以宣泄。

对抗心理：人的潜意识深处隐藏着不为人所察觉的战争情结，即对抗、胜负心理，并潜意识地渴望自己在对抗中处于优胜的地位，为他人所关注。在游戏、竞赛制造的假战争情境中观众的自我意识得到极大的凸显，完成了向征服者的过渡。

游戏心理：新型娱乐节目制定了游戏规则并被主持人再三强调，但在游戏中却又在嬉笑怒骂间不把它当一回事，迎合了人们潜意识深处渴望游戏人生，冲破现实藩篱的欲望。

窥视心理：人的潜意识深处希望了解别人秘密的心理，如婚恋类娱乐节目和"真人秀"类节目。这类节目满足了人类的好奇天性，让人们在不受特定道德规范约束的情况下满足自己的窥视欲望。

参与心理：如今的游戏节目真可以说已不分台上台下。在观众参与意识越来越强、电视也越来越迎合这种参与意识的过程中，我们觉得观众越来越关注的并不是节目的本身，而是节目现场和背后的东西。看惯了或看多了精心制作好的节目，了解现场和幕后的情景成了人们的渴望。满足了观众的这种探知欲和参与感，电视节目才能真正吸引人。观众的参与直接成为节目的构成元素。在互动中，观众利用自己的主动参与进行生存的观照，心灵的交流，电视艺术将更为平民化，艺术由此而有了更深远的意义。新型的娱乐节目有着更强的互动性、全息性以及亲历性，实现一种全民的参与和体验。

按照市场营销学的解释，在消费者购买动机的形成过程中，内在需要是产生购买动机的根本原因，而外界刺激因素包括商品实体和促销服务的刺激，如商品良好的质量、精致漂亮的包装等等，也是激发消费者购买动机的重要原因。也就是说消费者购买动机是消费者内在需要与外界刺激相结合，使主体产生一种动力而形成的。我国出现"电视娱乐热"现象，观众之所以对娱乐节目"热"收看，从社会心理学和市场营销学的角度来看，就是因为一方面我国观众有强烈的娱乐的需要，另一方面，现在的娱乐节目与以前以宣传教育为主的综艺节目相比，更能给观众带来一种视觉的狂欢，具有更纯粹的娱乐性、更强的互动性等特点，能满足观众多方面的娱乐需求。

娱乐节目用对矫情的贵族意识的嘲笑、对那些虚伪的道德寓言和价值观念的瓦解，以及那种进退自如、宠辱不惊，超然于胜利与失败之上的人生态度，为处在生存压力下的大众允诺了一种心灵"解放"，观众看娱乐节目时"不需要去仰视一种崇高的大雅，而是在全身心地去体味其中的乐趣"。① 娱乐节目兴高采烈地抛弃了那些由意义、信念、价值强加给人们的重负，它提供的是一个欢乐的平面，一个世俗化的万众同乐世界。它以纯娱乐性、消遣性和平民化掀起了对电视综艺节目的一次激烈的改革。

纵观娱乐节目特征：无价值深度 、轻松的游戏；类型化、模式化的泛滥；商业性、博彩的狂欢；平民化、互动的现场等等，不难发现娱乐节目的这些特征充满了大众文化的特征，强化了世俗的认同，是一种消费性的文化。娱乐节目的这些特征正好与大众文化和后现代文化的特征相吻合，它实际上与大众文化和后现代文化思潮一脉相承，打上了大众文化和后现代文化的烙印。

大众文化是一种很晚才出现的文化现象，有学者认为："大众文化是指一种随社会发展而出现的信息化、商业化、产业化的现代文化形态。"② 还有学者进一步从大众传播的意义上，对大众文化作了这样的界定："大众文化是在工业社会中产生，以都市大众为其消费对象，通过大众传播媒介传播的无深度的、模式化的、易复制的、按照市场规律批量生产的文化产品。"③

从制作动机上看，大众文化不是创作主体为抒发个人意志、探索未知领域、拓展精神领域而进行的创作，而是以利益驱动、被市场控制的行为；从制作方式

---

① 舒伯：《简论电视游戏栏目的审美取向》，《荧屏世界》1996 年第 2 期。

② 孙占国：《论当前的大众文化形态》，《人民日报》1995 年 6 月 20 日第 10 版。

③ 陈刚：《大众文化与当代乌托邦》，北京：作家出版社 1996 年版，第 22 页。

上，它不是个体精神激发下的灵感张扬与技艺展示，而是以科技促进的，以大规模协作拼凑、反复制作播出的；从制作机理上，它追求时尚，制造和追随潮流，把深度平面化，它以感官刺激为最高标准而不是追求对深度的发掘和对灵魂的探究；从产品形式上，它又具有图像性，以曲折的线条、缤纷的色彩、感人的形态去刺激受众的感官。大众文化通常被认为是一种后现代文化。

后现代主义文化是一种世界性的社会文化思潮，它于 20 世纪 60 年代兴起于美国，迅速波及整个西方发达工业社会并逐步影响到其他地区。它是指建立在高度发达富裕的经济生活基础之上的，生长于信息社会条件下的，以大众闲暇为消费条件的，以满足大众精神消费欲望来赢利的一种新兴文化。商品性和娱乐性无疑是其本质的特征。这意味着后现代主义不再具有超越性，它不再对精神、价值、终极关怀、真理、美善之类超越价值感兴趣，后现代在琐碎的环境中沉醉于愉悦之中。

后现代文化是以解构主义哲学为基础的，是"消费的"、"闲暇的""大众文化"，而不是"审美的"、"严肃的""精英文化"，是对传统文化风格的审美基调的一次深刻的"裂变"。后现代主义文化已经完全大众化，高雅文化和通俗文化、纯文学与俗文学的界限基本消失。商品化进入文化意味着艺术作品正成为商品，甚至艺术美学理论和文化理论本身，也成为了商品，商品化的逻辑浸渍到人们的思维，也弥散到文化的逻辑中去了。至此，"后现代文化宣布自己已从过去那种特定的文化圈层中扩展出来，打破了艺术与生活的界限，文化彻底置入了人们的日常生活，并成为众多消费品中的一类"。① "后现代主义宣布：我们追求的是大众化，而不是高雅。我们的目标是给人以愉悦。"詹姆逊曾这样描述："后现代主义文化已经无所不包了，文化和工业生产和商品已经是紧紧地结合在一起……商品化的逻辑已经影响到人们的思维。总之，后现代主义文化已经从过去那种特定的'文化圈层'中扩张出来，进入人们的日常生活，成为消费品。"②

大众文化对娱乐功能的强调舒展了人们的生命张力，那种肯定享乐、肯定现世利益、强化具体感受而拒绝超越、消解神圣、远离崇高的内质，正好迎合了人们的心理需要。大众文化关注现实生活，关注道德改良，注重文本的表层娱乐，对于被思想禁锢过久的中国人也是一种放松。而且，大众文化产品常借助大众喜闻乐见的形式出现，往往轻松而浅显，这对于文化素质相对较低的一部分观众来

---

① 王岳川，尚水：《后现代主义文化与美学》，北京：北京大学出版社 1992 年版，第 25 页。

② 詹姆逊：《后现代主义与文化理论》，北京：北京大学出版社 1998 年版，第 165 页。

说是易于接受的形式，它的平民面孔使大众感到易于亲近，觉得轻松、愉快，相对于快节奏、日益紧张的生活是一种调剂。在日常生活领域，娱乐成为人们实际生活的一种新时尚，与80年代人们对严肃的理性反思的追求相比，不假思索的快节奏和轻松的享受似乎成了日常生活的本来面目。

所以，在社会文化转型的刺激下，随着科技的进步和大众传播媒介的普及，那些以娱乐消遣为目的的文化"快餐"几乎垄断了中国的文化市场：流行音乐、卡拉OK替代了古典音乐，迪斯科替代了芭蕾舞，通俗文学替代了严肃文学，亚文学替代了纯文学，千篇一律的肥皂剧替代了风格化的艺术电影。到20世纪90年代末，以"娱乐"为特征的大众文化更是勃然兴起，成为一种消费和产业。

第三节　电视娱乐节目的文化批评

电视娱乐节目热现象的产生，是社会进步的一种表现，也是我国电视传媒功能进一步开发的结果。它不但丰富了大众文化生活，也造就了新的娱乐休闲观念。目前，大众的家庭休闲活动还主要依赖电视，因为电视在制造着流行，推动着时尚，它是大众文化中最活跃的一部分。不过，大众娱乐的"狂欢"，也难免泥沙俱下，以致在电视娱乐性节目中出现了一些格调低下、胡编滥造以及低级庸俗等不良倾向。为此，我国电视的最高政府主管部门，于2002年初发出通报，要求制止娱乐性节目中的不良倾向。

通报列举了娱乐节目出现的一些主要问题：一是胡乱调侃政治经济事件以及突发性事件，"戏说"我国发展市场经济过程中遇到的一些困难及"热点"问题。二是一些节目语言低俗、表演媚俗、动作无聊、创意荒唐。三是一些节目热衷于谈论女性身体。四是一些节目拿儿童的纯真开心取乐。五是一些节目聚焦"性"话题，以此来取悦观众。六是一些节目竞相抬高竞猜中奖的奖金额。七是一些节目主持人在主持节目时，学说一些不伦不类的"港台腔"。为此，通报提出一些改进意见和要求，强调了"唱响主旋律"，要加强对娱乐性综艺节目的管理，以确保娱乐性综艺节目的健康发展。

以上问题的表现，实际上反映了对电视媒介本质及功能的认识问题。针对这类问题，在电视传播界也曾引发了许多批评和争议，争论的焦点主要有三：

一、电视的本质是以"娱乐"为主还是以"社会"功能为主？

关于电视的首要功能究竟是"育人"还是"娱人"的问题一直争论不休，以致有人提出疑问，电视究竟是新闻媒介，还是娱乐媒介？持前一种观点的人认为：电视应有社会责任，电视的社会功能不可动摇，电视应该把自己的位置放在时代、文化的中心，表现时代重大的主题，反映时代精神，追求高品位的审美。如果媒介内容培养的价值与教育相抵触，诸如享乐主义、缺乏纪律等都会抵消教育机构的努力，流于庸俗化的节目内容和格调不高的游戏设计，会对人们的生活态度和生活方式产生一定的不良影响；强烈的物质和精神刺激，会给人的心理承受带来物极必反的不良影响。他们认为：所有的电视都是教育的电视，问题是在教什么，应寓教于乐。

持后一种观点的人则认为：电视是一种消费文化，是一种商业娱乐，不应承担过多的社会功能，不负有教育的重任。在未来十年里，板着面孔以教化为目的的电视节目将不复存在，会被淘汰出局。电视的娱乐功能将得到更大的强化。作为大众化的电视，其本质就是娱乐。这从目前在全国各地形势极为火爆的电视游戏娱乐节目中可得到充分的验证。

这场争论从1999年初春在北京举行的全国"电视游戏娱乐节目理论研讨会"上便可窥见一斑。会上，一种声音是"以电视节目策划人为代表，满怀激情地呼唤以电视娱乐节目为代表的大众文化的到来，认为作为大众文化的电视，其本质就是娱乐，娱乐节目的首要标准就是满足观众宣泄、好奇、刺激的需要，满足过一把瘾的感官享受……"另一种声音以专家、学者为代表，认为"伴随着大众文化的到来，电视的大众化不可避免，娱乐节目应在电视中占有一席之地，但应该坚信电视的社会功能是不能动摇的，因为对于中国人来说，游戏心态还未成熟，仍以社会使命感、忧患意识为重，创造游戏很难，呼吁大干快上的游戏节目赶快悬崖勒马"。①

应该说，这两种话语的碰撞集中体现在对电视本体的认识上。电视到底是一个娱乐工具，还是一种观照现实的信息传媒？这两种功能哪个更接近电视传播的本质？游戏精神该不该倡导？

其实，远在电视诞生之时，这个问题就得到了回答。1936年11月2日，英国广播公司（BBC）在伦敦郊外的亚历山大宫转播了一场规模盛大的歌舞演出，从而宣告了世界电视的诞生。电视呱呱坠地时的这个最初的信号，就像咒语般地牢牢划定了此后电视传播的主体内容框架。在后来的近半个世纪中，在西方，电视和早期的电影一样，被看成是一种类似于"杂耍"的娱乐形式，娱乐观念已经渗透到了电视传播，尤其是商业电视的每一个环节。电视的主要社会职能似乎始终局限于为大众提供娱乐。各式各样的电视剧、旧影片、竞赛类娱乐节目充斥了电视屏幕，高雅的演出和低级的调笑交替登场。

与此相比，电视新闻节目则好像是一个迟到的配角。直到1948年，在美国

---

① 李立：《电视娱乐热留给我们的思考》，《现代传播》2000年第2期。

才出现了世界上最早的电视新闻固定栏目。当年哥伦比亚广播公司（CBS）创办了简要式的新闻节目"电视新闻"，在美国东部时间晚上 7：30 播出；次年，全国广播公司（NBC）在晚上 7：45 播出"新闻片"节目；紧接着，美国广播公司（ABC）也在傍晚播出了新闻节目。而最早发展电视事业的英国，则迟至 1950 年才开办了第一个电视新闻栏目。直至今日，虽然电视新闻在电视节目系统中受到前所未有的重视，但在美国，电视还是主要被作为一个娱乐产业来看待的。

电视到底是一个娱乐工具，还是一种观照现实的信息传媒？这两种功能哪个更接近电视传播的本质？理论界对此也存在两种不同的看法。

在理论界，电视一直是被纳入"新闻媒介"这个范畴中来研究的。早在 1948 年，政治学家、传播学的先驱哈罗德·拉斯韦尔在提出大众媒介的社会功能的时候，仅仅指出了三项：（1）监视环境；（2）联系社会；（3）传递遗产。这三项社会功能无不和信息传播、社会现实有关，具有实用性。很显然，这主要是从传播的工具用途来谈的。至于新闻媒介"提供娱乐"的功能，则是在 1975 年，由社会学家查尔斯·赖特在《大众传播：功能的探讨》一书中补充了进来。

同传播的工具用途似乎形成对照的观点认为，我们在大众媒介中寻求大量的娱乐。即使在我们最认真的公开发言人中，即使在我们最严肃的报纸或新闻广播中，我们也重视轻松的风格。

以上所介绍的两方面的观点片面强调了某种功能。虽然电视是一种消费文化，是一种商业娱乐，但不等于电视的本质就是娱乐，娱乐和教育都是电视的功能之一。

正如施拉姆所评论的："如果斯蒂芬森的著作读起来比较容易，而且如果他像麦克卢汉那样是一位新词的创造者，商业娱乐媒介本来可能选择他而不是选择麦克卢汉捧为名流。他的游戏理论比麦克卢汉的世界村的说法为盛行的媒介内容提出了更好的解释。人们一旦接触了这种构想高超的理论后，就再也不可能忽视传播的玩耍——愉快因素的重要意义。"① 施拉姆还认为：最有价值的是传播能给人带来快乐的与游戏相当的功能。

但是，施拉姆认为这一理论作为传播功能的全面解释，还是有缺陷的。毫无疑问，传播行为中有相当一部分可被称为是游戏，正如另外相当一部分可以被称为是工具行为，以及还有一部分可以被称为是自我中心行为一样。它们之间的差别并不是多么明显，有许多自我中心的传播是游戏，因此也不难设想某种游戏是

① 威尔伯·施拉姆，威廉·波特：《传播学概论》，北京：新华出版社 1984 年版，第 29 页。

工具行为。

考虑到电视是儿童社会化过程中最有力的影响因素，电视的教育功能更不能忽视。

娱乐和教育都是电视的功能之一。电视的每一个本体建设阶段其实都是对于以往某种观念的开发不足或开发不到位的一种补偿。在我国，我们以往的电视过于重视说教，比较少地顾及到它的游戏娱乐功能。而在美国，由于电视从一开始就是作为娱乐工具，忽略了其他功能，现在也开始注重新闻，注重社会功能。

美国媒介巨头、时代·华纳副总裁、CNN 总裁泰德·特纳在谈到当前美国的电视节目时，要求电视节目制作人清洁自己的言行。他称现在的电视愚蠢、低劣、糟糕，充满暴力。他认为电视对青年人思想的影响大于家庭、教堂、学校或政府。他认为世界上没有哪个产业像媒体这样有巨大的影响力。"我们有责任像牧师或大学校长那样去生产出一些值得生产的东西，但广播电视行业中太多的人太关注挣钱了。"① 他呼吁电视节目制作人应该履行他们的职责，生产出他们引以为自豪的节目来。

二、娱乐节目是"社会麻醉剂"还是"社会减压阀"？

我们看娱乐节目是为了逃避现实？还是为了能更充分地去面对现实？传播游戏会不会把个人诱入现代生活中的奢侈享受，却不顾对个人或社会秩序造成的长期影响？

有专家认为，电视节目成了一种麻醉剂而不是一种推动力。电视节目特别是娱乐节目对观众起到一种催眠作用。由于电视节目的轻松性和刺激性，收看电视就成为一种不费脑筋、不费气力的事情，使人处于一种麻醉状态和睡眠状态。在这种日常的消遣中逐渐形成一种习惯，每天守着电视机消耗岁月，不愿或不能集中意志于艰苦做事。对电视娱乐的高度依赖心理，犹如烟瘾一样，造成对人的意志的消磨，使人思想疲软。

"从另一个角度看，电视也常常是一部残缺不全的世俗的百科全书；对于大众来说，电视像相互久已麻木了的情人；电视也是任谁都可以用来闲聊的超级公共茶馆；电视又是由一群出类拔萃之辈操作出来的平庸的'文化快餐'。"（尹吉男，1997）于是，人们被告知电视是散布愚昧的罪魁祸首，电视是一种社会麻醉剂，是一种旁观者文化。

曾任联合国教科文组织总干事的马约尔的论点也颇具代表性，一方面他认

---

① 胡正荣：《竞争·整合·发展——当代美国广播电视业考察（下）》，《现代传播》2001 年第 4 期。

为："电视以其力度和敏锐能激发我们，使组织我们的感知的形式发生变化，并且，可能首先是它已经打开了我们的眼界，使我们知道，在我们的日常生活经验之外还有许许多多我们需要知道的。"另一方面，他也尖锐地指出："我们已经开始享用的自由也可能转化成消极和智力的孤立，因为如果让视听传媒、电脑游戏之类的东西取代了思想、个人意见和社交聚会的话，我们的日常生活就会逐步地陷在这些'外在化的东西'当中。个性正在屈从外在的力量：由不同的社会公共机构发展出来的'文化产品'正在夺走越来越大的一部分自我。"①

娱乐电视节目兴起于西方资本主义国家，西方对这个问题也早有论战。

关于大众传播广泛深远的社会影响和潜移默化的内在效力，拉扎斯菲尔德和默顿在《大众传播、流行趣味和组织化的社会行为》这篇颇有深度的论文中，分析了三个不可低估的方面，最后也是最令人警醒的，还是他们对媒介所作的精辟比喻的"社会麻醉品（social narcotics）"一项。拉扎斯菲尔德与默顿尖锐地指出，巨量的传播往往使人陷于麻痹而非活跃状态。为什么呢，可从两个方面来看。第一，媒介占去人们本该用于"社会行动"的时间，人们看、听、读的时间越多，接触媒介的时间越长，则投身实际的时间就相应地减少。第二，媒介极为有效地使人沉醉在虚幻的满足之中，误将"了解某事（knowing something）"当作"从事某事（doing something）"，使人以为知道什么便等于参与什么……"就这一点而言，大众媒介可以算是最体面最有效的一种社会麻醉品，它如此有效，使得上瘾者（the addict）都察觉不到自身中毒的病状。"②

《当代美国电视》一书也认为："媒体，特别是电视，是我们了解世界的重要信息来源。但是，媒体带给我们的东西要比简单的信息更多。它们至少也在某种程度上影响了我们感受外部世界的方式。或者换一句话来说，媒体影响了我们建构社会现实的方式。当媒体准确地表现现实时，这不是一个问题。但是有许多方面，电视所表现出的世界是非常不同于现实的。当然如果人们能把电视和现实两个世界区分开来而没有任何混淆，这不是一个大问题。但是对某些人来说，把两者区分开来不是那么容易。"③

与上述观点相反，哈洛·曼得颂和威廉·斯蒂芬森则告诉我们，基于他们的理论和对传播效果研究的回顾，不要担心传播游戏会把个人诱入现代生活的奢侈享受，传播游戏不会对个人或社会秩序造成长期影响。

---

① 马约尔：《冷战之后》，北京：中国社会科学出版社 1997 年版，第 83 页。
② 威尔伯·施拉姆，威廉·波特：《传播学概论》，北京：新华出版社 1984 年版，第 205 页。
③ 陈犀禾：《当代美国电视》，上海：复旦大学出版社 1998 年版，第 187 页。

哈洛·曼得颂在《大众娱乐》一书中指出，逃避并非坏事，因为成人皆有目的地使用虚幻，这种使用亦不影响正常工作的能力。曼得颂是在阅读许多社会心理学研究著作后，慎重地提出这些论点。照他看来，大众娱乐通常有他们所希望的效果，负面效果可能发生于误用的不寻常情况下，如孩童。因为他们无法区别虚幻与真实，而且他们会受娱乐内容误导。另外，大众娱乐的嗜用者，也很可能滥用。一般成人则被忽略，因为认为这些人可以不受负面影响。

对大众娱乐看法更乐观的要属威廉·斯蒂芬森。他主要是作为关心传播的个人功能的心理学家进行写作的。他的《大众传播的游戏理论》一书中主张：大众娱乐属于大众传播的正面用途。在书中他集中谈的不是传播的旨在实现改变的工具行为，而是有关传播的目的不是完成任何事情，而只是一种满足感和快乐感的部分。斯蒂芬森仿效荷兰学者赫伊津哈的著作《游戏的人》和匈牙利精神病学者索斯的满足理论，他的见解是以游戏和工作之间的鲜明区分为基础：工作是所有社会机构的职能，但是大众媒介的关注中心不是工作，而是传播愉快，使人们能把自己从社会控制中解放出来回到玩耍的土地上去。斯蒂芬森认为游戏是假托，是为了让自己跳出义务和责任的世界，游戏是一天中的插曲。它不是一种任务或一种道义职责，从某种意义上说，没有个人利害关系，只提供暂时的满足。

根据斯蒂芬森的游戏理论，大众传播是一种游戏，是普通人在业余时间以主体性的方式进行自由体验的一种娱乐。游戏是一种文化的源泉，人类的每一个时代和每一种文化都创造了多种闲暇时间的竞技活动、玩具和游戏方法。游戏是人类文化的演习和培育，游戏精神对文化的发展至关重要。其实，我们当前文化中的许多特点，也往往植根于游戏。通过游戏，人们学会了建立法律秩序、设计经济规则和实现社会平等（怪不得人们称一些规章制度为游戏规则）。

斯蒂芬森认为传播－愉快在心理学上是有益的。这是"一个对自我个性各方面的丰富，是自我发展和自我提高。这提供了为我们自己生存，满足我们自己和在某种程度上摆脱社会控制的机会。当大众传媒被用于社会控制时，它必须坚定地面对根深蒂固的非常难以改变的信仰和态度。当它被用于游戏时，它可以向广大群众暗示某些行为标准……为这样一些人提供消遣，使他们生活得轻松些"。①

斯蒂芬森认为游戏不会干扰工作，反而有利于生活上自我表达，也确能有效改进工作效率。游戏既不影响社会团体控制的正式活动，传播游戏提倡的选择也不会干扰这些正式活动。斯蒂芬森认为，其他理论家在探讨大众传播媒介时曾带

---

① ［美］威尔伯·施拉姆，威廉·波特：《传播学概论》，北京：新华出版社1984年版，第27页。

着很重的良心负担，希望大众媒介按照他们自己的价值观念做得好一些。因此，往往大惊小怪地看待娱乐媒介提供的琐事，逃避现实问题的引诱。他一再强调说：这并没有什么不好：大众媒介的游戏行为是有益的，如果主要是从说教和社会效果的角度来研究大众传播，那是错误的，应该从它游戏和愉快因素的角度来研究。出于这个原因，他决意发展大众传播的游戏理论而不是信息理论。

另外，Shearon A. Lowery 和 Melvinl. De Fleur 著的《传播研究里程碑》一书中也谈到了电视作为松弛器的作用：电视可以降低刺激，看些有趣的节目对冲动或暴躁的人有镇静的效果。

荷兰的约翰·赫伊津哈著的《游戏的人》中也有这样一个观点："游戏先于文化。"且不论这个观点是否正确，这至少说明了游戏的重要性。对于现代人而言，其实也是离不开游戏的。因为从小就是伴随游戏长大的，当游戏不再是原始意义的游戏，而变成带有功利色彩的传播功能时，游戏节目就产生了。

笔者认为游戏精神大为发扬，在实际生活中人们也都需要游戏，需要放松。

人类经过几千年的奋斗，不断改造自然界，正日益显示出无穷的威力，人类已在自然界面前获取越来越多的自由。但就每个人来说，都并非是全能的，在他们理想需要与能力之间，永远不可能是相等的。人在理想和幻想的支配下，可能产生无限的需要和追求，但每个人只能生活在有限条件所规定的现实生活中，从这个意义上可以说，人都是有缺陷的。这种缺陷受着意识的调节和控制，但并不能完全消失，而是潜伏在人的潜意识之中，形成人的心理上的不平衡。人们虽然也经常为自己所取得的成就、表现出来的能力而沾沾自喜，但并不能因此完全消除这种不平衡，因为这种成就和能力与客观的需求相比，与自己的理想、幻想相比，总显得不完美。要消除这种心理不平衡，当然可以通过增长自己的能力，取得更高的成就来缓解，但每当能力有所提高、工作取得一些成就时，又出现新的需求，自己的理想也会相应提高，因此，还会出现新的不平衡。人生之旅可以说就是一个不断满足需要、不断经历自身心理从不平衡到暂时平衡，又到不平衡的过程。心理不平衡就会引起紧张不安，就要设法加以缓解和消除。缓解和消除的重要方式之一就是使潜伏在潜意识中的缺陷得到宣泄和释放。

电视娱乐节目有这种效应，是因为大众传媒所传的内容，不论是真实的，或是虚构的，剧中的人物、人物的经历和命运都是与受众或相同，或相似，或相通，因而能形成受众自我与非我即传播中的对象的同一。而传播媒介所传播的人物及其经历、命运又仅仅是信息的内容，与受众自我存在着距离，比如各处一方（空间上的距离），互不相识（心理上的距离），无利害关系（人际上的距离）等。因而对于受众来说，宣泄情感又是无害的。这种同一和距离，就使受众的感情得以找到一个安全释放的渠道，获得无害的快感。受众此种情感的宣泄和释放是通过移情机制来实现的。人不仅会对外界的刺激产生相应的情感体验，并通过多种方式表现出来，而且能将自己置身于外界的特定环境所形成的情绪氛围之中，设身处地地去感受这种情绪。这在心理学上称为"移情说"。

最早提出"移情说"的是德国心理学家立普斯，他认为人在审美欣赏中获得的快感是通过移情来实现的。在审美欣赏中人把自身的感情外射到表现了我们精神生活的对象中去，人与对象同一，在对象上实现了自己的激动和意愿，从而获得愉悦和满足。立普斯认为移情有两种：一是实用的，即人们在实际生活中因感受到别人的快乐、痛苦而产生同情；一是审美的，它排除实用的目的，排除各种利害关系的考虑，是在纯粹的审美观照中所产生的。移情的含义也包括以上二者。美学主要讲的是后者，而心理学则兼指二者。娱乐节目的移情无疑主要指的是审美上的。我们不难看出，电视的娱乐宣泄功能体现在两个方面：补偿情感，让大众在电视上投射自己的心影，替代欲望的满足；宣泄白日梦，以释放压抑的能量，使情感得以释放。

不过，在娱乐节目的主题设计中需要注意的是，娱乐节目作为一种减压阀的作用是有一定的限度的。娱乐是以不干预实际生活的方式释放情感、平衡心态的一种方法，但也存在着一种危险：一旦唤起了一种情感，它就会有可能渗入生活，并让人由此对生活产生一种幻象。也就是说，当游戏走过了一定限度的时候，其节目就不再是对人的减压，而成了对人的一种莫大嘲弄，这时的娱乐节目就成为了一种增压，而一旦出现这种状态，游戏节目也就走到了尽头。因此栏目（节目）的设计始终要注意对受众心理需求、社会效果的研究，在游戏内容、方式选择、奖品设置等方面都保持一种平衡法则，在节目的品位、社会责任感上有良好的"度"的把握，在满足人的天性的同时，朝着健康的方向发展娱乐节目，以达到平衡、愉悦、和谐人际关系为最终目的。

三、电视娱乐节目应该追求"雅"还是"俗"？

这场争论的实质是电视娱乐节目到底应该是"精英文化"还是"大众文化"。

电视被批评为没有文化、品位低、太俗，早已经不是什么新鲜事了，而自从电视娱乐节目在全国掀起热潮后，对于电视没有文化的批评更是一浪高过一浪。从这些文章的标题就可见一斑：《弱智的中国电视开始狂欢——姜昆、冯骥才批评电视娱乐节目》："明星在台上打打闹闹，或者一问一答一些无聊的问题，靠出丑来博人一笑。面对这样的电视娱乐节目，你还乐得起来吗？"① 人们批评娱

---

① 《南方都市报》2001 年 3 月 13 日。

乐节目粗制滥造，思想苍白，格调不高，品位低下，甚至庸俗卑劣，制造噱头，迎合观众中的消极心理和低级趣味。让嘉宾出丑、拿孩子开涮、大谈性爱，成了不少综艺节目吸引观众的"三板斧"。于是在电视上就出现了这样的画面：一位歌手躺在地上拿着麦克风唱歌，旁边几个人按住他，用手搔其脚心，歌手痒得浑身颤抖，其歌声让听者直发麻；当嘉宾两人一组被捆绑在一起往气垫上坐时，主持人竟介绍说这个项目主要是看谁的屁股大。全国政协委员姜昆呼吁：有关部门应当规范电视娱乐节目，促使其提高文化品位。更有人担心，当娱乐文化与文化工业相结合，文化生产与经济利润相一致的时候，金钱乃是评判所有这些需要是否得到满足的一个公分母。娱乐节目很可能因为经济利益的诱惑，在市场机制的操纵下而成为一种新的霸权文化，它将平民化的文化趣味作为主流的、甚至是唯一的文化趣味，它迎合的是文化公民"最低的共同文化"或者"最低的大众素养"，它排斥包括精英文化、边缘文化、前卫文化，甚至现实主义文化在内的所有其他非平民化的文化理想和文化需求，这是以大众名义所施行的一种一元化专制。我们将只有一种宣泄性的、游戏性的娱乐文化，在这样的文化状态中，文化失去了发展的丰富性和多样性，大众也失去了获得丰富多样的文化营养的可能性；同时，我们认识现实、把握现实、批判现实的精神需求，我们从文化中获得知识、智慧、思想的精神需求，我们体验那些永恒的审美经验的精神需求都将被忽视和否定。文化工业所关心的始终是金钱而不是人，因而它所建立的文化帝国是一个能够换取利润的娱乐文化的帝国，而人的发展所必需的全面的精神需要对于文化工业来说，则被称为"票房毒药"、"收视率毒药"而被禁锢。

对娱乐节目持赞成态度的则认为电视本来就是大众文化的主要载体，娱乐节目本来就是为了好玩的，认为批评娱乐节目媚俗，这是精英知识分子对自身的边缘化状况和失落感的一种宣泄。

笔者认为，批评电视娱乐节目没有文化，这与中国文化人传统上将电视定位于艺术，并对它怀抱高于生活的期望和标准有关。即使口头上不否认电视媒介是大众文化的载体，实际上却经常用精英文化的美学尺度和评判标准去要求它，衡量它，电视评论中常出现这种悖论。实际上这是电视这一传媒手段究竟是什么，节目应该给谁看的问题没有解决好。尽管电视文化并不排斥精英文化，但如果认为它只能是精英主流文化独占的意识，实际上只能是精英人士一厢情愿的看法。电视的"大众传媒"这一定义已决定了为谁服务的本质问题。

电视文化是一种图像文化，它由声音和画面两个最主要的元素构成。图像文化具有明白易懂的特点。小孩子能看，成人能看；中国人能看，外国人能看，甚至文盲也能看。所以受众面广，收视率高。电视的图像文化的特点决定了电视在大众文化的发展中具有特殊的地位。大众文化几乎是与电视结伴而生的。这也注定了电视娱乐节目主要是为大众服务的，是一种大众文化。而且，当代的潮流是，大众传播日益成为一种生活的背景、生活的环境。媒介的表达是越来越像生活本身，而越来越不是单纯的艺术了。

不过，认为批评娱乐节目媚俗，是精英知识分子对自身的边缘化状况和失落感的一种宣泄的这种看法也未免失于简单。当电视的各种信号有意无意地发射出拒绝思想、不要深刻、推崇感觉时，精英知识分子那种出于人文关怀的批判话语，如果不被理解为绝对必要，也应受到全社会的宽容和理解。而且，承认电视文化和电视娱乐节目是大众文化的合理性，并不是放弃了对娱乐节目的理性批判。肯定电视娱乐节目的"通俗"也并不就是肯定"庸俗"、"媚俗"、"粗俗"。

毕竟，大众文化本身有许多消极影响。不过，人们听到的对大众文化的声讨，理论源于土生土长的本土话语并不多，更多的是来自西方现当代文化批判理论，尤其是法兰克福学派的大众文化批判理论。这一学派的一些代表人物，特别是阿多诺、马尔库塞、弗罗姆等人的理论，更是时常被人引用。法兰克福学派标榜社会批判理论，批判的矛头直接指向现代西方资本主义社会。在对大众文化的批判上，阿多诺处于首当其冲的位置。在他看来，大众文化起码存在这样几个弊端："大众文化呈现商品化趋势，具有商品拜物教特性"；"大众文化生产的标准化、齐一化，导致扼杀个性"；"大众文化是一种支配力量，具有强制性"；大众文化"剥夺了个人的自由选择"。①

电视娱乐节目是一种大众化的商业娱乐，大众文化本身有负面影响，这就需要电视娱乐节目的从业人员有强烈的社会责任心，在传播中注意避免负面影响。值得注意的是，电视娱乐节目从业人员和大众文化的接受者即一般大众的素质都不容乐观。

接受者与从业人员双方的低素质形成了恶性循环，从业人员习惯于在低要求、低水平状态下工作，消费者也习惯于接受低档次、低质量的文化产品，以致中国的大众文化市场异常混乱。目前电视娱乐节目确实存在许多问题，节目大多是拿来主义，而且更多的节目还处于"弱智阶段"，好东西没学来多少，而粗俗的搞笑、巨额博彩、贩卖"真情"、明星"走穴"、暴露隐私等娱乐垃圾却比比皆是，在一片繁荣的泡沫之中露出了非常难看的"借来的尾巴"。它以通俗易懂的方式向大众施加影响，在这种庸俗文化影响下，导致观众缺乏推理能力，影响观众哲理思维的提高，降低观众的审美水平。因为媚俗，电视推销低级趣味；因为趋俗，电视迎合观众层次的要求，造成一些观众不搞智力投入而自甘平庸，收看电视成为一种日常仪式。过分迎合观众的精神消费心理，也不利于人们审美情

---

① 于海：《西方社会思想史》，上海：复旦大学出版社1993年版，第473页。

趣和知识素养的提高。

可以说，电视娱乐节目的出现既是一种自身演变的必然，又是对人类本质天性的认知。在发展中既不能将娱乐节目直斥为庸俗进而鄙弃其存在——因为这样有悖于人的天性和媒介规则；但如果不对其加以规范，它所具有的积极价值就有可能向消极面转化，而那些弊端则会不断膨胀。

所以，电视娱乐节目虽然是一种大众化的商业娱乐，其运作机制是利益驱动，但是，绝不能把它看作纯粹物质性的商品。电视娱乐节目制作者应该将人文精神向娱乐文化渗透、将其提升，拓展其精神向度，使其逐渐接受价值理性的制约。

坚持对电视娱乐进行批评、提升，不仅是知识分子的使命，将人文精神注入娱乐文化，也是我国大众的需求。中华民族有自己的审美情感与审美趣味。刚刚从传统农业文化温情脉脉的襁褓中走出的我国民众渴望亲情，渴望友谊，崇尚理性，追求善美。挣脱了"存天理、灭人欲"的封建理念束缚的中国百姓，虽然对种种传统理念有必然的逆反心理，鄙夷、拒绝各种伪精神，但其心灵深处仍然肯定理性，渴望精神的崇高，不放弃对意义的追寻。毕竟，浅薄的声色之娱和油腔滑调的胡说乱侃绝不是我们追求的娱乐；将一切神圣和崇高都变相撕裂为生活的碎片，也不是我们所提倡的消遣；淫靡之风、感官主义和畸形心态的泛滥更不是我们所理解的通俗。

因此，虽然电视是大众媒体，是大众文化载体，但娱乐节目所表现的娱乐性和消遣性，不仅应体现为感官和情绪的表层快感，更应表现为心理和情感的深层美感；它向观众心灵渗透的不只是愉快本身，更多的是与愉快交融的审美情趣；它的通俗必定还要注入高雅的精髓，否则，就会导致文化生态的失衡、人文精神的失落、精神生活的失调。所以，我们在以市场为导向策划选题时，必须注意消遣功能与审美功能的结合、娱乐功能与认识功能的结合，做到外俗内雅，似俗实雅，化俗为雅，容雅于俗。

第四节　电视娱乐节目的发展走向

如前面所述，过去由于我国电视的娱乐功能开发很不够，一旦条件成熟，电视的娱乐功能重新得到确认，便掀起一股开发的热潮，各个电视台都一哄而上，搞电视娱乐节目。不过，所有的补偿都是阶段性补偿，一旦补偿到位，它的历史使命就完成了，就变成了一种常规的观念和常规的样式。受众的娱乐需求得到充分满足后，"电视娱乐节目热"便势必会在达到顶峰状态后降温。可以预见的是，一大批娱乐节目将惨遭淘汰。但由于娱乐始终会是人的一种需要，好的娱乐节目将会仍然保持在一个较高的收视率水平，不过，要使娱乐热潮继续保持"高温"，笔者认为，电视娱乐节目必须从以下两个方面努力。

一、电视娱乐节目的市场细分

目前的电视节目形成这样的局面，一方面仍受到政治因素的制约，忠实地担当着党和政府的喉舌，如新闻节目、社教节目、大型政治主题性文艺晚会；另一方面，服务性、娱乐性节目则走出主旋律文化的控制，朝市场化运作迈进。

1956年美国市场学家温德尔·史密斯提出了"市场细分"的概念。市场细分也称为"市场分割"，它是指从顾客的购买欲望和需求的差异性出发，按照一定的标准将一个整体市场划分为若干个需要不同的产品和不同的市场营销组合的市场部分（分市场），从而确定企业目标市场的活动过程。

市场细分概念的提出，引起了企业家的高度重视，得到了广泛的运用。现在，世界各国越来越多的企业都是在市场导向的指导下，通过进行市场细分，实行"目标市场营销"，也就是企业通过市场细分，了解各个不同的顾客群的需求情况和需求得到满足的程度，从而了解各个不同的顾客群的哪些需求没有得到满足或没有得到充分满足。在需求满足程度较低的市场部分，就可能存在着很好的市场机会。通过对各种市场机会的评价，选择那些与企业的任务、目标、资源条件等比较一致，与竞争者相比有最大优势，从而能产生最大"差别利益"的市场机会作为企业机会，确定出企业的目标市场，集中力量为目标市场服务，发展适销对路的产品，以适应和满足目标市场的需求。

电视娱乐节目在美国的发展对我们有一定的启示。美国娱乐节目的发展正是走过了从"大量市场营销"到"细分市场"的转变，许多年以来，美国全国性电视网的主要目的是吸引尽可能多的观众。关于如何最好地达到这一目的，在节目编排上有一些有趣的理论，即"雅俗共赏原则（Lowest Common Denominator 简称LCD）"操作。这一理论认为，为吸引尽可能多的观众，节目的设置需要满足尽可能多的观众的趣味，它不能对任何人有任何歧视、或自命清高只为少数精英服务。然而，近来，LCD理论被修正，商业电视的雅俗共赏原则受到批评。社会日益多元化，美国受众呈现出加速分化的趋势，即受众的信息需求越来越多样化，对于娱乐节目也相应有着多样的要求。为了满足这些要求，节目来自于广泛的各不相同的渠道。在美国，20世纪70年代，付费节目作为在家里观看剧场上映的电影、重大体育赛事及特别娱乐节目的一个方法已逐渐流行起来，观众必须支付额外的费用以收看这些节目，作为回报，付费节目频道一般不带广告；美国公共电视也是其中一条渠道，它不播广告，资金依赖政府基金会和观众的支持。事实上，虽然公共电视的观众通常只占美国家庭的2%，收视率最高的系列节目，肖伯恩的《南北战争》也只吸引了平均不足9%的家庭。如果换了美国广播公司（ABC）或哥伦比亚广播公司（CBS），它可能马上会被取消。但是，数量不多，公共电视的观众在收入、教育和社会影响上却是高水平的。有研究材料证实，公共电视台观众的观看习惯不同于"平均观众"，他们受的教育更好，口味更挑剔。另外，他们通常比商业台的观众更少看电视，不像普通商业台那些"沙发里的土豆"式的观众。为了吸引这些观众，公共电视台的节目不但必须刺激眼睛，而且更要刺激头脑。与其追求高收视率，公共电视台的节目编制者宁可寻求一个相对小的观众群，但这些观众在他们所在社区是消息更灵通、教育程度更高的观点领袖（Opinion Leader）。

现在，综艺节目的形式在美国几乎消失了。"什么都有一点"的观念在电视的早期更有效。随着节目的编排更成熟，他们能够更直接地针对观众整体中的不同的受众群。有些走"大众商品"的路子，试图用便宜的价格和整销的方式吸引大量的顾客；另一些则走"专门商店"或"时装专卖店"的路子，专门瞄准少量的挑剔的客户，制作更有文化、层次较高的节目。"许多电缆电视节目制作者都希望能像专业杂志那样去赚钱，他们的明确目标是大众中的某个固定的团体。这也是一些广告商愿意做独家广告的范围。现在的观念是狭窄覆盖。也许有人要理直气壮地质问，这种发展所许诺的到底是什么。'人口统计'式老少咸宜的电缆电视节目正在消逝中……于是一个重要的问题是，面对新技术的进步能创作出相应的有想像力的焕然一新的节目吗？"①

在我国，电视娱乐节目的发展也具备了市场细分的条件。

20世纪90年代以前，由于社会经济关系、社会历史发展过程因素，社会矛盾和问题具有社会性，人们的情感和思维方式大致相同，计划经济体制又使人们处在一个主动接受状态下，对主流电视文化有本能的认同感，因此，这一时期的审美趋向带有相当的一致性，而个体的主体选择意识淡漠，处在潜意识状态中。因此，共赏成为自觉，而且这一时期的电视作品大都强调教育作用。

20世纪90年代中后期，由于经济生活的多元化、市场经济成为社会生活主流，由此带动了文化生活的多元化，个人主体意识开始增强，个人有能力介入社会活动，社会民主政治进程加快，民本思想开始有了真正的意义。这一切反映在电视文化中，反映在观众的收视需求上，便出现了较为完整意义上的"消费"概念，个人的电视文化消费已不再为群体所左右，个人完全可以根据自己的喜好、兴趣来进行选择。特别是走过了那个特别的回顾时期，进入到一个崭新的社

---

① 丹尼尔·杰·切特罗姆：《传播媒介与美国人的思想——从莫尔斯到麦克卢汉》，北京：中国广播电视出版社1991年版，第211页。

会形态中，人性摆脱了束缚，个人意志可以充分表述，人的合理欲望可以得到满足，新的社会矛盾已不再带有全民族性，人们关注的事物可以更广泛，而且大都和切身利益相关，对文化产品的选择，也从受教育的单一选择到娱乐、服务、致用等多方面。同时，由于人们所受教育程度的不同，文化修养的不同，兴趣爱好的不同，社会阅历的不同，社会职业的不同，经济地位的不同，理想追求的不同等，都使人们在进行电视文化消费时有不同的审美需求，不同的选择方向。受众变成了一个个有不同节目需求的目标受众群。而物质条件的丰富更为这种选择提供了可能。上星节目的增加，有线电视带宽的增加，电视节目市场化运作，这一切，都为观众分层、分赏，即节目的市场细分奠定了基础。

2006 年，我国电视娱乐节目三足鼎立，湖南台的《超级女声》、上海卫视的《加油！好男儿》和中央电视台的《梦想剧场》。2007 年，湖南台《快乐男声》和上海卫视的《加油！好男儿》又分别拿到了节目生产的批文。由于电视原生态选秀节目的大量泛滥，观众的逆反心理与审美疲劳也随之快速出现，"草根化"与"原生态"的电视选秀节目很快显出衰老现象。于是，2007 年的电视选秀节目有从底端的平民选秀向高端"精品化"与"国际化"市场发展的倾向。这已从当年最有影响力的两档节目：东方卫视《舞林大会》（高端的电视选秀节目）、湖南卫视《名声大震》（国际化版权合作）可看出端倪，还有精英和平民相结合的《名师出高徒》。

上海卫视最先推出的这一高端市场的娱乐选秀节目以国标舞为传播载体，大搞明星真人秀，迅速走红，在娱乐节目中独占鳌头。据有关统计数据表明，《舞林大会》收视率最高时达到 16.8%，创造了上海综艺类节目收视率之最。《舞林大会》选择了雍容华贵的传播符号——国标舞。国际标准舞作为一项高贵优雅的运动，不但可以调适现代人忙碌的生活，舒展身心，并且有良好的社交功能，曾作为贵族生活的代表。《舞林大会》的策划者选中国标舞，无疑是吸引了对"贵族生活"向往的部分受众。以《舞林大会》为代表的一类高端真人秀节目之所以能够脱颖而出，就在于它能独辟蹊径，细分受众市场，在求新求异求变中，实现了传播效果的最大化。

市场细分的基础是顾客欲望和需求的差异性。这种差异是由于受到一些因素的影响而造成的，这些因素称为细分变数，是市场细分的依据。

具体说来，细分市场的依据可以概括为地理变数、人口变数、心理变数和行为变数四大类。当然，细分变数的标准不是固定不变的，在具体操作时，要注意变数的综合运用，进行多变数细分。而且，要确保市场细分最有效，它应该具备三个特征：

（1）可衡量性。即各个受众市场部分的规模大小应该是可以加以测定的。

（2）可进入性。即企业能够进入所选定的市场部分。

（3）规模性。即细分市场的规模要大到足够获利的程度。一个细分市场应该是值得为之设计一套方案的尽可能大的同质群体。

综上所述，市场细分是企业确定目标市场和制定市场营销策略的必要前提。因此，对于电视娱乐节目制作者来说，面对产业市场的日益细分化和竞争的日益白热化，首要问题就是要在激烈竞争的媒介市场，乃至更大的信息产业市场上，进行受众市场细分，然后才能选择一个或几个准备进入的细分市场，找准节目的定位，寻求发展。

二、电视娱乐节目的个性化经营

根据受众市场细分后才可以选择、确定目标市场，确定节目的市场定位后，就要根据节目的定位进行节目的个性化经营。

个性化是生存之本，是电视栏目的生命。节目要有个性，就必须从形式到内容不断创新。创新就是要求节目拒绝"克隆"。除了要改变眼下一味突出搞笑和彼此的内容与形式的雷同外，要求节目创作者们在艺术上不断探索，节目才能生存发展下去。

但是，国内的电视娱乐节目现在存在的一个最大的问题就是"克隆"。节目太多太滥、内容重复雷同、抄袭模仿成风、缺乏新意。据不完全统计，目前全国有 30 多家省级电视台、40 多家市级电视台开办了以游戏为主的综艺节目。看似丰富多彩，但其运作模式却基本相同，无非是两个主持人带领嘉宾及其支持者的观众方阵，做一些老套的游戏和有奖竞猜，中间插播歌舞表演和大量广告。一些节目策划者不思进取、互相抄袭，往往一家抢得头筹、办得火爆，其他电视台就一拥而上、竞相模仿。湖南卫视的《快乐大本营》一炮打响，于是就有了一系列"快乐"节目照猫画虎。而其实号称内地综艺节目创始者的湖南电视台的《快乐大本营》，从节目结构、游戏类型、搞笑手段，乃至行为语言，都可以从不同的台湾地区娱乐节目中找到它的原型。不仅如此，目前大部分占据电视排行高位的娱乐节目，都可以在我国的台湾地区、香港地区以及欧美国家的电视中找到它们的原型。中央电视台的游戏博彩节目《幸运 52》基本上是英国的同名版本，《开心辞典》则来自英国的《谁想成为百万富翁》，100 多家有线电视台曾热播的《走进香格里拉》，与美国的"真人秀"类节目《生存者》有着异曲同工之妙。就这样，节目千人一面，毫无个性，更无新意。所谓"学我者生，似我者死"，自 2000 年以来，《城市之间》、《幸运 2000》、《艺能连环炮》、《快乐新干线》等曾经占据各大电视台周末黄金时段的节目已风光不再，不少节目纷纷落马，幸存下来的节目的收视率也直线下降。不可否认，在目前我国电视娱乐节目刚刚起步的阶段，学习借鉴我国的港台地区和国外的一些节目样式无可非议，但是一味模仿，不思创新却只能走入死胡同。

美国和西欧国家的电视娱乐节目相当发达，虽然由于社会意识形态、价值观念的不同，其娱乐节目体现的价值观我们不一定赞同，但其在节目的个性化经营即创新方面确实有很多值得我们学习的地方。

美国和西欧的广播电视业竞争非常激烈，如美国有11 000多家电台，近2 000家电视台，还有众多的有线电视频道。一个普通美国家庭可以收看到的电视频道都在100个左右，它们多是专业化的频道。受众选择的范围相当大。所以美国和西欧的广播电视业很早就有"受众本位"的意识。他们一直重视对受众的研究、分析，目的在于了解受众的人口统计资料等。在获得有关受众的信息、资料之后，分析、整理，有针对性地设计节目结构、制作、播出节目，不断地在创新上下功夫，以求得较高的节目传播的有效收视率。所以在美国和西欧，新的节目样式不断出现。英国独立电视台原创的游戏竞猜类节目《谁想成为百万富翁》自1998年推出后在全世界每个引进这个节目的城市都获得了最高收视率。美国全国广播公司（NBC）为与其抗衡，修改了竞猜的游戏规则，制作了《最弱一环》，据说在世界上的每个城市，只要有一家电视台引进《谁想成为百万富翁》，就会获得最高的收视率，这个城市必然会有另一家电视台引进《最弱一环》来与之抗衡。正当《谁想成为百万富翁》和《最弱一环》斗得正酣之时，"真人秀"类节目又出场了，其中美国哥伦比亚广播公司（CBS）推出的"真人秀"类节目《生存者》是其中的佼佼者。2000年《生存者》开播当年，即创下美国夏季节目收视率的新高，不仅打败了《谁想成为百万富翁》，也创下CBS在该时段13年来的收视纪录，让CBS打了个翻身仗，其收视率从四大电视网的最后一名一跃坐上了头把交椅。

可见，节目确实要有个性，要有自己与众不同的特色，才能吸引观众，获得成功。节目要有个性，就不能嚼别人嚼过的馍，就要不断创新。创新是艺术永葆青春的秘诀，只有认真分析观众的欣赏心理，不断推出新人新作，在节目的思想性、艺术性和观赏性上下功夫，才是娱乐节目不断创造辉煌的唯一选择。因为美的魅力全靠新鲜感支撑着，出现一段时间后，类似节目多了，新鲜感过去了，观众也就提不起兴趣了。

那么，怎么创新？兴趣是文化欣赏的原动力，因此，趣味性是创意的首要因素；思想性是创意的关键，没有思想的节目只是徒具空壳；没有感情的分量，节目就会冰冷无味，人情味应是创意的应有之义。创意应求新、求奇、求美，办出特色，节目才有底气。具体说来，电视娱乐节目创新包括形式和内容两个方面。

1. 形式求新

　　娱乐节目是多种艺术的一种杂交体,要使其不断地发展和创新,就要不断地大胆地进行多种艺术的杂交,甚至可以与现代的高科技成果相结合,找到结合点,不断创造新的节目样式,从而让观众耳目一新。而且,形式求新并不单纯指创造新的节目样式,即使当某个节目很受欢迎,具体的节目形式处于相对稳定的状态时,形式上也不应一成不变,应不断注入新意,加以改造,这样才能给人以新鲜感。如美国哥伦比亚广播公司(CBS)推出野外生存游戏"真人秀"类节目《生存者》,就是打破了游戏节目不能采用叙事文本的神话,在游戏节目版式上做出的重大突破。尽管叙述是电视的主要文本,但一般而言,电视游戏节目是不采用叙述文本的。电视游戏节目一般都是在限定的时段,如一至两小时内完成,而且一般每集之间没有逻辑上的联系。它不具备真正意义上的故事情节,不具备所谓的"情境"所包含的三要素:(1)人物活动的具体时空环境;(2)人物面临的具体事件或情况;(3)由此构成的特定人物关系。著名的传播学者萨拉·科兹洛夫在《叙事理论与电视》一文中也谈道:"惟一的一种贯穿始终都避免叙述的电视节目版式是那种依自身的交替规则结构十分明显的节目:例如游戏节目,体育锻炼节目,记者招待会,访谈节目,音乐节目,体育竞赛等。"① 但是《生存者》却大胆采用了叙事的节目版式,而且是长篇连载式的叙事版式。它从头至尾就是在讲故事。它不但具备了真正意义上的故事情节,具备了情境三要素,而且借鉴了好莱坞电影的叙事风格,故事充满了悬念和挑战,突出了故事的不可预测性,像是一部精彩而刺激的电视连续剧。它开创了游戏节目的一种新的电视形式,开创出一种新的创作风格,给观众带来一种新的审美感觉,这是《生存者》最大的突破,也正是节目成功的原因。《生存者Ⅰ》的推出获得巨大成功后,哥伦比亚广播公司又接着推出《生存者Ⅱ》,沿用了《生存者Ⅰ》的模式,但在节目形式上如节目的前奏作了些小的改动,不断地给观众以新鲜感。

　　2. 内容求新

　　内容的新集中表现为节目本身,包括节目的思想内容、情境的设计、使用的资料、制作手段等。还是以《生存者》为例。在《生存者》出现之前,就有其他的"真人秀"类节目,如《阁楼故事》、《诱惑岛》、《老大哥》等,但没有获得《生存者》这样大的成功。《生存者》之所以有如此大的魅力,就在于它不仅形式新,而且内容也新。它在一个特定的实景模式里导演了一出充满对抗与矛盾的现代人的野外生存游戏。参加游戏的有16个人,节目制作者有意选择了来自各行各业的人参赛,他们中有公司职员、海员、导游、学生、音乐家、酒保和卡

　　① [美]罗伯特·艾伦编:《重组话语频道》,麦永雄,柏敬泽等译,北京:中国社会科学出版社2000年版,第47页。

车司机等等，年龄、性别各不相同。从某种意义上来说，它是人类社会现实生活的某种缩影。在荒无人烟的野外，参赛者被分成两组，他们被没收掉随身携带的物品，每天的食物配给只有一把大米和两个罐头。在玩各种生存游戏的同时，生存者必然要处理两对矛盾：一是要处理人与自然界的矛盾，他们必须面对恶劣的自然环境：那里既没有房屋以供居住，也没有现成的食物以供食用，为了生存，他们不得不像当年鲁滨逊一样自己搭帐篷、捕鱼、砍柴、生火，过着挨饥受冻的生活。另一方面，他们还要处理人类社会内部的矛盾，即处理人与人之间的关系。为了赢得那100万美金，为了取得居留权，他们可以使出除暴力外的诸如造谣中伤、拉拢欺骗等各种手段来相互竞争。他们为了取得在岛上的"居留权"不得不绞尽脑汁，因为他们每周要召开一次"部族会议"，投票将其中一人逐出小岛，并将每个人所投的票公布于众，这样做必将树敌或结盟，使岛上"居民"的关系变得错综复杂。注定有不停的争论、吵架和钩心斗角。《生存者》节目每星期播出一集，每集讲述三天内发生的故事。每一集都是严格按照时间顺序进行叙述。每一天相当于一个小段落。一天比一天紧张，一天比一天刺激，因为最后一天将进行最重要的游戏竞赛——"免疫权竞赛"，竞赛过后将举行部落大会，会上有一个人将被淘汰。"谁将获得'免死金牌'"，"谁与谁是盟友"，"谁将被淘汰出局"，故事将怎样发展，怎样结束，每一步无论是当事人还是旁观者都是无法预知的。每集的部落大会是每一集的高潮，直到部落投票结果统计出来，谁也不知谁会被淘汰出局。随着那个被淘汰的成员背着包裹走过桥头回顾他挑战生存者的历程之后，节目也就戛然而止。"谁将成为下一个被淘汰者？""下一集他们将遇到什么困难？会有些什么游戏？"观众刚刚因为悬念的揭晓松一口气，马上又处于悬念和期待的状态之中。它又重新唤起观众新的期待，新的愿望。

电视诸功能应由不同形态的节目、栏目分别去体现，媒体要在诸多功能中像充分体现舆论引导、社会教育、信息服务功能一样，充分体现娱乐功能。过去唯政治化思维的电视节目是荒谬的，同样，娱乐超过限度，一切节目唯娱乐化，同样是极其荒谬的。

而且，尽管电视是一种大众传媒，但21世纪的中国电视娱乐文化，应该不仅仅是一种被平民化、单一化、模式化的"大众"的文化，而应该是一种多元的丰富的现代娱乐文化，这是一种真正意义上的大众文化，它不仅是那些数量上占优势的大众的文化，而且也是那些在数量上并不占多数的大众中的若干小众的文化；它不仅要满足受众宣泄、松弛、好奇的娱乐性需要，也要满足人们认识世界、参与社会、变革现实的创造性需要；它不仅要适应受众已经形成的主流电视观看经验和文化接受习惯，而且也要提供新鲜、生动的前卫和边缘的文化经验以促进受众文化接受水平和能力的不断提高。总之，它应该是一种多元的文化，一种大众与小众、共性与个性、高雅与通俗、主流与边缘、认同与超越、正统与前卫、男性化与女性化、国际化与本土化、传播与接受相互补充、相互参照的并存、互动的文化，它承认所有人的文化权利，它尊重人们所有的精神需求，只有这样，电视娱乐节目才能真正成为现代文化的一个充满活力的组成部分，而不仅仅是电视台和商人获取经济利润的工具。

本 章 小 结

● 电视娱乐节目的类型有：游戏类、公共舞台类、娱乐资讯类、谈话类和真人秀类。

● 电视娱乐节目的特征：无价值深度、轻松的游戏；平民性、互动性的现场；类型化、模式化的制作；商业性、博彩性的刺激。

● 电视娱乐节目与人们的接受心理相契合，包括情感宣泄、对抗心理、游戏心理、窥视心理和参与心理。

● 电视娱乐节目的热潮引来了理论界的文化批评，主要集中在：电视的本质是以"娱乐"为主还是以"社会"功能为主？娱乐节目是"社会麻醉剂"还是"社会减压阀"？电视娱乐节目应该追求"雅"还是"俗"？

思 考 题

1. 举例分析电视娱乐节目的类型。
2. 解析某一娱乐节目的制作环节和规则。
3. 对娱乐节目热的理性认识。

第八章 电视谈话栏目

"电视谈话节目已经成为影响我们思想和行为方式的一种新权威。它们像是城镇议事厅或社区集会场所,在这个日益数字化和原子化的地球村中把我们集合在一起。我们可能不认识隔壁的邻居,我们可能也根本就不想认识他们,我们也许害怕街上的陌生人,怕他们是潜在的罪犯。但广播和电视中的谈话节目却是受欢迎的客人,它们能够帮助我们知道在这个越来越危险,越来越难以沟通的世界上发生了什么事情,应该怎样行事。"①

第一节 电视谈话节目的界定及分类

一、电视谈话节目的含义

谈话,《现代汉语词典》解释为"两个人或许多人在一起说话"或"用谈话的形式发表的意见(多为政治性的)"②。

从社会学角度看,谈话和其他社会活动一样,是社会成员所进行的行动(action)和交往(interaction)。人们在谈话中倾听不同声音的交流,调适自己的经验世界,调整自我"在场"的姿态,重建自我对外部世界的感觉。谈话不仅是语言馈赠、思想碰撞、感觉交换,同时也包含了人类生存方式的相互参照。不同样态的生命安顿,在敞开自我、走近他人的对话中,相互追问、相互聆听,共同寻找生命的意义,体现最高层次的生命关怀。

电视谈话节目,则是把人们私下的谈话搬到电视这个大众媒介上,借助人际传播来实现大众传播的一种传播形式,它是一种一般由主持人、嘉宾和(或)现场观众就一个主题进行讨论或辩论的电视节目形式。它必须在严格的时间限制

---

① [美]吉妮·格拉汉姆·斯克特:《脱口秀——广播电视谈话节目的威力与影响》,苗棣译,北京:新华出版社1999年版。

② 中国社会科学院语言研究所词典编辑室:《现代汉语词典》第2版,北京:商务印书馆1983年版,第1114页。

内开始和结束，并且要保持话题的敏感性，以便在面对上百万观众时能够提起大众的兴趣。

很显然，电视谈话节目不是人们私下谈话的完全照搬。首先，电视谈话节目有一定的时间限制，一般是半小时到一个小时，而一般的谈话有话则长，无话则短；其次，每次的电视谈话节目一般有一个主题，参与者都要围绕这个主题展开谈话，陈述事实或表达自己的见解，而私下的谈话则可有多个主题或无主题；最后，电视谈话节目常常由主持人把握谈话的进展，私下的谈话则一般是随心所欲的，没有一定的谈话轨道。

电视谈话节目与一般的电视节目也有所不同，不是任何一种含有谈话成分在内的电视节目都可称为电视谈话节目，而只有那些以谈话为主要形式的电视节目才可以称之为电视谈话节目。其实谈话节目的英文名"Talk Show"就很明白地表明了电视谈话节目的这一点——它是一场谈话表演，人们在对话中进行信息的交换和思想的碰撞。

二、电视谈话节目的构成要素

构成电视谈话节目的要素有三：谈话人、谈话主题以及谈话方式。谈话人一般由主持人、嘉宾和现场观众组成（有时只有主持人和嘉宾，没有现场观众），其中主持人一般起串场的作用。谈话主题可以是具有新闻性或非新闻性的，可以是具体的也可以是抽象的。谈话节目的谈话方式，一般有两种：

一种方式是主持人、嘉宾和群众"三结合"的大场面群言模式，如《实话实说》、《对话》等。这种模式的出现，与节目定位的普遍性原则和争取高收视率为目标有着密切的关系。《实话实说》的成功更是奠定了这一模式在谈话类节目中的不可动摇性。这种大场面的群言模式从最初的主持人侃谈表现逐步发展到主持人对场面的引导和控制，有效地起到了在保持节目整体感方面穿针引线的作用。当嘉宾和现场观众表现得过于拘谨时，主持人必须善于引导、启发，来活跃场面；当嘉宾和现场观众有着过强的表现欲而大段大段地谈论时，主持人又必须能够不露痕迹地控制着场面。这样，谈话节目的质量就与主持人、话题和嘉宾以及现场观众等因素密切相关，甚至可以说嘉宾在某种程度上成了节目的主人。

另一种方式是主持人与嘉宾（一个或几个）的对话模式，如《锵锵三人行》，主持人窦文涛和他的两个伙伴（嘉宾主持）就一些时事、人物或话题，做一些即兴式的、随意的评述和交谈。目前，这类谈话节目也已形成了自己的特色和固定的受众群。中央电视台《面对面》的谈话方式即是面对面的接触、面对面的交流、面对面的碰撞、面对面的印证。该栏目通过记者对采访对象进行一对一长篇专访的节目样式，完成对新闻人物身上新闻性和新闻背后的人的魅力挖掘。基于这样的定位，栏目早期鲜明地提出了这样的宣传语："谁，知道什么？做了什么？为什么？结果就在《面对面》。"

三、电视谈话节目的类别

谈到对电视谈话节目类型的划分，不能不谈起《实话实说》这一中国电视谈话节目的样板栏目，因为当今很多电视谈话节目都是对它的借鉴和模仿。而《实话实说》在自身的发展和完善中逐渐形成了两种类型的节目，即议论型和叙事型。①

1. 谈话结构形态分类

（1）议论型谈话节目。这是就某一抽象话题，通过嘉宾和现场观众的讨论、辩论进行思想和观点的交锋。节目最后一般没有定论，而是把判断的权利留给观众，给观众留下思考的空间。《实话实说》的许多节目——《为什么吸烟》、《该不该减肥》、《夫妻是否需要一米线》等都属于这一种。

议论型谈话节目又根据谈话的方式、话题的设计不同，而分为讨论型谈话和辩论型谈话。

讨论型谈话是指谈话参与者在节目中就某种现象或某个问题展开讨论，对其产生的原因、应对的观念、发展趋势、最终结果、现实意义等进行多角度、多层次的分析，或从某具体的个案、现象入手，在谈话中逐渐深入故事以及现象的背后展开讨论，为公众提供一个话语平台。像《实话实说》大多数节目选题都属于讨论型谈话范畴。这类节目已成为当今电视谈话节目的主流类型，是"主流话语、精英话语、大众话语合谋最为成功的电视谈话节目类型之一"。

辩论型谈话是语言对抗色彩最为强烈的一种谈话形态。它通常围绕一个特定话题，由持有不同观点的双方各抒己见，在交锋中形成冲突。这种类型因话题的争议而形成两种观点的激烈交锋，两种语言的激烈碰撞，表现出浓厚的即兴性、思辨性、逻辑性和论争性特征。如凤凰卫视的《时事辩论会》，以辩论形式评论时事。该节目每次设定一个时事热点话题，并特意从中国内地、香港地区或海（境）外邀请相关人士参与，运用多视窗形式，由多位背景各异的嘉宾"紧扣时事，让事实越说越清，交锋观点，使真理越辩越明"。通过多角度的辩论，使观众能洞悉事件的不同视点，透彻地了解事件的真相、本质。

（2）叙事型谈话节目。所谓叙事，是指被表述出来的故事。因此，这类节目即是以讲述故事为谈话内容的节目形态。不过这类故事是发生在现实生活中，

---

① 时间，乔艳琳主编：《实话实说的实话》，上海：上海文化出版社1999年版，第12页。

是节目嘉宾亲身经历过的真实事情，而不是虚构的想象中的故事。如中央电视台的《讲述》栏目。

栏目定位：

一段终生难忘的经历

一段刻骨铭心的故事

一片魂牵梦萦的土地

一种催人奋进的力量

一种激荡灵魂的身影

《讲述》栏目以一种新鲜的"讲故事"的方式，将发生在芸芸众生普通百姓身边的那些感人至深的故事挖掘出来，向观众娓娓述说。栏目把观众的情感需求放在第一位，坚信"再草根的生命也会发出绚丽的光彩"。该栏目制片人梁红说："我们在感知观众的情感需求，而且真、善、美一直是人性追求的主题，社会越是发展，人间越是渴望真情，越是把是非、善恶、美丑的界限区分得更加清晰。"《讲述》无形中引导了观众的价值观——以情励人。该栏目于 2005 年末进行了改版，使故事增强了悬念，观赏性更强，更贴近普通百姓。并融合了新的创作元素，如讲故事技巧、镜头语言、剪辑方式、音乐蒙太奇等。

叙事型谈话节目，从对某一个案的展示入手，讨论其所包含的公共话题，这样不仅更为感性，而且谈话比较集中。如湖北电视台的《往事》栏目，它根据主人公所回忆的自己刻骨铭心的人生"往事"来展开叙述。像首期播出的《故事，铭刻在雪山》，就把人们带回到了 40 年前中国登山运动员首次登上珠穆朗玛峰的动人时刻，同时，也给人们讲述了当时一段鲜为人知的动人故事。主人公刘连满舍己为人，在离顶峰只有 140 米的地方主动留下来做人梯，宁愿选择死亡而把自己的氧气留给了战友。当队友们在珠峰展开鲜艳的五星红旗向世界宣布的时候，刘连满则在不远的珠峰下默默地与死神搏斗；当鲜花与荣誉伴随着战友的时候，刘连满则一直在为家人的生计奔忙。这样的"往事"展现，使人们在与主人公充满真情话语的平等交流中得到了一种心灵的净化。

随着我国电视谈话节目的发展，新出现了一种把上述两类谈话节目综合在一起的电视谈话节目，如湖南卫视的《大当家》。节目每期长 65 分钟，由两个环节组成。第一个环节"萝卜白菜"由某一普通而特殊的家庭生活现象、热门生活话题或突发新闻事件导入当期节目话题，通过捕捉嘉宾、观众当中鲜活的生活事件，引发有见地的争鸣，从而折射出社会生活的最新动向和潮流，探讨提高家庭生活质量的方略，着重突出思想的交锋和智慧的碰撞；第二个环节"比较生活"则将走进与上一环节主题相关的家庭角色，展现他们的内心世界，演绎戏剧般的人生冲突，同时展现主角的个人魅力及其生活当中鲜为人知的另一面。通过引发主角一吐为快的生活宣言，来挖掘家庭生活的无限情感情趣，着重以真实记录的个案经历，更深层次地挖掘和体味话题的内涵。不难看出，《大当家》的两个节目环节既有讨论，又有叙事，是两种类型节目的综合体。

无论是讨论型还是叙事型，基本上都有一个主题。但有的谈话节目是没有主题或多主题的，呈现出意识流式的谈话。意识流这一名称源于美国心理学家威廉·詹姆斯的《心理学原理》。他认为人的意识并非以一段段的形式出现并连接起来的，而是流动的，因此称之为"思想流"、"意识流"或"主观生活之流"。他认为人们除了存在着理性的意识之流外，更重要和主要的是存在着非理性的和无逻辑的意识之流。这就带有非理性的倾向。① 运用意识流的谈话，则是不设定一个目标或规则，不做结构，也不期待解决什么问题，自由转换，如行云流水。它也有一个话题的由头，但这个由头不是中心，甚至会在谈话中被淡忘。《锵锵三人行》是典型的意识流结构。它的"今日话由"大多来自时事，但往往并不是谈话中心——因为谈话几乎没有中心，完全是自由漫谈，如此而已。如某一期节目话题是"两岸电脑均被黑客入侵"，但谈话开始却说的是夫妻情感、结婚纪念日的荒诞，然后才慢慢转到两岸局势，接着从黑客名字的由来谈到"黑色"。

2. 谈话节目内容分类

把电视谈话节目划分为议论型、叙事型以及意识流型，依据的是谈话的结构形式，如果根据内容来划分，电视谈话节目则大体可分为新闻性谈话节目、娱乐性谈话节目、普通话题（非新闻、非名人）侃谈节目、专题性谈话节目和拟社会事件谈话节目五大类。

（1）新闻性谈话节目：主持人、嘉宾或观众共同对某一新闻事件进行讨论，以帮助人们了解新闻事件和公众舆论对这一事件的看法。讨论、辩论甚至发生在不同参与者之间的不同意见是这类谈话节目的亮点，注重思想性而非参与者的个人特性是这类谈话节目得以流行的原因。较为著名的新闻性谈话节目有：《会见新闻界》（NBC）、《面对全国》（CBS）、《拉里·金现场》（CNN）、《麦克尼尔和莱尔新闻小时》（PBS 美国公共广播公司）、《新闻会客厅》（CCTV）、《面对面》（CCTV）和《时事开讲》（凤凰卫视）。

《会见新闻界》（Meet the Press）创办于 1947 年，由美国全国广播公司（NBC）播出，是世界上最早也是存在时间最长的新闻访谈型节目之一，是每周日午间的关于公共事务、时政舆论方面的访谈类节目。每期节目由一位政界或社会知名人士嘉宾、一位主持人和四位参与讨论的人士组成，以开记者招待会的形式发表谈话。

---

① 黄展人主编：《文学理论》，广州：暨南大学出版社 1990 年版，第 192 页。

《拉里·金现场》（Larry King Live），创办于 1985 年，由美国 CNN 每晚9：00～10：00 黄金档播出。这个栏目曾十次获得美国电视艾美奖（Emmy Award）。主持人拉里·金也被美国《电视指南》称为"迄今以来最杰出的脱口秀主持人。"作为一档新闻谈话节目，其话题一般是围绕近段发生的热点事件或热点人物，邀请相关嘉宾作现场访谈，并同时直播；也邀请部分娱乐明星作访谈；更多的是对普通人物的访谈以及对当今社会一些问题的讨论。从话题选择看，并没有像我国的大部分谈话节目，只定位于某一类人士，这样，易造成节目话题的枯竭和嘉宾选择的困难。

《时事开讲》创办于 1999 年 8 月 22 日，是凤凰卫视每周一至周五深夜时段23：35～24：00 播出的时事评论谈话节目，由主持人与嘉宾曹景行、何亮亮针对当前最热门的新闻话题，包括国际或区域政治局势、中国外交战略、海峡两岸形势等重大时政内容，从华人的视角作出分析评论，被《南方周末》评价为"不可复制的《时事开讲》"。该栏目播出半年以后，就被卖出了中国电视频道午夜时段的最高广告价格。

《新闻会客厅》，创办于 2003 年 5 月 1 日，由 CCTV—新闻频道周一至周五22：00 播出。该栏目关注的是当日或近期国内发生的重大新闻事件中的人，强调开掘新闻事件中当事人和关联人的亲历、亲为和亲感，突出了新闻中人性和新闻性的结合。在形式上，以一位主持人和两位嘉宾为主体构成。

以上所述新闻性谈话节目场属于独立播出的栏目。另有一类为新闻杂志节目中的某一子栏目，其形态与上述相同，只不过不能单独播出，像中央电视台的《时空连线》就属于这类节目。它选择公众关注度最高的新闻事件，以"新闻短片＋主持人访谈"的形式完成对新闻事件的透视分析。其中新闻短片主要是披露事件的精彩焦点，描述事件的相关背景，时长大约 2～6 分钟。而主持人访谈是主持人对最多三个当事人同时进行互动式采访，观点相互渗透补充，交叉碰撞，层层推进，从而产生一个又一个高潮，时长大约 12～15 分钟。有的"焦点"类子栏目，则是选取一定时间内有影响、典型性的焦点、热点新闻事件，从起因、过程、结果、影响等方面进行深入采访，并剪辑成几个片断，层层深入；在演播室内通过"抖包袱"的方式，由嘉宾对每一阶段予以评说，并对事件背后所寓含的意义予以揭示，从而构成对整个事件全方位的深度报道。其话题涵盖社会、经济、文化、娱乐、法制等众多领域，所选取的新闻事件包括商界（如微软中国总经理吴士宏辞职事件）、社会（如某女士 10 万元广告大征婚）、文化（如王朔金庸论争事件）、娱乐（如"小燕子"走红及其遭受批评）、法制（如牟其中被推上法庭、香港黑社会头目张子强案）等各个方面。

这类谈话节目对新闻事件的选取标准一般是那些具有广泛的社会关注度，或具有某一方面的典型性，为广大观众所欲知，而已有的报道又未能深入分析和详尽展示的事件。另一方面，由于新闻事件和新闻人物是分不开的，所以这类谈话节目也常常邀请新闻人物到演播室做客，与之访谈，如《对话》节目中的《感受吴敬琏》、《跨世纪的柳传志》、《对话韩寒》、《约会王家卫》等等。新闻性在这类节目中处于首要的位置，新闻人物常常是他们的座上宾，节目常常以新闻人物为由头，在此基础上构筑对话的空间，由此引发出深层次的思考。

（2）娱乐性谈话节目：这类节目主要是和娱乐界著名人物之间的谈话，气氛温和，避免争论，同时还可挖掘明星们不为人知的一面。对观众来说，这种节目是对日常生活的一种调节，因为其中不仅充满了耀眼的明星，而且还以一种轻松的谈话为特征。如《明星三人行》节目，主持人窦文涛不谈严肃的新闻话题，而邀请一位两岸三地的演艺圈明星畅谈出道以来的心路历程，天南地北，与观众畅叙半小时。

中央电视台的《艺术人生》是这类谈话节目的典型代表。栏目于 2000 年 12 月 22 日创办，每周三 22：39 在 CCTV-1 播出。《艺术人生》以文化关注和人文关怀的姿态，对邀请到节目中的艺术家的艺术历程和情感经历做深刻的阐述，以现场谈话形式和观众共同分享艺术家的人生故事和人生感悟。栏目致力于从每一位嘉宾中选取"人生转折点，情感好故事"，逐渐成为中央电视台的品牌栏目。《艺术人生》栏目的特色在于：用文化引导娱乐，以文化视角关注演艺界，将艺术家还原为普通人，展现艺术家的本色人生，通过艺术家的人生启迪普通人的人生，用艺术点亮生命，用情感温暖人心。

当《艺术人生》走向顶峰的时候，有网络舆论批评说，该栏目过于煽情，似乎已危及到栏目的生存。其实煽情只不过是栏目的一种手法而已，更大的危机在于栏目的选题面临着枯竭。按照艺术明星的嘉宾选择标准，似乎难以支撑年复一年的节目需求。于是，该栏目在发展中探索将嘉宾的定位从最初的歌手、影视明星发展到现在的影视、音乐、舞蹈、曲艺、文学、戏曲等文化领域；从单纯的国内艺术家发展到海内外的名人；从最初的重量级明星向故事化人生、情感化人生、趣味化人生和哲理化人生转变，特别策划节目还从单个嘉宾到艺术群体，由作品到演艺人扩展，大大开掘了嘉宾的资源，也扩大了节目的文化影响力。在表现形式上，该栏目除了访谈外，还将纪录片手法运用到现场节目中，并融入大量的戏剧创作方法，使《艺术人生》在同类谈话节目中独树一帜。

英国学者尼古拉斯·阿伯克比在《电视与社会》中曾说过：电视主要是一种娱乐媒体，在电视上亮相的一切都具有娱乐性。除了以娱乐明星为主要嘉宾，以娱乐资讯为主要谈话内容的节目外，还有一种将娱乐与新闻资讯相结合的方式构成的另类娱乐谈话节目，如凤凰卫视曾于 2001 年创办的《娱乐串串烧》

（2004 年底停播）"用娱乐的方式解读政治、经济民生问题"。节目对娱乐的理解超越了简单的搞笑，而是投入了思考，使娱乐体现了潜在的深度建设力量。

在娱乐秀谈话节目方面，最能代表美国流行文化的节目是 CBS 于 1993 年推出的《大卫·莱特曼深夜秀》（The Late Show with David Letterman），被称为美国的"夜间谈话节目之王"，曾 13 次获得美国艾美奖，其主持人莱特曼的年薪也于 2002 年涨至 3 150 万美元。该节目的主要特征是调侃政要、戏说新闻，将严肃的新闻信息以个性化的调侃和口语化的叙说方式讲出来。如在 2004 年美国总统大选之年对布什的调侃："如今，总统选举之战正全面升温。布什的竞选活动比前段时间要好多了，他的民意支持率也在急速上升，自从他抓住了——玛莎·斯图尔特！"此外暗指布什曾因抓住萨达姆而使民意支持率上升，布什想民意支持率再度攀升可是抓不到拉登，只好抓了个"家居女王"玛莎。

（3）普通话题谈话节目：这类节目的选题一般不具新闻性，但为公众所关注，节目注重普通人的生活，讴歌普通人的真实情感，如《荧屏连着我和你》的大量节目，曾经的话题有：喝酒的人、街头巷尾修理工、传达室的老大爷、围城中的暴力、居委会主任、小保姆、想结婚的人、不想结婚的人等等。又如《半边天》周末版，它的选材也基本上向普通人方向靠拢，"以人性为表达目的"，节目更多地趋向于展示型而非讨论型。主持人张越说："罗大佑说过的一句话：最让我感动的是每张脸背后的故事，我很受启发，决定进入生活当中，进入命运当中，去寻找那些有故事的人，让他们来说。"①

以故事为载体成为当今许多谈话节目制作的法宝和原则。普通话题的谈话节目以普通人或具有特殊经历的人物为主体，通过讲述来展现人物背后的故事，拨动人类内心深处最敏感的情感与观众一起见证历史，思索人生。在我国大陆首开此类节目先河的，当是湖北电视台的《往事》（2000 年，现已停播）。此后较有影响的有中央电视台的《讲述》（2001 年），以及凤凰卫视的《鲁豫有约》（2002 年）、《冷暖人生》（2003 年）等。

《讲述》突出用真实的情感打动人，用朴素的爱心感染人，用真实的力量震撼人。为了形成这种强有力的真实力量，《讲述》除了要求记者采访的材料真实，事件背景真实，事件的思想真实外，在表现手段上也极力使用真实场景、真实语音进行再现。

美国的《奥普拉·温弗瑞节目》（Oprah Winfrey Show）被称为这类谈话节目的经典。它由"国王世界"（King World）节目制作公司于 1986 年推出，在全美

---

① 黄晶晶，王军：《媒体的力量：谁是今天最有影响的"对话人"》，《新周刊》2001 年第 9 期，第 38～39 页。

211 个地区播出。这个栏目保持了十几年如一日的收视第一，9 次获得艾美奖杰出脱口秀奖。该栏目话题的重点包括三个方面：有关女性生活、情感方面的内容；对明星、名流的访谈；有关社会问题的话题，主要是关注一些新近发生，具有一定新闻因素的社会事件。对明星访谈的卖点主要是基于揭秘性和情感性的挖掘，对其他两个话题的讨论，包括几组嘉宾故事陈述、观众与嘉宾冲突的调节，专家提出治疗的方法。

这一大类还包括人际关系和心理的谈话节目：这是以个人情感历程、心态和人际关系为题材的节目。比如浙江电视台的《情感夜话》，它以情感、婚姻、家庭、生育等话题为主，通过专家与观众的互动交流，化解情感困惑，沟通两性理解，解除心中烦恼，激发生活激情，追求心灵健康。

（4）专题性谈话节目：这类节目注重服务性和知识性，其中包括理财与经营顾问节目、与健康或其他主题相关的其他专题特别节目。如中央电视台的《健康之路》，它每天一个主题，主持人邀请国内各学科最著名的医学专家到演播室介绍疾病的预防保健知识。节目还在直播过程中开通热线电话和互联网站，观众有什么问题，可以直接向专家提问。

（5）拟社会事件谈话节目①：这属于模拟新闻谈话节目，它使用电影的概念，将电影的艺术手法与电视的写实手法结合起来表现现实题材。例如《人民法庭》节目就是用模拟的形式展示各类错综复杂的案例，以此来满足观众对类似法律案件的兴趣。

事实上，我国目前有许多谈话节目并不能严格地把它区分为上述哪一种类型，其实，它们常常是各种类型的综合体。

第二节　电视谈话节目的历史回顾

一、我国电视谈话节目的产生背景

电视谈话节目最早兴起于美国，从 20 世纪 50 年代的《今天》和《今夜》开始，确立了明星闲聊式的谈话方式。在我国，电视谈话节目的开端以 1993 年 1 月上海东方电视台开播的《东方直播室》为标志。而真正在全国掀起谈话节目热潮则以《实话实说》（1996 年）为标志。

《实话实说》的原制片人时间在谈到《实话实说》的创办时说："现在回忆当初创办《实话实说》的动机，只有两个：一是顺应社会发展的需要，电视人

---

① 马庆平：《外国广播电视史》，北京：北京广播学院出版社 1997 年版，第 124 页。

应有所反应；二是丰富电视本体的语言表达能力，从业者应有所拓展。"①

确实，电视谈话节目的出现首先是社会发展的产物，这体现在：

第一，我国正处在社会转型时期，这一时期为电视谈话节目创造了良好宽松的谈话氛围。

"社会转型是对近代以来世界上发生的一系列创造性变革的总称，它是人类在生存方式上，在处理自身事务方面发生的伟大革命性转变。""这种整体的社会模式变革或转型主要体现在三个方面：即经济领域由非市场经济模式向市场经济模式的转型；政治领域由集权政治制度向现代民主政治制度的转型；文化领域由过去封闭、单一、僵化的传统文化向当今开放的、多元的、批判性的现代文化的转型。"②

俄国思想家巴赫金把转型时期的文化特征概括为众声喧哗、语言杂多，其间各种话语互相对话、交流，以实现自我和他人的价值。他认为，社会转型时期的特点是：①文化从单一、统一思想的民族语言所塑造的民族文化的神话和文化封闭圈中解放出来，走向一个多语言、多文化交流与对话的时代。②文化与文化之间的互相融会、撞击，对话呈多层次、多向度的局面，即传统与现代、异邦与本土、高雅与俚俗、"官话"与方言之间的各种话语，纷纷在语言文化的竞技场上，争奇斗艳，百家争鸣，众声喧哗。③语言杂多、文化多元的离心力量冲击、颠覆、瓦解着向心力的中心话语霸权，使之崩溃解体，中心话语的意识形态权力中心摇摇欲坠，不得不从封闭、合理化、自足的现有体系与框架中努力挣脱出来，接受语言杂多、文化多元的历史事实。④这个时代的文化主体中，占主导地位的不是中心权威的"独白式样"话语和神话话语，而是各种语言与价值体系同时共存的"对话式"小说话语。"大说"日趋式微，"小说"日益鼎盛。③巴赫金所论述的开放、多层次、离心、对话式这些转型时期的文化特征，在当代中国文化中十分突出。"文革"结束后的20世纪70年代末，随着社会的改革与开放，中国重新从一元统一思想的封闭文化中走出来，各种文化相互之间展开了规模空前的交流和对话，出现了主流文化、精英文化和大众文化共存的局面。

主流文化，从文化哲学的角度来看，是特定历史时期占统治地位的生产方式所决定的、作为社会的统治思想的文化。当代中国的主流文化是中国共产党领导

---

① 时间，乔艳琳主编：《实话实说的实话》，上海：上海文化出版社1999年版，第9页。

② 李钢：《社会转型代价论》，太原：山西教育出版社1999年版，第14~15页。

③ 刘康：《对话的喧声——巴赫金的文化转型理论》，北京：中国人民大学出版社1995年版，第157页。

下的具有中国特色的社会主义文化，它正逐渐适应市场经济的发展，对其他文化形态持日渐宽容的态度。但主流文化不可能放弃对文化市场的控制，它以政权作为强大后盾，将它的一系列价值观念渗透到社会生活的方方面面，形成有利于对既有统治体系的共识，以维护现有的社会秩序。精英文化，指的是知识分子的文化，是知识分子阶层中的人文知识分子创造、传播和分享的文化。在当代中国社会转型和市场经济的环境中，精英文化在商品大潮的冲击下，出现了分化，一部分投入市场经济的大潮与大众文化融为一体，而另一部分始终坚守自己的文化阵地。大众文化是在市场经济基础条件下，伴随着中国工业化的历史进程，以都市大众为主要消费对象、通过现代传媒传播的文化形式。随着市场经济的深化，大众文化正以各种形式广泛渗透于人们日常生活的各个领域，已成为人们最重要的生活需求。

三种文化并存且相互对话这样一个开放的文化态势，是谈话节目产生和发展的前提，因为只有多种文化之间的相互交流才可能使得谈话节目真正展开，才能使社会各界坐在一起共同讨论一个话题。离开了文化开放和文化相互对话这样一个背景，谈话节目就会是"一言堂"，从而也就谈不上真正的对话和交流。

在谈话节目上，充分体现了各种文化交融的特点。主流文化对于电视谈话节目的影响表现在它决定节目的基本价值取向、具体指导原则以及整个节目的基调。例如，《实话实说》制片人曾说："国外的'talk show'往往拿政治和性作为一种玩笑或者幽默的表演，而这对我们是不适当的。我们的谈话内容既不能政治化也不能隐私化。"① 而湖南电视台的《有话好说》因一期节目涉及敏感问题而停办。这些例子都是主流文化对谈话节目施加影响的结果。而精英文化对电视谈话节目的影响，则体现在其主体——知识分子对提升电视谈话节目的文化品位和思想内涵所做的努力。知识分子参与社会的方式，在20世纪90年代与80年代的重大区别，就是不再热衷于向领导人进言、递折子，而是以独立的知识分子的立场，以自己的专业知识面向公众发言，为社会发展提供思想和意见。电视谈话节目为知识分子参与社会提供了良好的途径，知识分子借助谈话节目所实现的面向公众、面向社会舆论，而不是主要面向少数决策者的文化参与，更有利于新思想、新观念、新价值的传播。大众文化，则使电视谈话节目的选题和叙述视角努力接近于平民化。

第二，社会转型时期为电视谈话节目提供了丰富的话题来源。

社会转型作为一场现实的社会大发展、大变革的运动，它的产生和持续离不

① 时间、乔艳琳主编：《实话实说的实话》，上海：上海文化出版社1999年版，第10页。

开相应的合理的社会思想文化、价值观念的支持和推动，而且内在地包含着这种文化价值观念的变革。就此意义上讲，社会转型的过程实质上就是价值取向模式转换的过程。传统的价值观念日渐衰微但仍有相当市场；新的价值取向具有强劲的进取性和挑战性，如竞争观念、功利观念、新型平等观念等，给人们的思想和心理产生愈来愈深刻的影响。因此，在社会转型过程中，各种价值观念的相互冲突是难以避免的。这种冲突势必导致一定程度的社会失序，造成一定程度的社会心理混乱、失衡，人们的行为选择迷茫、失范。① 电视谈话节目就是在社会存在价值冲突、人们心理存在失衡、行为选择存在失范的情况下诞生的。一方面，价值冲突使谈话节目的论辩成为可能，另一方面人们心理的失衡，行为选择的失范，以及由此而"日益增长的个人痛苦和对社会的怨气为这些谈话节目提供了丰富的原料"。②

第三，社会转型时期，在以市场为取向的经济体制改革的大背景下，我国的传播媒体逐步朝着适应社会主义市场经济体制的要求转变，在一定程度上改变了在计划经济体制条件下形成的一些特点，传媒工作者的观念也随之发生了重大变化，他们不再把传播媒体看做是完全的公益性事业，而是把它看做可以赢利的第三产业的主要组成部分。在这样的思想观念下，电视作为"喉舌"、"工具"的传统理念被相对削弱了，电视节目制作的重点转化为与百姓息息相关的生活：内容上多注重从日常生活中提取话题，形式上多强调平民百姓的广泛参与和使用平实质朴的交流语言，从而打破了我国电视以往的居高临下传播的局面。

观念的转变带来了我国电视节目的繁荣，电视谈话节目体现了这种观念转变。正如《实话实说的实话》前言中所写的："由于历史的原因，电视媒体常以'官话''套话'为主体表现形式。它那居高临下的架势和声调，让人只能仰视着接受。这与其说是受众的直觉，不如说是媒体自身的下意识的惯性。正是这种惯性使电视与民众产生了距离，以至于传达的信息本身的魅力大大降低。然而，有这样一群电视人风云际会，以现代文化观念及行动能力，产生出思想的聚核效应，从无到有地创造了一种全新的电视文化形式，将弥散的民众话题引入一条妙趣横生又独具规范的河道——《实话实说》，使一群各怀衷肠、各持己见的平民百姓，从城市的四面八方涌来，在一个极具平民风范的主持人的引领下，开始畅所欲言的对话。"

综上所述，处于转型时期的我国社会为电视谈话节目的产生和发展创造了良

---

① 李钢：《社会转型代价论》，太原：山西教育出版社 1999 年版，第 25～26 页。

② 吉妮·格拉汉姆·斯克特：《脱口秀——广播电视谈话节目的威力与影响》，北京：新华出版社 1999 年版，第 11 页。

好的外部环境，不仅为谈话节目创造了宽松的谈话氛围，提供了丰富的话题来源，而且也促进了电视从业者的传播观念的转变，在考虑意识形态要求的同时也考虑到了市场经济的要求，努力创造出像《实话实说》等谈话节目这样为大众喜闻乐见的节目样式和内容。

电视谈话节目的产生和发展不仅是社会发展的产物，而且还是电视人充分发掘电视声音传播符号的潜力的结果。

电视是综合运用画面和声音两种传播符号的媒介，这两种传播符号各有自己的功用，有时声音符号甚至占据主要地位。"电视声迹——言语、音乐、音响效果——通过把握观众什么时候将目光投在屏幕上而在图像中居于支配地位。声迹传达的意义充分并且明确肯定，以至于我们只听声迹就能了解电视上播放的内容。因为电视是一件我们在做别的事情（例如，做饭、进餐、聊天、照顾孩子、清洁东西）时习惯地将它打开的家用电器，所以我们与电视机之间的关系常常是我们这方面成了听众而非观众。奥尔特曼坚持认为，诸如掌声、节目主题音乐以及播音员的言语这类的声音往往先于它们涉及的图像，起的作用主要是把观众的目光召回到屏幕上。"①

英国学者尼古拉斯·阿伯克龙比则进一步主张，电视是一种谈话的媒体："许多类型的电视节目，包括言谈节目、肥皂剧和情景喜剧，基本上都是围绕着交谈来组织的。至于其他节目，例如新闻和纪实节目，谈话似乎是其主要的组成部分。还有其他一些节目，例如警察节目，则更注意可视的图像。然而，也有迹象表明，不管电视上演播的是哪种节目，人们常常不注意观看其可视的图像，而是把电视当成一种谈话的媒体。"②

可是，声音在电视中的地位长期以来被我国电视界所忽视，取而代之的观念是，电视是以画面为主的媒介，而声音则只是画面的辅助。电视谈话节目的出现和盛行，对这种观念不啻是一种挑战。而且，在电视谈话节目中，声音符号充当了主角：新闻事件的发生和发展，被邀嘉宾的情感和经历，通过口头语言被"绘声绘色"地描述出来，各界人士对所讨论话题的看法也在节目中得到充分表达。

---

① ［美］罗伯特·C. 艾伦编：《重组话语频道》，麦永雄、柏敬泽等译，北京：中国社会科学出版社 2000 年版，第 18 页。

② ［英］尼古拉斯·阿伯克龙比：《电视与社会》，张永喜、鲍贵、陈光明译，南京：南京大学出版社 2001 年版，第 207 页。

二、我国电视谈话节目的发展历程

在美国，电视谈话节目归类娱乐节目，而我国电视谈话节目的名牌栏目《实话实说》则是由中央电视台新闻评论部创办的，这从一个侧面说明了我国电视谈话节目的源起：它脱胎于电视新闻评论节目，侧重运用于社教节目。

中国电视诞生于1958年，在第一个20年里，电视新闻评论还没有学会"自己走路"，除在新闻节目中口播《人民日报》、新华社等发表的重要评论外，相较于百余年历史的报刊评论、30余年历史的广播评论，电视台尚未出现过自己的新闻评论。1980年7月12日，中央电视台"观察与思考"栏目开播，它不仅标志着我国电视史上第一个固定的评论性栏目的问世，也标志着一种不同于报刊与广播评论类节目的、新型的、独特的电视新闻评论的出现。1994年4月1日，中央电视台《焦点访谈》的开播，被很多人视为中国评论类节目大发展的开端。它有着比以往此类节目更强的时效性，更生动的纪实手法，更多样的评析方式，更大的舆论监督力度。此外，中央台新闻评论部还先后开设了主持人评论栏目《面对面》、深度报道栏目《新闻调查》和谈话类节目《实话实说》。

不难发现，《实话实说》等电视谈话节目实际上是电视新闻评论的一种继承和发展。关于继承，首先，谈话节目继承了新闻评论节目所包含的三类信息：一为事实性信息，常作为引发或佐证论点的证据；二为意见性信息，常作为论点的组成部分或中心论点和分论点；三为情感信息，常作为事实性信息与意见性信息的粘合剂或发酵素。其次，谈话节目像新闻评论节目一样，或多或少要经历一个展现或再现事实发生发展、意见传达、感情经历的过程，即有事实过程的展现或再现（可通过当事者或旁观者转述），意见性信息发出者的议论，以及采访对象情感变化的展示等等。关于发展，其一，谈话节目加重了新闻评论节目的意见性信息部分。谈话节目对于事实过程，更多的是再现而不是展现，事实信息相对电视新闻评论来说较少；意见性信息、情感信息则相应成了谈话节目的主体部分。其二，谈话节目的意见性信息更多地来自于群众意见，很大程度上拓展了新闻评论节目意见性信息发出者的范围。其三，谈话节目更大程度上促进了主持人的个性化。新闻评论节目的主持人多半是正襟危坐在演播室中，一脸严肃地给新闻加上评论。而谈话节目的主持人更多的是与谈话对象平等交流，其语言表情，感情性格，更让人感到实实在在，有血有肉，更加人格化。

我国电视谈话节目，不仅脱胎于我国电视新闻评论节目，而且也是借鉴外国电视节目样式的结果。世界电视早期就有这种谈话节目样式，电视史学家一般都把美国全国广播公司（NBC）1954年推出的《今夜》看做是第一个电视谈话栏目。但是随着电视的"成熟"，人们觉得电视更应该发展它的"看"的功能，而谈话更多地属于"听",所以后来这种样式就没有得到充分发展。然而,自 20 世纪 80 年代以来,西方电视再度兴起谈话节目热,这种节目开始成为许多电视台的重头戏,"脱口秀"主持人成了西方社会的明星。发展到今天,谈话节目在国外的电视荧屏上已经占据了电视播出时间的近 1/3。这一现象为我国电视人所注意。1993 年上海东方电视台开播的《东方直播室》为我国内地最早的谈话节目,而且是采取直播的方式,但其影响限于上海一地。1996 年中央电视台《实话实说》一炮打响,从此一股强劲的"谈话风"抢滩电视黄金档,各种各样的谈话节目相继推出,如中央电视台的《对话》、《五环夜话》、《艺术人生》、《讲述》和《时空连线》,北京电视台的《国际双行线》、《荧屏连着我和你》,上海电视台的《有话大家说》,东方电视台的《东方直播室》,湖南电视台的《新青年》、《大当家》以及湖北卫视的《财智时代》、《往事》等等。

概括说来,我国电视谈话节目经历了两个发展阶段:第一阶段以 1993 年《东方直播室》的创办为标志,属于开创期;第二阶段以 1996 年《实话实说》的创办为标志,属于飞速发展期。

第一阶段:1993 年 1 月至 1996 年 3 月,这一阶段以《东方直播室》为开端到《实话实说》创办前,这时谈话节目刚刚出现,数量不多,尚未引起重视,但是也有较高水准的谈话节目。

东方电视台首创的电视直播谈话类节目《东方直播室》,是一档涉及社会、家庭、法律、经济、文化、历史等各方面热点问题的谈话节目,其特色可从其编导王韧对崔永元主持的谈话节目的评价中可见一斑。这段评价由崔永元转述而来:"王韧话不多,看完我(指崔永元——作者注)录制一期节目后,不紧不慢地发表意见。你有没有觉得今天大家紧紧巴巴的。我说,当然,我控制着现场呢。他说,大家不轻松,算不得上乘的谈话。不容我反驳,他紧接着说,当然,在录制现场让大家争相开口已经不容易,但如果大家说的不是自己的话,不是自己熟悉的方式,不是自己确定的语言,即便是很中听,又有什么意义呢?我听得有些心凉,感到自信心受到打击。王韧接着说,我们现在不很好吗,抽着烟,散着步,信马由缰,想到哪儿说到哪儿,刚才我看你沉默不语,难道这沉默没有意义吗,其实,沉默里也有很丰富的信息。沉默是金。可是你们的谈话现场为什么没有金呢?所有的空隙都被语言、掌声、笑声填满了,我认为,这并不是一场真正的谈话。好的谈话就像漫步聊天,话题忽上忽下,忽左忽右,却不会偏离主题。一会儿,你是谈话的组织者,一会儿,他是谈话的发起者。有话则长,无话则短。因为轻松所以避免了言不由衷。"① 不难看出,《东方直播室》讲究谈话

---

① http://www.prcedu.com/exam/text/file01/083604.htm.

的自然，追求谈话的真实，而这一点正是当今许多电视谈话节目所欠缺的，包括《实话实说》也是如此。《东方直播室》的创办者能在谈话节目刚刚开始的时候就认识到这一点尤为可贵。

随后而起的有上海电视台的《三色呼啦圈》。一位作家在一篇题为《信》的文章里这样描述了《三色呼啦圈》的一期节目："接到上海电视台一位朋友的电话，他说十月九日是世界邮政日，《三色呼啦圈》节目和市邮政管理局共同搞一个纪念活动，要我也去谈谈关于'信'。"① 这位作家后来讲述了自己在北大荒时期与"信"有关的一段感人经历。由此可见，和当今大多数谈话节目一样，《三色呼啦圈》常就一个话题邀请各界人士来谈自己的经历和感受。

另一个颇具代表性的节目是中央电视台的《东方之子》。"1993 年，我（时间——作者注）应总制片人孙玉胜之邀参与创办《东方时空》，负责《东方之子》专栏。我选择了主持人访谈这一节目形式。我记得当时的一个最根本的冲动就是要实现尊重人的主张，而尊重人的标志就是让人说话。"② 作为人物访谈节目，《东方之子》将镜头对准那些中华民族的优秀儿女和杰出人物，通过对他们的生存状态、人生信念及性格特点的集中展示，再现他们所具有的人格魅力，并借此将人生经验性的东西传达给观众。它一改中国电视对人物理解和刻画的模式化、表面化的传统，以面对面访谈的形式，通过人物自己的叙述来展示人物的人生经历和人格魅力，从而挖掘更深层次的人文内涵。这种谈话节目，充分体现了对人的尊重，电视传媒也实现了从以往的单向传播向双向传播的一大跨越。

第二阶段：从 1996 年 3 月《实话实说》的创办至今。这一阶段的特点是，在《实话实说》的带动下，我国电视谈话节目蓬勃发展，并逐渐有了各自的特色，话题、形式越来越丰富，各个谈话栏目之间形成了相互竞争的态势。

《实话实说》与第一阶段的《东方之子》有着继承和发展的关系。时间说，"随着时代的发展，我逐渐感觉到《东方之子》的谈话局限。……虽然它具有符合电视规律的一种形式，但仍然没有解决让老百姓说自己话的问题。它有两个局限：一个是谈话者的标准，它必须是'东方之子'。也就是说它必须先符合入选《东方之子》人物的标准，才可以成为一个谈话人；另一个是节目只有 8 分钟的长度，只能讲重点、要点，其他有趣味性的东西、带有过程性思考的东西就没有篇幅容纳了。然而，最感染人的往往是吸引人们广泛参与的、能够容纳不同观点的场面，所以我们就想有一种更大的谈话空间。1995 年初，当《东方时空》广

---

① http：//www.shuku.net/novels/prose/luxinger/luxinger31.html.
② 时间、乔艳琳主编：《实话实说的实话》，上海：上海文化出版社 1999 年版，第 8 页。

获好评的时候，我们已经冷静地意识到这一点，并开始注意到国外的'Talk Show'，即谈话节目"。①

1995年5月4日，在《东方时空》两周年的时候，时间组织制作了一个由崔永元主持的，一个武汉的工人为了救落水儿童而全身瘫痪的节目，争论作为一个题材在中国电视节目中首次出现了。这是《实话实说》的雏形，它为日后开办《实话实说》打下了基础，也使我们认可了主持人崔永元。

1996年3月16日，《实话实说》播出了第一期节目《谁来保护消费者》，随后又成功播出了《鸟与我们》、《吸烟有害，为什么吸烟》等一系列贴近老百姓现实生活的节目，颇得观众的喜欢，成为新闻联播、娱乐、电视剧、体育节目以外的又一收视热点。自此，谈话节目一发不可收拾，仅在中央电视台就一下子冒出了许多：《对话》、《真情》、《艺术人生》、《足球之夜》、《五环夜话》、《挑战主持人》、《聊天》等等。原来的许多栏目也加大了谈话的成分，有的也基本上是一档谈话节目了。例如《夕阳红》、《半边天》、《生活》、《经济半小时》等等。与此同时，各地方台也纷纷推出自己地方特色的谈话节目，如河南电视台的《周末沙龙》，重庆电视台的《龙门阵》，浙江电视台钱江都市频道《谈话》等，并且节目收视率很高。

谈话节目发展至今，从最初的一哄而上、单纯靠话题的异和奇来吸引观众，走向了以个性见长而生存发展的阶段，不同定位，不同特色的谈话节目出现在众多电视台的节目表上。

谈话节目不再是单一的谈话，而是在谈话的同时融合了多种电视文体——新闻、纪实、娱乐等等。如湖南台的《零点追踪》，它以发生在中国各地的大案要案为主要关注对象，通过对一个个扑朔迷离的具体案件的追踪式的纵深报道，来展示法律的神圣，净化人们的心灵。栏目采取全新的运作方式，把电视新闻的快捷，专题片的叙述和营造，纪录片的强烈纪实，电视剧的逼真表现，小说戏剧的严谨结构和扣人心弦的悬念设置，电视谈话节目的观众参与，全部融为一体，发挥各种艺术形式的优势和特长，来一个"综合艺术"的"再综合"，追求出"杂交优势"。再如中央电视台的《经济半小时》，节目把新闻题材和谈话形式合为一体，节目放一段新闻，主持人就请演播室的"特约观察员"（多为经济界专家）作一番评论，借助"外脑"对新闻的来龙去脉进行深入的剖析，在谈话中加深了节目的力度和深度。

当代谈话节目在栏目定位、话题选择、嘉宾邀请方面都具有明显的个性化趋

---

① 时间、乔艳琳主编：《实话实说的实话》，上海：上海文化出版社1999年版，第9页。

向，同时，还出现了许多新形式。如《谁在说》的首席观察人点评、网上直播。河南电视台还引进了综艺形式，如按键选择、题板注释、纸条交流、外景报道和互联网调查等。有的电视台还大胆采用了直播，并利用热线电话，吸引更多的观众参与。

第三节　电视谈话节目的策划运作

成功的电视谈话节目离不开三大要素：话题、谈话人、谈话方式（流程）。但仅此并不能使所有的电视谈话节目都进入成功的保险箱，关键还在于节目的策划运作。进入 21 世纪以来，我国的电视谈话节目得到了空前的发展，但也有一批曾经辉煌的谈话节目由于种种原因退出了荧屏，或淡出黄金时段。《实话实说》曾引领我国的电视谈话节目潮流，自进入 CCTV-1 精品节目带播出时段后，却未能与其他六档精品栏目（新闻调查、艺术人生、曲苑杂坛、同一首歌等）一样守住高收视率的阵地，被置换到 CCTV-新闻频道非黄金时段，其原有位置（CCTV-1 周二 22：39）被后起之秀《大家》置换。

在谈到《实话实话》及谈话节目的命运时，该栏目的制片人海啸在 2006 年4 月 18 日接受《中国广播影视报》记者采访时说过一段话，值得我们深思："这10 年《实话实说》，实话难说，实话难说也得说。……节目形态曾引领过潮流，现在归于平静，仍能把握住自己的节目，找到百姓需求的并不多。"他认为，要利用现场观众的几张"嘴"，"说"动电视机前的观众看"别人说什么，"真是难！他说，谈话节目要经久不衰，就要把握住社会脉搏的跳动，找准观众诉求的心理，精心选择话题；主持人要善于调动和控制现场观众的情绪，引导大家做真实表达，把想要说的话"照实说"、"照好说"、"照电视机前的观众想听的说"。

一、话题的选择

谈话节目的前期策划是节目成败的关键。许多重要的环节，如话题的选择、嘉宾的选择等，都是在这个阶段完成的。虽然不同的节目形态、不同的栏目风格决定了话题选择的不同，但它们还是有一些基本规则可遵循的。

1. 话题选择原则

（1）必须符合栏目的定位

不同的栏目有着不同的定位，话题选择必须符合定位的理念。

美国 CNN 著名的电视栏目《拉里·金现场》，由于所在的频道为 24 小时全天候播出的新闻频道，因此该栏目无疑定位于新闻谈话栏目。与此相适应，栏目的话题选择遵循新闻性原则，即一般选择观众比较关注的新闻事件或新闻人物。

如围绕美国总统克林顿卸任前签发的特赦令，引起美国民众议论纷纷，于是该栏目就请来了卡洛斯（被特赦的犯人，据传其家属曾给克林顿提供巨额费用）的调查官和辩护律师等与此案有关联的嘉宾，通过现场采访提问、插播有关短片及嘉宾间的对话，使节目充满了吸引力。

CCTV 的《相约夕阳红》栏目定位于：满足老年人的精神需求，加强与老年人的思想交流和沟通。因此，该栏目选题就集中在老年人所关心的话题，注重话题的时代性，紧跟时代，贴近社会主流生活；注重话题的开放性；把老年生活放在一个开放的社会系统中来考察；注重话题的服务性，既强调实际生活的服务，更强调精神上的人文关怀；注重话题的多元性，在社会主流价值下，尊重个人的价值选择。如《母女之间》、《为健康喝彩》。

CCTV 的《面对面》定位："面对面交流，在交流中探寻、在探寻中求证、在求证中质疑。"因此，该栏目选题重点关注新闻事件中的新闻人物、核心人物、焦点人物和时代变革中的风云人物。正因如此，该栏目在"非典"时期，由于一系列"抗非典"人物的成功访谈，使该栏目开播不凡，一时声名鹊起，成为名栏目。主持人王志认为，该栏目成功，主要得益于选题：是不是有足够的张力可以做到40分钟；是不是有关注度，人物要有新闻性；适不适合用谈话来讲述。

（2）话题必须有"卖点"

卖点是节目赖以出售的那个部分，也就是节目最具有吸引力的个性化品质特征。

a. 备受关注的新闻性话题。在当代信息社会，人们对新闻资讯的追求仍是电视媒介传播首要考虑的问题。每当突发事件、重大新闻事件发生时，人们首先需要了解事实的真相，弄清新闻的来龙去脉，对具有代表性的社会舆论进行归纳分析；其次，还希望听到从各方面得到的相关说法，对事件做出详尽的分析与判断。正是凭着对媒体解释权的充分运用，凤凰卫视的《时事开讲》一直受到观众的青睐，其话题选择自然也有较高的关注度。如2000年台湾举行"大选"期间，凤凰卫视高度关注台湾政治生态的演变，作了总题为《台湾"大选"之生旦净末丑》的系列选题，从港台邀请到一批特邀嘉宾，对台湾政情进行分析，从"3.18"陈水扁当选，到"5.20"政党轮换，连续两个月集中展示台湾政情，使之成为大陆了解台湾政治的主要窗口。

b. 增强好奇感的叙事性话题。好奇是人的一种本性，满足人们的好奇感是使谈话节目保持永久的吸引力的一大法宝。因此，大凡成功的谈话节目都在论题的新颖性方面颇下功夫。如《奥普拉·温弗瑞节目》话题中，情感与心理话题、明星访谈、生活话题分别约占27%、12%和31%。如"你的房子花了你多少钱"、"家庭情感暴力"、"改变我人生的人"等，即便是战争问题，也选取不同的话题视角，如"美国应该攻击伊拉克吗"、"为什么如此多的人不喜欢美国"、"你怎样对你的后人讲述9.11"等。

2. 话题选择范围

（1）以人物为主的话题

这类话题侧重人物的情感经历与心路历程，以人带事，以事入情，倾诉与展示并重。其选择标准：

a. 明星、名流人物话题。明星人物因其本身的知名度、关注度而成为各类谈话节目的常态话题，不论是议论型的谈话节目，还是叙事型的谈话节目，都离不开对明星的访谈。以美国最著名的两档电视谈话栏目为例，《拉里·金现场》与《奥普拉·温弗瑞节目》均有对明星、名流的访谈。在前者的选题中占到了约46%，在后者的话题选择中虽然所占比例并不高（约12%），但由于它的播出频率固定（每周一位明星嘉宾），播出单元固定，播出内容固定（对明星名流的访谈），因此，对观众来说，仍有较高的辨识度。

凤凰卫视的《鲁豫有约》中的采访对象，尽管就当前看来已不再是引人注目的公众人物，但他们都有一段特殊的经历，可以说是见证了一个历史时代。通过他们的讲述，我们可以更好地深入历史，去寻找记忆中被遗忘的东西。在话题选择策划上，凤凰卫视"注意对某一段历史中的人物集中采访，这些人作为不同的个体组合在一起，从而还原了一段完整的历史记忆"。① 从采访我国前世界乒乓球冠军庄则栋开始，许多那个时期的历史人物走进了《鲁豫有约》：乔冠华的夫人章含之、毛泽东的儿媳刘松林、周恩来的侄女周秉建、胡风的夫人梅志、赵丹的夫人黄宗英、传奇文人张贤亮、吴法宪的夫人陈绥圻、大寨村的郭凤莲、知青榜样邢燕子、陶铸的女儿陶斯亮等等。通过对上述历史名人或与之相关的亲人的访谈，《鲁豫有约》栏目开创了"口述"历史的先河，不仅造就了节目的影响力，也为我们的时代留下了一部宝贵的历史片断。②

b. 新闻事件和焦点事件中的人物话题。这类话题在话题选择原则中已有阐述，在此不再赘述。

c. 普通百姓的生存状态、弱势群体的情感生活的话题。

以这类话题定位的栏目成了我国当代电视谈话节目的主流，湖北卫视的《往事》应视为此类节目的首创，其"小人物、大命运"的定位语，高度凝练了这类栏目的精神。此后，中央电视台的《讲述》，讲述的是平民阶层人士的朴素

---

① 钟大年、于文化主编：《凤凰考》，北京：北京师范大学出版社2004年版，第88页。
② 钟大年、朱冰主编：《凤凰秀》，北京：中国友谊出版公司2006年版，第102页。

而又生动的典型故事。而凤凰卫视中与《鲁豫有约》相对应的栏目《冷暖人生》，则以另类的话题选择产生了非常强烈的感染力：

十年前在一场大火中幸存的打工妹、"苦力大军"一员的张老汉、"乞丐大学生"小李、艾滋家庭的大学之梦、抗日战争幸存的国民党军官"老兵"等。《冷暖人生》就是要记录这样一些生存与生活的故事，通过小人物呈现大时代，通过一个个真实鲜活的人物记录一段段真实鲜活的历史。在这些选题中，最让人难忘的是《老兵》。

老兵是一个有着特殊经历的军人，曾经是台儿庄战役敢死队队长，做过师长，也当过囚犯和强制劳动的工人，30多年以后才回到他的家乡。如今已经90多岁的老兵现在是陕西的一个普通农民。

陈晓楠轻声对老兵说："我们应该称呼您为将军。"

老兵用他浓重的陕西腔说："实在不敢称将军，我实在担不起那么一个高尚的名称，只是抗日战争一个幸存的老兵。这就够我光荣的啦。"

老兵谈到自己人生的起落，从威武的将军到屈辱的囚犯，都是笑谈，但是说到当年牺牲的兄弟们时，老人哽咽了，他用苍老的手指着自己的胸口说："我没有死，我没有达到我的目的。几千人跟着我干，跟着我送了命，我自己怎么能不难过。都是睡在一起的兄弟，受伤三四次，回来仍然战斗。""我说中国人民有这样的好儿女，中国亡不了。"

老兵的妻子和他做了30年夫妻，但待在一起的时间不到一年。妻子带着两个孩子千里迢迢来到丈夫的故乡等待他的归来。等到老兵回去时，妻子已经死了。谈到妻子，老兵痛哭，觉得太对不起她。摄制组知道老兵五年没去上过妻子的坟，就叫了一辆出租车，载着老兵来到半个多小时车程之外的墓地。老兵在妻子的坟头放声大哭："今年有香港（凤凰）卫视的几位把我带这儿来，我今生没有再拜你的时候了，这是最后一次，我到你坟上来看你，我对不起你……"闻者泪下。

在夕阳的剪影中，老兵敬了一个军礼，一个本来身体佝偻，耳朵也听不清的老人在最后敬军礼的时候又显出了军人的风采。这就是《冷暖人生》，在偏远的陕西径阳县龙泉镇，抢救下了一位老兵的苦难人生。老兵的命运纠结着每个观者的心。①

不久，突然从凤凰卫视传来消息，"老兵"在陕西"悄然而逝"。为此，《冷

①　钟大年、朱冰主编：《凤凰秀》，北京：中国友谊出版公司2006年版，第41页。

暖人生》又为"老兵"做了一期节目《老兵不死——仵德厚》。节目是这样解说的：

解说：2007年6月6日，陕西径阳县龙泉镇雒仵村的一个老人在家中去世，老人的去世让这个宁静偏僻的村庄突然喧闹了起来，每天都有数百人自发地从各地赶来吊唁。台湾国民党名誉主席连战写下了"民族之光"四个字托台湾商人送到村里；冯玉祥将军的后人也送来了花圈和挽联。数十个记者先后赶来采访报道，一时间雒仵村挽幛无数、花圈林立。村里的老人说，这样的场面，雒仵村百年未遇。

村民：在村里是个普通的村民，九十多他还下地（干活）哩。

村民：他是雒仵村这样的一个人（竖起大拇指）。

解说：这位在村民眼里就是一个普通农民的老人叫仵德厚，享年97岁。

陈晓楠：仵德厚，陕西泾阳县的农民，曾蹲过三十年的监狱，曾经当过十几年的工人，最后落叶归根。在三年以前几乎没有人知道，这位在村子里长时间沉默着的老人其实还有一重身份，他是当年台儿庄战役的敢死队队长，他是那场战役活下来的最后一位指挥官，他是一个将军。三年之前一个很偶然的机会，我们有幸发现了这个名字，也有幸在之后记录下了关于老人跌宕起伏的冷暖一生。那个时候我们其实还无法完全料想，节目播出之后，老人的故事所辐射出的力量如此之巨。他的话语、他的身姿、他的表情，被重新嵌入了那一段关乎民族命运惊心动魄的历史，而同时被写进那一本历史的，也被人们开始口口相传的，就是老人从将军到农民这传奇而悲凉的一生。因此三年之后，当仵德厚将军去世的消息传来的时候，其实我们的心情一时难以用语言说得清。我想我们真的很庆幸吧，在那一段惊心动魄的历史随着一个个生命的消失渐渐变得模糊的时候，你们还真能有幸抓住了这最后的机会，获得如此鲜活的记忆和证明。而与此同时，可能对我们来讲更重要的是如果因了这样的相逢能够让老人在生命的最后一段路上，卸下些许遗憾，我们更会感觉到无比的荣幸。如今老人走了，此刻我们唯一能做的也是最愿意做的，就是重温。重温那一段历史，重温那一个人。

……

解说：当已是80岁高龄，身体虚弱的杨凤鸣得知师长去世的消息后，一个人就偷偷地离开了家，从百里外的西安辗转赶到了雒仵村，执意要为师长守灵，送师长最后一程。

记者：站好最后一班岗。

杨凤鸣：哎。

解说：老兵杨凤鸣在师长的棺木旁守了一夜，一夜无语。第二天出殡，四五公里的路，老人一个人走在了最后。

杨凤鸣：师长，我来送你最后一程。

（2）以事件为主的话题

从谈话节目大量的话题选择中可以看出，许多话题来源于多种社会事件，包括政治事件、社会热点事件、普通人物的事件，甚至也包括一些娱乐事件。在这些具有较强新闻性的事件访谈中，侧重于观点的交流与碰撞，以事带理，以事议理，辩论与讲述并重。一般来说，这类话题应具有争论性，嘉宾对话题所涉的问题存在分歧，有一定的讨论空间，这样才能增强节目的气氛，使节目一次次走向高潮。

在美国，为了追求高收视率、获取更高的商业利润，电视谈话节目推出了大量容易引起争议的话题。曾有研究者对美国部分电视谈话节目的话题做过统计分析，认为美国常见的以事件为主的话题有：性和暴力问题；婚姻家庭问题；社会问题，多涉及社会伦理；医疗保健问题等。

在中国，电视谈话节目多涉及关系国计民生的大事、社会热点问题、婚姻家庭和子女教育问题。如浙江钱江都市频道的获奖节目《谈话·我的孩子不完美》，其选题就涉及子女教育问题，具有现实普遍性。节目围绕是否应追求孩子的完美问题展开讨论，围绕怎样面对自己不完美的孩子、怎样实施正确的教育方法而展开谈话。通过讨论谈话，围绕孩子完美问题显示出不同的态度，如宽容、无奈、理解等，结论是：对子女的要求应是"好不累、坏不罪"（专家观点）；对家长要求"爱孩子、懂孩子"（教育者观点）；对孩子的看法应是"金无足赤、人无完人"（主持人观点）。

实际上，无论是以人物为中心的话题，还是以事件为主的话题，两者都不能绝然对立分开，在社会事件中必有人物，在人物访谈中必有故事才能支撑节目运行。

二、谈话人

话题确定之后，谈话人就成为谈话节目成功的决定要素。谈话人包括主持人、嘉宾和现场观众。

1. 主持人

主持人是电视谈话节目的核心，也是节目最有效的"金字招牌"。谈话节目依赖主持人的个性色彩和个人魅力而获得成功的保证，主持人的反应能力、主持风格都直接影响节目的质量。因此，主持人是节目不可或缺的"灵魂"。

　　主持人作为现场谈话的谈话者，应以平等友好的态度对待嘉宾，向嘉宾提出问题，共同就某一个问题进行讨论，并适时对嘉宾的发言进行总结或评点。主持人又是现场谈话的组织者，他（她）是通过提问、暗示等技巧调动嘉宾的情绪，控制谈话的走向，调节谈话的节奏，并按方案诱导嘉宾谈话。主持人还是现场谈话的调度者，通过利用影像资料来设计悬念，加深观众与嘉宾对话题的了解、引发故事情节的发展和场内讨论，并利用热线电话与网络，把场外观众引入节目中。主持人更是谈话节奏的控制者，节目依靠主持人现场控制能力、语言激励来营造气氛。首先，主持人要具备亲和力。奥普拉·温弗瑞决不以展示、挖掘嘉宾的痛苦隐私、悲惨往事为节目的卖点。相反，她用自己的体态语，无时无刻不在向人们传达这样的一个信息——我和你们一样，我是真的理解你们。

　　在《如果一个儿童猥亵犯是你的邻居，怎么办》这期节目中，奥普拉紧紧围绕生活，探讨儿童猥亵犯的心理、识别和防范的方法以及社会对有过犯罪记录的人的相关政策。其谈话就像日常生活中的聊天，不以揭露和羞辱困境中的人为乐事。而是想办法抚慰和帮助他们，让他们感觉好一点，从心灵出发，自我改善。为那些受到心灵折磨的人群开掘一个出气孔，让他们痛快地把压抑释放出来。

　　2. 嘉宾

　　一个成功的谈话节目，选择有特点、有说服力的嘉宾是一大看点。

　　中央电视台《大家》栏目经过收视率分析认为，一个栏目的高收视率创造，除了依靠嘉宾的高知名度外，特色鲜明的嘉宾和具有"与众不同的经历的嘉宾"容易创造高收视率。如画家黄永玉、科学家钱伟长等。

　　《大家》栏目于2003年5月18日开播于中央电视台第10套节目，2005年9月进入央视综合频道的晚间黄金时段，取代每周二22：39播出的《实话实说》栏目，成为与《新闻调查》、《艺术人生》、《幸运52》、《曲苑杂坛》、《同一首歌》、《开心辞典》并列的央视七个精品栏目之一。

　　《大家》栏目所有的谈话都围绕着这样的基本问题展开：是谁影响了我们的今天？是什么造就了他的非凡的人生？——他的家世如何？父母对他有怎样的影响？他怎样选择专业？又如何选择职业？他的人生有哪些重要转折点？什么人或什么事对他产生了重大影响？他如何面对苦难、寂寞、荣耀与生命等等，力图做到在时代背景下追寻个人的人生轨迹，从个人的人生道路中反观时代的风云变化。

　　通过对《大家》栏目2004年7月至2005年7月播出的节目分析，证明人物的话题与收视率的对照具有以下一些特点，即节目开端话题围绕嘉宾设置悬念，能迅速吸引观众眼球；能够体现嘉宾独特之处的话题容易带动收视；能体现嘉宾智慧的话题容易带动收视；能体现嘉宾坦诚的话题容易带动收视；能体现嘉宾真情流露时的话题容易带动收视；能表现嘉宾特定历史背景下的典型事件容易带动收视。① 这些分析、总结，对我国电视谈话节目发展具有普遍借鉴意义。

对嘉宾的选择，应强调要有较强的语言表达能力和人格魅力。

如果是讨论型谈话节目，应选某一问题的专家和与话题有密切关系的人。如是叙事型谈话节目，则应尽量邀请到当事人。

《奥普拉·温弗瑞节目》在嘉宾的选择上不拘一格，只要是愿意出现在大众面前的，又有故事内容可挖的嘉宾都可坐在嘉宾席。即使有过犯罪前科的人，只要给予真诚和人文关怀，他就能够突破心理的和社会的各种障碍，自愿开诚布公的交谈。

总之，一个成功的脱口秀，需要多种因素的综合，从选题到嘉宾选择，再到主持人的完美"脱口秀"，都是至关重要的环节。

三、谈话方式

谈话方式因栏目而异，也因制片人的风格而有所不同，但从形式上看，无非有两种模式：

1. 群言模式

即有现场观众参与，由主持人、嘉宾和现场观众组成的"三结合"的大场面谈话节目，属于"脱口秀"（Talk Show）的范畴。在这一模式中，主持人对场面的引导和控制尤为重要。既要启发、活跃场面，又要对表现欲过强的嘉宾和现场观众进行适当的控制。

下面以《拉里·金现场》栏目为例，分析"脱口秀"节目的一般流程。

表 8-1　　　　　　　　《拉里·金现场》节目谈话流程

序号	主要内容	时长	节目形式	节目案例
1.	片头 热点新闻人物	2′-3′	几个外拍镜头、嘉宾介绍、旁白	就写实文学《百万碎片》作假问题，与该书作者及揭露者等的谈话
2	介绍嘉宾	6′	主持人介绍嘉宾	"烟枪网站"编辑、专栏作家、写实文学女作者、电视女记者

---

① 李向东：《〈大家〉的节目内容要素及收视状况解析》，《中国电视》，2007 年第 1 期。

续表

序号	主要内容	时长	节目形式	节目案例
3	提问	5′38″	主持人开始提问	嘉宾温弗瑞质问嘉宾佛雷的短片,接着问网站编辑等
4	谈话	4′38″	嘉宾回答问题	专栏作家及电视女记者谈看法
5	谈话	4′	采访和对话、介绍下个环节	网站编辑与专栏作家就写实文学的真实性问题展开激烈争论
6	介绍嘉宾	5′48″	介绍嘉宾及嘉宾意见	主持人对弗雷的采访短片
7	观点冲突	6′42″	嘉宾的看法	嘉宾间开展争论
8	谈话交锋	5′56″	话题交锋	争辩和讨论
9	谈话意见对立	2′20″	采访谈话继续	主持人对佛雷的采访短片,观众热线电话提问
10	结语		主持人介绍网址,结束	主持人预告下期节目,结束

2. 对话模式

(1) 一对一模式:《面对面》

(2) 一对二模式:《锵锵三人行》

(3) 一对三人模式:《三个女人一台戏》(湖南长沙女性频道)

中央电视台的《面对面》(新闻频道)即是典型的一对一模式。

该栏目宗旨:"我们相信,新闻是由人来构成、人来推动的,人永远是新闻的主体。所以,我们试图用'人'来解读新闻,见证历史,我们渴望了解那些新闻中的人——他们知道什么?做了什么?隐瞒了什么?影响了什么?为什么?"

《面对面》秉持的创作理论就是面对面的接触、面对面的交流、面对面的碰撞和面对面的印证。栏目的嘉宾都是重量级的,他们中有新闻事件中的焦点人物,有新闻话题中的权威人物,有时代变革中的风云人物,有备受关注的公众人物。通过记者对嘉宾一对一的专访,完成对新闻人物新闻性和新闻背后的人的魅力挖掘。

《面对面》的风格:如主持人王志所说,"您想知道的,您应该知道的,您从其他渠道无从知道的，都可以从步步紧逼的追问中得到答案"。冷静、质疑、深刻、尖锐是王志的风格，而这也是《面对面》的风格。

第四节 电视谈话节目的理性思索

一、电视谈话节目呈现出四大融合

作为一种新兴的节目样式，我国电视谈话节目开始形成一些自己的特色，主要有：

1. 即兴感与现场感的融合

谈话节目首先是即兴的，它的英文为 Talk Show，港台译作"脱口秀"，音义皆近，很形象地反映了谈话节目的第一大特点：即兴性。

即兴，《现代汉语词典》解释为"对眼前的景物有所感触，临时发生兴致而创作"，其实这是很不全面的。从本质上讲，即兴是人的情绪的一种表达。所谓情绪，是指"个体受到某种刺激所产生的一种身心激动状态"。而情绪表达，是指"个体将其情绪经验，经由行为活动表露于外，从而显现其心理感受，并借以达到与外在沟通的目的。情绪表达有很多不同方式，如语言文字、图画符号、身体活动等，凡是能用来表情达意者，均可由之达成情绪表达的目的"。①

谈话节目的即兴，不仅是情绪的表达，而且是情绪的即时表达，其表达方式主要包括口头语言和身体语言，如面部表情和肢体语言。谈话节目的即兴表达的特性，对节目的参与者——主持人、嘉宾和现场观众都提出了严峻的挑战。这也是为什么每一个电视谈话节目不但重视选择主持人，而且在每次节目开始前都要仔细甄选嘉宾和现场观众的原因。

嘉宾和现场观众选好了，主持人的即兴发挥就成了节目的重中之重，只有主持人善于即兴表达，节目才可能进行得流畅，有趣味。反观我国电视谈话节目的主持人，能够满足这一点的还不多，有的甚至还"停留在过去的'纯文本操作'的层面"，成了"有稿播音"的"语言表演"。

这里不可误解的是，谈话节目并不排斥文本操作，但这主要是指"半文本操作"，即《实话实说》节目最初策划人之一郑也夫所说的，在既定的思路基础上即兴发挥。这种在既定思路上的即兴发挥，有助于主持人更好地引导话题的深入和进展，而不至于是一场漫无边际的瞎聊。

洪堡德在《论人类语言结构的差异》中说，语言是精神的不由自主的流射，

---

① 张春兴：《现代心理学》，上海：上海人民出版社 1994 年版，第 538 页。

这是语言的本质。谈话节目的即兴，恰恰暗合了这个本质，正所谓"明于心而现于口"，谈话节目中往往呈现出前言引动后语，一个思想火花引燃另一个思想火花，一个形象激活另一个形象的场面，这样语言在自身的组织运动中成为灵动活泼的现实，对观众来说，具有极大的魅力。

此外，谈话节目不仅有口头语言的即兴表达，而且还有身体语言的即兴表达。谈话参与者的一颦一笑，一举手一投足等等，这些丰富而细微的面部表情和肢体语言是对口头语言的最好补充，它丰富了谈话节目中人际交流的气息，同时也增强了谈话节目的现场感。

2. 个性化与多元化的融合

个性的展示和碰撞是谈话节目的一个特点。谈话节目中的信息是由个人发布的，观点不论偏颇与否，是"我"的声音而不是长期以来的"我们"的声音。这种个人话语作为一种个体的文化观，与社会的价值观的联系相对松散，而比较多地在价值取向、审美趣味、社会行为上体现着自我的意志和特征，是个人化的表现。

此外，谈话节目即兴的交流也为个性的展示于不经意间提供了良好的端口。例如《实话实说》有一期节目是《鸟与我们》，谈话进行到最后，一位老人脱口而出："听来听去，我有点儿纳闷，好像是养鸟的不如不养鸟的爱鸟。"一句不经意的话，便把老人率真爽直的个性跃然"屏"上。

谈话节目在展现个性的同时，也凸显了它的多元特征。作为个性展示的舞台，谈话节目邀请各色人等直接进入演播室，围绕与之相关的问题独立地发表自己的见解，它直接反映着这个流变的社会和其话语，它的多样见解几乎透视出全社会。这种多元性是符合电视的本性的。"电视所产生的意识形态意义与观念并不是浑然一体的或是铁板一块，相反，一系列互为交织的有时甚至是矛盾对立的意义贯穿了节目制作的过程，从而为大多数人提供了某种东西，提供了一种意识形态观念的常规领域，以迎合广大的潜在观众的兴趣、利益与需要。这意味着电视这种媒体通常并不是走极端的，它在表达多种多样的意见和观点时十分强调对它们加以平衡或调适以保持温和的立场。"[①] 谈话节目往往进行到最后并无定论，各种观点之间的相互碰撞并不会肯定地改变其中一方的观点。这样，电视谈话节目容纳了多种意见，体现出多元性的特点。

谈话节目的多元性还体现在其传播符号的多样性，它除了以声音符号为主要传播符号外，还辅以其他传播符号。譬如电视谈话节目中常常利用录像或影片、

---

① 罗伯特·C. 艾伦：《重组话语频道》，麦永雄、柏敬泽等译，北京：中国社会科学出版社 2000 年版，第 188 页。

图片资料等图像符号，作为"话题"安排在谈话节目的开头或是在节目中插入，以对谈话进行补充。图像符号的运用在新闻信息谈话节目中更为常见，这种谈话节目的一开头往往是对近来重大新闻事件的总体回顾，往往有记者从新闻发生地作报道，这样，图像符号的比重就更大了。例如《时空连线》有一期关于"神舟"三号回收的节目，不但请来了中国载人航天工程总设计师王永志院士、"神舟"三号的总设计师戚发轫院士、载人航天工程航天员系统总指挥兼总设计师宿双宁，就我国载人航天工程技术展开对话，还派了记者从现场发回相应报道，飞船、草原以及满天的星斗等现场实况都呈现在观众面前。随着节目制作手段的日新月异，电视谈话节目的形象资料画面会越来越丰富多彩，以弥补略显枯燥的侃谈画面。

谈话节目的多元性，还在于它不仅是谈话这个样式，而且在谈话的同时还融合了其他电视节目样式，如娱乐节目、纪实节目、新闻节目等等。例如湖南台的《大当家》，大胆把综艺成分融入谈话现场，以娱带谈，以娱活谈，将娱乐成分作为谈话的引子、花絮点缀其间，从而创造了轻松愉快的谈话氛围，符合电视观众的收视心理和收视习惯。新版的《实话实说》也走娱乐路线，以前《实话实说》的笑点大多靠崔永元发挥，这主要是由当初的定位所决定的。现在，则特别看重娱乐效果。

最后，谈话节目的多元性，还在于它是各种传播技术的综合体。电视、电话、互联网等各种传播技术被应用于谈话节目。

3. 人际传播和大众传播的融合

尽管我们在谈到传播的分类时常常把它分为四个不同层次，人际传播、群体传播、组织传播和大众传播，但是"每个层次都既包含其他层次的某些因素，同时又拥有自己的东西。"如图8-1所示。①

由图可以看出，大众传播和人际传播有一部分是重叠的。这种重叠在电视谈话节目中更加明显，不仅如此，电视谈话节目中人际传播所占的比例更大，它几乎是以人际传播为主进行的大众传播。

所谓人际传播，探讨的是人与人之间、通常是面对面的、不公开的场合中的交际。电视谈话节目把这种面对面的不公开场合的交际移入大众传播，使之相互交融。

从传播主体来看，主持人的个性张扬弱化了往日冷漠的大众传播。电视谈话节目的主持人作为媒介与受众之间的"感情、信息交流的桥梁与纽带"，一改往

① 斯蒂文·小约翰：《传播理论》，陈德民、叶晓辉译，北京：中国社会科学出版社1999年版，第27页。

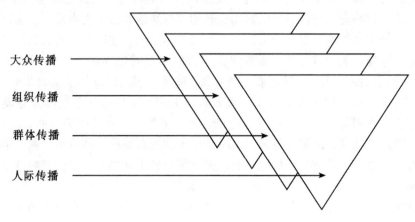

图 8-1　传播语境的层次等级

日的正襟危坐、不苟言笑、神情肃然而成为神情自然、亲切随和、落落大方，在视觉和听觉上都给受众耳目一新的感受。主持人通过对人际传播中语言符号与非语言符号的恰当处理，使大众传播摆脱了媒介机器的冷漠与单调，赋予了大众传播一定程度上人际传播的亲和性与感染性，在空间轴线上缩短了荧屏与受众的心理距离。主持人以直接的形式将电视节目风格化、个性化和具体化，在媒介与受众之间营造了一种虚拟的人际交流情境，最大程度地拆除了电视与受众之间的藩篱，使受众在接受电视提供的信息的同时，感觉自己面对的不再是冰冷的媒体，而是活生生的、可亲可信的与自己相同的人。总之，主持人个性的张扬和个人魅力的展现，不仅给受众一种平等感、亲切感，更重要的是通过个性传播产生引导和感染作用，把大众传播的社会化功能融入亲切自然的人际传播样式之中，从而使大众传播充满活力。

从传播内容来看，谈话节目以真实的个体生存状态、个人情感及态度，取代对观念意识作直白的传达和图解。在"还生活以真实状态"的节目理念下，以促进人与人之间的沟通，满足受众了解社会、学习他人人生经验等需求为目的，从尊重和表达人的个性及社会多元性出发，营造正常的谈话氛围，还镜头前的交谈双方以真实的心态、真实的思想、真实的情感。尊重人的个性和社会生活的多样性，以人为本，通过谈话的形式最大限度地逼近人物心灵，在交流中走进人的心灵、展示人的个性，同时折射出整个社会的状态，在充满人情味的人际传播中实现大众传播。

从接受主体来看，电视谈话节目中，观众在传播活动中的地位，已从被动转向主动。主动观众有五个特征：其一是选择性，即主动的观众在媒介的选择使用中被认为具有选择性；其二是实用性，即主动的观众总是利用媒介满足特定的需要和目标；其三是目的性，即带有目的地去使用媒介信息；其四是参与性，即观众主动地参与、思考和使用媒介；最后，主动的观众被认为不受干扰或是不易仅仅被媒介说服。电视谈话节目中观众的主动性最明显地表现在参与性这点上。受众直接参与到谈话节目中来，而且是谈话节目中不可或缺的一部分。崔永元曾说：我们《实话实说》没有观众，现场的每一位朋友都是参与者、谈话者。此话道出了谈话节目中观众的主动性。谈话节目中观众的主动参与，构成了谈话节目人际传播中的一个重要组成部分，大众传播以人际传播的方式体现出来。

4. 平民化与精英化的融合

电视谈话节目是在电视"平民化"的过程中诞生的。20 世纪 80 年代末 90 年代初，电视开始从"贵族"向"平民"身份过渡，抛弃了以往那种视点单调、没有交流的权威说教，更加贴近生活、贴近百姓，于是，一批以反映普通受众群体为内容的栏目如《东方时空》、《焦点访谈》相继出现了。它不仅在取材上贴近普通大众，而且在形式上也更为大众化。

首先是参与者的平民化。先说主持人——看过《实话实说》的人，都对主持人崔永元留有极深刻的印象，他没有衣冠楚楚的外表，没有一本正经的说教，他就像一个正在和朋友随意交谈的普通人。这种平民化主持形象的确立，使得他主持风格亲切、轻松和自然。崔永元曾经说过：我希望大家看到的主持人就是这样，不是个完人，身上有很多毛病，也有很多可爱之处。他一看到我，就想到他的一个兄弟，想到插队的一个战友，想到当兵时同班的一个战士，想起邻居大妈的一个儿子。其次，平民化还体现在嘉宾和现场观众的参与。组成谈话现场的嘉宾和观众来自社会各个阶层，不仅有各界名人，也有农民、下岗工人、小学教师、学生和打工仔等等，这充分体现了当今谈话节目的一大特色——平民化。电视谈话节目是即兴的，参与者用的大多都是鲜活朴实的口头语言。再者，由于参与者基本上是普通人，他们的身份也决定了谈话节目的语言趋向于直白、朴实。

平民化是电视谈话节目吸引广大观众的一个手段。美国的《奥普拉·温弗瑞秀》，走的就是平民化的路子——主持人出身平民，她的平民式的坦诚使她能谈论任何话题，她本性中透露的脆弱同样使她显得真实，正是这份真实打动了数以万计的人心。几乎 99% 的美国家庭、遍及 64 个国家的人收看她的电视谈话节目。她的观众不受信仰、性别、文化程度和年龄限制，每天观众人数约有 1 400 万。她被称为美国人"最便捷、最诚实的精神病医生"。

平民化并不会使电视谈话节目平白无味。相反，由于它一般从普通百姓的生活视角来观察生活，并以白话式的叙事展开，遵循事件发生、发展的自然形态，将原生态材料稍加组合构成节目，真实，有趣，从而使节目获得了长久的生命力。

但是，一味强调的平民化也不能满足观众的要求。社会分工的存在，经济文化发展的不平衡，从而使人群呈现多层次状态。于是，在平民化电视谈话节目风行的今天，另一类电视谈话节目——精英型的谈话节目诞生了，如《对话》。它的内容主要是对新经济的思考和追问，有一定的思想性和深度。一群受过良好教育，专业素质较高，"关注经济改革动态并具有决策能力的社会精英人士"为其定位观众。

二、电视谈话节目的五大跨越

电视谈话节目的诞生，实现了电视传播的五大跨越，它不仅是我国电视发展史上的一个里程碑，而且也对个人和社会产生了巨大的影响。

跨越之一：从画面为主到声音为主，给人感性也给人理性

电视的出现为当代人看见和想看见的事物提供了大量逼真、快捷、直观的图像，这一方面与当代观众渴望参与，追求新奇与刺激，追求轰动的心理欲望相合拍，另一方面，画面以其直观的现场感、巨大的冲击力猛烈冲击人的感官，这种感官刺激容易消解文化与理想。近年来的电视娱乐节目更是助长了这一倾向，纵观近几年的综艺娱乐节目，观众的好奇心、追寻感官刺激的心理成为娱乐节目制作的核心，刺激性、对抗性、博彩性的比重不断增大，而知识性、鉴赏性内容比重下降。一些游戏节目只顾取悦观众，甚至以主持人、嘉宾出丑为乐。真情模式的节目也日趋无聊庸俗。甚至曾经出现主持人对男嘉宾说"你们反正只是假情侣，不抱白不抱，多抱一会儿吧"的情况。还有一些娱乐节目甚至赤裸裸地从空中掉下钱币以增强博彩性。

本来娱乐节目是电视传媒内容的重要组成部分，也是电视文化娱乐功能的集中体现。相当数量的娱乐节目的出品也可谓是摸准了观众的需求脉搏。但如果把握不好娱乐节目的数量和质量，电视就很容易被指责为浅薄与庸俗的代名词，如何处理好娱乐性与思想性的位置就成了摆在节目制作者面前的一道难题。而电视谈话节目，寓娱乐与思想为一体，给人轻松快乐的同时也给人思想启迪。

大众传播本身就是一种游戏，是"普通人在业余时间以主体性的方式进行自由体验的一种娱乐。"是"以非真实的关系、主观选择的方式、为满足个人的心理需求而采取的行为方式"。"游戏也是一种交流的方式，游戏式的语言交流，即闲聊，并非无意义的举动，而是一种精神需要和心理疗法。"①

于是，电视谈话节目这种语言交流也就成了一种游戏，虽然它与综艺性的娱

---

① 朱光烈：《火凤凰》，北京：现代出版社1999年版，第99页。

乐节目有很大形式上的差异，但其终极功能却是相近的：无论是那些不登大雅之堂的鄙俗笑话，还是那些聪明的、机智的谈话，都能给人们带来快乐感觉和精神享受。归根到底，这就是游戏。

电视谈话节目在游戏中给对于生活紧张而单调又总是要面对太多严肃问题的普通大众以抚慰和放松作用的同时，也以媒介的方式参与了社会文化讨论，体现了理性的光辉：

其一，它对语言符号的着力运用深化了节目的思想内涵。在所有的符号语言中，人们日常的口头语言是最基本的、最主要的。著名语言学家萨皮尔曾说："如果设想一个人不使用语言而能基本上适应现实生活，或认为语言不过是解决传播或反映具体问题的辅助手段，那么这种设想纯粹是一种幻想。"[①] 但长期以来，我国电视界在对电视语言的运用中一直由画面主导，对画面的过分崇拜导致电视屏幕上充斥着光怪陆离的视觉表象，虽然非语言符号的最大优势在于形象展示，能生动地再现客观世界的真实境况，但它缺乏传播深度，远远不能透视人的心灵深处，体现思想的丰富内涵。而电视谈话节目对语言符号的充分利用，把思想清晰地呈现在世人面前。语言对思想的作用，索绪尔有一段精辟的话，他说，思想在被词汇语言表达之前，只是一团没有定型的、模糊不清的浑然之物，只有当语言将思想组织为语言符号序列时，才能为他人所感知、理解。

其二，谈话节目的选题往往以小见大，平凡中蕴含了深刻的文化理念。崔永元在《不过如此》一书中开列了一张表格[②]，对此是一个最好的注脚（见表8-2）。

表8-2

节目表面文章	讨论弦外之音
拾金不昧要不要回报	道德与法律的关系
远亲不如近邻	固守社会传统与尊重个人隐私的分寸讨论
夫妻间是否需要一米线	东西文化的碰撞
捐款结余怎么办	良心与规范
装修的滋味	尊重个性与宽容共性

---

① ［美］威尔伯·施拉姆，威廉·波特：《传播学概论》，陈亮、周立方、李启译，北京：新华出版社1984年版，第89页。

② 李焕征：《也谈〈实话实说〉的平民化——兼与刘庆传〈电视谈话节目是平民化节目吗?〉一文商榷》，《电视研究》2002年第4期。

续表

节目表面文章	讨论弦外之音
城市垃圾何去何从	环保的理念与切实可行的操作
面对克隆	医学科学进步挑战传统伦理
家有琴童	功利与素质
村里的故事	大法与乡规民约的关系
对不起，老师	忏悔与宽容
我的左手	弱势群体的社会地位和尊重的理念推行
名字的故事	社会人和人格的确立
家	尊重差异

其三，知识分子的参与，提高了谈话节目的思想内涵。前面谈到，电视谈话节目体现了当前主流文化、精英文化与大众文化的融合。精英文化在谈话节目中的最大体现，就是知识分子的积极参与。知识分子以其专业知识为谈话节目的话题提供了有深度的见解，提升了谈话节目的文化思想内涵。

由此可见，电视谈话节目在证明"好的谈话本身是一种娱乐"的同时，对于营造良好的文化空间，追求高品质和健康的生活，也是极有益处的。正是在这个意义上，电视谈话节目在一定程度上化解了电视节目的娱乐性和思想性之间的天然矛盾，实现了娱乐与思想共存。

跨越之二：从单向传播到互动传播，提高了电视传播的效力

前面谈到，电视谈话节目的一个重要特点是人际传播与大众传播的共融，人际传播的介入一改电视媒介以往的单向传播方式，把嘉宾和观众请进演播室，主持人、嘉宾、观众畅所欲言、各抒己见，整个谈话现场和谈话过程成为一个开放的系统，成为一个各种信息多向流动，不同思想相互撞击的"场"。在这个"场"内，观众不再被动地接受信息，而是以强烈的参与意识、积极主动的反馈使传播通畅进行。

电视谈话节目邀请各界人士从各自不同的角度去分析、认识问题，评述更加全面，从而大大提高了电视传播的效力。实践证明，有关方面的专家、权威，或有关问题的当事人、知情者，是对某一事件或问题最有发言权的人士，而电视谈话节目经常邀请他们参与讨论，比较容易对人们的态度、观点产生影响。另外，参加谈话节目的观众与多数观众的社会地位、身份相近似，他们的话可以代表广大观众的利益、愿望，容易产生说服效果。有时候电视谈话节目的参与者意见不

一致，即对问题有不同看法的"双面传播"，既讲事物正面，也讲负面；既讲赞成意见，也介绍反对意见，所以它没有强加于人的感觉，对有一定文化程度和阅历较深的观众说服力更大。

跨越之三：从独白话语到公共话语，大大拓展了公共领域

最早提出公共领域概念的，是从 20 世纪 50 年代起就致力于复活共和主义理想的汉娜·阿伦特。这位西方思想史中最杰出的女性思想家，将人的活动分为"劳动"、"工作"和"行动"三种，前两种属于私人领域，后一种属于公共领域。所谓的行动正是古希腊城邦国家的公民所从事的政治活动，它是人与人之间惟一不需要物质或物品为中介而相互交往的活动。

后来，公共领域经过哈贝马斯创造性的再论证，从原来一个比较单薄的概念成为一个被知识界公认的厚实的"理想类型"。在 18 世纪资产阶级社会中出现的俱乐部、咖啡馆、沙龙、杂志、报纸，是一个公众讨论公共问题、自由交往的公共领域。在这个空间里，个体、共同体可以正式或非正式地控制国家：正式控制通过政府选举，非正式控制通过公共舆论的压力。媒介的出现，大大扩展了公共领域。媒介因提供独立论坛成了公共领域的主要机构。①

电视谈话节目更是媒介这一功能的领头羊。王元化先生曾盛赞上海东方电视台的谈话节目《东方直播室》"营造了民间的公共空间"。实际上，20 世纪以来我国新闻传播媒介发展的过程，可以视作在构建公共领域的过程中不断寻找和调整自己位置的过程。改革开放前，我国新闻传媒进行信息传播的特点是单向的、自上而下的，表现为"千报一面（声）"、"舆论一律"。改革开放后，国内新闻媒体在市场和观念的双重鼓励下，结合自身特点对反映民意和社会多元声音做出了许多尝试。报纸的小言论、读者来信、专题讨论，广播的热线传呼各具特色、多姿多彩，尤其是电视谈话节目，更是相当成功的公共领域的例子。可以视作是对以往逐渐消失的社会空间的一个拯救，它默默地拓展着社会的文化空间和生活空间。

然而，这种成功也仅限于象征意义。因为任何一种传统媒体，版面有限，时间有限，"把关人"的控制作用十分明显。对于一个成熟、健康社会正常发展所需要的讨论、交流空间的构建，传统媒体常常表现得力不从心。在市场经济手段运作及媒体竞争加剧的今天，即使一些新闻传媒的报道和言论不时有"越位"现象发生，但很快就会被"校正"，保证在"主旋律"的宣传中没有"杂音"。

跨越之四：从注重事件报道到注重人情探讨，为个人和社会提供了良好的解

① Peter Dahlgren and Colin Sparks. Communication and Citizenship: Journalism and the Public Sphere in the New Media Age. London: Selectmove Ltd. 1991, 29.

毒剂

美国学者斯克特《脱口秀——广播电视谈话节目的威力与影响》一书中说，"越来越多的人愿意在广播和电视中谈论几乎所有事情，包括他们自己的痛苦和心灵创伤，供所有人欣赏。事实上，人们对于所有的生活难题，从悲剧和丑闻到人际关系故障，都表现出前所未有的兴趣。其中的原因之一，也许是我们不但喜欢看到一个人战胜困境或是一个小人物成为胜利者，而且也想要看到人们的恼怒和痛苦——因为那能使我们在面对自己困难和缺憾时感到好受一点。因此，在某种意义上，这些谈话节目是在一个无序、绝望、愤怒的时代里为社会和个体提供的一种解毒剂"。①

正处于转型期的我国社会虽然不完全是斯克特所说的"无序、绝望、愤怒的时代"，但是市场经济在我国的全面推行，在给人们提供了广泛的获取成功的机会和自由的同时，也给人们施加了无穷的生活压力，人际关系在人与人的竞争中也日渐淡漠，深深的不安、无力量、孤独和忧虑的感觉随之产生。电视谈话节目在这个时候应运而生，一改往日无穷无尽的事件报道，另辟了一个人情交流的场所，人们在这儿打开心扉，倾诉情感，与他人对话、沟通，这对个人和社会来说，无疑是个良好的解毒剂。

跨越之五：从平面宣传到立体刻画，张扬了人文精神

人文精神是一种以人为本的精神，是一种普遍的人类自我关怀，表现为对人的尊严、价值、命运的维护、追求和关切。它既活跃于精英文化之中，也存在于大众文化之中；它既为知识分子所特有，也为社会大众所共有。

如今的电视谈话节目，让人强烈地感受到了体现在创意、编导、制作中的一种"以人为主体、以人为对象的思想"，"一种对人的关注"的人文精神。它不同于以往电视节目样板式的宣传，而是不但关注生存状态中的人和事件流程中的人，而且还关注历史与现状事件中的人和他们的心理状态。这种从平面到立体的转变，说白了，就是以往电视传媒所关注的是你在干什么？发生了什么事？今天的电视谈话节目所关注的是，对于你正在做的和曾经做过的事情，请告诉我们你为什么要这样干？你内心深处的动因是什么？在事物进展的整个过程中，你遇到的事件和困难是什么？怎样克服的？在发生的大小国事和家事中你的感受如何？你对将来的自己和环境有什么打算？对于你即将要接触或已经接触的事或人、生活的理想和形式有怎样的看法或建议？等等。事实上，电视谈话节目不仅在于让人看到人，还在于让人看清人，充分体现了百姓的思想、情感、意愿、性格和情

---

① ［美］吉妮·格拉汉姆·斯克特：《脱口秀——广播电视谈话节目的威力与影响》，苗棣译，北京：新华出版社1999年版，第4页。

操，充分体现了对人的尊严、价值的关怀和维护。

三、电视谈话节目的主要弊端及改进策略

我国电视谈话节目产生历史不长，其不足之处是不可避免的也是显而易见的。

弊病一：真实性的缺乏

当前我国电视谈话节目最大的一个弊病在于真实性的缺乏，主要表现在：

（1）话题选择过于狭窄

"天赋人权"、"言论自由"等观念在西方思想史上由来已久，在追求自由、崇尚冒险、信奉个人主义的美国社会更是深入人心，根深蒂固。再加上美国的电视采取的是商业化的操作，追求的是利润的最大化。因此对于美国电视谈话节目而言，只要能带来利润，没有什么是不能谈的。而且，话题越敏感、越微妙、越刺激就越好，于是暴力、吸毒、婚外恋、性变态等在屏幕上层出不穷，谈话现场的奇闻、怪论、怒骂、打斗应有尽有。

相比而言，中国的传统文化向来注重人与环境的协调统一，认为人只有在"和谐"中才能保存自我。而且，我国的电视节目一直偏重于舆论监督方面的功能，大众传媒作为教化手段被一再强调。电视谈话节目作为一种强调参与性的新型电视传播形态，仍然不可推卸地承担着传播优秀文化、教育社会民众的功能。因此，在话题的选择上，我国电视谈话节目强调的是教育性、指导性，由此选题的范围大受限制，讨论的主题大多集中在不太敏感的社会问题上。崔永元几年前开始主持《实话实说》节目的时候，题材非常广泛，收视率非常高。但4个月后，节目停播，后来出现了改版的《实话实说》，尽管它为通常不公开谈论的题目打开一个窗口，但是它往往给人一种选题缺乏足够吸引力、现场讨论偏向内向和保守的感觉。这种现象在其他谈话节目中也可多多少少看到。制片人时间曾说："我们同国外的谈话节目在内容题材上是有很大差异的。国外的'脱口秀'，基本上是一种'秀'，娱乐成分是很大的，能够开政治和其他的玩笑。因为我们导向的把关，是不允许这类题材出现的。"北京广播学院的高鑫教授也说，目前谈话节目缺乏鲜明的时代特色，视野狭窄；谈话节目的话题应进一步扩展，展现更广阔的生活领域，触及一些更尖锐、更深刻的社会话题。

（2）参与者不敢讲真话

谈话节目中很多嘉宾和观众不敢讲真话已是事实。《实话实说》主持人崔永元说，在他的节目发表抱怨意见之后，有些嘉宾遭受惩罚。例如，其中某研究机构组长，后来受到批评，要检讨"错误思想"。一名社会科学学者上了节目之后，因为"爱出风头"而被单位领导批评，没有得到晋升。还有一名电台播音员在节目中坦率谈论中国新闻行业的问题之后，被指控拿出场费而受到调查。在这样的情况下，嘉宾自然在说话时就有顾虑了，从而影响了谈话的真实性。

就连主持人也并没有真正放松，没有进入一种真实说话的状态。北京广播学院的高鑫教授曾对电视谈话节目有一番评论：目前电视谈话节目的气氛太拘谨，不够放松，影响了语言的表达以及思维上一些闪光点的出现。主持人总的说来比较拘谨，包括崔永元等一批优秀主持人。尽管他们在台上谈笑风生，但从精神境界上讲并没放松。

不吐真言，除了受我国目前的社会环境影响外，交流暗示的存在也是一个原因。根据交流缺失暗示理论，"在一种媒介中如果效果的渠道或编码越少，使用者在交流中就越少注意到其他社会参与者的存在。如果社会影响力越小，那么信息就很少受人的影响。"① 在电视谈话节目中，"效果的渠道或编码"非常丰富，不仅有语言符号，而且还有非语言符号（如参与者的身份）。主持人、嘉宾以及现场观众，尽管宣称是平等的，但是潜在的身份暗示却客观阻碍了谈话参与者的有效沟通：主持人、请来做嘉宾的专家学者具有较高的身份，而另外一些人则具有较低的身份，如普通的现场观众。而按照人际沟通理论，通常"具有较高身份这一方会威胁具有较低身份那一方，这就会导致具有较低身份那一方的防卫行为。尽管他们防卫的程度不尽相同，但有一点是共同的，就是那些存在防卫心理的人们一般是不愿意感情投入的……他们可能具有较少的诚实，当然也就很少有意自我暴露。……具有防卫心理的人花费如此多的精力来自我防范，以致他们没有什么剩余的时间或精力来理解他人，由此沟通渠道被阻塞，信息被曲解。"② 可见，谈话现场的身份暗示导致了部分人的防卫心理，虚假信息也就在所难免地存在于谈话过程中，谈话节目也就难以达到真实沟通的境界了。

改进策略：凸显电视纪实理念

要想使电视谈话节目走出虚假境地，必须强调电视谈话节目的纪实本质。纪实性是电视谈话节目与其他许多电视节目的最根本区别。

这里所说的纪实包括两个方面：其一，话题的选择要尽可能广泛。尽管我们不能像美国的电视谈话节目那样片面追求新奇、刺激，纯粹以商业化机制运作，但同样应该看到，这种运作机制和竞争机制也为把节目做得更好看、更富生命力积累了经验和技巧。其二，是指谈话人尽可能地说真话，倒不一定是不见真理不罢休的深刻挖掘，也不一定是连一个哈欠都不放过的细枝末节的忠实记录，而是

---

① 关世杰等译：《大众传播学——影响研究范式》，北京：中国社会科学出版社 2000 年版，第 413 ~ 414 页。

② 泰勒等：《人际传播新论》，南京：南京大学出版社 1992 年版，第 158 页。

另外一种主张及其延伸，即：尊重人的权利，让人开口说话，说真话，并把这话语尽可能地记录下来，传播出去。如果从主持人到嘉宾到现场观众人人都是面具遮掩假话连篇，那么节目的可观性就可想而知了。主持人要依靠真诚和主持技巧使每一位到场的嘉宾和观众愿意说话和愿意听人说话，并且能够实话实说或者积极而真诚地作出反应。

美国社会学家詹尼弗·霍尔特这样解释道："一群陌生的现场观众会幻想他们和节目的明星主持人之间，有着面对面的亲密关系。这种有距离的亲密关系，使观众把电视人物，特别是像脱口秀主持人这样的电视人物，视同他们自己的家人或朋友一般。轻松的、步骤清楚的沟通式脱口秀主持人，通过很多方法鼓励这种关系。如聊天一样的对话，主持人眼睛直视摄影机，和电视机前的观众直接对话，使每个观众都进入了角色。这种做法他们觉得和她之间有一对一的关系。每个星期有5 000人写信给奥普拉，还有观众说出以下这段话：'奥普拉就是我，我们都是黑人，年纪相同，我们待人方式也一样，她可能就是我。'"① 真诚，为主持人赢得了观众的信任，有利于谈话节目的顺利进行，容易使谈话节目走向真实。真实，是谈话节目追求的最高境界。

弊病二：真正互动的缺乏

目前许多电视谈话节目看似很重视主持人、嘉宾和现场观众的互动。但实际上，看很多谈话节目，现场观众往往只是用来"填补空白"。他们围坐在主持人、嘉宾身旁，聆听、鼓掌，偶尔接过话筒提几个问题或匆匆发表几句简短的评论，他们看起来更像看客或者啦啦队，与台上嘉宾形不成真正意义上的互动。湖南电视台的欧阳国忠在总结《新青年》的问题时也谈到了这一点："以前，我们做节目把绝大部分精力都放在邀请主讲嘉宾上，而在观众身上下的功夫远远不够。演播厅里往往是一眼望去尽是年纪轻轻、意气风发的大学生。场上场下互动交流时，现场观众多谈不出自己独到的见解，而且提出的几乎全是请教式的问题。演播厅里竟成了大学课堂。"② 又如有一期《实话实说》，北大校长和剑桥大学校长在台上从各自角度谈了中西教育的一些差别。待崔永元和两位嘉宾谈完了，就开始了场下和场上的"互动"，结果所谓的互动不过是一场学子与剑桥校长的"追星"式的你问我答，真成了"大学课堂"。很显然，嘉宾和观众的不对称阻碍了谈话的深入开展，彼此之间没有形成真正的互动。

改进策略：提升观众地位

---

① 珍妮特·洛尔：《奥普拉·温弗瑞如是说》，海南：海南出版社2000年版，第37~38页。

② 欧阳国忠：《如何营造谈话类节目的"谈话场"》，《电视研究》2002年第4期。

其实，如果我们的节目制作者比现在更多地重视现场观众，充分调动他们的积极性来推动谈话的开展与深入，而不是用他们来充场面、当配角，那么谈话节目也许能够进行得更好、更生动一些。

《对话》在这方面就堪称典范。面对在世界范围或某一领域有相当成就的嘉宾，为避免嘉宾和观众的不对称，节目不仅让观众带着问题去现场，还在观众席上安排或许与嘉宾同样重量级的人物。如有一期节目，台上请了 TCL 的总经理杨伟强和一位海外归来的 MBA 博士，台下在座的既有企业老总，也有 MBA 教育专家，台上台下你来我往，彼此谈得很是深入，不亦乐乎。此时的现场观众早已远远不是用来充场面、出掌声的了，而是能够与嘉宾形成真正的互动，推动谈话的进展。

当然，我国现场观众在谈话节目所表现出来的弱参与性也与他们长期所受的传统文化的熏陶有关。中国传统文化对说话是颇有微词的。孔子说"敏于行，讷于言"，老子则是"知者不言，言者不知"，到清代有俗语"病从口入，患从口出"。类似格言，举不胜举。人们长期受这种文化熏陶，自然更多地选择"沉默是金"。

与中国人的谨言慎行、温文尔雅形成鲜明对照的是，美国观众在谈话现场表现出的参与性要强得多，他们往往狂放不羁、热情如火。在美国的谈话节目现场，常常能看到观众与嘉宾激烈争辩的场面，也不乏对着嚷、对着骂乃至于大打出手的情景。有一段时间，热拉尔多·里韦拉主持的《里韦拉讨论》，因其强烈的对抗性而名声大噪。比如，在一个节目中，观众和嘉宾因争论种族问题而大吵大嚷，继而一个人朝对方扔了一把椅子；而在另一个节目中，一个支持新纳粹主义的现场观众打破了里韦拉的鼻子。

所以，针对我国观众的特殊情况，谈话节目尤其要注重提升观众地位并且充分调动他们的积极性，使之能够畅所欲言，能够与嘉宾形成真正的互动。这样不仅能够增添谈话的趣味性，而且也能够弥补主持人的一些盲点。因为，谈话节目的话题毕竟是十分广泛的，主持人不可能事事都通，存在一些"盲点"是必然的。这样，有分量的现场观众就可以和嘉宾一样，时不时地"点拨"主持人，造就主持人在现场看似"内行"的谈吐。

弊病三：刺激点的缺乏

如今的谈话节目，自从崔永元在节目里让大家笑起来以后，谈话类节目的现场似乎已经不能再缺少笑声。嘉宾们在一起说说笑笑，观众也充当欢乐气氛的配角，随着工作人员的手势鼓掌、叫好。嘉宾们更像是绕着圈的朋友，坐在一起挑些无关痛痒、惹人发笑的事件讲讲。主持人在其中也是嘉宾的呵护者，记得有一期节目，有位观众对一位导演嘉宾提出了些温和的意见，主持人马上接话"你会打垒球吧，看你挺善于用棒子敲人的"，观众们哈哈一笑，现场已经不再是可以探讨某些问题的气氛了。

改进策略：创造"出彩点"

一味的笑不是真正的谈话，也给人一种沉闷、单一的感觉，对观众来说缺乏提神剂，缺乏"刺激点"。那么怎样寻找"刺激点"以激活节目呢？

以娱带谈，以娱活谈是一条路子。如湖南生活频道的《大当家》，节目不只是一味强调观点的冲撞、理性的思辨，而是找到一条符合自身节目形成与定位的新方式：大胆地把综艺成分引入谈话现场，将娱乐成分作为谈话的引子、花絮点缀其间，从而创造出轻松愉快的谈话氛围。

此外，加强节目的冲突性、戏剧性也不乏为一个策略。2001年发生的谭盾中途退席事件是个绝好的例子。当时，北京电视台《国际双行线》节目组在谭盾（《卧虎藏龙》主题曲作者）不知情的情况下，请来了与之素有音乐理念分歧的著名音乐家卞祖善与之对话。台上二人寒暄未过，卞先生就连珠炮般地开始了对谭盾音乐的批评，哪知谭盾丢下一句"这问题我没有回答过，今天我也不会回答"就走了。而这时远远不到节目结束的时候。主持人匆匆跟了出去，灯光黯淡下来，卞先生孤零零地坐在台上。5分钟后演播室的灯又亮了起来，明亮的灯光下主持人笑得痛苦，但很真诚。他说这节目还要继续进行。结束的时候，主持人说："相信这节目让我们学到了很多东西，包括做人。"

不能不说，《国际双行线》对这次"事故"的处理是科学的，它原生态地记录了富有戏剧性冲突的整个谈话过程，而戏剧性、冲突性正是西方许多电视谈话节目所刻意追求甚至刻意制造的。最典型的是美国，为了增强节目的收视率，为了求得最大商业利润，美国电视谈话节目从来不回避冲突，甚至刻意加强和利用各种潜在的冲突。在这些谈话中，不仅观点的对立被摆在桌面上，唇枪舌剑、针锋相对，而且情感的对立，利益的纠葛，甚至文化、种族的差异都被当成戏剧性因素，得到尽情发挥。古人云"文似看山不喜平"，作文如此，谈话亦如此。波澜起伏、高潮迭起的谈话才是谈话节目所应该追求的效果。

讲故事也有异曲同工之妙。故事本身就富含冲突性、戏剧性。肖晓琳（CCTV-1《今日说法》、CCTV-10《讲述》的制片人）说："我制作的两个节目，《今日说法》是讲'法'，《讲述》是谈'德'，我们都强调'以故事卖观点'。"① 《半边天》也很善于讲故事，在谈话中铺展故事，在故事中阐述人生道理。

---

① http：//www.ben.com.cn/BJWB/20010816/GB/BJWB%5E10701%5E26%5E16W2611.htm.

弊病四："理性对待"的缺乏

在电视谈话节目"风风火火闹九州"的今天，很少有人能够理性地对待它，主要表现在：

第一，生搬硬套。看看如今的电视屏幕，似乎每一个节目都在"谈话"，原本没有谈话成分的，也给节目硬性加入"谈话"这味调料；原本就带谈话的，更是加重了谈话在节目中的分量，好像"谈话"是无往不胜的，只要有了它，节目就能添彩，就能起死回生。看看《时空连线》，最近有一期关于如何处理旅游与自然资源保护这样一对矛盾的节目。节目不可谓无新闻性，因为它的播出正逢国人的长假；节目不可谓无创意，因为它把张家界、九寨沟、北京三地通过北京主持人与景点记者的对话连接起来。可是这样的对话给人的信息量远不如一则一般的新闻报道，因为主持人一个问题一个问题地"审"问着景点记者，像挤牙膏似的，费了半天的功夫才终于把一个景点的情况问清楚。如果采用传统手法，让主持人露一次镜，然后把镜头切换到景点，由景点记者一次性地把情况报道完，那么信息既来得快也来得直接。但是《时空连线》偏偏要以主持人与景点记者之间的对话来完成对新闻的报道，让人感觉生硬、冗长，有画蛇添足之感。

可见，谈话这个节目形式虽然有它自身的优点，但并不是一个万金油，放在哪里都能发挥大作用。如果不根据节目特点有选择地使用"谈话"这个新形式，其结果可能会适得其反。

第二，跟风的多，缺少原创意识。也许是在计划经济体制下禁锢得太久的缘故，我国内地的传播媒介在传播竞争方面，缺少原创意识，习惯于模仿式的"跟风"和"扎堆"。谈话节目也是这样，不少节目不但在内容、形式上雷同，甚至节目播出时间也挤在所谓的晚间黄金时段。对于告别了短缺经济格局的市场竞争而言，简单的模仿和形式的相似无疑会造成彼此间极强的可替代性，从而使个体的生存价值大打折扣。

改进策略：加强 CI 策划

生搬硬套，栏目之间相互克隆，很大程度上要归咎于节目制作者没有对自己的栏目进行 CI（Corporate Identity）策划，即企业形象识别。企业形象识别，包括理念识别（MI = Mind Identity）、行为识别（BI = Behavior Identity）和视觉识别（VI = Visual Identity）。理念识别是 CI 战略中具有活力和动力的灵魂，企业只有塑造出独具特色的经营理念才能使企业在激烈的市场竞争中打开局面，突围而出。视觉识别则将企业理念、企业价值观等抽象寓意转换为具体符号，以标志、标准字、标准色为核心完整地系统地展开视觉传达。行为识别则指企业通过一系列的企业行为，形成特定的企业风格与措施，从而使企业特征鲜明。

对电视谈话节目来说，理念识别主要是指节目制作人对节目的内容和风格等方面的目标定位，它体现在节目的选题、节目的受众结构和节目的文化底蕴等各个方面。目前我国有部分杰出的电视谈话栏目已有自己的理念识别。例如，北京电视台的《谁在说》，节目从成功者平和地袒露真我与奋斗史这一角度，体现出鲜明的节目理念：成功、财富、名流、都市化、文化味。与之形成鲜明对照的是，同属于北京电视台的《荧屏连着我和你》栏目，一直唱着普通人的歌谣。主持人田歌说过，她喜欢发现普通人的伟大与伟大人物的普通之处。（金惠敏《田歌的对话理念》)① 看得出，田歌追求的是一种平民意识，一种大众趣味，这也就不难理解节目中处处透着的平民化理念了。

在电视谈话节目的视觉识别中，除了为节目设计的固定图标外，能够对谈话节目的视觉识别起重要作用的就是主持人。主持人的外在和内在都将成为谈话节目形象识别的重要标志。如《半边天》周末版的主持人张越，其胖胖的形象在当今电视节目主持人年轻貌美者居多的情况下可谓是石破天惊。又如崔永元，一笑起来嘴角就歪向一边，眼睛也眯成一条缝。他们独特的外貌都给观众留下了深刻的印象。当然，这并不是说主持人非要长得"丑"一点才能引人注目。实际上，除了主持人的相貌、体形外，主持人的谈吐举止及其所透露出的语言功力、知识底蕴、人格品质等才是谈话节目主持人视觉识别的根本，谈话节目要通过主持人的个性来确立、调整和加强谈话节目的视觉识别。

这就涉及一个当前困扰谈话节目风格的问题：是根据节目定位来设计主持人风格还是根据主持人来设计节目风格？目前学术界有两种意见：一是主张根据节目定位来挑选和设计主持人，另一种则主张根据主持人来设计节目内容风格。前一种说法固然有一定道理，但是，依据主持人的具体情况，灵活地处理节目风格，而不是让活人去削足适履的做法更为科学，同时也可以一举两得：既让主持人有广阔的空间展现才干，又使节目风格个性化，容易形成节目独特的形象识别。

单单依靠主持人自身的个性魅力还不足以构成强有力的形象识别。谈话节目还应该大力扶持主持人，包装主持人。在这方面，我国电视谈话节目已经迈开了步伐。几乎每个谈话节目主持人都开设有自己的网址、网页，在各种大众媒体中露面也很频繁，写自传，出书也是他们的拿手好戏。

对主持人的包装宣传，实际上已构成了谈话节目的行为识别的一个部分。不过，目前我国电视谈话节目行为识别的声势还不够浩大，许多谈话节目没有充分地采取必要的行动加强自己节目的声势，这既与传统观念有关，也与资金限制有

---

① http：//www. btv. gov. cn/tvlink/newspaper-3. html.

关。固然，与其他节目比较起来，也许制作一期谈话节目所需资金较少，但是从谈话节目的后继发展来看，要做好谈话节目的行为识别恐怕就需要大量资金了。

四、电视谈话节目的发展思考

观照我国电视谈话节目的发展，不仅要针对当前谈话节目自身所存在的弊端提出其改进方针，而且也要结合当前我国电视所面临的新的外部环境，思考我国电视谈话节目的未来。

我国电视当前所面临的新环境，主要是互联网的出现与壮大和我国加入WTO这两方面所造成的新的传媒竞争形势。

互联网，以其信息传播的快捷性、多样性和传播方式的强互动性赢得了受众的广泛欢迎，对报纸、电视等传统媒体造成了巨大的冲击。而且，对于电视谈话节目，这种冲击更大，因为，互联网的互动性、构建公共领域的能力比电视谈话节目要强得多。充分体现互联网这一优势的是互联网的电子论坛。电子论坛包括电子公告板（BBS）和新闻组（Usenet、Newsgroup）。Usenet是个人向新闻服务器所投递电子函件的集合，也可以视为世界范围的电子公告板，在国外使用颇多，但在国内，受各种条件（尤其是语言）的制约，目前使用的范围和产生的影响还很小。在电子公告板中，用户可以随意注册进入其中的公共论坛区，在论坛的不同主题下贴帖子（posting），通过它提供信息、发表观点，和他人展开讨论。将电视谈话节目的互动性、所构建的公共领域与电子公告板作个比较，不难发现，互联网的互动性更强，构建公共领域时更便捷、更自由、更开放。

应该看到，互联网的出现对电视谈话节目来说并不仅仅意味着挑战，它也意味着一种机遇。我们已经看到，多媒体早已成了电视谈话节目的好帮手，在很大程度上加强了电视谈话节目的互动性。比如，在谈话节目的前期策划阶段互联网被用来收集话题，征集现场观众；在谈话节目现场，观众通过互联网发来电子信函表达自己的看法；谈话节目结束之后，BBS论坛上继续着话题的讨论，有的还对谈话节目提出根本性的建设意见。可以说，互联网延伸了电视谈话节目，它对电视谈话节目有着积极作用。

另外，互联网比之电视谈话节目，也存在显而易见的缺陷。例如，进入公共领域的用户的匿名性削减了互联网信息的真实性和说服力。而电视谈话节目中的嘉宾往往标明身份，这种现身说法加强了信息的说服力度。再比如，互联网在当代中国的普及度不如电视，有条件上网的人群基本集中在城市，广大农村群众对互联网还是相当陌生。因此，互联网所传播的思想文化观念远不如电视谈话节目那样广泛。总而言之，互联网并不一味地具有优势，电视谈话节目可以针对互联网的劣势找出自己的优势所在并加强这种优势从而与之竞争。

除了互联网,能对我国电视、电视谈话节目构成强大冲击的,当属来自境外媒体的竞争压力。随着我国加入 WTO,我国市场将进一步放开,就影视领域来说,将会有大量的外国影片涌入我国。关于电视业虽然尚无具体条款,我国还将努力采取保护政策,但是广播电视业不可能长期实行封闭。"目前,在播出领域,允许进口节目和在指定的范围内转播境外节目;在广播电视制作领域,允许中外合拍;在硬件制作领域,允许中外合资。……从长远来看,在一定程度上广播电视进一步开放恐怕也是迟早的事。"①

而我国电视市场一旦打开,跨国媒介和本土媒介之间必然有一番抗争。这个抗争主要集中在经济利益和意识形态控制权两方面。面对这些抗争,电视谈话节目不但要加强自身的竞争力,充分保障自己的经济利益,更重要的是,作为意识观念交锋的场所,电视谈话节目更要在这场意识形态控制权的争夺战中担当重任。

然而这个担子并不好挑。因为,西方媒介相对于我国本土媒介来说有着很大竞争优势。首先,西方媒介经过多年的发展,已经掌握了电视产品工业化生产的普遍规律,而在我国多数电视节目制作单位还处于小作坊生产阶段,电视机制和电视观念都有待进一步地更新和改善。其次,在节目内容上,西方媒介很善于采用本土的文化资源,加以全球化包装,并附加西方的意识形态观念。迪斯尼影片《花木兰》就是一个例子。已经有很多学者分析指出,《花木兰》虽然是中国的传统故事,但在观念上却完全是西方化的。电视业也是一样。西方电视制作者要想打开中国市场,就会和中国的电视人争夺文化资源,从他们的角度重新演绎中国传统和本土的故事。最后,西方媒介拥有先进设备和优秀人才,他们的电视制作观念开放并且敢于创新,相比于我国电视节目的制作能力,具有更大的竞争力。

不言而喻,境外媒体的上述种种优势,更有利于宣扬和灌输他们的意识形态和价值观念。对于这种西方文化的"入侵",在全球化的背景下,我国电视谈话节目应该贯彻这样一种观念和立场,即在反对西方文化的极度扩张也反对极端的民族主义的同时,竭力促进东西方文化的沟通和融合。这种做法是符合 21 世纪信息社会所显示出来的文化沟通的大趋势的。

塞缪尔·亨廷顿对信息社会的文化沟通趋势有过精辟的论述。他的"信息社会与新型文明断层线"的学说主张,从大的线条(大的文化走向)看,信息时代的世界绝对会走向一个统一的现代文明。在这个现代文明之中,历史上的各

---

① 魏建群:《跨世纪的时代转折——中国广播电视发展新动向》,《南方电视学刊》2000 年第 1 期。

个文明的断层线将变得模糊。就各种文化形态而言，任何形态的文化都会将其一部分特性带入这个统一的文明体。从更细的线条（小的文化走向）看，信息时代将为许多原来已经式微了的文化开辟新的空间，使之融入统一的文明体。①

东西方文化虽然有很大的差异，如东方人重"善"——道德，西方人重"真"——科学；东方人重整体——国家、集体、家庭，西方人强调个性。但是，在今天，人们已经看到这两种文化形态开始了沟通和融合。科学也为今天的东方所重视，西方也在强调道德，西方后现代主义表现出对东方传统文化的某种复归就是证明，他们最先明确提出的也为我们所赞同的可持续发展理论的实质就是一种崭新的道德观。此外，现在东西方也都强调整体——国家、社会利益，又主张保证个人利益，尊重个性自由。这些都表明，东西方文化中一些看似很对立的倾向并不单属于孕育了它们的地域，在今天它们已成为全人类的共同追求。

面对这种东西方文化融合的潮流，作为思想文化传播的最佳阵地的电视谈话节目，理应在节目内容上积极体现这一潮流，顺应这一潮流。这样做，比之那种一味反对西方文化或者一味宣扬本土文化更能赢得受众，更能从根本上打赢这场意识形态控制权的争夺战。俗话说得好：堵之不如泄之，把东西方文化呈现在观众面前，讲"两面理"，更易赢得受众的青睐和信服。

目前，我国电视谈话节目也有意识地在朝这个方向走，如北京电视台的《国际双行线》，它把视野放到一个全球化的背景中，通过话题的设置，引领嘉宾谈论对东西方文化差异性的感受和认识。就连《实话实说》也开始关注这方面的话题，前一段时间就播出过北大校长和英国剑桥大学校长之间的对话，主要讨论东西方文化教育的差别。

当然，面对我国加入 WTO 所带来的强大的外来媒体的冲击，电视谈话节目仅从内部下功夫还不够，还应该反"守"为"攻"，走出国门以扩大节目的外销。只有这样，才能更好地向西方宣传我国的思想文化和价值观念，以赢得这场和西方媒体的意识形态控制权的争夺战。在这方面，中央电视台先行一步，率先把新闻节目卖到了海外。据报道，目前中央电视台的新闻节目在东南亚有着很好的市场，2000 年已有包括《新闻调查》、《东方时空》在内的部分节目亮相在东南亚的电视荧屏上。在《东方时空》中播出的《国宝南迁揭秘》已被英国 BBC 购买，这也是中央电视台的电视节目首度打入 BBC。电视谈话节目也必然要朝这方面发展。

---

① 孟建：《文化帝国主义的传播扩张与中国影视文化的反弹》，《现代传播》2001 年第 1 期。

本 章 小 结

● 电视谈话节目按结构形态可分为议论型和叙事型谈话，前者还可分为讨论型和辩论型谈话节目。如按谈话内容分类，可分为新闻性、娱乐性、普通话题、专题性和拟社会事件谈话节目。

● 成功的谈话节目离不开三大要素：话题、谈话人和谈话方式。话题的选题必须符合栏目的定位，必须有卖点。话题的选择有以人物为主的话题，包括明星、名流人物、新闻人物、普通百姓人物话题；也有以事件为主的话题。谈话人要素包括主持人与嘉宾，主持人是现场谈话的谈话者、组织者、调度者和控制者。嘉宾应选择有特点、有表达能力并且与话题相关或专家型人士。

思 考 题

1. 电视谈话节目的类别。
2. 举例分析叙事型谈话节目的基本特征。
3. 举例分析议论型谈话节目的基本特征。
4. 试述谈话节目的话题选择。
5. 电视谈话节目主持人的基本要求。
6. 谈话节目嘉宾的选择标准。

第九章　电视栏目主持人

一个电视栏目的基本标志就是要有相对固定的栏目主持人。而一个著名的主持人则往往成为栏目的形象代言人和凝聚观众的最大资本。因此，在电视媒介异常发达的美国，不但创造出一个个名牌栏目的神话，也产生了一批具有世界影响的超级节目主持人巨星。爱德华·默罗在电视史上所达到的高峰，至今无人与之相比。曾连续五届当选"美国十大最有影响决策人物"的沃尔特·克朗凯特，受到了美国前总统林登·约翰逊的极高评价："如果我推动了沃尔特·克朗凯特，我就推动了这个国家。"《60分钟》节目主持人迈克·华莱士以高超的采访技艺成为一代美国年轻记者学习的楷模。美国著名节目主持人在美国社会公众舆论中占据了独特的地位，成为美国媒体的形象标志、栏目成败的关键。我国电视要在全球化背景下的媒体竞争中致胜，也需要造就巨星般的节目主持人。

第一节　栏目主持人概论

一、主持人的产生

当代电视以其传播手段的优越性跃居"霸主地位"，然而最初的电视节目却没有这么幸运与辉煌。1949年3月4日美国《新闻周刊》尖锐地指出："电视作为新闻报道的手段是没有争议的，但是与报刊和无线电相比，电视则像乡巴佬一样落后。"这种落后，主要是表现在电视节目制作形式上与走向成熟和兴盛期的报刊和广播有一定的差距。1951年11月8日，广播主持明星爱德华·默罗随着《现在请看》栏目的开播走到了电视观众面前，这是电视新闻节目主持人的先声，同时也开启了电视节目形态探索的先河。美国学者戴维·哈尔维斯在《无冕之王》中赞誉说："《现在请看》节目几乎是惊人地代表着电视中最美好的东西，即不断勇敢地探索着社会和政治问题的复杂领域。"1952年，美国哥伦比亚广播公司（CBS）制片人唐·休伊特第一次在总统大选报道中设置新闻节目主持人（Anchor）。在1956年新闻节目中设置固定主持人之时，正是美国的又一个大选之年，全国广播公司（NBC）特意推出亨特利和布林克利二人担任晚间新闻节目主持人，报道两党代表大会及总统竞选活动。至 20 世纪 70 年代，一些收视率稳定的节目都设置了相对固定的节目主持人。进入 20 世纪 80 年代，美国出现了"三大明星"，他们是丹·拉瑟、汤姆·布罗考和彼德·詹宁斯。美国电视节目主持人获得了巨大的成功，引起了西方许多国家的注目，电视节目主持人形式得到世界上许多国家电视机构的推广，并不同程度地发展着。至此，电视节目主持人作为一种独立的职业，具有了国际化的特点，并得到了各国电视观众的认可。

中国的电视节目主持人出现在 20 世纪 60 年代初，当时刚创建不久的北京电视台（中央电视台前身）的一些节目播报中出现了主持人形式，如中国电视史上的第一位播音员沈力，当时承担了建台伊始的各类节目的播出任务。《中央电视台简史》这样描述当时沈力的工作：出图像的地点和插播画外音的播音位置在不同的方位，播音员报告完节目，等摄像机上的红灯一灭，仿佛短跑运动员听到枪声，拔腿就跑，冲到插播画外音的位置，立刻播出画外音。画外音播完了，再回到出图像地点准备下一段串词的播出。如果当晚还安排有座谈会等类节目，播音员又要承担座谈会的主持，参与节目的播出。假如当晚又有歌舞与折子戏的播出，播音员则要担任这部分的报幕与串联，类似如今的主持人。这是最早的节目主持人的形态。但中国电视屏幕上最早出现主持人这一称谓，是在 1981 年 7 月中央电视台播出的《北京市中学生智力竞赛》节目中。1983 年，中央电视台《为您服务》栏目调整节目内容，固定播出时间，并任用沈力为专职节目主持人，由此打破了 20 多年来中国电视一直沿用电视播音员的工作形式。1983 年 8 月 7 日至 1983 年 10 月 4 日，中央电视台在两个月的时间里播放了电视系列节目《话说长江》，并启用了节目主持人陈铎和虹云。20 世纪 80 年代中期，节目主持人更活跃地出现在中国的电视屏幕上。而且主持人的类型也实现了突破，除了原有的专题类节目主持人外，又出现了新闻性节目主持人。1987 年 6 月，上海电视台推出了全国第一个社会多视角的杂志型电视新闻专栏节目——《新闻透视》，李培红作为电视新闻节目主持人率先出台亮相。同年，山西电视台的高丽萍也频频以记者型主持人身份在屏幕上亮相，并被评为 1988 年"如意杯"十佳节目主持人。1990 年，中央电视台先后推出两档不同风格的综艺节目，这就是《综艺大观》与《正大综艺》。主持人倪萍、杨澜也随着这两个节目走进千家万户，在中国主持人史上留下了灿烂的一页。在这以后，各种类型的主持人节目迅速产生和发展起来，一些节目主持人也从这些节目中脱颖而出，成为栏目的标志。

二、主持人的界定

在英语中，主持人的称谓有不同的形式。Host，Anchor，Moderator 三个词汇都是对主持人的称谓。Host 一词的英文原意为"主人"，借用到主持人称谓中，特指娱乐节目或轻松类型的节目主持人，娱乐节目主持人是 Host 最常指的含义。Host 最初的渊源要追溯到 1948 年 12 月，哥伦比亚广播公司推出了一个娱乐节目《天才展现》，由阿瑟·戈弗雷主持。戈弗雷将演播室布置成为一个会客厅，自己以"主人"的身份出现，将艺术界的名流和业余爱好者请到演播室，并献上各自的技艺和绝活。此后，Host 就成了娱乐节目主持人的代名词。Anchor 一词的英文原意为"锚"，在体育术语中指接力赛跑的最后一棒运动员。用在主持人称谓中特指新闻节目主持人。1952 年是美国总统的大选之年，CBS 节目制片人唐·休伊特提出创意，由一名有经验的记者将全国各地的报道串联起来形成一个整体。休伊特形容这个人好比接力赛跑中最后一棒的运动员，是 4 个队员中速度最快，具有冲刺能力的人。Moderator 一词的原意是"仲裁人"，用在主持人称谓中特指游戏、竞赛类节目的主持人。Moderator 在使用中虽然有一定的限定，但在有的国家里具有"主持人"的含义，德国就使用 Moderator 称呼主持人。从主持人所存在的不同称谓可以看出，节目主持人在主持的实践中是不能脱离节目的性质及特点而独立存在的，主持人在节目中存在类型划分。

目前，广播电视界对于节目主持人的概念，众说纷纭。赵淑萍在《电视节目主持》一书中认为节目主持人的基本含义是"以真实的个人身份代表电视机构在电视屏幕上出面主持节目；以纯熟的技巧在双向交流的传播方式与现实节目有效传达的过程中起积极的主导作用"。在《主持人节目研讨会综述》中，敬一丹持这样的观点："节目主持人应当参与制定节目的方针、计划，确定选题；应当参加采访、编辑、审稿或指挥记者编辑采访、编稿；应当对整个节目负责，否则就称不上节目主持人。"《60 分钟》制片人唐·休伊特对主持人的定义是："电视报道员一方面必须是优秀的采访员，另一方面必须是能使自己的现场采访报道引起观众强烈关心的雄辩家。他还必须洋溢'个人魅力'。"任远也曾给过这样的定义："节目主持人，他们是广播电视节目在演播阶段的组织者、指挥者，是节目与听众、观众之间感情、信息交流的桥梁纽带，也是节目的代言人。主持人是节目的代表者。"[①] 综上所述，节目主持人的界定具体应该有以下四个方面内涵：（1）在节目形式中，主持人起的是主导作用，节目以主持人为中心，受主持人支配；（2）主持人是一个具体的人，以真实的自我出现在节目中；（3）

---

① 任远:《论节目主持人》,《北京广播学院学报》1986 年第 2 期。

主持人要出场直接面对观众，以第一人称"我"直接与观众谈话；（4）主持人一般是主持固定节目，在比较固定的时间出现。

三、栏目主持人的特征

主持人在电视栏目中以主体方式介入，成为节目的信息载体。可以说，是节目主持人实现了电视媒介以人为信息载体的突破，主持人作为信息载体，使电视媒体具有了主观能动性和双向交流的功能。而这一切都是通过节目主持人所具有的人格化传播和对象化传播特点实现的。

1. 人格化传播

所谓人格，是人的性格、气质、能力等特征的总和。

电视传媒作为一种大众化传媒，对于其大众定位的实现是凭借人格化传播完成的。"镜头上的节目主持人将他们的魅力和信誉，还有他们十足的人情味都贡献给了无形的电视叙述力量；他们起着使无人情味的东西具备人情味的作用。"① 可以说，节目主持人的出现将电视节目赋予了人格化力量，使电视真正成为了一种与观众面对面交流的媒介。

人格化传播特征的主要体现为信息载体和个性形象。

（1）信息载体

节目主持人在节目中处于一种主导地位，他所担任的角色是一个完成节目信息解码任务过程的承担者。也可以说节目主持人本身成了节目信息的载体，而且这个载体不是文字或声音的，而是思维的、能动性的个体，在主持人的具体工作中，载体角色体现为：

第一，节目主持人在节目中可以完全发挥人的主观能动性，通过编串稿件、组织提问、寻找恰当的言语表达来完成信息的传递工作。主持人是节目和观众的纽带。

第二，节目主持人在引导受众认识周围世界的同时，他们自己也作为周围世界的一个重要成分出现在观众面前，作为节目的另一个附属信息存在，甚至超越节目信息本身。凤凰卫视主持人吴小莉在主持新闻节目的同时，往往本身就成为观众关注的新闻人物。

第三，节目主持人个性在节目中的流露，会不自觉地影响节目主持的风格，对不同风格节目的主持也会采用不同的形式来充当载体。

（2）个性形象

节目主持人人格化传播的另一个重要体现就是其个性形象。每个人的个性形

① 《主持人》第4辑，北京：中国广播电视出版社1995年版，第87页。

象都是不尽相同的。正如歌德所言："世界上没有完全相同的两片树叶。"节目主持人的个性形象并不是凭借"漂亮脸蛋"来树立的。好的外形固然有用，但深刻的内涵才经得起时间的考验，唯有成熟、智慧、深邃融合在一起而透出的气质，才具有长久的生命力，"昙花一现"的主持人是不值一提的。

个人性格存在的差异以及在节目中个性与栏目风格的关系是很复杂的。个性形象在栏目中的树立是一项具体而又艰辛的过程。这个过程是个磨合的过程，主持人在节目中固守原则性的人格、尊严，也要适当放弃一些个性的张扬，因为主持人树立的不是个人的个性形象，而是在特定节目中的主持形象。对于主持人的思维方式而言，既要有其独特的个人魅力，又应充分体现媒介的多种功能才行。主持人整合的是信息，打造的却是自己。但现实中却存在主持人超越节目内容，纯个性地主持节目的现象。原因是人们对电视文化现象的多元化变异有了更多宽容和理解，主持人个性的张扬得到了一定程度的观众认可。如凤凰卫视的新闻性节目《小莉看时事》，主持人吴小莉让我们看到一种近乎"反传统"的电视新闻表述方式，她舍弃稳重的惯性态势，以轻松欢快的风格讲述国内外动态新闻。吴小莉是幸运的，她似乎是一夜间成名的，而历史上的克朗凯特，这位《CBS 晚间新闻》节目的主持人，从 1962 年主持开始，用了整整 6 年时间的郑重其事的报道，才在观众心目中树立了稳重可靠的"沃尔特大叔"的形象。

2. 对象化传播

主持人在主持节目时与观众形成的是一对一的双向交流形式，观众便是主持人的倾诉对象，所以说主持人的传达方式使电视媒体成为一种对象化传播。观众在一定程度上成为主持人主持节目的目标。在电视栏目化趋势越来越强的今天，不同节目的主持人拥有不同主体的受众对象。这些受众对象可以分为两个方面，固定收视对象和流动收视对象。

固定收视对象又分为特定的和多层面的两类。特定的指的是对象性节目的收视人群，如儿童节目、妇女节目、军人节目、老人节目等。这些对象性鲜明的节目，其主持人对象化传播的特点最为突出。以《半边天》和《大风车》作比较，一个是妇女节目，一个是少儿节目，面对的观众截然不同，主持人的对象当然也就存在差异。

除了对象性节目之外，像《今日说法》、《焦点访谈》、《东方时空》等节目就不具有很强的特定对象性，它的内容指向并不局限于某一类人，它的节目主持人对象就是不同层面的观众，工人、农民、学生、政府工作人员、企业的白领等都是它的收视对象。电视媒体本身就是一个存在多种选择的媒体。面对不同层次的观众，主持人仍可以找到不同层次观众的共同点，如《今日说法》的观众应该是充满理性、正义、关注法律事件的收视群体。这样，主持人仍能准确找到交流对象的存在感觉，完成一对一的交流，而不是目光空洞地越过也许并不存在的观众进行交流。

流动收视对象其实是一种相对的提法，这个"流动"可以直接理解为变化的收视对象。这一方面与电视媒体存在多种选择性有关，另一方面也与媒介事件的传播特性有关。就流动收视对象而言，因为"流动"是相对的，所以具有同质的收视人群也是同时存在的。节目主持人在处理这类节目时仍可寻到交流对象的存在感觉。媒介事件的突发、跨领域传播，将会带来传播对象的变化。比如说，在卫星通信技术的帮助下，我们可以目睹美国"9·11"恐怖事件的现场。但对播报该新闻的节目主持人而言，他（她）所面对的都是对事件怀有欲知心理的观众，在类似这样的突发事件上，观众的接受心理是基本相同的。

除了一对一的双向交流特点外，主持人还具有面对面的亲近性交流特点。这种亲近性特点具体表现为主持人在节目制作中以其人格魅力使栏目与观众的距离更近，从而缩短与观众的心理距离。

因为主持人是与观众进行面对面的交流，所以，观众与主持人是亲近的，但事实上，主持人能否完成从形式上的亲近到心理上的亲近，最重要的就在于主持人在与观众的交流中是否质朴和真诚。因为亲切、自然、贴近都必须以真实为前提，否则，主持人与观众距离虽近在咫尺，心理距离却已远在天涯。美国明星主持人奥普拉在"奥普拉脱口秀"中打动观众的力量，就在于她不想利用观众，也不想愚弄观众，她对观众具有一种推心置腹、愿意与之分享一切隐秘的真诚，那些关于她真实的生命之战的谈论，是她吸引并影响了众多美国人的重要因素。我国的节目主持人杨澜在主持节目的时候也会对采访对象适度赞美，也会将自己周末爱睡懒觉的弱点随意暴露，这都是她真诚的体现。

节目主持人与观众的面对面主持方式，能够使观众产生直观的视觉感受。通常直观的视觉感受对人们评判事物具有"第一感觉"的作用。节目主持人在主持节目时，往往容易成为人们的视觉中心。所以，节目主持人必须首先符合观众的审美标准，那就是要看上去顺眼，这具体包括主持人的音容笑貌、着装、姿态、动作等。其次，主持人应该清楚地知道观众的直观视觉感受并不仅仅是外观印象，而是屏幕上的整体印象。所以，节目主持人在文化修养、思想品德等方面都应该体现出高尚的人格魅力。

具体来说，主持人要真正贴近观众，缩短与观众的心理距离，应该做到以下几点。

（1）站在观众的角度

主持人与观众面对面主持的时候，一方面代表自己的声音，另一方面，也代表了对观众观点的认同态度。如果主持人并不清楚观众的心理，那他（她）的主持就脱离了存在的土壤，失去了传播的意义。美国一位老资格的体育记者约翰·安得伍德说："打动他人的秘密在于某种程度上体谅对方。"电视屏幕上的主持人在主持节目时所担负的角色要由栏目对象和观众来评定，如果主持人不把角色转换到观众的角度上去体验，去观察，主持人对于角色的把握也必然是失败的。

（2）与观众推心置腹的交流

主持人在主持节目的时候，感情的投入是必要的，因为主持人所面对的是感情丰富的人，而不是空洞的镜头。我国中央电视台主持人沈力在离开电视屏幕后，她说她最留恋的就是她的观众，因为她觉得观众朋友给予她的实在是太多了。从中，我们不难体会到，如果沈力没有将感情投入到节目的主持中去，没有把爱给予观众，观众也不会给予沈力关爱。主持人在具体的工作中就需要使用亲切、真诚的语言，对于观众的反馈要有足够的重视，对观众的要求也要正确地对待。倪萍曾经深有感触地说过："电视节目主持人应该是大众的'情人'，当你从荧光屏上出现时，家家户户，不论男女老少，文化程度高低，也不论什么职业，大家都能喜欢你，都觉得你不烦人，这才行。"倪萍在情感投入方面可以说是真诚而不掩饰的，这在她的主持生涯里也曾引起过争议，被认为在节目里有"煽情"的嫌疑，我们对此不加评判，只提出一个标准，那就是感情的投入要有度。

（3）心理上保持平等公正

主持人在节目主持中与观众建立的是一种平等的交流关系。美国记者约翰·布雷迪说："记者必须努力创造相互信任和尊重的气氛，否则就有中断交流的危险。"主持人在主持节目时的言谈举止，既要针对不同的角色，采用不同方式，同时也要符合观众的心理特征。主持人的公平心理，就是对待观众的心理，当主持人在节目中对某一事件或问题发表观点时，应注意保持公平，不能发表偏激的言论，伤害到观众的感情，甚至对部分观众造成人格的侮辱。

节目主持人是沟通节目与受众的中介，是实现沟通的关键因素。节目主持人本身就是受众需求的体现。主持人在节目中用自己的学识和感受，通过语言来介绍、解释、评判，从而调动受众的收视情绪，以达到较好的传播效果。同时，受众可以直接把自己的想法、需求反馈给主持人，这样使主持人与受众形成一种互动的关系。其结果是受众因喜欢或信任某些主持人而信任他们的观点，喜爱他们的节目，而主持人为了更好地满足受众需求，不断调整提高自我和节目质量。这样就形成一个良性循环。主持人总是以第一人称"我"的身份为受众传递信息、介绍知识、排忧解难、提供服务，增强了受众的参与意识。受众可以直接向主持人倾吐肺腑之言，提出要求和希望。久而久之，主持人同受众之间形成了密切的比较固定的联系，这就在心理上、情感上逐渐加强了受众对主持人的亲近感和信任感。主持人在受众心目中占有的位置也越来越重要，甚至会形成一定的"权威感"，使受众在不知不觉中自然地接受主持人的观点和主张，从而扩大了影响，增强了宣传效果。

第二节　栏目主持人的类型

主持人的分类由于存在分类标准的不同，所以存在很多种类的划分。

一、按节目主持人的地位和作用划分

电视界目前存在一种"四分法"，那就是按照主持人在整个节目中所处的地位和作用来划分。

1. 独立型

主持人承担节目的采编播工作。主持人既是记者、编辑，同时又是播讲者，是直接出面主持节目的人。主持人在节目制作过程中，可以按自己的意图来完成各项工作，但最终的决定权是在编导手中。它的优点在于，可以最大限度地发挥主持人的能力；它的缺点在于主持人的意图并不一定能得到认可和实现时，就容易造成主持人与节目编导的关系紧张，从而影响到节目的播出。

2. 单一型

单一型是指主持人在节目中只承担话筒前的播报工作。实行这种主持形式的主持人，只是在前台出面主持某一固定节目，一般不参与采、编工作；主持人背后有另一套采、编班子。它的优点在于主持人通常由播音员担任，形象和播出技巧、声音条件都比较好；缺点是编播脱节，主持人与编辑之间的想法和意图不能完全一致，会导致节目有割裂的痕迹。

3. 主导型

在这种形式中，主持人对节目有决定权。主持人是节目的中心人物，参与各个环节的工作，从确立主题、采访材料、撰写稿件，到编排制作节目，直至最后的播音主持，始终起到主导作用。这种方式是国外主持人的主要工作方式，它的优点在于主持人的意图、思想表现得比较准确、直接；主持人的个性、形象比较鲜明，在整个节目中风格比较协调。

4. 参与型

参与型的实质就是一种合作的工作方式，主持人与记者、编辑分工合作，主持人主要是承担播报工作。同时，作为采编人员之一，主持人也有权力在不违背节目宗旨的前提下，对节目方案提出建议，对稿件进行修改或加工。它的优点在

于从一定程度上改变了采、编、播分离的现象，同时又可以让主持人熟悉节目的各个环节，以便更好地发挥自身的主观能动作用。

二、按节目形态划分

上述的"四分法"分类与节目的具体形态和内容没有任何联系，而正是节目的内容才是主持人赖以生存的土壤。所以，电视节目的基本属性是主持人本质分类的依据。按节目的基本属性，我们可以将节目主持人分为以下五类。

1. 新闻节目主持人

新闻节目主持人其实是个很笼统的说法，它代表了所有新闻节目的主持人。就目前来看，新闻节目的样式正朝着多元化的方向发展。因此，也相应产生出多样化的主持人，如杂志型新闻节目主持人（《东方时空》）、新闻评论节目主持人（《焦点访谈》）和以人物专访为主的访问节目主持人（《大家》）等。电视新闻节目主持人的具体工作就是：新闻串联、现场采访、即兴评论、现场调度、把握时间等。电视新闻评论节目近几年快速发展起来，在电视新闻栏目中占到了很重的分量。值得指出的是，新闻评论节目的主持人在节目中发表评论的时候，特别是即兴评论时，应当把握好言论的尺度，否则容易产生偏激和不公正情况。美国曾有一位华裔女电视节目主持人在新闻之后的即兴评论中损害华裔民众的形象，遭到许多在美华人的抗议，最后不得不在电视节目中公开道歉。

2. 娱乐节目主持人

娱乐节目主持人在国外有专门的称谓："司仪"或"串联人"，音译为"爱姆西"（Master of Ceremonies）。它包括综艺、猜谜、竞赛等。同样，综艺、娱乐节目主持人也是很笼统的，具体的划分可以分为：专题文艺节目主持人、文艺直播节目主持人、杂志型娱乐节目主持人、娱乐人物专访节目主持人、游戏节目主持人。常见的这些类别的节目有：《正大综艺》、《曲苑杂坛》、《文化视点》、《相聚凤凰台》等。在综艺节目中，主持人通常是以节目的"司仪"身份把握节目的进程、节奏、气氛的，主持人也由自我表演型转变为融入型，自然地成为节目的一个角色。现代的综艺、娱乐节目主持人，要求思维活跃、反应灵敏、多才多艺、语言表现力丰富，能够调动现场观众情绪，调节控制全场气氛。

3. 服务类节目主持人

服务节目在国外被称为信息节目。所以，为观众提供购买信息的电视购物节目也是服务类节目的一种，这种服务节目的主持人往往只是广告解说员的身份。综合型服务节目的主持人就是我们通常理解的服务节目主持人，如中央电视台的《生活》和《为您服务》栏目的主持人。对服务类节目主持人而言，应始终注意在节目中创造一个家庭的氛围与受众探讨、聊天，从语言到内容的选择都应力求贴近观众，与节目的服务宗旨相吻合。

4. 体育节目主持人

体育节目主持人大体有以下几种类型：体育新闻节目主持人、体育竞赛现场评论主持人、综合体育节目主持人、专项体育运动节目主持人、体育谈话节目主持人。我国目前主要的体育节目也很多，在观众中有一定影响的有：《体育新闻》、《体育世界》、《天下足球》、《我的奥林匹克》等。在这些体育节目中，最能体现主持人水平的就是现场的解说和评论，因为体育赛事的直播通常是重大比赛，对主持人的专业水平要求很高，对主持人在体育方面的专业知识、解说、应变能力都是一个挑战。尤其是在重大体育赛事直播中，主持人要善于处理好解说的激情与媒体的公正立场问题。我国知名的体育节目主持人宋世雄在长期主持体育节目过程中，不但积累了丰富的体育竞赛知识，而且还练就了快速、准确的语言表达能力。

5. 对象性节目主持人

对象性节目，顾名思义，就是依据节目所针对的不同收视群体来划分的。我国的对象性节目通常分为：儿童节目、青年节目、女性节目、老年人节目、军人节目、农民节目、对外节目等。在对象性节目中，儿童节目占据比较特殊的地位，它在电视中占有相对固定的时间段，拥有比较固定、忠实的收视对象。在我国比较知名的对象性节目有：《大风车》、《半边天》、《夕阳红》、《人民子弟兵》等。

主持人的类型划分对主持人的定位、风格的形成、形象的塑造、素质的提高都是很有意义的。主持人的类型划分将主持人自我发展的方向明确化，使其具有长足的发展空间，关键在于主持人如何发挥。中央电视台著名主持人王志、张泽群、撒贝宁、刘芳菲等都是通过 CCTV 主持人大赛选拔出来的优秀主持人，他们在各自的栏目中实践与提高，均在其所主持的专业领域和公众中产生了广泛的影响。

第三节　栏目主持人的风格

风格，是指一个时代，一个民族，一个流派或一个人的文艺作品所表现出来的主要思想特点和艺术特点。电视节目主持人的风格就是指该节目在定位、形式、内容以及主持人风格等方面体现出来的区别于其他节目的个性和特点。它是节目主导思想和艺术特点的体现。个性风格的形成与确立，不仅仅是主持人主体因素作用的结果，同时还是与节目的定位、形式、内容等因素相和谐的反映，即主、客观因素协调一致的综合效果。

对于一个电视节目来说，相对的稳定是吸引观众的一个重要方法，这种稳定的一个重要方面是指节目风格的相对固定，具体包括主持人的风格和节目的风格。主持人的风格是和节目风格紧密相连的，而主持人节目风格的形成，是一个多种元素的集合，它需要多方面的因素来共同展现。首先，需要个性鲜明的节目主持人。因为主持人的个性风格对节目有着很大的影响。电视节目有直观的特点，观众通常是通过主持人鲜活的形象和语言来认识和欣赏节目的，节目所展示的思想内涵，艺术品位和信息量都是通过主持人来最终体现和完成的。其次，就是节目的受众对象因素，因为一个节目不可能满足任何层次的观众，所以节目就必须有针对性，而节目的风格也必须让特定的观众群体能够接受。再次，是主持人依据节目风格的"自我"定位。其实这是一个对主持人个性风格与节目风格的磨合过程。刘晓庆曾经主持过一个《世界电影之林》的栏目，论形象、知名度她都是没问题的，可这个节目并没有因为由一个著名的女演员来主持而获得应有的效果。对这样的一个节目而言，观众希望看到的是对电影艺术有深厚理论功底的权威，而不是一个时髦明星。显然对于刘晓庆而言，她没有找准自己的定位。倪萍主持《综艺大观》节目，从节目的收视效果看，她和节目的定位是较为准确的，她在主持的过程中，借助了她原有的艺术功底——表演。可倪萍在后来推出新节目《文化视点——倪萍访谈录》的时候，其表现就有点力不从心了。东方电视台的曹可凡本来是一位医学硕士，又有着较好的文学功底，平时还喜欢写文章，像这样文化素质好的节目主持人似乎应该定位在有一定文化品位的谈话类节目。可他有一段时间却在主持一档低层次的娱乐节目。这种角色错位给观众留下了一些遗憾。可见，找准"自我"和"栏目"的关系，进行准确的定位，对于一个主持人来说是至关重要的。从沉稳的克朗凯特到强硬的华莱士，从博学的贝尔纳·比沃到幽默的约翰尼·卡森，无一不是由于对自己的准确"定位"，然后才逐渐形成鲜明的个性风采。如同罗兰·巴特所说的那样，风格已经成为他们身体的一部分，就像指纹一样属于他们自己。

一、主持人风格的表现形态

主持人风格的表现形态主要通过形象、气质、语言、品质加以体现。

主持人形象主要指外观形象，外观形象是面貌、体态、神情、衣着、举止的外在形象的综合体现。外观形象对主持人而言是非常重要的，因为电视是面向大众的传媒。电视所展现的并不是唯美的，但一定要符合大众审美标准，节目主持人的端庄是最基本的要求，但主持人外观形象有特点，有个性才是关键所在。单纯漂亮的面孔不如富有个性的外观形象更能吸引人。这一点可以从许多国际著名的主持人身上得到验证。美国的沃尔特·克朗凯特、迈克·华莱士、丹·拉瑟、巴巴拉·沃尔特斯、黛安·索耶，英国的阿拉斯泰尔·伯内特，法国的贝尔纳·比沃，日本的北野武和、山田邦子，他们都具有鲜明的个性形象和内在气质。

香港电视娱乐节目主持人曾志伟、沈殿霞从外观上看当然不是什么俊男靓女，他们一个身材矮小，一个身材肥胖，但这并不影响他们得心应手地主持节目。曾志伟的幽默风格和沈殿霞"肥姐"的亲切感是他们赢得观众的法宝。观众并不因为他们外形的不美而减少对他们的喜爱。

主持人的气质是其稳定个性特点的体现。良好的气质以一个人的文化教养、知识水平、文化程度、思想品质为基础，通过他对待生活的态度、情感和行为等直观地表现出来。节目主持人的气质在主持节目中表现为一种底气。有的节目主持人说话内容空洞、有气无力，东拉西扯、废话连篇；而有的节目主持人说话成竹在胸，语言少而精练，出口成章，给人的感觉就完全不一样。气质是通过长期修养而形成的，并不是与生俱来的，它与主持人的教育程度以及个人学识、涵养方面都是紧密相关的。气质是装不出来的，因为气质是在个人成长过程中不断磨炼出来的，是时间沉淀下来的，一时的伪装是徒劳无益的，个人气质是纯自然的袒露。一个主持人有什么样的气质，通过屏幕就可以一目了然。

主持人的语言表达能力对于塑造个性风格极其重要，个性语言对于主持人而言，是通过两种方式来表现的，一是主持人对语言的驾驭能力，一是主持人所使用的语言表达方式。对于语言的驾驭能力是指能够准确运用语言、词汇、语法，掌握主持人发音的基本要领，是一种语文功底和播音功底的综合。语言表达方式则是指主持人在语音、语调的使用上所形成的个人风格。例如，平缓、舒展的语调能够形成温文尔雅的个性风格；紧凑、活泼的语调能够形成豪气、大度的个性风格。

品格修养是指主持人的人格品质，道德的修养，以及主持人在理论、艺术方面的造诣。对于节目主持人而言，良好的品格修养是必不可少的。主持人在镜头前所代表的并不仅仅是个人，而且是节目的精神体现。没有良好的品格修养的主持人永远是心高气傲的，也必然是不成功的。

二、主持人风格在节目中的体现

电视主持人节目类型的多样决定了主持人风格的各异。

新闻性主持人是以传播信息、引导舆论为主要目的的，其内容涵盖国际、国内时政以及社会的媒介事件，主持人以一种追踪事实、探讨热点问题的态势面对观众。这类节目具有严谨、客观、独到的风格，树立的是一种真实、可信甚至权威的形象。如中央电视台的《焦点访谈》，它针对社会问题进行深度报道和分析，针砭时弊，具有很强的思辨性。它的主持人以客观、冷静、公正的态度，受到广大观众的欢迎，真正发挥了舆论的社会监督作用。对于国外的新闻节目主持人，他们的风格与中国的新闻节目主持人相比就显得更具个性色彩。克朗凯特的主持风格是沉稳、平和、和蔼；他的接班人丹·拉瑟主持节目措辞犀利、咄咄逼人，以鞭辟入里的分析总结和带有感情的语言形成自己的风格；迈克·华莱士则是一副强硬男子汉气派，永远都在刨根问底，不达目的绝不罢休；钱塞勒是以其严谨、诚实、准确的学者风范而著称等。

专题性节目属于一种观众"获知"型的节目，它更多的是向观众传达一定的经济、法律、社会等知识。这类节目往往具有很强的针对性，一方面要寻找到"专业对象"，另一方面还要培养"非专业性对象"，这要求主持人在保持专业性的情况下，又必须用通俗易懂的语言和简单明了的说理来满足不同文化层次的观众。中央电视台的《今日说法》，通过举案说法，向观众传达一定的法律知识，帮助观众树立法律意识。其主持人一方面要以"专家型"主持人的风范与嘉宾探讨问题，另一方面又要以普通观众的身份向嘉宾请教问题，所体现的是一种严肃、理性的风格。

综艺节目的宗旨是给观众带来快乐、愉悦。所以它的节目风格是轻松、诙谐的。但由于综艺节目的类型丰富，所以对节目主持人风格的要求也不尽相同。赵忠祥老成持重可以主持春节联欢晚会，亚宁清秀俊朗也可以主持春节联欢晚会；《今夜星辰》的主持人叶惠贤机智幽默，常常妙语连珠，被称为"主持节目不拿话筒的金牌司仪"，杨澜主持《正大综艺》则是以她的清新自然、机敏可爱，充满青春活力的形象赢得了观众的喜爱。以《正大综艺》为案例分析不同时期主持人的风格表现，可以从中看出端倪。1994年春节，赵忠祥和杨澜退出《正大综艺》，袁鸣接替杨澜，从外在条件上看，袁鸣与杨澜有许多共同之处：青春秀丽、名校学历。袁鸣有在上海主持节目的经历，业务能力较强。在进入《正大综艺》之后，观众有一些议论，认为袁鸣手势过于频繁，语言节奏过快，议论过多，装束过于幼稚。这是有一定原因和根据的，原来袁鸣在上海主持的是青春活泼的大中学生节目，这与她的本色十分吻合。现在，《正大综艺》的节目特点是知识含量丰富，观众层面多元化。如果还把角色定位在"清纯大学生"的形象，则失之于"浅"。另外袁鸣与程前在节目中有强烈追求"海派"、"粤派"的倾向，他们的过于随意和放任，对《正大综艺》而言，又失之于"俗"。经过一段时间的实践和调整后，袁鸣也意识到了这些问题，于是她在保持自己个性的前提下，努力向栏目风格靠近，终于形成了自己的风格。

服务型节目的宗旨就在于"服务"二字上，它要求主持人具有亲切感和亲和力，语言要力求生活化、平民化，具有贴近感。以中央电视台《生活》栏目为例，它坚持以人为本，想观众之所想，急观众之所急，以身边的人和身边的事说生活的理和生活的情，勉励人们善待生活，过好每一天。《生活》栏目由此成为广大观众居家过日子的好参谋。其主持人无论是文清还是赵琳，无一不是平易近人，亲切大方的。容易被人接受的贴近感与平民气质是她们根本的统一点，而她们各自独特的主持风格更是多样性的完全体现，给观众全然不同的丰富感觉：文清的热情奔放与赵琳的含蓄温婉。她们的多姿多彩保持住了栏目的吸引力，把观众的兴趣不断延续。

谈话类节目在国外称为"话题节目"（Talk Show），这表明谈话类节目往往围绕一定的话题展开，营造轻松愉快的"谈话"气氛。谈话类节目需要主持人坚持平等待人、平易近人、亲切感人的说理态度；顺应观众思路，针对观众疑问展开论述，调动设问、比喻等手段启发观众的联想，使说理过程带有类似日常交谈的思想和情感的交流。这样，谈话类节目主持人所具有的风格就应该是一种平民化的风格。以一位长相普通、衣着大方的主持人来增强与嘉宾观众的亲和力，弱化主持人的存在感，从而达到形象与谈话类主持人节目风格的一致性。中央电视台的谈话节目《实话实说》的原主持人崔永元长得并不英俊，但他在观众眼里是个有亲和力的年轻人，他始终追求一种正常谈话的氛围和韵味，所以他以一个"邻家大妈的儿子"的形象赢得了观众的心。

三、中西方主持人风格的差异

中西方主持人风格的差异，是东西方文化背景、媒体体制差异影响下的产物。中西文化差异的基本现状，也体现了现今中西方人的思维差异。这种差异，对于电视媒体及其主持人来说当然不可避免地受到影响。具体而言，主要有以下两方面的影响因素。

1. 文化背景差异

中国人强调社会意识，注重如何在集体社会中进行人格修养，以此和社会意识相适应，不至于遭到批评。西方人是实用主义的，他们追求个人的功利，也认为个人的功利追求最后和社会功利是一致的。这在节目主持人身上的体现就是，西方的非新闻节目主持人往往是可以在语言、表情、动作上极尽表现之能事，充分地体现自己的个性，或是一种自我意识在节目中的表现。中国的节目主持人，如果过分诙谐、随意，就会给观众不实在的感觉。这一方面是主持人本身存在的文化差异，另一方面也是受众存在的文化差异体现，因为，主持人风格的确立往往是与受众紧密相连的。

2. 运作体制差异

中国和西方电视媒介的制作方式是不同的。西方电视媒体主持人在节目制作过程中有很大的主观能动性，他们可以把强烈的个人意识注入到节目中去，如以硬性采访闻名的华莱士。而中国的电视媒体更强调节目的整体性，主持人只是以形式上的"我"出现，其个性意识较弱。

西方的节目主持人是节目的核心和领导，他们与节目其他制作人员的关系不仅仅是合作伙伴的关系，而且是老板和雇员的关系，如美国哥伦比亚广播公司著名的《晚间新闻》节目主持人沃尔特·克朗凯特，就是这家公司的董事会成员。美国《看东方》节目主持人美籍华人靳羽西女士，本身就是节目的制片人、经纪人。对这样的主持人而言，其他工作人员是为主持人服务的，主持人具有绝对的权威，具有全面处理节目的权力。而中国的主持人和其他节目制作人员更多的还停留在同事关系的层次上，彼此合作并相互受到牵制。主持人大多处于一种"不参与型"或"半参与型"的状态，只是节目制作群体中的一员。就目前来看，中国的节目主持人中已经出现了完全参与节目制作的主持人，这是中国电视节目主持界的一个新起点，同时也可以说是块试验田，有待于实践的检验。

节目主持人风格的存在不是孤立的，而是环境因素和主持人内在特质的共同作用下形成的。这种环境因素涉及民族文化和受众接受心理。而对主持人的评价又是以其主持节目的传播效果为评判标准的。良好的传播效果的实现，要求主持人不能超越节目类型和节目内容而随意发挥，不能超越民族文化、时代特点和具体国情的制约。中西节目主持人存在的差异仅仅是一种表象，其背后都是追求最佳的传播效果。所以，中西节目主持人所存在的差异，并不代表对中西主持人内在特质的褒贬评议，仅仅是一种现象的描述，旨在从中寻找到可以比较和借鉴的地方。

第四节　栏目主持人的职业能力

主持人作为电视节目直接出面对观众进行传情达意的特定角色，具有支撑节目的特殊地位。但与其特殊地位相对应的就是其全面的职业能力。一个合格的节目主持人，已不再是传统意义上的单一角色的主持节目人，而应是一个多面手。为全面提高节目主持人的素质，我国已从 2005 年开始实行播音员主持人资格考试。国家广电总局明确规定，从事播音主持工作的人，必须取得相关职业资格，通过全国统一考试，领取《中华人民共和国播音员主持人证》。考试科目包括：《广播电视基础知识》、《广播电视播音主持业务》（笔试加口试）。2005 年和 2006 年，我国已分别有 9288 人、5071 人参加了播音员主持人资格考试。

一、主持人的写作能力

写作对于主持人来说，并不仅仅是有基本的文字表达功力就足够了，而是要朝着个性化的方向发展。写作对于主持人逻辑的严密、独立思考能力的培养都是很有效的。

国外的一份早期的调查报告可以说明一些问题。1988年，美国印第安纳大学、南加州大学和马里兰大学的新闻教授和学生，对三大广播公司晚间新闻节目主持人的写作进行了一次评估。评估人员通过对11天的新闻稿件的抽样分析，得出的结论是：

从数量上看，拉瑟的稿件在写作风格上比较优雅、机智，但使用的隐语令人费解。例如："今天的战斗是三年中最为激烈的，不过也只不过是又一个流血的日子。""我们真是个多河流的国家。比如说，圣·克莱尔河从赫龙湖向南面流出40英里。"布罗考的写作思路清楚，文笔流畅，过渡自然，具有直截了当的风格。但是，稿件中长句使用较多，听起来显得吃力。例如："我们很难知道舒尔茨国务卿和苏联外长在莫斯科举行的会谈是否顺利；但至少他们今晚的会谈进行得很顺利。今晚，这两位外长举行了没有列入议程的第三次会谈。来自华盛顿的报道说，在莫斯科的官员们说有各种迹象表明要达成一项消除或削减中程核武器的协议。"①

詹宁斯的写作清楚、简洁，具有非正式的口语化风格。比如他的内容提要写道，"今晚我们有好几个重要新闻事件要向你做报道，这些事件以一种清楚的方式告诉我们：伊朗门事件有了什么样的结果，那个使总部处于孤立地位的人现在处于新的辞职压力之下。美国和以色列之间的关系紧张，中央情报局仍然试图为自己的所作所为进行辩护。总统在中美洲的计划至少已经遭到破坏。明天在国会，总统准备赢得4 000万美元的提案，现在请看来自我们记者的报道。"② 詹宁斯的写作得分最高，但评估人员认为他的稿件中过于注入了自己的倾向性观点，力图做过多解释评论。

美国三大新闻节目主持人的写作评估进一步说明，主持人的写作能力是不容忽视的一项基本能力。

1. 开场白、串联词、结束语的写作要领

开场白、串联词、结束语的写作是主持人写作的侧重点。电视图像难以表现的抽象内容，就需要节目主持人口头来概括、提示。口头的概括和提示，并不是主持人临场发挥就可以完成的，而是需要主持人事先的思考和写作才能完成，所

---

① ［美］汤姆·麦克尼克尔：《节目主持人写作评估》，《华盛顿新闻周报》1988年第7期。

② ［美］汤姆·麦克尼克尔：《节目主持人写作评估》，《华盛顿新闻周报》1988年第7期。

以，主持人的写作是要有一定思想内涵的，而不是空洞的描述性语言。

电视节目的开始，对节目成败有很大的关系。美国CBS的责任制片人法兰德雷把电视节目的开头，比喻为"衬衫领子"，意喻为对节目有画龙点睛的作用，所以开场白写作很重要。开场白写作关键的一点是要能将观众吸引，吸引观众就是要让观众对节目的内容感兴趣。所以，在开场白中，要用最简练的话，直接切入主题，引起观众兴趣。有的节目主持人喜欢在节目开始的时候，说上一些无关主旨的话，感觉好像很有文采，其实让人觉得有自我标榜的嫌疑。一般来讲，开场白的写作通常有以下几种方式：（1）开门见山，揭示主旨。一般用于近在眼前或众所周知的热门话题。（2）借题发挥。援引眼前的环境因素（时间、节令、气候、地域等）发出感慨。（3）议论入手。常用于那些"永恒主题"，即现实中难以回避、不断发展、人们总在议论的话题。（4）新闻由头开始。从新近发生的事情生发开，寻找一个趣味点，也可以提供一个新信息。

串联词的作用就是将各个不相关的不同内容、不同形式、不同风格的节目组合在一起，成为一个整体。它是节目的骨架和经络，帮助节目过渡、转折自然流畅。一般而言，一档精彩的节目都是由多个部分组成，它们像一粒粒华美的珠玉，需要有人在最后的环节，用智慧和热情把它们组合起来，这个穿针引线的角色就是主持人。而这个角色的完成在很大程度上体现在串联词的表达。串联词写作时要达到：使观众觉得节目是有机衔接的，无割裂或是不相融合的感觉；节目自然连接之外，还能帮助观众对节目内容更好地理解和观赏。具体来说，有以下几种写作方式：（1）承上启下，用几句话概括小结或评点上一节的内容然后引出下一节内容，让节目中的不同内容实现自然衔接；（2）制造悬念，激起观众的兴奋点，故意不说出下一节的内容，把疑问留给观众；（3）以短评的形式引发观众的思考；（4）问答对话，由主持人提出问题，让观众或嘉宾回答，以对话完成过渡，这在文艺类节目中常用。

结束语的写作通常讲求干净利落，以最精练的句子总结节目内容，概括来说就是一要紧凑，二要精简。在观众已经很容易对节目内容有清晰思路和认识的前提下，再对节目内容的概括和提示就是无意义的，节目主持人只需要使用一些常用的结束语，如"谢谢您收看我们的节目"，"下次节目再见"，以此来结束节目。具体来说，一般有以下两种方式：①直接宣告节目结束，可以向观众表示感谢、祝愿或直接宣布节目到此结束。②眷恋回顾，对节目做概括性总结，以依依惜别的语言向观众再见。

2. 主持人写作的衡量标准

我们引用西方电视界常用的"4个C标准"来衡量主持人的写作水平。这"4个C标准"是：

Clear ——清楚

Concise ——简洁

Correct ——准确

Conversational ——口语化

因此，节目主持人的写作在总体上应该形成简洁、明快、流畅、直截了当的写作风格，这是国际上普遍认同的观点和标准。

二、主持人的表达能力

主持人的解说，实质上已成了一种口语表达艺术，它对主持人的要求就是用大众都能够接受的通俗的语言表达深刻的内容。美国 CBS 新闻评论节目主持人塞瓦赖德的评论被认为可以同德尔菲的古代神谕相媲美。他为驳斥报界评论家对电视的指责，曾专门撰文："他们对我们说，电视所使用的语言降低了英语的水平。真是无稽之谈！在收音机和电视出现以前，千千万万住在农户木屋里的人们，生活在平原和山区的小村庄里以及大城市贫民窟里的人们，毕生都不曾听见过标准的英语。电视这种传播媒介的长处，就在于普遍提高了语言水平。"① 主持人的出场说话，不仅关系到主持人的口语表达水平，而且影响到大众语言水平的提高，所以，主持人语言的准确表达是最基本的要求。主持人语言的准确表达取决于对内容的深层理解。主持人只有消化了所要传达的内容，才能准确地、艺术地表达它。主持人必须理解他正在播报的新闻的重要性。如果一个节目主持人，播读消息时没有任何语音、语调上的变化，将一次很小的交通事故和阿富汗的冲突使用同样的语调，这表明主持人根本就不知道新闻报道是怎么回事。他所做的所有事情就是把话灌进麦克风，那么他的信任感只能等于零。

主持人口语表达的技巧处理是与其所主持节目的具体要求密切联系的。不同类型的节目，对主持人口语表达的要求也是不尽相同的。

新闻性节目由于其本身的权威性和严肃性，对主持人语言的表达是有规定性的。著名新闻节目主持人李瑞英说过：我们每天都站在新的起跑线上。我们需要的是认真的态度和坚强的神经，心中永远记住的是我们肩负的社会责任感和历史使命感。作为联播新闻要求主持人声调严肃、沉稳；早间新闻要求多用简洁、轻快的语调；专题新闻报道则要求语气凝重、深沉。

娱乐性节目的特点则是不拘一格的，所以，主持人的语音表达相对轻松、自然。例如，美国娱乐节目主持人之王埃德·沙利文的"老石头面孔"和冷处理

---

① 埃里克·塞瓦赖德：《为电视新闻辩解·传播媒介之职能》，美国驻华大使馆新闻文化处 1984 年，第 55 页。

的语调让观众对他痴迷达20年之久。而《今晚》的节目主持人约翰尼·卡森则以笑容可掬的面孔和幽默风趣的语调令观众倾倒。

体育节目主持人在口语表达特点上多是轻快型、高亢型、紧张型等，表现为更快的语速，语势上扬多，下落少，语节少而容量大；音节短促、词的密度大。对于体育节目主持人而言，语言（专业术语）运用准确是基本要求，紧张时气势磅礴，缓慢时如潺潺流水，在紧张的时候体育节目主持人应该以生动的语言、高昂的语调渲染节目气氛，缓慢时，以舒缓的语调将空间留给观众欣赏。这都是根据体育节目的不同内容而定的，不能一概而论。

对象性节目主持人的语言特点，是没有统一要求和标准的，因为对象选择的不同决定主持人的语言特点。比如说儿童节目，就要求节目主持人口语表达温和、亲切；军人节目就要刚毅、坚定；老人节目就要和蔼可亲等。

服务性节目的主持人给观众的印象应该是热忱、亲切的，与观众一起体验生活中的点点滴滴，而不是一个指导观众生活的权威。主持人和观众的联想思维是平行的，之间的交流氛围也是宽松、和谐的。所以语言的选择要贴近生活，口语表达特点是平缓。

主持人除了要用语言表达内容外，还需要非语言的表达能力。传播学家曾有过这样的调查结果：在影响传播的因素中，语言因素占54%，非语言传播方式占46%。在传播学中，非语言符号，是指语言以外，可以通过视觉、触觉、嗅觉感受到的姿态、音容、笑貌、颜色以及其他所有传播信息符号的总和。语言学家爱德华·萨丕尔把非语言符号称为"一种不见诸文字、无人知晓，但大家全都理解的微妙代码"。对主持人来说，非语言符号包括姿态语言、手势语言和空间语言。

1. 姿态语言

主持人通常有坐、立、走三种姿态，每种姿态都有各自的要领和功能。

坐姿给人以稳重、亲切的感觉，适用于同观众促膝谈心、探讨研究的氛围或场合。例如：谈话节目、电视评述、教学节目等。

立姿适用于现场报道，主持综艺、竞赛、游戏节目，也为报幕的司仪所采用。

走姿一般是配合镜头为广阔的场所做介绍或者对需要展示给观众的一连串景物作巡礼式介绍。主持人、记者边走边说，像一位向导。在镜头前做横向运动时，眼睛也要对着镜头，纵向走动时，可以表现场景深远、空间规模，但应注意步伐和摄像机运动的速度保持一致。视线在大部分时间里要集中在镜头上，但可以根据播报解说需要做导向性转移。

2. 手势语言

手势语对于节目主持人来说，其表达能力仅次于脸。传播学家认为：只有那些能使受者看得见，并且带有沟通信息的动作才能称为姿势符号。我们日常生活中反映生理或心理自然状况的某些姿势，比如伸懒腰、打哈欠等机械性动作都不是姿态符号。我们注意的是受理智支配的"表现型姿势"。其中，最重要的就是手势语。手势语的定义是，在人际沟通时，以手部动作来协助或强化语义表达的姿态符号。通常的手势语可分为两大类：

一类是指示性手势，即指示方向、方法和招呼的动作。它的作用在于引导观众的注意力，或引导摄制者应采取的行动。

另一类是加强性手势，是在表达思想时，用手势变化来打出节拍的信号，以加强语气，突出说话的要点、表达特定情绪等。

指示型动作是主持人和记者最实用的手势语。

手掌是显示人的态度和性格的窗口。通常的手掌姿势有这样三种：掌心向上、掌心向下和手掌紧握，食指伸出。向上的手掌给人的感觉是坦诚、谦逊；后两者给人的感觉是命令和强制的意思。所以，主持人在主持节目时，应该有意识地使用敞开向上的手势。

3. 空间语言

空间语言是指人们利用空间来表达思想、表明态度的一种无声语言。电视节目主持人在主持节目的时候通常会遇到如何正确运用空间语言的问题。

美国人类学家爱德华·蒂·霍尔提出了"空间传播理论"。他认为传播的"距离"和"方位"是构成"空间语言"的两个不可忽视的重要方面。空间范围的区域距离，指的是在社交场合中，人与人身体之间所保持的距离。区域距离按距离的大小分为四个区域，距离在 15～46 厘米之间的称为密切区域；距离在46～120 厘米之间的称为个人区域；距离在 1.2～3.6 米之间的称为社交区域；距离在 2.1 米之内为近社交区域，2.1 米之外的为远社交区域；距离间隔超出3.6 米的是公共区域。

因此，讲究空间语言，对主持人来说是很有必要的。

此外，一个节目的主持人在与其他主持人合作，或是与嘉宾同台的时候，甚至是在采访活动中，合适的区域距离的保持就显得尤为重要了。以主持人现场采访为例，主持人与采访对象应该保持 1.2～3.6 米的社交距离；在新闻发布会现场，主持人就没有必要进入 3.6 米的公共区域之内了。如果是两个节目主持人联袂主持的时候，距离应该保持在 46 厘米以上。可我们现在的有些节目主持人在主持节目的时候往往突破了这个距离，在屏幕上，两个人的关系显得比较密切，这样给观众的印象是不好的。有的娱乐节目的主持人甚至在节目中对搭档动手动脚地开玩笑，都是节目主持非常忌讳的。当然，距离太远了会给人以疏远的感觉，也是不妥当的。

除了距离外，方位的调整也是对主持人工作有现实意义的。我们通常见到的是两个主持人并肩站立或是并排坐着主持节目，这样的方位对于主持人与观众交流是合适的，但却不适合主持人之间的交流，最好的方式是两个主持人的位置呈45°或90°角。在主持一些竞赛或是娱乐节目的时候，主持人可以不在固定的位置主持节目，随意地走动，可以使现场气氛更为活跃、融洽。

在人与人的交往中，主持人通过屏幕和观众的交往，要注重非语言符号的运用。因为人们通常认为，人所发出的语言信号，通常都带有"塑造"的痕迹，而非语言信号常常是在人的无意识状态下表露出来的，在这二者之间，人们更愿意相信后者。

三、主持人的采访能力

主持人参与采访有其独特的作用，那就是具有权威性。主持人采访的权威性在美国的电视节目主持人中表现得最为明显，如以硬性采访闻名的美国《60分钟》节目主持人华莱士。他在1986年采访了中国领导人邓小平，成为西方第一个采访邓小平的电视记者。三大广播公司三位晚间新闻节目主持人拉瑟、布罗考、詹宁斯是全美的顶尖记者，在他们主持的节目中有专门的时间段辟出供他们做出面采访报道。

主持人采访的权威性体现，除了主持人本身所具有的名人效应外，很重要的一点就是在采访活动中的表现。电视采访与其他媒体采访有不同之处，电视采访的过程会与观众直接见面，主持人在采访过程中的言谈、举止、甚至表情等细节都在镜头前暴露无遗，观众对主持人采访活动一目了然。所以，主持人采访比普通记者采访的压力更大。成功的采访是离不开准备工作的，所以，采访前的准备工作是主持人采访的关键。具体来说，采访前应该有以下的准备：

1. 采访对象背景的了解。如果是特定的事件采访，关于事件的相关常识、背景、现状，事实本身、有关的政策法规、社会的反映、现实发展情况都需要准备。特定人物的采访，人物的历史背景、性格特征、主要成就、家庭情况、工作情况等都需要事先了解，而且要向有关的人做调查询问，做外围采访。这样才能确立明确的采访目的，并能提出有针对性的问题。

2. 相关知识的准备。关于采访题目所涉及的知识点，主持人必须事先了解，这个了解的程度主要是在基本概念和常识性问题认识上，并不要求主持人成为某类问题的专家，当然，在条件允许的情况下，成为专家也并不是不可能的。这样，就可以把采访提升到一个比较高的层次上，而不是停留在采访对象解释概念的浅层次上，采访的节奏也会更加紧凑。

　　3. 问题的准备。电视采访的时间很紧，这就要求主持人在提问的时候，问题要少而精，并需要事先准备好大量的问题，在正式提问的时候再根据具体情况进行取舍。美国《60分钟》的节目主持人华莱士在采访邓小平之前设计了100个问题。这个惊人数字的背后，却是华莱士成功采访的保证。有精心准备的问题能够在提问时使对方感觉到你对采访的重视，从而体会到你对他的尊重，采访对象自然会对你产生好感，真诚地与你合作。

　　国外的电视节目主持人的采访是值得我们借鉴和学习的，下面我们对美国著名节目主持人巴巴拉·沃尔特斯的权威性人物专访的案例进行摘录和分析，从中吸取经验。以下资料转引自赵淑萍的《电视节目主持》一书。

　　为了采访卡罗尔·伯内特，沃尔特斯进行了大量资料研究工作并归纳出38页的研究报告，最后根据报告罗列出100个问题。

　　个人历程节录——

　　1934年4月26日：卡罗尔·伯内特出生于得克萨斯州圣安东尼奥。

　　1940年：卡罗尔同祖母迁往洛杉矶。

　　1944年12月：妹妹克里斯廷出生。

　　1946年：父母离婚。

　　1952年6月：卡罗尔就读于好莱坞高中。

　　1952～1954年：卡罗尔就读于加州大学。

　　1954年8月：卡罗尔的父亲朱迪去世。

　　1954年8月：卡罗尔来到纽约。

　　1955年：卡罗尔在保罗·温切尔的电视节目中露面13周。该年同唐·萨罗扬结婚。

　　1956年6月9日：开始固定出现在《斯坦利》电视节目中。

　　1956年11月9日：首次在加里·穆尔早晨节目中露面。

　　1957年3月：《斯坦利》节目停办。

　　1958年1月10日：卡罗尔的母亲去世。

　　1958～1959年：定期出现在美国广播公司的《哑剧猜谜》节目中。

　　1959月：与唐·萨罗扬分居。

　　1959年5月：迁到百老汇大街。

　　评点：

　　这是沃尔特斯对卡罗尔人生历程的经典回顾。她选取了16个有代表意义的事件对卡罗尔的人生历程进行构建，使我们对卡罗尔的历史背景一目了然。从表面看来，这像是流水账，其实不然，这是沃尔特斯花费大量时间和精力才提炼、精简得到的，这是沃尔特斯对采访对象洞察力的体现。从中我们还可以看出，对采访对象的研究绝不是独立的,和他生活、工作有密切联系的人也是了解的重要方面,采访对象人生中都会有重要的转折点,包括爱情、婚姻、家庭、事业等等,只有抓住了这些转折点才能对人物的心理、个性有认识的依据,从而揭示出采访对象的个性特征。

问题单节录——

儿童时代的印迹:

1. 你儿童时代印象最深的是什么东西?

2. 你母亲是个什么样的人?

6. 你觉得自己漂亮吗?你母亲怎样认为?

青年时代的经历:

22. 从所有我读到的关于你的资料中看,你一生中很长一段时间没有信心,然而你却获得巨大成功。是什么促使你成功的?

23. 你决定把你12岁的妹妹带到纽约和你一起生活,你才23岁。这在当时对你的负担一定很重,是不是?你的职业生涯刚刚开始,后来你的母亲又去世了。

24. 我读到,你之所以能到洛杉矶加州大学读书,是因为一个不愿意透露姓名的人把学费放在一个信封里留给你。这是真的吗?

职业生涯:

30. 你主持《卡罗尔·伯内特的节目》达11年之久,你是否还主持过其他电视系列节目?

31. 你是否曾请观众向你提问,你的观众最想知道什么?

33. 他们问你的最为难的问题是什么?

36. 1970年,罗纳特·里根出现在你主持的一次节目中。他这个人怎样?你是他的崇拜者吗?

38. 作为母亲,你对孩子的抚养和成长有什么影响?

39. 你是个什么样的母亲?

40. 你以前是否很严厉?

41. 你在工作和孩子之间是否受到折磨?

42. 你对家庭的顾及够不够?

个人变化:

48. 70年代某个时期,你的变化很大。你说你开始参加节目制作会议,你表示不同意见,甚至连你的外表也变了。你当时怎么了?为什么起变化?

49. 你现在有信心吗?

50. 70年代初期,你的体重明显减轻,是什么改变了你的体重?

社会观念：

60. 到目前为止，你已经为众多的美国观众表演了许多年。你现在看到了哪些社会变化？眼前是艰难的时期吗？你是否持乐观态度？你对我们的未来担忧吗？

婚姻：

66. 请你告诉我们有关你丈夫的近况。他有什么特殊的地方吗？

67. 结婚对你意味着什么？

68. 你第一次与你丈夫乔·汉密尔顿约会时，有许多传言。他结过婚，已经有了 8 个孩子。你是怎样对待这件事情的？

沉思再生：

76. 我了解你喜欢沉思冥想，你定期这样做吗？这对你有什么用处？

77. 你信宗教吗？

78. 我读到，你相信再生，你是否有什么感觉？你将怎样对待超脱社会的生活？

正式提问卡罗尔本人：

1. 现在，也就是你此刻的生活如何？

2. 如果你的生活就是一部电影，你可以为我们提供一下大概的情节吗？

3. 你怎样描绘、评价你自己？

评点：

沃尔特斯的三个问题体现了她的独具匠心，第一个问题，沃尔特斯企图向观众传达新信息，同时可以避免重复过去出现过的报道；第二个问题，沃尔特斯事先对卡罗尔的人生历程有了充分的了解，所以，这个问题的提出对于沃尔特斯在卡罗尔回答过程中适当地补充、深入提问都是很有利的，甚至还会有些让沃尔特斯和观众意想不到的东西；第三个问题，看起来很普通，其实很高明，因为，观众总是听到或看到媒体对卡罗尔的评价，让卡罗尔自我评价，角度新颖，卡罗尔也会对以往媒介的评价有自己的认识，她可以认同、辩驳，观众也乐于倾听。

主持人采访不同于记者采访的一个有利因素是采访和主持在个性风格上可以达到高度的统一和有机的互衬。因为主持人的采访完全可以根据主持的意图来展开。美国 ABC 广播公司《晚间新闻》节目主持人特德·科佩尔，就喜欢作一些无法预料的完全是本来面貌的实况采访，这一采访特色和他节目中直言不讳的风格一脉相承。他的采访风格也成了主持风格的一部分。主持人采访的重要意义还在于体现了主持人对话题的驾驭及讨论的智慧。因为智慧的体现是通过主持人的采访以被访对象的口说出节目想达到的目的，而不是主持人在那里喋喋不休的全盘垄断。

第五节　栏目主持人与观众

在电视普及率较高的今天，电视作为大众传播媒体真正地走入了千家万户，栏目主持人也成为家喻户晓的公众人物。栏目主持人与观众的关系不是那种传者与受者的关系，而是相互交流和沟通的关系。观众对栏目主持人的喜爱程度直接关系到电视栏目的收视率和忠诚度，因此，栏目主持人一定要注重观众在传播中的角色地位。

一、观众对主持人的印象成因

观众面对电视屏幕上的主持人，往往会对他（她）进行一番评判，观众可能感兴趣的还有主持人的年龄、性格、文化水平等。在观众的评判过程中，一个主持人的印象就形成了。这个印象的形成原因主要涉及三个方面：第一印象、外貌印象、定势心理。

先说第一印象，在社会心理学中，第一印象被称为"首因效应"或"优先效应"，它一旦形成，就会在人的记忆里留下很深的痕迹，很难被消解，并会发生持续的影响作用。观众对主持人的第一印象一旦形成，就很难改变，因为主持人毕竟不是生活中可交往的人，观众不会再深入了解主持人，或是给主持人机会消除不良第一印象。观众在对待第一印象不佳的主持人的做法就是换频道。比如说有某位男主持人在说话时候总有点娘娘腔，一部分观众就会对他很厌恶，下次再看到他主持的节目就会换台。所以说，观众的第一印象对主持人来说很重要。

外貌印象对主持人来说也是较为重要的。因为电视作为大众媒介，其美感的具备是不可缺少的，特别是代表节目的主持人所展示给观众的应该是一种美的愉悦感。在日常生活中，人们通常对外貌好的人印象比较好，而且容易将一些好的品质与他们联系起来。

定势的基本概念最初由德国心理学家缪勒和苏曼在 1898 年提出，后来由前苏联的心理学家乌兹纳捷加以改造，发展成为现的理论。它主要是指个体由一定的心理活动形成某种准备状态，并对后继的心理活动产生影响。观众对待节目主持人也会存在定势的心理。不过这种定势具体分为两种情况。第一种是，观众看到主持人主持某种类型节目的时候，会认为主持人应当具有与节目相同的特质。比如，当观众在电视屏幕上看到主持人主持娱乐类节目的时候，就会认为他（她）应该风趣幽默；看到其主持服务性节目的时候，就认为主持人应该和蔼可亲；看到其主持知识类节目时，就会认为他（她）应该博学多才。第二种就是，当被观众所熟悉的某位主持固定栏目的主持人在主持其他类型的节目的时候，观众往往会先入为主地将他（她）主持固定栏目的风格往现在的节目上套，如果主持人换了种风格，观众就会不适应。比如说凤凰卫视的名嘴窦文涛，他给观众的印象就是调侃高手，而当他出现在新闻类节目里一本正经地播报新闻的时候，观众多少会有点适应不过来。

二、电视观众的收视心理

电视观众在收看节目的时候，其心理是复杂的，作为节目主持人，只有站在观众的立场和角度，设身处地地根据观众的角色特点来进行传播，才能对自己进行审视，增进与观众的沟通和了解。下面我们来分析一下观众通常具有的收视心理。

1. 寻求交往的心理

美国传播学者威尔伯·施拉姆在对比了电视与电影在叙事方式上的差异后，提出："电视中可以具有一种人与人之间个别谈话的亲切感。"因为主持人总是在固定的栏目和固定的时间里出现的，所以观众通常会对主持人形成一种交往已久的感觉。主持人的近景、特写镜头更接近于人际交往中的个别谈话现象。而且，现在有的观众在人际交往日益淡薄的情况下，更愿意坐到电视机前，与节目主持人寻求交往。观众交往心理的存在对于主持人来说，就是对主持人交际能力的考验。主持人可以用待人和善的交际方式，也可以用独断专行的交际方式，这要根据节目风格而定，但其中最重要的一点就是，主持人一定要有尊重观众的心理，这是交往顺畅的基础。

2. 任意选择的心理

电视频道的繁多和电视信号传播的特点，使观众在收看电视的时候有任意选择的自由和心理。就传播媒介来看，固然绝大部分传播工作是由传者操纵的，但是受者的选择性注意、选择性感应和选择性记忆是客观存在，它们或多或少会给传播予以影响甚至可以决定信息的继续延续或终止。电视观众对节目主持人的主持活动的评价就是通过手中的遥控器来体现的，如果观众对主持人的主持活动不满意的话，观众就会切换频道，这不需要太多的麻烦。观众任意选择的心理存在，一方面可以作为衡量主持人主持活动的标准，从而促进其对主持能力的不断完善；另一方面，也为主持人多样的个性提供了生存的空间，因为观众的选择心理的不同，总有符合观众心理标准的主持人。但总体上来说，能够带给观众愉悦和信任的节目主持人总是受欢迎的。

3. 渴望参与的心理

电视演播室已经越来越成为一个与观众紧密相连的开放空间，电视的声像结合的特点常常使人有身临其境的感觉，这就是观众的参与感。观众的节目参与分为三个层次：心理参与、现场参与、深度参与。心理参与从更大意义上是节目主持活动对观众吸引力的体现；现场参与感的产生通常是在节目有具体或虚拟的现场观众的情况下；深度参与其实就是观众对节目的参与已经不再停留在表面的信息，而是对节目信息背后的结构发生了兴趣。

在一些不可预测性的节目里，比如说《开心词典》这样的节目，观众就会有很强的心理参与意识。同样在很多节目里，主持人在对节目内容引导和梳理的过程中，是通过不断地对信息进行悬念设置来完成的，在这个过程中，观众往往会情不自禁地跟着主持人的思路走，成为其中的参与者。在节目有具体的参与者设置的情况下，观众渴望参与的心理就会表现得更为强烈。观众会为节目参与者的一举一动所牵引，他（她）的回答，表情，反映都能使观众情绪紧张或松弛。因为观众在不自觉地把自己作为节目的一个参与者，并将自己抽象的参与附着在具体的节目参与者身上。在具体参与节目的时候，观众的参与性一旦被激活，便一发不可收拾。电视屏幕上有时出现了现场观众先声夺人的现象，就是观众参与性主体意识作用的结果。观众的参与意识是节目主持人主持活动的催化剂，离开了观众的参与意识，主持人的主持活动就成了孤芳自赏，失去了其传播意义。

三、电视观众对节目的反馈

反馈是控制理论的一个重要概念。它的意思是，控制系统把信息输出去，又把作用结果返送回来，对信息的再输出发生影响并起到控制作用，以达到预定的目的。在电视媒体中，反馈是指受众的反映，这个反映通过受众多渠道的返送，成为一个多层次的动态系统，从而影响到媒体的传播行为。对于主持人而言，受众的反馈作用在于使主持人能及时了解观众对信息的要求、希望、评价、判别等，并根据应有的反馈信息调节、改进对信息的处理，使之更符合观众的口味。

观众的反馈是多渠道的，主要分为两种，一种是隐性反馈，另一种是显性反馈。隐性反馈，指的是观众对主持人的主持行为或节目内容在私下议论，或在一些特定场合发表意见。隐性反馈通常不能到达主持人那里，所以对于主持人而言，这种反馈是隐性的，但它又是确实存在的。隐性反馈是观众对主持人的真实看法，虽然不一定能够代表正确的意见，但有它提出的合理性。显性反馈则是热心的观众以观众来信、热线电话、甚至是与主持人直接面谈的形式存在的。现在对在节目主持中直接与主持人对话的观众的反映，也算是一种显性反馈，而且是即时的显性反馈。对于前一种显性反馈，是主持人获取节目效果的一个最直接的途径，主持人可以收集到观众对节目的各种具体的不同意见和建议。观众对主持人活动的评价特点是从具体感受出发，可能是杂乱无章的点点滴滴，却是比较真切的、具体的。美国CBS《60分钟》节目制片人唐·休伊特曾骄傲地说，《60

分钟》得到了美国公众"最伟大的投票"。每天寄到 CBS 所有的观众来信中,有一半是寄给《60 分钟》的。对于节目主持人而言,观众的大众化评议比起其他形式的评价都来得更为直接和迅速,是独特而有意义的,应该给予最充分的重视。对于后一种即时的显性反馈却更多的是对主持人主持能力的挑战。因为主持现场的观众的反馈将问题直接留给了主持人正在进行的主持活动中,主持人必须具有足够的机智才能顺利过关。中央电视台的《东方时空》、《焦点访谈》、《实话实说》等节目的主持人正是在这种挑战中重新认识自我、重新塑造自我的。

本 章 小 结

● 主持人按照节目形态可分为新闻节目、娱乐节目、服务类节目、体育节目和对象性节目主持人。

● 主持人风格通过形象、气质、语言、品质等加以区分,必然与节目类型相协调。

● 主持人应具备一定的写作能力、表达能力、采访能力。

思 考 题

1. 主持人的定义。
2. 中西方主持人风格的差异。
3. 分析某一著名主持人的主持风格(特征)。
4. 主持人应具备哪些能力。

参 考 书 目

1. 杨伟光主编：《中国电视专题节目界定》，北京：东方出版社 1996 年版。

2. 单万里主编：《纪录电影文献》，北京：中国广播电视出版社 2000 年版。

3. 高鑫：《电视纪实作品创作》，北京：北京广播学院出版社 2000 年版。

4. 任远主编：《电视纪录片新论》，北京：中国广播电视出版社 1997 年版。

5. 钟大年：《纪录片创作论纲》，北京：北京广播学院出版社 1997 年版。

6. 王纬主编：《镜头里的第四势力》，北京：北京广播学院出版社 1999 年版。

7. 王岳川、尚水：《后现代主义文化与美学》，北京：北京大学出版社 1992 年版。

8. ［美］罗伯特·C. 艾伦：《重组话语频道》，麦永雄、柏敬泽译，北京：中国社会科学出版社 2000 年版。

9. 刘康：《对话的喧声——马赫金的文化转型理论》，北京：中国人民大学出版社 1995 年版。

10. ［美］吉妮·格拉汉姆·斯克特：《脱口秀——广播电视谈话节目的威力与影响》，苗棣译，北京：新华出版社 1999 年版。

11. ［英］尼古拉斯·阿伯克龙比：《电视与社会》，张永喜、鲍贵、陈光明译，南京：南京大学出版社 2001 年版。

12. 时间、乔艳琳：《实话实说的实话》，上海：上海文化出版社 1999 年版。

13. 石长顺：《电视传播学》，武汉：华中理工大学出版社 2000 年版。

14. 赵淑萍：《电视节目主持》，北京：北京师范大学出版社 1999 年版。

15. 苗棣等：《美国经典电视栏目》，北京：中国广播电视出版社 2006 年版。

16. 唐世鼎、黎斌主编：《世界电视台与传媒机构》，北京：中国传媒大学出版社 2005 年版。

后　　记

电视栏目化，是当代中国电视节目制播的一种发展趋向。随着卫星电视传播技术的广泛运用，以及境外电视频道在我国部分地区的相继落地，电视媒体之间的竞争更为激烈。频道专业化，栏目个性化，正是这种竞争的具体体现。在这种背景下，电视栏目的策划，电视栏目的创新，成为当代电视人关注的焦点。因此，对电视栏目现象作深入的研究与解析，有助于提升电视人对电视栏目的理性认识，并对创作实践有着重要的启示作用。

近几年来，我在大学从事广播电视专业课《电视专题与电视专栏》的教学研究工作，经过多轮的教学实践和对电视业界的密切关注，不断加深对"电视栏目化"的系统认识，在本课程讲义的基础上，经过不断充实、修改、完善，并从理论上予以深化，完成了这本《电视栏目解析》专著。

在本书写作过程中，中国传媒大学高鑫教授、刘宏教授对本书的框架和理论建构提出了宝贵的意见，中国传媒大学《现代传播》主编胡智锋教授为本书撰写了序言，在此一并感谢。

我的研究生洪峰、王海军、赵慧侠、刘淑琴、叶银娇、薛江华和成珊分别参与了第三、四、六、七、八、九章的整理、撰写和相关工作。

在第二版修订过程中，我的研究生童文杰、向颖仪、赵莹和马宏梅帮助整理、打印文稿，做了许多具体的相关工作，保证书稿能按时完成。

本书在写作与出版过程中，吸取了相关研究成果，得到了武汉大学出版社教育图书分社王雅红社长、陶洪蕴编辑的大力支持与帮助，在此谨表谢意。

石长顺

2007 年 8 月 15 日

于华中科技大学

当代广播电视丛书书目

电视栏目解析（第二版）

电视文本解读（第二版）

电视新闻采写

广播电视概论

当代电视摄像教程

影视美学理论基础

电视摄像与编辑实验教程

影视导演基础